外交学

李　渤◎著

时事出版社

图书在版编目（CIP）数据

外交学/李渤著. —北京：时事出版社，2014.9
ISBN 978-7-80232-747-4

Ⅰ.①外… Ⅱ.①李… Ⅲ.①外交学—研究 Ⅳ.①D80

中国版本图书馆 CIP 数据核字（2014）第 203857 号

出版发行：时事出版社
地　　址：北京市海淀区巨山村 375 号
邮　　编：100093
发行热线：（010）82546061　82546062
读者服务部：（010）61157595
传　　真：（010）82546050
电子邮箱：shishichubanshe@ sina. com
网　　址：www. shishishe. com
印　　刷：北京百善印刷厂

开本：787×1092　1/16　印张：25. 25　字数：431 千字
2014 年 9 月第 1 版　2014 年 9 月第 1 次印刷
定价：85. 00 元
（如有印装质量问题，请与本社发行部联系调换）

国际关系学院（2014 年度）：
“中央高校基本科研业务费”专项经费项目
国关文库出版资助

序言

“外交无小事”，外交活动事关国家利益、荣誉和尊严，甚至是国家的生存和发展。经历了百年屈辱历史的中国人对此有着深刻的认识，也因此极为重视外交研究。早在20世纪30年代，中国就已出版了杨振先的《外交学原理》、刘达仁的《外交科学概论》等现代外交学研究著作。1949年11月的中华人民共和国外交部成立大会上，周恩来总理兼外长更是明确指出了中国外交研究的任务——“我们应当把外交学中国化。”[①] 经过多年努力，中国的外交学研究已经取得了很大成就。从作品来看，自20世纪90年代以来，又先后出版了杨公素的《外交理论与实践》、鲁毅等编著的《外交学概论》、黄金祺的《概说外交》、金正昆的《现代外交学概论》等外交学理论专著；在中国外交史研究方面，退休的外交官纷纷著书立说，描绘了新中国外交的一幅幅生动画面。然而，尽管如此，中国外交学研究仍然有很长的路要走。

首先，外交学具有与生俱来的重实践、轻理论的原罪。在外交官的作品中，都有一种约定俗成的倾向：一个好的外交官应该具备什么素质？如何才能更好地进行外交活动？古今中外，概莫能外。公元前4世纪古代印度考提亚写了《政事论》，1436年法国图卢兹市的市长伯纳德·杜·罗伊斯尔（Bernard du Rosier）编写了第一本欧洲外交实践的教材——《大使的小故事》（Short Treatise About Ambassadors），1620年西班牙学者、宫廷侍臣兼外交官唐·璜·安东尼奥·德·薇拉（Don Juan Antonio De Vera）出版了《大

① 周恩来：《周恩来外交文选》，北京：中央文献出版社，1990年版，第1页。

使》(El Embajador)一书，荷兰外交官亚拉伯罕·威克福写作了《大使的职责》(L'Ambassadeur et ses fonctions)一书，英国外交官萨道义1917年出版了《外交实践指南》(A Guide to Diplomatic Practice)一书。这些理论研究遵循着固定的模式，几个世纪很少有本质的变化。在当代国际关系学不断发展完善后，外交与国际关系如何分野，外交能否建立严谨学科体系和研究规范，都成为外交学研究中面临的重要问题。

第二，外交的参与主体数量增加，形式日益多样化。一是主权国家数量的增多。自二战结束以来，国际社会就一直处在不断的扩张之中：截止到20世纪60年代，世界上主权国家的数量还不到100个，但是到1985年这一数值就上涨到159个，而到2011年已增加到193个。二是国际组织等非国家行为体影响日益扩大。以国际组织为例：一战前，大约只有50个政府间国际组织和170个非政府间国际组织，到1940年这个数目分别增长到80和500个；而20世纪90年代初，全世界国际组织已经增至近5000个，其中，政府间国际组织约300个，非政府间国际组织约4600个。[①] 从活动范围来看，国际组织涵盖了政治、经济、文化、环保等各个领域，几乎全球所有国家都不同程度地参加了国际组织的活动。此外，从影响力方面来看，国际组织等非国家行为体的影响力也在逐渐扩大。这些都是外交发展中前所未有的新现象。三是在全球化的背景下，片面的国家利益受到了相互依存的挑战，“相互依存”、加强国际协调与合作日益受到各国政府的重视，和平、发展、合作、共赢成为时代的潮流。

第三，网状外交在世界范围内的兴起，体现了当代国际关系新格局下外交发展的新趋势。首先，在全球化的背景条件下，国家间联系的深度和广度不断增加，同时权力也发生了世界范围的转移和弥散。具体来说，一是在国际关系中，权力从近代以来居于主导地位的西方世界向东方国家转移；二是在国家中，权力由中央政府向地方政府﹑非政府组织，甚至个人弥散。在上述条件的相互作用下，外交作为国家之间关系的纽带，呈现出多元化特征。在各国中央政府主导外交事务的同时，联系一国政府与外国公众的“公共外交”，联系一国民众与他国民众的“民间外交”，联系不同国家地方政府的“城市外交”等等，不断兴起。国家之间的关系由单一线性联系变成了

---

① See，Charles W. Kegley，Jr. and Eugene R. Wittkopf，*World Politics*：*Trend and Transformation*，New York：St. Martin's Press，1993，p. 155.

多层次、多轨道的网状联系，即国际政治从国家间政治（Politics among Nations）变成了网状政治（Politics among Networks）。其次，国际相互依存的迅速发展，改变了国家间提出问题和解决问题的模式，国际体系的完善呼吁建立新的机制。当今世界各国之间的外交活动不再是冷战时代的非敌即友模式，而是呈现出亦敌亦友的新格局。一方面在经济上一些国家往来不断加深，另一方面在政治上彼此怀疑也有所增强。以进入新世纪以来的中美关系为例，两国既相互竞争，又彼此合作，并互为第二大贸易伙伴。在全球层面的多边关系方面，近年来中国在与美国保持良好关系的同时，也拓展了与欧洲和俄罗斯的战略伙伴关系，并且积极发展了同拉丁美洲、非洲、东南亚等美欧传统势力范围内的国家的关系。中国旨在通过网状外交化敌为友，在国际事务中建立更多合作伙伴。“二十国集团”、“金砖国家”、“上海合作组织”、“中俄印外长会晤机制”等机制，以及中国与俄罗斯、美国、法国、日本等国家开展的广泛的战略对话，都已成为网状外交的灵活范例。

第四，中国的崛起使当代外交的发展增添了中国元素。经过30多年的改革开放，中国已经成为世界第二大经济体，国际影响力不断提高。中国的崛起在一定程度上从地理和文化上颠覆了“欧洲中心论”，改变了国际政治东西、南北关系严重失衡的格局。就本质而言，当代中国的崛起将是1648年威斯特伐利亚体系建立以来国际体系发展中的最重大事件之一。中国的崛起必然带动中国理念、中国范式的世界扩展，这也将为新世界秩序的构建提供新的动力。

实践的发展需要理论的创新。李渤同志多年来一直从事外交学教学与研究工作，经验丰富。本书详细梳理当代外交发展脉络，并把实践发展和外交理论建设巧妙结合。在2005年《新编外交学》的基础上，本书吸纳了当代国际外交学发展的最新成果，融汇了中国外交中的新理念、新思路和新做法，体现了作者对外交学研究的新思考。

中国外交学研究的进步与国家的繁荣和发展是一致的，中国的外交学将与中国一同走向世界。更多的研究者投身到外交学研究中来，对于推动中国外交研究的发展，促进中国外交实践的成熟与进步，无疑具有十分重要的现实意义。

高　飞

于外交学院

2014年7月

目　　录

前　言

当今，科学技术的进步进一步缩小了地球上各区域间的时空距离，经济全球化的深入发展更是促进了国际社会各成员间相互依赖度的增强。加之，进入21世纪以来，人类民权与民主意识的提高及处于不同发展阶段、水平的民族共同体诉求、认同感、信仰影响的扩展，给当代民族国家的国内社会结构注入了新内涵与新价值取向，进而对民族国家间的交往与联系带来巨大的挑战与深刻的影响。现代外交成为“一种迅速变化的事物，充满了矛盾和冲突。现代外交充满了越来越多的议题和越来越频繁的交流。外交从未变得如此重要”。①

对外交往活动是现代民族国家的重要职能之一。一方面，经济全球化的深入发展、科学技术的进步及遍及世界的现代化进程，没有将国际社会推入“理想”的扁平化时代，而是随着新的行为体的增多，以及国际社会成员相互往来与联系的日益频繁和密切，在文化与社会发展等方面存在着各种差异的民族共同体的传统与个性却得以比较、张扬，与此同时，其在国际社会中的代表者——国家间的隔阂、矛盾、对立及冲突也在所难免，甚至有局部激化的趋向。一些非国家行为体不愿遵照传统的外交、安全规则行事，而是使用更为强硬、更具威胁性的手段。在某种意义上，当今国际体系与威斯特伐利亚体系之前的国际体系相似，而外交呈现出的景象也和前威斯特伐利亚时代一样令人困惑。②

另一方面，冷战结束以来，伴随着第三次民族分离浪潮与所谓宗教向原教旨主义的回归，不同民族共同体间的摩擦、冲突和分裂加剧，宗教极端主

---

① Brian Hocking, et al., Futures For Diplomacy: Integrative Diplomacy in the 21st Century, The Hague: Netherlands Institute of International Relations “Clingendael”, 2012, p. 9.

② ［英］斯图尔特·默里（Stuart Murray）：“外交学的复兴”，《国际政治研究》2012年第4期。

义及恐怖主义组织或势力活动猖獗，这不仅深刻地影响着相关民族国家内部的生活和社会秩序及其发展进程，也深刻地影响着国家政治的走向，尤其是严重威胁到民族国家的自立生存与主权安全，因而搅动了民族国家在国际社会中的利益需求或诉求，进而深刻影响着一国对相关国际问题、事件的认识和判断，持有的外交态度与立场及对外战略和政策的谋划与制定，也“必然要求各国对外交实践中的方法与技巧，甚至原则作出调整”，[①] 由此外交议程大大突破了传统的范围，相应地对外交人员的业务能力也提出了新的要求。

总之，当代国际社会国际议程的变化，以及信息技术进步带来的信息传输速度的加快，新的工作或沟通方式或手段的出现与应用，既给民族国家间的国际交往带来了机遇，也使其外交实践面临新的挑战。既有的经验尚待深入总结，现实中萌发的新现象与产生的新问题也需及时予以探究，进而经外交实践家及相关专业理论研究专家、学者的研究使之理论化，以期为一国政府的对外战略谋划、对外政策决策与外交实践提供理论依据或支撑。

早在我国建国初期外交部成立大会上，周恩来总理就指出，不仅要对中国外交斗争的经验进行整理，使它科学化、系统化而成为一门学问，还要按照马列主义观点研究、借鉴国外外交学的研究成果，为我所用。[②] 当代外交实践领域不断涌现的新情况、新问题或多变的发展态势为外交学研究与发展提供了广阔的空间，国内外专业研究者纷纷将目光投向这一领域，相关的成果越来越丰富，如通过北京大学出版社自 2005 年以来出版的外交学译丛即可见国外研究状况之一斑。而进入 21 世纪以来，国内的相关成果与 20 世纪末相较也呈现增多趋势。概要来看，当代外交学领域的研究取得了一系列重要的理论成果，且在总结传统经验的基础上结合了新的研究方法，无论在内容还是形式上都出现了令人瞩目的变化。其中，特别突出的是当代俄罗斯外交学表现出了非学派与无流派、反思性与去意识形态化、西方化与单向性的总体学术特征，其学术贡献在于突破了苏联外交学话语体系，开启了俄罗斯“新外交学”研究。波波夫的《现代外交》（В. И. Попов，Сoврменная Дипломатия，Москва，2003.）不仅是当代俄罗斯第一部综合系统地研究

① 高飞：《外交学译丛 · 总序》，北京：北京大学出版社，2005 年版，第 1 页。

② 唐骅：“介绍《国外外交学》”，《世界知识》1990 年第 22 期。

外交学的著作，而且资料翔实、论题广泛、引述丰富。[①] 在西方，美国学界首先认识到了研究外交的重要性。1997 年国际研究学会成立了外交学分会。外交学分会成立后，积极推动在国际研究会的主要期刊上发表关于外交学的论文，出版相关外交学专著，并在此基础上于 2006 年创立了专门研究外交学的学术期刊——《海牙外交学研究》（The Hague Journal of Diplomacy）。该杂志设立在具有外交传统的荷兰而非美国，其刊物的编委会成员也来自世界各国，其构成比国际关系研究更具世界性，反映了外交学研究的广泛性和世界性。[②]

在此背景下，国内越来越多的院校开设了外交学专业或课程，以满足专业学生获知外交理论或常识的愿望或专业发展的要求，再加上其他领域中对外交实践与理论感兴趣者，已然形成了一个数量很大的相关读者群。但由于研究队伍偏小，外交学所涉及的内容与许多学科直接相关或交叉，加之外交活动范围扩大带来的外交学研究难度的增加，国内有关外交方面的研究成果虽然很多，但外交学教材系统建设却相对缓慢。再就是，作为一个实践性很强的研究学科，外交学涉及谈判交涉、办案调研、政策的具体实施和落实等，对语言交流、礼宾礼仪、迎来送往等技术能力有相当高的要求，大多需要在实践中加以学习和掌握。当今大多从事外交学研究的学者都没有外交实践经验，这种理论与实践的脱节也是制约外交学作为一门社会科学的学科发展的重要原因。[③]

迄今，相关学科的新研究成果已经极其丰富，外交实践的变化与发展给外交学体系的建构提供了丰富的素材，为一些问题的探讨增添了更多的依据，外交学中一些概念的内涵与外延也有了新的界定与阐述。进入新世纪以来，外交学得以“复兴”，外交学研究遇到了前所未有的机遇。就像保罗·夏普这位革新派的领军人物一针见血地指出的那样：“没有比现在更加合适的研究外交学的时间。美国在重新发现，欧盟在创新，中国人在给它打上中国特色，甚至连塔利班也在进行思考。”[④] 为此，借鉴 2005 年《新编外交

① 宫世霞：《当代俄罗斯外交学研究》，外交学院 2008 级博士研究生毕业论文，中国知网。

② 张清敏：“外交学学科定位、研究对象及近期研究议程”，《国际政治研究》2012 年第 4 期。

③ 同上。

④ Paul Sharp, “Diplomats, Diplomacy, Diplomatic Studies, and the Future of International Relations and International Studies,” *International Studies Review*, Vol. 13, 2011, p. 716，转引自张清敏：“外交学学科定位、研究对象及近期研究议程”，《国际政治研究》2012 年第 4 期。

学》（南开大学出版社，2005 年版）的写作与教学运用过程中所获得的新认识与经验，笔者认为有必要重新为专业学习者或相关读者提供一本能够反映当代外交发展现状、脉络清晰并基本能反映专业研究成就的简明专业著作，同时也想将自己的一些学习心得与探讨阐述出来与同行或感兴趣者进行交流。

本书写作紧密结合外交现实与理论实际，立足现有国内外特别是国内的研究成果，本着概念清晰、逻辑框架简明、信息丰富、历史与现实相结合的原则，既基本反映当代外交的发展进程与理论研究硕果，又予以重点突出、观点简洁鲜明的系统论述；既追求学理性、启发性，在传承确定知识的同时，也适当引入尚有待观察或深入研究的东西；同时在写作过程中为专业学习者及其他读者留下进一步扩充专业知识、进一步思考的空间。

在本书具体的写作过程中，笔者参考、引用了国内外许多专业研究者的成果，在此一并致谢。

特别致谢国际关系学院的领导与科研处、国际政治系等部门领导、同事，以及时事出版社、本书责任编辑所给予的大力支持。

最后，感谢中国外交学科建设的积极推动者、外交学院高飞教授在繁重的教学管理与教学科研工作之余为本书作序。

李　渤

2014 年 5 月

第一章　外交学研究的对象与范围

作为一门系统总结外交实践经验，探讨外交学理及其规律，把外交作为以和平方式处理国家关系的科学进行研究的学科，① 外交学体系建构中的难点在于它的内容、研究方法与许多学科相关联或交叉，尚未理清与其有着密切相关性学科的“学科边界”，从方法论角度，还未能体现出自己“学科特性”的研究方法体系或一个“深思熟虑的理论框架”。“与国际关系学相比，外交学作为一个次级学科没有清晰的、可操作的理论。这并不奇怪。史料充分显示，外交和外交学对于理论存在着天然的排斥和惰性。由此，21 世纪的外交研究与 21 世纪的国际环境一样令人困惑。”② 因此，有关外交学研究对象与范围的论述、观点多有分歧，各有千秋，呈现着易变、多元的状态。

第一节　外交学的研究对象、范围

构成一门独立学科的基本要素主要有三个：研究的对象或研究的领域，即独特的、不可替代的研究对象；理论体系，即特有的概念、原理、命题、规律等所构成的严密的逻辑化的知识系统；方法论，即学科知识的生产方式。每一门学科都有自己特定的研究对象和领域。③ 明确学科的研究对象与范围，是确定学科特征与学习、理解学科具体理论、知识的前提。

---

① 钱其琛主编：《世界外交大辞典》下卷，北京：世界知识出版社，2005 年版，第 2054 页。

② [英] 斯图尔特·默里（Stuart Murray）：“外交学的复兴”，《国际政治研究》2012 年第 4 期。

③ 百度百科：“学科”，http：//baike. baidu. com/link？ url = fYDb-xnc-tpriOKURT-SlPnRbP4GrDmW5zMqfxmNElQBKaoOd_ bX2ywvmfGo8Btn。

一、外交学的研究对象

中外专家和学者对外交学研究对象的认识不尽相同。有的强调研究外交的实务和技术，有的强调研究外交的学理和规律，还有的主张研究外交的学理和技术并重。

国外传统的观点是将外交解读为一种对于主权国家国际行为的研究，一种由国家所执行的功能，更加关注外交在处理高级政治议程中的作用。与之相对的新的认识则强调外交是一种平等、网络化和稳定的非国家行为体之间的关系。这些行为体拥有独立、低级政治的目标和参与外交事务的资源、专业能力和知识，致力于实现在诸如人权和发展援助等领域当中的目标。非国家外交行为体利用国家的不足来推动它们的议程，提高它们在国际关系等级中的地位，运用更有效的新方法来解决全球性问题。[①] 还有一些人“试图去提供观察外交图景的变动与其中外交模式和形态的变化”，[②] 主张平等对待国家和非国家行为体，既要重视传统外交，也要关注非传统外交，“呼唤理论创新，避免旧有的模式和标签”。[③]

中国学者主张学理与实务并重。20 世纪 30 年代，中国外交学研究者顾少川认为，“外交固不能脱离事实，尤不能脱离学理。前者为外交术，后者为外交学。无外交学则不能有外交术，学理与技术盖外交前进之双轮”。资深外交家刘达人曾认为，外交学的研究对象是一切国际外交行为。[④] 如此，外交学研究的对象应是一国外交的机构根据本国的外交政策从事对外交涉、活动、手段和程序的综合。它们包括如下层次：外交本质、外交形式、外交机构的活动、外交的规则与程序、外交的技术与技巧等。

而今天的研究者则主张，外交学作为国际政治学的一门分支学科，以及

---

① ［英］斯图尔特·默里（Stuart Murray）：“外交学的复兴”，《国际政治研究》2012 年第 4 期。

② Jan Melissen ed., *Innovation in Diplomatic Practice*, New York: Macmillan, 1999, p. xx., 转引自［英］斯图尔特·默里（Stuart Murray）：“外交学的复兴”，《国际政治研究》2012 年第 4 期。

③ Miles Kahler, “Inventing International Relations: International Relations Theory after 1945,” in M. Doyle& G. J. Ikenberry eds., *New Thinking in International Relations Theory*, Boulder, 1997, p. 43., 转引自［英］斯图尔特·默里（Stuart Murray）：“外交学的复兴”，《国际政治研究》2012 年第 4 期。

④ 刘达人：《外交科学概论》，上海：中华书局，1937 年版，第 4—6、16 页。

社会科学领域中的一门新兴学科，是一门既具理论性、又有很强实践性的学科。它是以国家对外行使主权的外交行为这一领域所特有的矛盾性为主要研究对象，即是研究国家实行其对外政策的外交实践经验，并探索外交行为的规律性的学科。①

概括起来，外交学的研究对象大致可以分为三类：②（1）从法律的、逻辑的角度看，外交学属于国际法的一个分支。外交作为一种制度，有一系列国际法规、成规或惯例保证外交职能的行使。（2）从经验的、实用的角度看，外交学是研究国际关系实践的技巧与艺术，是外交家、政治家外交经验的总结与升华。（3）从历史的、现实的角度看，考察外交方法的演变及当代外交的特点。

总而言之，外交学是研究国家外交行为的因果关系，国与国之间交往及解决国与国之间产生的矛盾和问题的基本原则、方式的学科。

二、外交学的研究范围

对外交和外交学的研究与探索经历了相当长的历史时期。自中世纪末至现代，有许多中外法学家、其他专业领域的学者以及外交家研究和探索外交的原则、规范、惯例及技术，寻求解决国际争端与纠纷的方法和规则，在促进国际法发展的同时，也使外交学逐步发展起来。如国际法学的鼻祖 H. 格劳秀斯（Grotius，H）在其《战争与和平法》（1625 年）中专章叙述了使节的权利；亚伯拉罕·威克福特（Wicquefort，A）的《使节及其职权》（1681 年）曾长期为西方外交家奉为必备指南；弗朗索瓦·德卡利埃的《论与君主谈判的方法》，被萨道义称为“政治智慧的源泉”，哈罗德·尼科松认为它是“自古以来最好的一本关于外交手段的著作”。随后则有 O. 克劳斯克（krausko，O）的《现代外交学的发展》、L. 奥本海（Oppenheim，L）的《国际法》、R. 项纳（Genct，R）的《外交学和外交法》、马尔丹斯（Martens）的《外交学》、E. 萨道义（Satow，E）的《外交实践指南》（1917 年）、哈罗德·尼科松（Harold Nicolson）的《外交学》（1939 年）、中国刘达人的《外交科学概论》、廖德珍的《外交学》、杨振先的《外交学原理》、

① 鲁毅等著：《外交学概论》，北京：世界知识出版社，1997 年版，第 6 页。

② 《周恩来外交学》，http：//www. lantianyu. net/pdf11/ts064029. htm。

杨熙时的《现代外交学》、维辛斯基和葛罗米柯先后主编的《外交辞典》，以及B. 森（Sen，B）的《外交人员国际法与实践指南》。[①] 第二次世界大战结束以来，有关外交方面的研究成果和著作更是汗牛充栋。其间，还有许多外交史书籍出版。

从至今已有的成果来看，各国学者对外交学研究的范围和领域有着不同的观点和看法。一般认为，外交学研究范围和领域应涉及外交史、外交思想和理论、对外战略和政策、外交手段及外交技术等领域。而且，随着人类社会的进步、科学技术的飞跃发展及国际形势的变化，外交理论、实务和技术手段都会发生相应的变化，外交学研究的领域也会越来越宽，涉及的范围越来越广。“人们努力去解释外交范围的不断延展，比如说公共外交、私人外交、军事外交、领域外交或公民外交。”[②]

国外的主要观点为：外交学是“一种对于外交历史发展的叙述；外交部的组织；外交政策的形成；大使馆的功能；外交官的品质；以及关于谈判、外交特权与豁免，从国际贸易、法规到外交礼节、公约等事务的不同解释”。[③] 中国学者杨振先认为，外交学研究的主要范围系外交机关，并说明此项机关如何进行外交事务，而外交政策的决定，则为此项机关的主要事业。[④] 刘达人在其《外交科学概论》中将外交学研究范围概括为纵向、横向与规范的三个方面：纵向的包括外交通史、外交分史、外交段史、外交政策史、外交思想史、外交进化史等。横向的包括一般外交学、外交机构、外交权与控制权、外交行政、领事制度、外交政策，也包括特殊的国际关系及其背景、国际组织、国际政治、国际条约、国际会议、国际立法等。规范的包括国际公法、国际私法，以及作为外交的道德的指导原理哲学。[⑤]

当代中国外交学学科体系则应涉及：外交的概念、原理与规律；不同历

---

① ［苏］波将金等编，史源译：《外交史》第一卷（上），北京：三联书店，1979年版，第305—307页；周启朋、杨闯等编译：《国外外交学》，北京：中国公安大学出版社，1990年版，第314页；鲁毅等著：《外交学概论》，北京：世界知识出版社，1997年版，第7—8页。

② Paul Sharp, “Diplomacy in International Relations Theory and Other Disciplinary Perspectives,” in P. Kerr and G. Wiseman eds., *Diplomacy in a Globalizing World*, p. 60，转引自张清敏：“外交学学科定位、研究对象及近期研究议程”，《国际政治研究》2012年第4期。

③ ［英］斯图尔特·默里（Stuart Murray）：“外交学的复兴”，《国际政治研究》2012年第4期。

④ 杨振先：《外交学原理》，上海：商务印书馆，1935年版，第8页。

⑤ 刘达人：《外交科学概论》，上海：中华书局，1937年版，第17—18页。

史时期和不同阶级本质国家的外交的特点；外交政策与策略；外交机关与外交行政；外交谈判的程序与技巧；外交礼仪与外交礼节；外交文书与外交语言和用语；国际会议与多边外交；当代外交新现象和新特点；外交典型安全研究。[①] 出于阅读或使用对象的考虑，本《外交学》的具体内容涉及：外交的起源与历史演变，当代外交的基本准则、规则和惯例，外交制度，当代外交的方式与类型，外交谈判，国际组织、国际会议与国际条约，一般的外交业务与技术；外交官的素质要求、外交人员遴选与培训，以及现代外交与其他各个领域的关系；中华人民共和国的外交理论与实践、外交风格与特色。

第二节　外交学研究的指导思想与研究方法

每一学科探讨或研究的开展都有自己遵循的依据、方向、原则与方法。而“一门学科之所以成为一门学科，其原因不在于它的研究对象，而在于它的分析方法”。[②]

一、外交学研究的指导思想

第一，基于辩证唯物主义与历史唯物主义的立场，贯彻理论与实践相结合的原则，兼顾科学性与系统性，做到外交学理与外交实践并重。

用辩证唯物主义和历史唯物主义观点、立场看待问题、分析问题是基本原则，在此前提下，还要解放思想，更好地理解外交理论建构与实践中产生的问题与本质，探讨外交发展中带有规律性的东西或内容。既要注意对外交实践中典型事例的分析，又要贯彻外交学体系结构的逻辑要求。简言之，对外交理论、发展历史和现状要做到统筹兼顾。

第二，注意突出外交学独特的研究对象和范围，避免与相关学科过多重复。

作为一门研究主权民族国家对外政策与实施或外交实践规律的学科，外

---

① 王德仁：“建立中国化的外交学刍议”，《外交学院学报》1988 年第 4 期。

② ［美］加里·S. 贝克尔著，王业宇、陈琪译：《人类行为的经济分析》，上海：三联出版社，1993 年版，第 7 页。

交学与政治学、国际政治学、国际法学、史学等一些学科联系密切，内容多有“交集”。因此，在学习与探讨过程中，既要注重外交学与其他学科间的密切关系，也要予以区别，即外交学的研究要突出研究国家对外政策的谋划、制定过程与行为方式，外交本质、外交制度及应用性和实践性强的特点。

第三，强调中华人民共和国的外交理论和实践、外交风格和特色。

对当代中国外交实践及其贡献予以及时、深入的分析与理论总结，是推进具有中国特色外交学体系建设或外交学中国化的重要环节，“新中国的外交学思想自然应该是中国特色外交学理论的重要一部分”。①

第四，着重于现当代外交及外交学的变化发展趋势。

冷战结束以来，全球化的深入发展，人类知识、科技的飞跃进步，推动国际社会进入了变动时期。全球性问题的增多与解决的复杂化，国与国关系的重构，当代主权民族国家议事日程、活动优先指向的转变，推动了外交领域的变化、发展，外交与政治、经济、文化、社会、军事等事务的结合越来越密切，外交环境也越来越复杂、多变。这对当代外交学的构建提出了许多新问题与挑战，需要对这些问题与挑战予以深入的分析、思考与应对，以此突出外交学的时代特征。

二、外交学的研究学习方法

从事任何研究及在学习过程中都需要运用正确的方法，外交学的研究和学习也不例外，只有采用科学的方法，才能揭示国家对外行为的性质、目的、特征及走向。因为“解释一个国家为什么采取它所采取的外交行动的关键在于其决策者作为行为者对环境的判断”，“对环境的判断”又取决于决策机构内部成员的关系，他们存在的国际和国内环境，以及决策者个人的个性、价值观念和认识等。② 所以，在外交学研究和学习中，经常会采用多种方法，主要有：

---

① 张清敏：“外交学学科定位、研究对象及近期研究议程”，《国际政治研究》2012 年第 4 期。

② Richard C. Snyder, H. W. Bruck, and Burton Sapin, *Decision Making as an Approach to the Study of International Politics*, Princeton: Princeton University Press, 1954, p. 12.

（一）历史研究法

每一人文学科的探讨或研究都起始于历史研究。恩格斯曾指出，“每一个时代的理论思维，从而我们时代的理论思维，都是一种历史的产物，在不同的时代具有非常不同的形式，并因而具有非常不同的内容。因此，关于思维的科学，和其他任何科学一样，是一种历史的科学。”① 外交理论与思想有着悠久的历史渊源，过去的外交发展史是我们理解外交现实的有益基础。外交史、国际关系史、政治学说史都是外交学研究的中心内容，这些本来就属于历史范畴。

（二）阶级分析法

外交是国家行为，而国家是具有阶级性的。因此，我们在进行外交学研究和学习时，要注意每个国家和政府的阶级性质。一个国家的外交行为首先考虑的是本国统治阶级的利益，只是兼顾本国其他阶级的利益。换言之，外交学既服务于一国的外交利益，也服务于本国的阶级利益。

（三）经济研究方法

经济因素归根结底是“历史过程中的决定性因素”。② 国家特别是当代国家的对外政策和实践追求的是国家利益，尤其是其中的经济利益。在研究和学习外交学时，我们要善于揭示每一具体外交事件的经济根源。

（四）比较分析法

比较分析法即对两个相互联系的研究对象或问题、事例加以比较，从而认识其本质和规律并作出正确的评价。在外交学研究和学习时，既要对一国的某个具体外交行为进行纵向比较，又要将其与他国的外交行为进行比较，再就是对外交行为产生的条件、背景及效果或影响的对比分析。

（五）定量分析法

定量分析法又称数理分析法，是通过对社会现象的数量特征、数量关系

---

① 恩格斯：《自然辩证法（1873—1883 年）》，《马克思恩格斯选集》第 3 卷，北京：人民出版社，1972 年版，第 465 页。

② 《马克思恩格斯选集》第 2 版，第 4 卷，北京：人民出版社，1995 年版，第 695 页。

与数量变化进行分析，揭示和描述社会现象的相互作用和发展趋势。这一方法在西方尤为流行，近年来在中国的外交学研究中也得到运用。但在具体运用时，要注意与定性分析相结合，注意尽量克服、减少定量分析法的内存缺陷。“定性分析是定量分析的基本前提，没有定性的定量是一种盲目的、毫无价值的定量；定量分析使之定性更加科学、准确，它可以促使定性分析得出广泛而深入的结论。”①

（六）个案研究法

个案研究法又称案例分析法。典型案例往往是问题与矛盾的交汇点，并蕴涵着深刻的理论意义。通过对某一具体外交案例的分析、研究，可从中归纳总结出具有普遍意义的性质、特征、规律，在解释、充实和发展外交学理论的同时，也增添了生动与趣味性。

（七）系统研究法

系统分析方法是从系统的着眼点或角度去说明、分析、探讨或研究问题或事物的理论和方法。外交是一个含有若干子系统的大系统，有其独特的结构、动力、环境及其运行和演变的规律。因此，在外交学的探讨与研究过程中，既需分析外交系统目标、组成要素、环境及系统运行资源与管理制度，又要分析一个子系统与整个系统的关系、各子系统之间的关系，在把握宏观的同时兼顾微观。这样可以准确地诊断、分析外交矛盾与问题，深刻地揭示其起因，进而深化理论认识。

当然，在外交学的研究和学习中，大概更多的是综合运用各种方法，即博采各种研究方法之长，避各种研究方法之短，并积极、努力引进新的研究方法，对具体的外交事件、问题进行多角度、多层次的鉴别和分析。

第三节　外交学与相关学科的关系

从研究领域的角度看，外交学涉及外交史、外交理论、外交政策和国际

---

① “定性分析”，http://baike.baidu.com/link?url=by3aR-C0aA7gZXF0s2Amqc5H_tyaKUIs06q56rFpV5kOHdDMadi8agcB_YWc-cyn。

法，以及语言学、文学、哲学领域，因此外交学与国际关系学、国际法学有着密切的关系，又与哲学、心理学、史学、国际经济学、公共关系学、决策学、民族学、社会学及发展理论等相关。随着外交活动领域的扩展、外交学理论的深化、新兴学科的不断涌现，外交学所关涉的学科或与其他学科交叉、综合的趋势会越来越明显。

一、外交学与国际政治学

国际政治学是研究国际政治行为体之间的政治关系及其发展变化的一般规律的学科。外交学也倾向于行为体之间的互动关系，但关注的是互动方式，如沟通、谈判、冲突的解决，相对倾向于对外交行为体运用这些方式时的手段、智慧和技巧，在实际功用方面，外交研究比国际关系理论能够更好地满足政策实践者对学术界的要求，同时也比较容易吸收和借鉴政策实践的经验。[①] 而国与国之间的政治关系是国家间外交关系的主要内容之一，国际关系的政治格局、发展的动向影响着国家对外战略和政策的调整，国际关系的发展历史是现代外交起源和演变的基础，因此研究和学习外交学自然离不开对国际关系理论、历史与现状的研究和学习。[②]

二、外交学与国际经济学

经济利益是国家利益的核心，国际经济关系是其他国际关系演变的基础。发展与其他国家的经济关系，促进新型国际秩序的建立，扩大本国的经济利益，越来越成为当代世界各国外交的主要目标。在21世纪，经济与科技外交的意义必将愈加突出，因而也是外交学研究和学习的重要内容。

三、外交学与国际法学

外交的出现远早于国际法的产生，可以说，国际法是外交的产物，但国

---

① 张清敏："外交学学科定位、研究对象及近期研究议程"，《国际政治研究》2012年第4期；熊炜："'找回外交'：理论、制度与实践"，《国际政治研究》2009年第3期。

② 金正昆：《现代外交学概论》，北京：中国人民大学出版社，1999年版，第25页；鲁毅等著：《外交学概论》，北京：世界知识出版社，1997年版，第13页。

际法又为外交提供了一定规范，外交应当在符合国际法的准则下进行。[①] 伴随国际关系的发展而构建起来的国际法学，主要研究的就是对协调国家间相互关系有约束力的原则、规则和制度。这些都与外交关系法，外交准则、规则和惯例有着密切的渊源关系，国际法的产生使近代外交得以确立。因此，国际法学中诸多内容都是外交学研究的主要内容，也有人认为外交学是“实用的国际法”。

四、外交学与地缘政治学

人类社会是在一定的地理空间中存在和发展的，作为一种天定与恒定的因素，地理深刻地影响了人类历史的进程和面貌。黑格尔说过，人类历史具备地理的基础。马克思和恩格斯也说过，地理因素是人类社会存在和发展的物质基础之一，对不同地区的经济、政治、社会和文化生活会产生极大的制约作用。国际关系和作为国际关系主体角色的国家以一定的地理空间为活动舞台，因此地理因素构成了国际关系的空间条件。正如哈罗德和玛格丽特·斯普劳特所说，“不参考整个人类的和非人类的、有形和无形的环境因素光谱，就无法充分理解国际政治的背景”。[②]

第二次世界大战结束以来，有哪个大国的全球政治分析、国家战略的制定、外交政策的调整没有考虑到地缘政治因素呢？可以说，否认地理因素与人文因素之间恒久的联系是不可能的。我们虽然并不赞成地理环境决定论的极端认识，但谁都不会否认地理因素对国际关系的影响力。冷战结束后，欧洲统一进程加快、北约东扩、美国超强独霸地位凸显，世界局势出现不稳定态势，从而使与新的政治格局发展趋向相适应的地缘政治观也出现了大的变革。冷战后，地缘政治开始注重经济科技文化等综合国力竞争，从关注自然环境到关注人文社会环境，非传统安全因素对地缘政治的影响日益加大，非传统安全地缘政治板块逐渐形成。随着全球范围内非传统安全因素的上升，伊斯兰极端主义与文明冲突加剧、大规模杀伤性武器扩散与国际恐怖主义蔓延、气候环境变化与资源能源争夺等因素对传统地缘政治产生了深远影响，

---

① 杨公素：《外交理论与实践》，成都：四川大学出版社，1992 年版，第 67 页。

② 金应忠、倪世雄：《国际关系理论比较研究》，北京：中国社会科学出版社，2003 年版，第 255 页。

地缘政治学已经成为表达全球大国间政治战略上的对抗与竞赛的通俗术语，欧美大国的政党、议会和各种政治势力集团对影响自己国家利益的各种国际事件、变革和关系、格局十分敏感。

正如罗朗·柯恩·达努奇所言，“未来世界不是一个由于全球化而变得平坦和统一的世界，不是一个因多极化而变得平衡的世界，而是一个被全球一体化和国家地区分裂相互对立的力量所左右的、以地缘政治和原教旨主义的反常回归和技术与通信革命为特征的、既面临战争危险又充满和平前景的二元的和不稳定的世界”。[①]“现代地缘政治学的真正价值是对构成国际关系基础和影响政治互动的地理因素的学术分析。这种分析并不决定国策制定的必须方向，但它确实提供了合理的方向，提醒决策者务必注意他们的决定对以上关系与互动的影响。”[②]

五、外交学与交际学、心理学

外交学和交际学的研究对象与领域明显不同，但广而言之，两者涉及的都是人与人之间的交往，只不过外交学研究的是代表国家政府、具有特殊身份的个人之间的交往。因此，交际学所研究的一般人际交往规律也能给外交学提供有益的借鉴和昭示。

国家对外政策是国家中个人或个人集团的政治和法律行为的表现，而这种个人或个人集团的政治、法律行为必然在一定程度上受他们心理因素的调节。[③] 对外决策是以人们对客观世界的认识为基础的主观活动的结果，是人类思维的产物。[④] 一个国家的对外政策还反映着该国家民族的文化和特征，是将本民族情绪情感、民族意识、民族意志、价值观念、民族需求内化于国家对外政策之中的过程。如果我们能够了解某个民族的性格特征，熟悉其待人接物、处世做事的心理状态，行为方式上的特点，我们和这个民族的群众就容易有共同的语言和感情上的共鸣，因而有利于彻底消除历史上遗留下来

---

① ［法］罗朗·柯恩－达努奇著，吴波龙译：《世界是不确定的——全球化时代的地缘政治》，北京：社会科学文献出版社，2009 年版，中方版前言。

② ［美］索尔·柯恩著，严春松译：《地缘政治学：国际关系的地理学》第 2 版，上海：上海社会科学院出版社，2011 年版，第 14 页。

③ 蒋云根：《政治人的心理世界》，上海：学林出版社，2002 年版，第 3 页。

④ Joseph Frankel, *The Making of Foreign Policy: An Analysis of Decision-Making*, Oxford University Press, 1963，前言；张季良：《国际关系学概论》，北京：世界知识出版社，1989 年版，第 89 页。

的民族隔阂和不信任心理。[①] 所以，外交学的研究和学习还需具备、掌握相关心理学的理论知识。

总之，外交学既有其独特的研究对象和领域，同时又与其他一些学科相互交叉、相互渗透，只有不断总结、研究各国外交实践，特别是中国的外交实践，同时加强研究力量的整合，充分吸收和应用相关学科的科研成果，才能建设好中国的外交学。

① 熊锡元：《民族心理与民族意识》，昆明：云南大学出版社，1994年版，第18页。

第二章　外交：概念与功能

外交是国家发展对外关系，处理国际问题，贯彻本国对外战略与对外政策最常用、最基本、最重要的和平手段，包括国与国之间的交往联系、信息传递，国际谈判和协商，签订国际条约和协定，参加国际组织的活动，创造、修正国际规则等等。在各种利益交织的复杂的现代国际社会，外交能够提供一种寻求共享价值的渠道，有助于不同的行为体寻求共同的利益目标，[①] 进而缓和国与国之间的矛盾，削弱或减少国际冲突或摩擦的烈度或发生概率。

第一节　什么是外交

外交实践有着悠久的历史，也给今人留下了丰厚的遗产，这是我们探索、研究外交的凭据及理论构建的基础。

一、外交的历史演变

人类外交活动的历史非常悠久，有人认为在国家产生之前就有了外交活动的萌芽。英国外交家哈罗德·尼科松（也被译为聂尔逊、尼科尔森等）写道："如果把外交看作是处理一群人和另一群人关系的正常行为，那它早在人类有历史记载以前就存在了。"原始部落之间就有某种形式的交往或谈判，从最初有文字记载的历史中，人们就得知，远古中国的尧就接见过邻邦的特使，所罗门国王与四周邻国结过盟并款待过来访的示巴女王（Queen of

① 李少军：《国际政治学概论》，上海：上海人民出版社，2002 年版，第 228 页。

Sheba)。[①] 奥本海在其《国际法》中也写道，外交使团“同历史一样悠久”。[②]

但我们今天所言意义上的外交，即外交是国与国之间进行交流往来的必要手段是在国家产生以后。那时，地理位置相近的国家的统治者时常会派遣信使传达王命、进行联系、传递有关信息或馈赠礼品，谈判条约或结盟，调节王国间的纠纷等等。据有关记载和考古发现显示，早在公元前2500年左右，地中海沿岸的古国间就有外交往来。有文献记载那时位于这一区域的埃伯拉（Ebla）王国与哈马兹（Hamazi）王国派遣使者进行平等谈判，并达成了“协定”：“你是我的兄弟，我也是你的兄弟。作为兄弟，我将准许你的任何要求，而你也会准许我的任何要求。”[③]

公元前2000年代中期左右，中近东最大的国家古埃及王国与其邻近小亚细亚半岛、两河流域、巴勒斯坦和地中海沿岸的一些国家间外交往来较频繁。它们不但有国王间的“外交信函”，进行“建交”谈判，还相互交换外交代表团。公元前1296年，为对抗亚述帝国的威胁，古埃及王国还与位于中东的赫梯王国签订了军事同盟条约，规定双方互不侵犯，不论是在反对外敌还是“内敌”时，两国都有互相援助的义务，并应采取一致行动，同时还就两国相互引渡政治犯订立了特殊条款。条约最后加盖两国“国印”，并经双方签字。此是外交史上已知最早、较规范的国际条约。

印度次大陆从很早的年代起也开始了外交活动，出现了负有不同外交使命的多种类型的外交使节。古代印度人认为，外交使命的成功与否，有赖于外交使节人格品质的好坏，而用于阻止战争与巩固和平的外交技术则是以外交使节为转移的，他们是同盟的缔造者和离间者：“要努力通过谈判、收买、离间来瓦解敌人，可并用或分用这些方法，不必诉诸战斗”；外交的全

① ［英］哈罗德·尼科松著，眺伟译：《外交学》，北京：世界知识出版社，1957年版，第24—25页；［美］埃尔默·普利施科著，周启明、顾德欣、熊志勇等译：《首脑外交》，北京：世界知识出版社，1990年版，第14页。

② 金桂华：《外交谋略》，北京：世界知识出版社，2003年版，第159页。

③ John Baylis，Steve Smith and Patricia Owens，eds.，*The Globalization of World Politics*，Oxford：Oxford University Press，1998，p. 251，转引自李少军：《国际政治学概论》，上海：上海人民出版社，2002年版，第230页。

盘策略就是“要使友邦、中立国和敌人都不能取得对自己的优势”。[①] 在古代印度还形成了有关外交规则，“国际生活中的最复杂问题，首先要循外交途径去解决，实力则放在第二位”。写于公元前4世纪的《政事论》对外交目的、外交文书、外交的实践和方法也都有论及。[②] 它指出，外交政策内容包括和平、战争、中立、备战、联盟和离间敌人。

在古希腊神话中，赫尔墨斯（Hermes）被崇拜为使节和传令官的庇护神。荷马史诗《伊利亚特》中则多次描绘了使节和传令官的形象。[③] 公元前5世纪左右，古希腊城邦之间的外交活动非常活跃，希腊语中的“委任书”一词成为后世西方各国语言中的“外交”一词的词源，古希腊人甚至已经建立了关于正常外交关系的一些制度，并且有了一些大家默认的“法律”：[④] 通过仲裁解决争端，不经宣战不能开战；给外国使节以特别尊敬，保证他们受到良好的招待，使节不可侵犯；对在寺庙中避难的人不得加以杀害；战俘可以交换或赎回，战场上的死者无论敌友一律予以掩埋等等。古希腊城邦一些国家间设立了“同盟会议”，最初有12国参加，各国权利一律平等。每一国家选派一名正使、两名副使出席会议，每一国家有两票投票权。同盟会议决定宗教、对外战争、仲裁、缔约等重大问题。公元前432年，斯巴达王国还召开了一次多国外交会议，决定是否以战争来惩罚雅典城违反条约的行为。古罗马帝国对外交往多而复杂，分派20个祭司管理外交事务。古罗马帝国由于重视法律和契约，所以对其后的外交活动规则和国际法的创立都有影响。古罗马帝国还制定了一套接待外国公使的礼仪，实际上开创了外交礼宾的先例；帝国还设立了外交学校。古罗马帝国认为公使不可侵犯，作为帝国的公使，既可获得巨额的收入，又享有崇高的地位。[⑤]

---

① ［法］迭朗善译，马香雪转译：《摩奴法典·国王和武士种姓的行为》第七卷，北京：商务印书馆，1982年版，转引自杨闯：“外交起源、早期演变与常驻使团制度的确立”，《外交学院学报》1992年第2期。

② ［英］哈罗德·尼科松著，眺伟译：《外交学》，北京：世界知识出版社，1957年版，第28页；［苏］弗鲍爵姆金主编，叶文雄译：《世界外交史》第一分册，北京：五十年代出版社，1950年版，第6—7、20、21页。

③ 杨闯：“外交起源、早期演变与常驻使团制度的确立”，《外交学院学报》1992年第2期。

④ ［英］哈罗德·尼科松著，眺伟译：《外交学》，北京：世界知识出版社，1957年版，第28页。

⑤ 鲁毅等主编：《外交学概论》，北京：世界知识出版社，1997年版，第19—24页；杨公素：《外交理论与实践》，成都：四川大学出版社，1992年版，第5—7页；杨闯：“外交起源、早期演变与常驻使团制度的确立”，《外交学院学报》1992年第2期。

古代中国的外交也相当发达而生动，外交规则相对比较完善，中国人使用“外交”一词也要比西方早得多。[①]《礼记》中写道：“为人臣者，无外交，不敢贰臣也。”《春秋·隐公元年》中有：“寰内诸侯非有天子之命，不得出会诸侯。不正其外交，故弗与朝也。”《韩非子·有度》中言：“忘主外交，以进其余。”《墨子》中说：“近者不亲，无务来远，亲戚不附，无务外交。”《国语·晋语》中讲：“乃厚其外交而勉之，以报其德。”但中国古语中的“外交”指的是臣子与诸侯或个人之间的交往，并非今日“外交”之含义。古代中国称外交为“外事”，清末曾称之为“外务”。西周设“佐王建保邦国”的“大宗伯”官职，其职责中含有“以凶礼哀邦国之忧”、“以宾礼亲邦国”、“以军礼同邦国”（《周礼·春官》）等，实际上相当于专司邦国间往来礼仪的“外交官员”。古代中国列国纷争的春秋战国时期，更是为外交活动提供了广阔的空间与舞台，那时“周室衰微而诸侯强盛，朝聘以修好，报拜以尽礼，庆吊以通交，救恤以共存，会同以为政，盟誓以结信”。[②]“使于国文，不辱君命”（见《论语》）[③] 已经成为重要的外交观念，并形成了礼、信、敬、义等外交规则。在此期间产生的对外战略、策略、手段和方式也十分丰富多彩。而“合纵连横”、“晏子使楚”、“完璧归赵”、“葵丘之盟”更是生动的外交实践事例。[④]

进入封建社会后，中国与邻近的民族和国家相互交往频繁，甚至还与相距较远的欧洲和非洲的民族和国家有通商往来。但由于在相当长的时间里中国生产力和科技文化的发展都处于世界先进水平，直到鸦片战争以前，在亚洲大陆上还没有与中国对等的国家存在，中国统治者是以天国、上国的态度和“天朝大国”的观念对待与其交往的民族和国家的；中华帝国与邻近的民族和国家多是藩属关系或被中国视为藩属，而朝贡制度是中国与它们之间特殊的外交方式。在清朝初年，对于沙俄和英国派来中国的使臣，清朝统治者仍将他们称为朝贡使，并以属国之礼对待。在这一时期，中国封建王朝虽然设有专门机构——如明朝和清朝的礼部，负责对外交往，但是并不与其他

---

① 在西方，1796 年，英国学者埃德门·伯克正式采用“diplomacy”一词表示“外交”，见金正昆：“对外交学研究若干范畴所进行的思考”，《教学与思考》2003 年第 3 期。

② 陈顾远：《中国国际法溯源》，上海：商务印书馆，1933 年版，第 2 页，转引自杨闯：“外交起源、早期演变与常驻使团制度的确立”，《外交学院学报》1992 年第 2 期。

③ 鲁毅等主编：《外交学概论》，北京：世界知识出版社，1997 年版，第 2 页；李少军：《国际政治学概论》，上海：上海人民出版社，2002 年版，第 230 页。

④ 杨公素：《外交理论与实践》，成都：四川大学出版社，1992 年版，第 5 页。

国家建立常驻外交代表关系，只是出于时事需要临时指派使节完成某项使命。最著名的中国派官方使节出使他国进行外交活动的事件是汉代张骞出使西域和明代郑和下西洋，特别是郑和下西洋，是中国封建王朝最大规模的派遣外交特使赴外国联系的事件。但中国封建王朝派遣外交使臣的主要目的还是为了宣扬帝国的国威。

鸦片战争后，清朝政府一度命两广总督或两江总督兼办外交。19 世纪 60 年代，以奕䜣为首的洋务派提出了"外敦信睦"的外交方针，主张适度开放国门，同外国建立正式的外交关系，以适应"数千年未有之变局"。为此，1861 年 1 月 20 日，清政府成立了中国历史上第一个专掌外交事务的机构——总理衙门。而 1877 年 1 月，郭嵩焘出使英国标志着清政府在中西关系中终于放弃了维护旧外交体制的顽强努力，基本上接受了西方的使节制度。到甲午战争前的 1894 年，西方国家向华遣使的共有 13 个国家（其中丹麦公使自 1876 年建立后，一直由俄国代办），清政府向外遣使的国家有 12 个（没有丹麦），遣使的格局基本上确定下来。1901 年 7 月 24 日，朝廷发布上谕，宣布改总理衙门为外务部，列为六部之首。8 月 13 日，庆亲王奕劻等奏定外务部应设司员配额、俸给章程 12 条，规定了外务部的内部组织结构、人员配备以及薪资制度等，并要求所任用的官员需为专职。①

进入封建时代的欧洲，列国纷争，政治混乱，各国在以军事手段扩大领土、争夺财富的同时，还采取其他种种手段，外交手段尤其受到重视。因此，封建时代的欧洲，外交活动频繁而活跃，并得到了较大发展。无论是世俗的国王还是罗马教皇，为了达到自己的目的，在外交中不惜采用谄媚、捏造、欺骗、收买甚至暴力等伎俩，形成了外交上的"马基雅维利主义"。如 15 世纪时，威尼斯的使节向匈牙利王后行贿，求她帮忙使匈牙利王国对土耳其保持敌对态度；法国国王路易六世派驻英王爱德华四世的宫廷大使菲利浦·德·科敏尼斯经常向英国贵族"开工资"，法王路易十一派遣公使常驻外国，他们贿赂驻在国宫廷大臣、散布谣言、鼓动反对派进行颠覆活动、煽动和资助叛乱、干涉别国内政是常务；威尼斯的大使们曾买凶暗杀佛罗伦萨共和国的著名领导人，而西班牙驻英大使也曾与受迫害的英国天主教徒们一

---

① 张永汀："略论晚清驻外使节制度的初步形成过程"，《牡丹江教育学院学报》2006 年第 3 期；杨红林、高艳萍："清末民初外交制度的嬗变及其影响"，《中国社会科学院研究生院学报》2008 年第 2 期。

起密谋收买凶手杀害伊丽莎白一世；与此同时，伊丽莎白派驻西班牙国王菲利浦二世的宫廷大使、诗人托马斯·怀亚特爵士花钱组织一批人去刺杀英国的逃亡者、持不同政见者雷金纳德·波尔。[①]

这一时期，外交发展的重要表现是建立了常驻外国公使制度，创设了领事馆和领事业务。但在教权强盛时期的外交活动中，教皇使臣的排序处于各国世俗国王的使节之前。

但到了封建时代的末期，随着王权的强大、资产阶级的出现、民族国家的渐起，国家主权思想产生了，"国家利益"、"公众利益" 高于一切的口号也随之产生。为了国家利益而从事外交活动成为外交人员崇高、神圣的职责，无论其行为合法与非法、公开与隐蔽、正当与不正当。外交官被认为是派到外国为本国利益而说谎的诚实人。

《威斯特伐利亚和约》中确认了常设外交使节制度，外交人员走向职业化；格老秀斯等创设的国际法，使国家的外交活动，国与国之间的往来有了法律依据和规则。特别是自 1626 年法国设立专门的外交管理机构后，许多国家纷纷效仿设立了专门主管本国外交事务的外交部，外交体系逐渐建立起来并日趋完善。一些已经为各国接受并实践中的外交惯例，如外交代表等级、外交特权确认、优先权规定，都以公约、条约、议定书等形式确定下来。外交行为渐趋规范化，预示了近代外交的走向。

近代时期，诸多民族国家形成、涌现，外交范围迅速扩大。随着资产阶级获得胜利，资本主义向全球扩展，资本主义列强之间为争夺殖民地和世界霸权，维持某种均势，彼此之间矛盾复杂、互相倾轧，国与国之间的关系变化莫测、敌友常变。资本主义列强为了联结或拆散同盟，争取战争的准备时间，以及降低争夺商业利益与瓜分弱小国家的代价，重视制定、确立并推行有利于本国对外政策和权益实现的外交与国际关系规则、制度，注重采用外交手段及发挥外交的作用。因此，舞台变得更加广阔，形式愈加多样化，空间愈加深广。外交在世界事务中的地位得到提高。

但是，资本主义列强之间的外交充满了尔虞我诈、互不信任，更具欺骗性，手法更加阴险，秘密与强权外交成为外交的主旋律。马克思通过对帕麦斯顿的评价，描绘出一幅近代资本主义列强外交官活动的生动画卷："他出

---

① ［美］马丁·梅耶著，夏祖煃等译：《外交官》，北京：世界知识出版社，1988 年版，第 38 页。

卖别的民族，但是他做得非常有礼貌，因为礼貌是魔鬼用来换取受骗的傻瓜的鲜血的小钱；”“谁要是把他当作敌人，大概不会得到坏处，谁要是把他当作朋友，事情就必定糟糕。……只听到冠冕堂皇的借口，而看不出卑鄙龌龊的动机。”①

在此时期，资产阶级的新思想、新观念，如“普遍和平与正义原则”、“不干涉原则”和“民族自决与独立”等思想也不断注入国际关系与外交领域，今天世界各国所通行的，首先在欧洲各国之间形成和实行的一整套外交制度、惯例和形式，随着欧洲各国在全世界的影响而推广到世界其他地区的国家，现代所言的外交因此形成。②

但这也是外交史上的极反动时代，满口“和平”与“正义”的资本主义列强，视非基督教的亚非国家为野蛮、不适用国际法的国家，采用“炮舰政策”、“金元外交”打开这些国家的门户，强迫它们签订不平等条约，将它们变为自己的殖民地或附属国。东方的外交惯例遭到破坏或淹没，其被动地接受、采纳了西方的外交惯例和制度。

进入 20 世纪后，世界经历了两次世界大战，俄国十月革命取得胜利，中国革命获得成功，殖民地半殖民地的民族和国家纷纷解放和独立，世界的各个领域都发生了新的、质的变化。尤其是重获独立的国家及新兴民族国家的涌现，为外交领域增添了许多新思想、新观念、新内容、新创举，外交获得极大发展。

1918 年，美国总统威尔逊发表“十四点”演说，主张废除秘密外交，提倡公开外交。该演说标志着“现代外交”的正式诞生。在东方，列宁的《和平法令》也成为划分新旧外交的重要标志。第二次世界大战结束后，中华人民共和国提出的和平共处五项原则及其创立的新的外交风格等，更是给外交领域吹来了一股强劲的春风。

由于交通与通信技术的革命性进步与发展，两次世界大战的惨痛教训，尤其是第二次世界大战结束以来世界长期处于相对和平时期，加之全球化的深入，国与国之间的联系更加密切，外交受到各国政府的重视，外交的地位空前提高。因此，各国之间的外交活动更加活跃与频繁，外交沟通渠道增多，如国际热线的设立；除了旧有外交形式外，新的外交形式不断出现，经

---

① 《马克思恩格斯全集》第 9 卷，北京：人民出版社，1961 年版，第 392 页。

② 张季良：《国际关系学概论》，北京：世界知识出版社，1989 年版，第 75—76 页。

济手段日益变为外交的主要工具，还出现了核外交。

自第二次世界大战结束以来，由于国际社会进步因素的增多，民主程度的提高，大众传媒的日益发达和参与，国家的外交活动有了不同程度的公开度，霸权主义对外政策及强权外交受到一定约束或限制。随着国际法的丰富与完善（如在外交发展史上具有里程碑意义的、于1945年签订的《联合国宪章》和1961年签订的《维也纳外交关系公约》），外交活动更加规范化和合法化；在现代国际社会，国与国之间的外交磋商机制也日趋健全。然而，在第二次世界大战结束后的相当长时期内，外交领域内的意识形态色彩仍比较浓重。

二、外交的含义

“任何理论首先必须澄清杂乱的、可以说是混淆不清的概念和观念。只有对名称和概念有了共同的理解，才可能清楚而顺利地研究问题，才能同读者站在同一立足点上……如果不精确地确定它们的概念，就不可能透彻地理解它们的内在规律和相互关系。”① 众多专家、学者都对外交的定义做过阐释。有人将外交定义为“利用派驻官员进行政府间交往”，即“主权国家之间通过派驻代理人处理彼此间事务的艺术或科学”。欧内斯特·萨道义的说法是：“外交是运用智力和机智处理各种独立国家的政府间的官方关系，有时也推广到独立国家和附庸国家之间的关系；或者更简单地说，是指以和平手段处理国与国之间的事务。”布莱恩·怀特（Brian White）的解释是，外交是在国际体系运作中居中心地位的沟通过程，是国际行为体通过谈判与对话解决冲突，并且是沟通过程的制度化与职业化。②

哈罗德·尼科松指出，在当代语言中，“外交”一词被漫不经心地用来表示至少5种不同的意思。其中前4种是：（1）外交政策；（2）谈判；（3）进行谈判的机制；（4）外事工作的一个部门。“这个倒霉的词的第五个含义

① ［德］克劳塞维茨著，中国人民解放军军事科学院译：《战争论》第一卷，北京：解放军出版社，2005年版，第97页。

② ［美］埃尔默·普利施科著，周启朋、施得欣、熊志勇等译：《首脑外交》，北京：世界知识出版社，1990年版，第11页；［英］戈尔·布思主编，杨立义、曾寄萍、曾浩译：《萨道义外交实践指南》，上海：上海译文出版社，1984年版，第3页；John Baylis, Steve Smith and Patricia Owens, eds., *The Globalization of World Politics*, Oxford: Oxford University Press, 1998, p. 250，转引自李少军：《国际政治学概论》，上海：上海人民出版社，2002年版，第227页。

是：它具有抽象的特点，从最好的意义上说，表示进行国际谈判的技巧；从最坏的意义上说，表示一种非常狡猾的行为。”他采用了《牛津英文大词典》的“外交”定义：“外交就是用谈判的方式来处理国际关系；是大使和使节用来调整和处理国际关系的方法；是外交官的业务或技术。”①

苏联学者给出的定义是：“外交是各国首脑、政府和专门涉外机构所进行的正式活动，旨在通过谈判、文书往来和其他手段来实现由统治阶级利益所决定的国家对外政策方面的目标和任务，以及捍卫该国在国外的权利和利益。”②

中国的专家和学者也对外交的定义进行了深入的探究。《辞海》中对外交的解释是：“国家为实行其对外政策，由国家元首、政府首脑、外交部、外交代表机关等进行的诸如访问、谈判、交涉、发出外交文件、缔结条约、参加国际会议和国际组织等对外活动。外交是国家实现其对外政策的重要手段。”《中国大百科全书》中的外交定义是：“国家以和平手段对外行使主权的活动，通常指国家元首、政府首脑、外交部长和外交机关代表国家进行的对外交往活动。”③

近年来，中国的专家和学者在多次专题探讨和研究的基础上，给外交作出了新的、较全面的、较严谨的定义：“国家以和平方式通过正式代表国家的行为在对外事务中行使主权，以处理与他国关系，参与国际事务，是一国维护本国利益及实现对外政策的重要手段，不同的国家利益和对外政策决定一国外交的不同性质、内容和特色，形成不同形态的外交。”④ 简而言之，“外交指任何以主权国家为主体，通过和平方式，对国家间关系和国际事务的处理”。⑤ 本书采用的即是这一定义。

---

① 周启朋、杨闯等编译：《国外外交学》，北京：中国人民公安大学出版社，1990年版，第19—20页；[英] 哈罗德·尼科松著，眺伟译：《外交学》，北京：世界知识出版社，1957年版，第23—24页。

② [苏] 葛罗米柯等主编：《外交辞典》第一卷，莫斯科科学出版社，1984年版，第327—329页，转引自鲁毅等主编：《外交学概论》，北京：世界知识出版社，1997年版，第2—3页。

③ 《辞海·国际分册》，上海：上海辞书出版社，1981年版，第212页；《中国大百科全书·政治卷》，北京：中国大百科全书出版社，1992年版，第366页。

④ 钱其琛主编：《世界外交大辞典》下卷，北京：世界知识出版社，2005年版，第2045页。

⑤ 鲁毅等主编：《外交学概论》，北京：世界知识出版社，1997年版，第5页。

外交的本质是主权国家的对外交往活动,[①] 是主权国家之间的联络、沟通与互动，外交是国家主权不可分割的组成部分，这是外交活动的核心。各国外交同样是在对外事务中独立行使自己的主权，这正是主权平等和互相尊重主权原则所要求和主张的，任何一国都无权把自己的主观意志强加给别国。[②]

外交的主体是主权国家，"每个国家和人民在其对内与对外事务中享有政治上的独立性，不受任何外国的控制。每个国家和人民享有完全主权所固有的权利"。"国家主权意味着该国在对内、对外政策上的自主性，不受外国统治的独立性。"[③] 只有享有主权独立的国家才享有外交权，这反映了当今世界由近200个主权国家组成的现实。外交权是国家对内最高、对外独立的主权的一个属性。主权国家通过自己的官方代表，通常指由国家元首、政府首脑、外交部长及其他经正式授权的外交代表，以及以国家、政府、外交部及常驻外交代表机关名义从事的诸如谈判、交涉、访问、会晤、发表谈话、发出外交文件、缔结不同形式的条约及参加国际组织和国际会议等对外活动。[④]

外交客体是外交主体的行为指向者，主要的也是指主权国家，而在当代国际社会还可包括主权国家组成的国际组织。

外交目标与政策因时代、社会政治制度的差异而有所不同。中国春秋时期，规定外交"为四国之援，结诸侯之信，重之以婚姻，申之以盟誓，固国之艰急是为"（《国语·鲁语上》）。这是对西周的"以嘉礼亲万民，以脉膰之礼亲兄弟之国，以庆贺之礼亲异姓之国；以丧礼哀死亡，以吊礼哀祸灾，以桧礼哀围攻，以恤礼哀寇乱，以宾礼亲邦国"（《周礼·春官·大宗伯》），也就是"救乏、贺善、吊灾、祭敬、丧哀"（《左传·文公十五年》）

---

① 国内外也有学者认为，在当代全球化的背景之下，作为近代国际关系基础的国家主权受到了越来越多的挑战，国际行为主体越来越多，非国家行为体的作用不断增强。因此，应采用广义外交概念，这样外交的本质则是国际行为主体在国际社会的行为。参见 José Calvet De Magalhães, *The Pure Concept of Diplomacy*, New York: Greenwood Press, 1988, pp. 11–13，转引自高飞："当代外交学研究现状分析"，《外交学院学报》2002年第4期。

② 黄金祺："论'外交'新定义的理论特色——对《世界外交大辞典》'外交'条目的评介"，《外交评论》2005年第3期。

③ ［苏］科热夫尼科夫主编，刘莎等译：《国际法》，北京：商务印书馆，1955年版，第47、94页，转引自谢鹏："国家主权原则是外交学的基本原则"，《外交学院学报》1988年第4期。

④ 钱其琛主编：《世界外交大辞典》下卷，北京：世界知识出版社，2005年版，第2045页。

的引申和发展。印度古籍《政事论》指出封建时代的外交政策包括6个方面：和平、战争、保持中立、备战、联盟和离间敌人。外交的目的是通过制定和贯彻正确的政策而达到的。《政事论》还阐述了外交的地缘政治关系和国际政治关系是"与国—敌国—中立国的组合"的论点。①

现代以来，外交的目的则是维护国家利益和民族尊严，实现国家利益所决定的国家对外战略与对外政策的目标；外交的基础是国际社会公认的外交规则和惯例；外交采用的是和平方式，"是和平处理国家关系的科学、艺术和技巧"。②

三、外交的特征

外交有其自有的文化与行事方式，因而具有区别于其他部门或领域的独特、突出的基本特征：

（一）阶级性

外交是为国家和民族利益服务的，在阶级社会里，外交具有鲜明的阶级性。一国的外交总是要首先反映其国内占统治地位的阶级的利益、意志和意识形态。"各国外交都为各自的内政服务，为各自的统治阶级的利益服务。"③

（二）政治性

外交直接关系国家利益、民族尊严，涉及根本利益，所以具有突出的政治性。周恩来曾指出，外交工作既是高度政治性的工作，又是高度技术性的工作，负有重要的政治责任。外交的政治性是通过具体的外交工作来体现的，因此外交无小事，外交人员必须具有爱国心、事业心、责任感，一丝不苟地做好本职工作。

---

① "周恩来外交学"，http：//www.lantianyu.net/pdf11/ts064029.htm。

② 钱其琛主编：《世界外交大辞典》下卷，北京：世界知识出版社，2005年版，第2045页。

③ 黄金祺："论'外交'新定义的理论特色——对《世界外交大辞典》'外交'条目的评介"，《外交评论》2005年第3期。

（三）政策性

外交政策性强，是一国实施其对外政策的手段，一国的外交都是在本国既定的对外政策方针指导下进行的。外交人员必须严格贯彻执行本国既定的对外政策方针，配合国家对外政策的意图，促进国家对外政策目的的达到或目标的实现。

（四）综合性

外交是综合的科学和艺术，广泛涉及政治、经济、科学、文化、艺术、军事、交通、语言、风俗习惯等众多领域，具有复杂的综合性。在当代国际社会，某一具体的外交工作或使命往往需要通过众多外交人员甚至其他部门人员，以及各个外交部门之间、外交部门与其他部门之间相互协调和配合，才能完成。

（五）纪律性

"一个弄得精疲力竭的又弱又落后的国家竟战胜了世界上几个最强大的国家，如果想一想出现这种历史奇迹的根本原因究竟在哪里，那么我们可以看出，根本原因就在于集中、纪律和空前的自我牺牲精神。"[①] 如今，外交正在变得日益复杂，并愈加具有社会性，一国，尤其是大国的外交人员的数量也在增长，要确保国家对外政策方针的贯彻和实施，以及国家对外目标的实现，外交必须要有严格的纪律约束，这是完成外交任务的重要保证。

（六）和平性

外交是独立主权国家采用和平方式捍卫本国利益和实施本国对外政策的重要手段，也是国家间、国际组织间或国家与国际组织间解决双边或多边问题与矛盾的和平手段和途径。一国实施对外政策有时需要同时并用或交替使用外交手段和军事手段，但两者不能混为一谈。凡言"军事外交"也必须是旨在促进国家间关系以和平方式进行的对外交往，如将军互访舰队、互访

---

① 列宁：《俄共（布）第九次代表大会文献》（1920 年 3—4 月）》，《列宁选集》第 4 卷，北京：人民出版社，1995 年版，第 124 页。

和派遣武官等等，这才属军事外交。[①]

第二节　当代外交的功能与特点

外交的根本目标是推进本国外交政策的实施与国家利益的维护。在当代国际社会，对于一国的社会文化的传播，其对外部世界的需求、国际地位的追求以及国家利益的诉求而言，外交仍是惯用的主要渠道。而在国际社会进步和新技术革新的推动下，新的外交渠道与方式的出现，外交技术或工作方式的转变，国家间关系领域的扩展，非政府组织地位的日益突出，使得当代外交的行为体、组织、结构与议程都已经或正在发生深刻的变化，从“俱乐部式”外交转向“网络式”外交。[②]

一、当代外交的功能

现代西方学者中，有的人认为，外交的基本任务有 4 个：一、根据本国现有的和潜在的力量决定外交目标；二、估计其他国家的目标及其追求目标可资利用、现有和潜在的实力；三、弄清本国目标与对方目标可以相容的程度；四、确定实现本国目标的适当手段。这四大职能是互相联系的。有的人认为，外交的任务是：一、为了国家安全；二、避免卷入大规模的战争；三、使当权者继续当权；四、提高本国在国际上的地位、影响和威信；五、追求国家的经济利益；六、促进多边国际合作。[③] 概要说来，外交的主要功能在于和平、文明和理性地维护、推进国家利益与国家对外战略和对外政策的目的、目标，发展国家对外关系，弥合国际社会冲突，加强和促进国际合作。外交是一个由主权国家组成的社会所能提供的维护和平的最佳方式。在国与国交往过程中，外交的重要功能还具体体现为沟通、信息情报收集与评估，以及调处和影响功能。

---

① 黄金祺：“论‘外交’新定义的理论特色——对《世界外交大辞典》‘外交’条目的评介”，《外交评论》2005 年第 3 期。

② Andrew F. Cooper, Jorge Heine, and Ramesh Thakur, *The Oxford Handbook of Modern Diplomacy*, Oxford University Press, 2013, p. 6.

③ “周恩来外交学”，http://www.lantianyu.net/pdf11/ts064029.htm。

首先，外交是国家间相互了解彼此对外战略和对外政策、国家利益、对国际事务的基本立场和态度等方面情况的重要沟通渠道，一般有互访、会晤、召开或参加国际会议、通信，以及谈判或磋商等方式。当代交通和信息技术的飞跃发展，大大增强了外交的沟通能力以及信息的传递速度，就有关国际问题的意见交流或反应越来越及时、快速。

其次，一国外交代表、在国外活动的国家元首、政府首脑和外交部长等还负责收集接受国的有关信息，特别是对有关本国对外战略和对外政策制定依据方面的信息情报进行分析、评估，并在此基础上对有关国家政府可能的态度、动向和立场进行预测，向自己国家的政府提出相应建议。有的研究者将此视为外交的政治功能。如今各种信息技术，如计算机系统、卫星通信和英特网等的运用，为外交信息情报收集提供了更多的便捷手段和信息来源，对它们进行处理的效率也有了极大提高。

第三，外交是一国影响另一国的工具。这种影响既可以是直接针对目标国，也可能是作用于关注此项外交活动的第三方。在后一种情况下，外交的主要目的不是与对方达成协议，而是通过宣传影响其他关注方，以削弱对方的地位，揭露对方的谈判立场及泄露其他有关的机密信息；或是采取某种经过深思熟虑的立场，以引起第三方观察者的关注、恐惧或是使他们放心。

第四，调处国际矛盾或国际争端，减少摩擦，以缓解、减少或避免现实或潜在的双边或更大范围的冲突，“或为双边乃至多边的轮子润滑”。①

此外，在国际关系实践中，外交还具有如下功能：（1）象征功能。一国外交代表、在国外活动的国家元首、政府首脑和外交部长等以及使馆馆舍是所代表国家的象征。他们代表自己国家的政府出席官方和非官方的仪式和活动，一方面是表示自己国家对接受国的关心与尊重，另一方面是利用机会宣扬、检验自己国家的威信。使馆馆舍是一国领土的象征。（2）法律功能。一国外交代表、在国外活动的国家元首、政府首脑和外交部长等在法律上代表自己国家的政府。他们发表的宣言对自己国家的政府具有约束性，他们在接到的自己国家的指示所规定的限度内，代表自己国家政府同其他国家政府进行谈判、签订协定或条约。

再就是，一国驻外使馆帮助本国侨民、发放护照；为发展本国与接受国

① ［英］R. P. 巴斯顿著，赵怀普等译：《现代外交》，北京：世界知识出版社，2002 年版，第 2 页。

的友好合作关系，外交代表出席非官方组织的会议，参加和接受民间及文化活动等等。

在当代世界，全球化深入发展，国际一体化及民主化程度不断提高，国家间的相互依赖越来越密切，外交不仅是一国国际地位与安全的重要手段、方式，而且是国家进行国际交往，国与国之间相互沟通、理解和促进彼此合作的重要桥梁，以及实现国家利益与国家对外战略和对外政策的目的与目标的途径，同时是国与国之间在相互谅解与协调的基础上解决彼此及国际社会的冲突、矛盾与问题，增加共识，进而对国际社会不断加以整合的必要手段。总之，外交的功能日益增多，作用越来越突出。

二、当代外交的特点

随着科学技术的飞跃发展，国际一体化和全球化的深入，民族的成长与民众参与意识和能力的增强，当代外交无论是广度和深度，还是形式和内容都发生了深刻的变化，“物质上的变化，快速国际旅行，信息获取在速度和便于使用方面有着惊人的发展……这个变化对于政治家、外交家、代表团的机动性的影响以及对常驻外交工作要求的最终影响都是不难想象的”。①

首先，外交主体多样化与外交行为的指向者急剧增多，外交活动的舞台更加广阔，增强了当代外交的规制性与复杂性。

在当代国际社会，外交实质上是指一个国家处理与其他国家的关系，与他国可能组成的、已机构化的联盟及集团的关系，以及与像联合国那样全球的或普遍性的组织机构的关系。除了这种国家间和它们的代表之间的对话以外，还存在一种非常严格意义上的外交，即参加对话的一方不是一个国家，但仍然是国际舞台上的一个重要角色，例如巴勒斯坦解放组织或某个跨国公司。②

第一次世界大战结束后，国际社会产生了一些新的主权民族国家，诞生了第一个社会主义国家——苏联；第二次世界大战结束后，一大批殖民地半殖民地民族获得解放并建立起自己的独立主权国家，其中包括许多像中国这

---

① ［英］戈尔·布思主编，杨立义、曾寄萍、曾浩译：《萨道义外交实践指南》，上海：上海译文出版社，1984 年版，第 622 页。

② 周启朋、杨闯等编译：《国外外交学》，北京：中国人民公安大学出版社，1990 年版，第 284 页。

样的社会主义国家；冷战结束后，世界两次进入民族分立的高潮，又裂变出一批主权民族国家，联合国成员国已达190余个。特别是大批非欧主权国家的外交活动，彻底改变了外交领域的活动以欧洲各国为中心的局面，使外交活动变得丰富多彩，舞台更加广阔，而苏联、中国等社会主义国家的建立及其所推行的和平外交，更是为外交注入了新的规则、原则、内容和活力。

尽管国家仍是主要的外交行为体，但其地位正逐渐受到非国家行为体、国际制度和个人的挑战。众多的次国家、超国家行为体参与国际交往，种类、数量繁多的国际组织,[①] 如像联合国这样的当今世界最具代表性和权威性的国际组织，还有大量非政府间的国际组织已经出现在外交场合，它们不仅立足经济领域，还涉及预防外交、冲突后的和平重建等领域，特别是调解如科索沃与阿尔及利亚冲突的努力获得的成功，都大大提升了它们参与外交活动的意愿，其自主能力在提高，获得的权力也在扩大。一方面，大量的国际组织与主权国家展开了“竞争”，增加了外交行为的指向者，并为外交活动提供了新的、更多的、更适合和畅通的场所、论坛和渠道，外交活动空间更加深广；另一方面，它们在创制规则、价值、道德标准等方面不断增强影响，编纂和完善了国际法与国际行为规范，推动着外交行为更趋规范化、合法化和理性化。

其次，当代国家对外关系所涵盖的内容、涉及的国际问题的范围日益复杂和广泛，因此外交空间扩大，内容扩展，参与者剧增，新的外交方式大量出现。而科学技术的进步，又带动外交技术手段发生了新的变革。

如今，外交已不再局限于政治层面或领域，还广涉经济、教育、文化、科技、军事、体育和环境保护等多个层面或领域；除传统的外交部门外，更多的国家政府部门和机构、组织，以及地方政府、公众涉足外交。相应地，也就有了经济外交、文化外交、科技外交、军事外交、体育外交、环境外交、预防外交，以及议会外交、政党外交、多边外交、地方外交、人权外交和人民外交等诸多新的外交方式。

现代交通和通讯技术的进步，不但使外交情报信息的收集、整理和加工手段发生根本性变革，而且国与国之间的外交沟通、联系的方式、渠道更加

---

① ［英］斯图尔特·默里（Stuart Murray）：“外交学的复兴”，《国际政治研究》2012年第4期。目前，全世界政府间与非政府间的国际组织已经增至近5000个。从活动范围来看，国际组织涵盖了政治、经济、文化、环保等各个领域，几乎全球所有国家都不同程度地参加了国际组织的活动。

方便和多样化，不同国家间短时间或瞬间进行不同层次外交接触成为可能。如设立国际热线、卫星通信，广泛利用广播、电视和英特网等传播媒介，以及高速洲际交通工具等。常驻他国的外交代表、使团或正在他国进行外交活动的其他人员可随时随地保持与本国政府的联系，及时获得本国政府指令，就某一国际事件或问题表明本国政府立场、态度，或提出相关的措施和建议。“新的信息技术不能取代驻外使团，但是使团进行的工作已经发生了改变。”世界各国都在升级其外交通信系统，以便增进大使及使馆人员与总指挥部之间的对话质量。①

第三，相对地，外交活动日趋公开化，对外政策决策更加民主化。

20 世纪以来，外交公开化成为不可遏止的历史趋势，公共舆论和社会大众对一个国家对外政策的影响越来越大。1899 年和 1907 年的海牙国际和平会议确认了外交公开化原则。第一次世界大战后的国际联盟，特别是第二次世界大战结束后的联合国，较正式地实践了外交公开化原则。就有关国际问题，各国政府在联合国的代表以公开辩论的形式进行讨论，并根据组织的宪章进行投票表决。② 由于建立在现代信息技术发展基础上的信息传播媒介日益发达，公众获取信息相对来说较容易，可以方便地了解本国的外交活动，而且他们对本国的外交活动越来越关注。在今天，任何国家的外交都不可能置强烈的民意于不顾，无论在政策制定、政策执行，还是在重大危机时期，都要充分考虑行动可能引起的社会后果。在制定政策的过程中，不仅需要立足于本国民众可能的反应，也要尽可能考虑其他国家民众的反应。③ 因此，各国的外交活动也具有了更多的公开性。

伴随着国际社会民族主义、民主主义潮流及科学技术革命的推动，当代外交的参与者日渐多元化，既包括国家元首和政府首脑、国家政府部门和机构，也包括各种利益集团和普通公众，即随着现代化和社会领域的复杂变化，高度集权的外交体制逐渐被打破，政治家和外交决策层不得不与其他社会行为体分享某些外交权力。④ 现在制定国家政策涉及到“政府的整体”，

---

① ［印］基尚·拉纳著，肖欢容、后显慧译：《21 世纪的大使：从全权到首席执行》，北京：北京大学出版社，2008 年版，第 14 页。

② 赵可金：“试论现代外交的民主化趋势”，《世界经济与政治》2008 年第 1 期；冯绍雷等著：《国际交往新论》，上海：上海社会科学院出版社，1994 年版，第 59—60 页。

③ 赵可金：“试论现代外交的民主化趋势”，《世界经济与政治》2008 年第 1 期。

④ 同上。

而不再仅仅是（如果曾经是）外事部门的专属领地（这可以扩展到被称作是众多政府部门“灵活的存在平台”的外交关系网）。如果国家与其国内行为体之间的交流渠道被堵塞，国内的非政府组织会绕过政府，直接寻求国际盟友的帮助，力求从外部对其国家施加压力。① 一般地，对外政策决策者也是由来自不同层面的代表组成的，在对外政策决策过程中，他们必须了解、综合各个方面的需求和建议，因此大大推进了对外政策决策的民主化。

但是，外交家在“玻璃鱼缸”内难以有效操作。公开谈判可能会导致为了公众影响而故作姿态，外交家或者不进行实质性表态，或者立场过于极端。国家越民主，外交家操作公开外交的压力就越大。外交要求妥协和让步，在好奇的媒体和公众的注视之下，这一切都会变得难以达成。因此，当代外交面临着严重的两难处境：外交要想有效，就要秘密；但为了满足民主的要求，它又必须公开。②

第四，外交职能日益专业化、职业化，传统的外交部门和机构及职业外交官的中心作用趋于淡化。

外交具有自己的职业体系，以及专业化的业务与文化。在一些发达国家，外交官的职业化程度非常高，如日本在20世纪70年代中期，其驻外大使90%出自职业外交官，非职业外交官只有4人，且往往被派驻到其认为不重要的国家（如非洲或拉美地区的国家）。以往，外交人员大多是外交和国际关系专业科班出身。③ 由于当代国家对外关系所涵盖的内容及所涉及的国际问题范围急剧扩大，性质极其复杂，所以当代外交越来越需要相关专业领域的技术人员和专家作为主要外交成员或代表，来主持政治或外交事务以外的技术性事务的谈判。

除传统的外交部门和机构，政府的其他各具体或专业职能部门也都涉足外交领域。如在中国加入WTO的谈判过程中，其主要代表、人员具有专业经济贸易知识背景，或就是经贸方面的专家，出面的部门主要是当时的对外贸易部。几年来，美国使馆人员来自国务院的人数达15%—23%。有些美

---

① ［英］布赖恩·霍金、［荷］扬·梅利森、［英］肖恩·赖尔登、［英］保罗·夏普：“外交的未来”，《国际政治研究》2012年第4期；赵可金：“关于中国公共外交学科建设的思考”，《清华大学学报（哲学社会科学版）》2013年第3期。

② ［美］康威·汉得森著，金帆译：《国际关系：世纪之交的冲突与合作》，海口：海南出版社，2004年版，第211页。

③ 赵可金：“试论现代外交的民主化趋势”，《世界经济与政治》2008年第1期。

国使馆有来自30个不同部门的代表。其他国家使馆人员的构成虽没有这么复杂，但代表团中代表来源也有相对增加。国家外交系统的划分及其组成元素之间的关系需要进行重新审查。例如，外交和发展之间的联系越来越重要，这对于组织形式，以及发展和对外政策应该在何种程度上联接起来提出了新挑战。多国政府将外事部门和发展援助结合起来，然而自20世纪90年代末以来，美国和英国政府已经开始出现这种分离趋势。因此，美国国际开发署（USAID）已经不再从属于国务院，英国国际发展部（DFID）也与外交和联邦事务部分开。①

以前国家处理外交的主要内容是战争与和平，现在更多地涉及经济合作、社会交往、文化交流和一些具体的社会事务。面对这些对外事务，传统的外交机构已经不能适应新现实的需要，要求增加新职能。同战争与和平的外交职能相比，这些职能更多地强调用新的方式来开展，传统外交虽没有变得苍白无力和不合时宜，但至少已经没有能力应付当前时代所赋予的使命。② 再就是，当代外交参与者呈多元化趋向，尤其是现代交通工具快捷、舒适，通信手段通畅、发达，各国首脑很多都亲自处理外交事务，直接出国从事外交活动也越来越频繁，因此传统外交部门和机构的声望和重要性降低了——外交部门及其机构存在的理由遭到越来越多的质疑，外交部长及其他职业外交官在决定国家对外政策和外交对话中的目标方面的影响日渐减弱，③ 特别是驻外使节的作用显著减少、日趋淡化，在更多重要的外交场合仅作为一名国家代表而已。外交部门更多的是充当“护卫”角色，其人员与财政预算额度都在削减。

作为职业外交官舞台的外交代表机构还会继续变化，甚至可能发生根本性改变，主要表现在以下3个方面：第一，资金或者资金短缺将成为外交关系网中的一个决定性因素。这将使我们的关注转向一个长久以来的争论，即进入国际活动中心的必要条件和以何种形式存在之间的关系。大规模关闭海外使团是不可能的，但是资源会被重新调配。比如在欧盟，双边代表的规模

---

① ［印］基尚·拉纳著，肖欢容、后显慧译：《21世纪的大使：从全权到首席执行》，北京：北京大学出版社，2008年版，第14页；［英］布赖恩·霍金、［荷］扬·梅利森、［英］肖恩·赖尔登、［英］保罗·夏普：“外交的未来”，《国际政治研究》2012年第4期。

② 赵可金：“试论现代外交的民主化趋势”，《世界经济与政治》2008年第1期。

③ ［印］基尚·拉纳著，肖欢容、后显慧译：《21世纪的大使：从全权到首席执行》，北京：北京大学出版社，2008年版，第22页；周启朋、杨闯等编译：《国外外交学》，北京：中国人民公安大学出版社，1990年版，第286页。

会继续缩小。第二，新的政治和经济力量中心的出现也要求资源的重新调配。第三，随着驻外使团也成为其他政府部门的平台，有关主导权和操作权的冲突需要被谨慎处理。①

“现代外交衰落的主要原因是承载传统外交的客观基础（主要是国际环境、市民社会）、观念结构（主要是政治心理和意识形态）和政府形式发生了变化，导致传统外交的存在基础逐渐流失并风化，最终趋于衰落。当然，此种衰落是一种相对衰落，是现代外交垄断外交事务的格局被打破，并非现代外交将退出历史舞台。”②

第五，受意识形态的影响。

意识形态不同与社会制度不同的国家早已存在，但对外交产生重大影响是在20世纪初，随着苏联的建立，国际社会出现了社会主义国家外交与资本主义国家外交之分。在第二次世界大战结束后的冷战年代，这种意识形态上的对立达到高峰，以苏联为首的社会主义国家阵营与以美国为首的资本主义国家阵营相互对峙。冷战结束以来，意识形态对国家外交活动的影响虽然大为降低，但仍然客观存在着，有时影响还有所增大。这种“意识形态外交”对不同意识形态及不同社会制度的国家间相互沟通有相当大的障碍作用。

此外，当代外交还显示出两个特征：一是外交部以各种方式或途径来回应角色降低或威胁，开始相信合作就是权力。如，美国加强了对外交官的技术培训；法国将外交官派任到其他部门中的国际机构去任职。一些国家还选调其他部门或领域的专业人员进入外交部或担任驻外使馆的代表。二是在外交人员方面，由于技术决策多样化，外交官被解放。尤其是在多边外交论坛上，外交官获得了更多的自主权，政府的指令通常限于一般政策或审慎的问题。并且，驻外机构职员趋于地方化，即更多地雇佣合格的当地职员。同时，外交官需要提升其在政策关系网中与他人共事的能力，并且发挥“推动者”和“协助者”的作用。③

总之，外交的进程是富有生命力的，是随着时间的推移而前进的，它有

---

① ［英］布赖恩·霍金、［荷］扬·梅利森、［英］肖恩·赖尔登、［英］保罗·夏普：“外交的未来”，《国际政治研究》2012年第4期。

② 赵可金：“试论现代外交的民主化趋势”，《世界经济与政治》2008年第1期。

③ ［英］布赖恩·霍金、［荷］扬·梅利森、［英］肖恩·赖尔登、［英］保罗·夏普：“外交的未来”，《国际政治研究》2012年第4期。

丰富的历史，也有无限可能的未来。在全球化发展趋势愈益增强的21世纪，外交将会继续发生与时代相适应的变化，而且外交进程也会越来越呈现流动性和不确定性，不规则性、易变性和多元性，在21世纪的外交中起着重要作用。[①] 外交也必将表现出崭新的特点。

第三节　影响外交的主要因素

当代世界，国际一体化深入发展，全球化趋势强劲，国与国之间的往来空前频繁和密切，相互依赖日益增强。国家间关系广泛涉及人类社会生活的各个方面，包括政治、经济、军事、文化、教育、科技、体育、艺术、环境、公共管理，以及婚姻家庭、遗产继承等。相应地，这些方面也影响着国家外交的职能和内容的扩展及方式的演变。

一、政治与外交

政治是指政府、政党、社会团体和个人在内政及国际交往方面的活动。政治对外交的影响主要体现在国内政治和国际政治两大层面上。

（一）国内政治的影响

国内政治是指一个国家内部的政治事务，简称内政。内政与外交同属上层建筑，是国家政治生活的两个方面，内政决定外交，外交是内政的延伸。

一个国家统治阶级的利益、意识形态、国内政策、政党政治、国内政局、决策机制、统治者及决策者的个人素质都影响着国家的外交活动。而一个国家外交活动的成效如何，又影响着国家在国际社会的形象、地位和威望，进而对国内政治生活和经济生活产生积极或消极的影响。

首先，外交的核心目标是维护和获取国家利益，而统治阶级利益在国家利益中居于优先和支配地位，所以外交终究是服从于本国统治阶级根本利

---

① ［英］布赖恩·霍金、［荷］扬·梅利森、［英］肖恩·赖尔登、［英］保罗·夏普："外交的未来"，《国际政治研究》2012年第4期；［英］斯图尔特·默里（Stuart Murray）："外交学的复兴"，《国际政治研究》2012年第4期。

益，为本国统治阶级根本利益服务的。

其次，国家对内政策的调整必然要引起对外政策的相应调整，进而对外交产生影响。如中国在实行改革开放政策后，为争取有利的国际环境，对国家的对外战略和政策相应地进行了重大调整。

第三，国内政党政治、议会选举、群众性的社会政治运动、领导集团或政治领袖的更迭，会引起国家对外战略、策略的调整或改变，因而对外交产生直接影响，有时甚至左右着外交。

第四，国家主体和政体的变化会导致外交变化。其中包括社会制度发生根本变化；国家主体发生变化导致国家领土、管辖范围改变，如两个或两个以上国家合并或联合为一个国家，一个国家分立为两个或两个以上国家，或原国家的一部分分裂出去；由国家政体的变化所引发的国家领导体制、管理体制和决策体制等方面的变化。这些都会对国家对外战略和政策、外交的侧重方向产生明显影响。

第五，由于领导集团与政治家在国家内外政策决策中居于特殊地位，并是当代外交活动的主要参与者，他们个人的文化背景、政治素质、心理特征、年龄、经验，以及决策能力和处事风格等，对一国的对外政策、外交风格都有明显的影响。

第六，意识形态的影响。尽管在外交活动中国家想避免意识形态因素的影响，试图进行超意识形态的合作，但作为国际政治中的重要因素，意识形态总在影响着、有时左右着国家对外政策的制定，影响国际关系，① 如国家对敌友的界定、国与国之间外交的对立与协调等。在国际关系实践中，各国统治阶级也都有意识地、经常努力地对外宣传和推广本国的意识形态，外交不可能不带有意识形态色彩。意识形态对外交影响最为突出的展示是在冷战时期，当时“在世界主要分水岭的两边都表现出某种传教士式的狂热。两种意识形态都为双方宣传的使命提供了理论基础，并且互相攻击信奉不同意识形态的对方的意图”。② 在这种强烈的意识形态支配之下，美苏之间极度敌意、相互猜疑、互不信任，在诸多国际事务中的外交立场也处于高度对立状态。在当代国际社会，意识形态因素在外交领域依然十分活跃，如1991

---

① ［印］J. R. 辛德，张小路、张小波译：《国际政治学导论》，成都：四川人民出版社，1989年版，第50—58页。

② ［澳］约翰·W. 伯顿著，马学印、谭朝洁译：《全球冲突——国际危机的国内根源》，北京：中国人民公安大学出版社，1991年版，第87页。

年7月，北约"伦敦宣言"中称："作为每个经历变革的国家，……用我们共同信仰民主和各自权力的意志来支持安全与稳定。"还有人们所熟知的"人权外交"等。[①]

（二）国际政治的影响

现代主权民族国家都是生存在一个特定的国际体系之中的。国际政治主要指的是处于国际体系之中的国家间政治交往状况。一般而言，外交属于国际政治范畴，协调、发展国与国之间的政治关系是国家外交活动的主要任务之一。

国际政治对外交的影响主要体现在：国际政治格局与国际政治力量的变动，以及国际政治秩序状况，对一个国家的国际影响力和国际地位有着重大影响或制约作用，进而影响着国家对外战略和政策的制定与调整，影响着外交功能的发挥和外交方式的选择，以及外交活动的空间和外交活动的成效。

所有国家对国内和国外的差异都有实际的情感认识。这两组特点之间的相互影响有重叠的地方，但并不完全相同。二者的相互影响塑造了该国的对外政策，而且塑造了其总的发展。[②]

二、经济与外交

经济基础决定上层建筑，外交活动的基础是国家的经济实力。经济实力作为国家综合国力的物质基础和核心，从根本上影响着一个国家的生存能力、发展能力和对外影响力，决定着一个国家在国际社会中的自由度及地位的高低，进而决定着一国的外交能力大小、外交活动取得的成效如何。

相对而言，经济实力强大的国家，在国际社会中所处的地位也比较高，左右国际形势的能力较强，往往能按照自己的意志和愿望处理与其他国家的关系，外交行为比较主动，外交活动取得的成效也丰厚，甚至在世界外交舞台独领风骚一时，如近代的大英帝国、第二次世界大战结束后的美国和苏联等等。而经济实力弱小的国家，在国际社会中的地位较低或不高，外交行为

---

① ［美］约翰·鲁杰主编，苏长和等译：《多边主义》，杭州：浙江人民出版社，2003年版，第309—310页。

② ［美］克里斯托弗·希尔著，唐晓松、陈寒溪译：《变化中的对外政策政治》，上海：上海人民出版社，2007年版，第42页。

较被动和消极，难以在外交活动中赢得有利地位。某些弱小国家有时被迫屈从于大国或强国压力，其外交行为唯大国或强国马首是瞻，即所谓的“弱国无外交”。但在某一历史时期及其他条件因素的影响下，经济基础薄弱的国家也可能会有较积极的外交活动，成功地运用对外战略来改变本国在国际社会上的地位，对国际事务具有一定的发言权，当代中国的外交历程就是鲜活的事例。

在和平与发展成为世界主导潮流的今天，伴随着经济全球化的浪潮，世界各国都十分重视发展经济，通过各种经济手段和政策措施，努力促进本国经济的发展，以期提升综合国力。经济利益已经居于国家利益的首要地位，国家间的政治与军事对抗已被经济竞争所取代。“今天的大国游戏不再是争夺殖民地，抢夺黄金、矿产和自然资源，而是竞争市场与流通着的资本、技术和就业机会。”① 各国都以扩大和维护国家的经济利益为出发点来制定对外战略和政策，确定外交活动的目标及优先方向，并开展外交活动。“在日本、美国、西欧的外交政策中，排列着像钢铁、汽车、高技术电子设备等的出口商品订单变得日益重要。”② 20 世纪 90 年代，美国克林顿总统就宣称，要把向国际市场推销美国公司的产品作为自己的重要责任。与此相适应的是，经济内容在总体外交中占据着日趋重要的地位。在英国的驻外使节中，有 1/5 在从事经济交往工作；韩国为强调经济外交在外交活动中的地位，还特意把外交部改为“外交通商部”，对外交人员提出“所有外交官都要成为韩国商品的推销员”的要求。③ 可见，经济与政治不可分。搞好本国经济建设，提高人民生活水平，发展生产力，加强以经济为基础的综合国力等，这些不仅是一国重要的经济问题，又是一国最根本的政治问题。因此，经济外交日益盛行，各国都将其作为维护国家安全和政治利益的重要手段。④

三、军事与外交

在无政府状态中，安全是最高目标，只有在生存得到保证的情况下，各

---

① ［美］罗伯特·A. 帕斯特编，胡利平、杨韵琴译：《世纪之旅：七大国百年外交风云》，上海：上海人民出版社，2001 年版，第 2 页。

② *Academic American Encyclopedia*，F/8 Deluxe Home Edition，Grolier Incorporate，1991，p. 225.

③ 周永生：《经济外交》，北京：中国青年出版社，2004 年版，第 21 页。

④ 同上书，第 9、14 页。

国才能追求像安静、利益和权势等其他目标。而无政府状态和可能爆发战争的危险，以及不存在阻止战争的力量或没有超级权威阻止其他国家使用或威胁使用武力来破坏或奴役本国，这就使所有的国家总是处于某种程度的忧惧和不信任之中。[①] 经历过动荡的人特别害怕动荡，经历过战争的人尤其担心战争，经历过侵略的国家对敌意十分敏感。[②] 因此，军事因素或武装力量仍是当代主权民族国家维护和谋求国家利益的必备重要工具和手段之一，它关系到国家主权的独立与和平建设的外部环境保障，关系到一个国家在国际社会中的地位与作用。军事因素或武装力量还直接影响着国家对外战略和政策的制定，以及外交方式的选择与外交活动的空间。“没有武器的外交就犹如没有乐器的音乐”。[③] 可联合国秘书长安南也曾说过，“通过外交，你可以做很多事情。但是如果外交得到武力强硬支撑的话，你可以完成更多的事情。”[④]

首先，军事因素变化会导致国家间实力对比关系的变化，促使国家对外决策的信息和环境发生相应变化，其中军事技术的进步与发展、武器性能的不断提高与改进还会导致人们传统价值观念的改变，这些都对国家决策者的决策指导思想有着重大影响，从而对国家对外政策的制定与调整、外交优先方面的确定以及国家外交工作的开展产生至关重要的影响。

其次，军事战略是国家总体对外战略的有机组成部分，因此也是外交活动的基本依据和方向。在国际社会中，大国经常以对外军事战略配合来协调其外交活动和策略，谋求国际权力，欲图最大限度地实现其国家利益。如美国历届政府都是通过制定完整的军事战略来指导或协调其外交活动的。

第三，军事实力是一个国家综合国力的重要组成部分和具体体现，关系到国家主权的独立与和平建设的外部环境保障，关系到一个国家在国际社会中的地位、影响力与作用。因此，军事实力是外交的后盾，它以其独特的威慑力和恐吓力，增强本国的外交能力，提高本国在外交活动中的地位和作

---

① ［美］大卫·A. 鲍德温主编，肖欢容译：《新现实主义与新自由主义》，杭州：浙江人民出版社，2001 年版，第 126、137 页。

② ［美］罗伯特·杰维斯著，秦亚青译：《国际政治中的知觉与错误知觉》，北京：世界知识出版社，2003 年版，第 14 页。

③ ［印］J. R. 辛德，张小路、张小波译：《国际政治学导论》，成都：四川人民出版社，1989 年版，第 32 页。

④ ［美］约翰·罗尔克编著，宋伟等译：《世界舞台上的国际政治》，北京：北京大学出版社，2005 年版，第 317 页。

用，从而极大地保障本国的国家利益。在特定时期与特定环境中或特定问题上，国际社会中的某个或某些经济相对落后的国家通过扩张和强化军事实力，往往能在国际社会保持强大的影响力，其外交代表会频繁地出现在各种国际场合。再就是，各国尤其是大国间的军事实力对比状况，直接关系到国际格局的演变及国际社会的稳定，影响外交活动的空间。每当国际局势紧张的时刻，都是外交活动最活跃的时候，外交的结束则是战争的开始。

第四，军事是国家对外交往重要而直接的工具、手段和桥梁。国家间的军事合作与协调、不断深化的军事交流，会增进国与国之间的信任，防止或缓和彼此矛盾的激化。

在国际交往中，外交手段和军事手段是交替、配合甚至是同时使用的。在和平时期，外交是维护和谋求国家利益的主要工具，而在战争状态下，军事则成为维护和谋求国家利益的主要工具。①

随着人类社会的进步，国际民主化程度的提高，以及科学技术的发展，和平与发展的呼声愈盛，在当代世界，以战争、武力征服或武力威胁来赢得外交霸权，攫取国家利益，或如近代“炮艇外交”那样的侵略外交和战争外交越来越遭到各国人民的谴责与国际社会的限制，军事因素的作用在减弱，但这并不意味着外交依赖军事实力和军事潜力的规律过时了，军事仍然是维护国家主权和独立、确保国家安全、实现国家对外战略和政策的关键因素和重要手段之一，军事实力也仍然是外交的一个固有部分。

四、文化与外交

当代世界，以民族意识、价值观念、民族性格、生活方式和思维方式等形式表现出来的民族文化，对一国的对外战略和政策、对外关系及外交实践有着重要影响，尤其是随着现代大众传播媒介的发展和信息传播的日益便捷，国际文化交往趋于频繁、密切，内容也日趋丰富。② 文化日益成为国际关系发展的重要因素，一国文化影响力的强弱、在国际文化格局中的地位决定着其在创建国际公有规范和普世价值观中话语权和贡献的大小，还直接关

① 金正昆：《现代外交学概论》，北京：中国人民大学出版社，1999 年版，第 40 页；鲁毅等著：《外交学概论》，北京：世界知识出版社，1997 年版，第 272 页。

② 梁守德：《国际社会与文化》，北京：北京大学出版社，1997 年版，第 27 页。

系到该国的国家利益和国家文化安全。所以，文化不再仅是影响或决定外交的一种背景，已成为实现国家利益的一种软实力，在国家综合实力中的地位日益突出。文化冲突与融合的论争也日趋白热化，各国的文化安全问题日益凸显，各国对外战略中的国家文化利益诉求日趋突出。[①] 文化因素对外交的影响主要体现在：

第一，维护与尊重本国传统民族文化，向他国或异民族介绍、宣传本民族的优秀文化，开展文化交流，是外交工作的重要职责和目的之一。

实际上，不同国家间的文化交流自古至今从未中断过，对国与国之间外交关系的建立与发展起着重要的媒介和先导作用，如中日关系与中美关系的正常化过程。在当代世界，由于交通与通讯技术的进步和手段的更新，大众传播媒介日益发达，国家间的文化交流变得更加频繁，内容更加丰富，文化外交已经成为各国间增进友谊、沟通思想及加深相互关系的重要渠道或手段。

第二，具有民族性、国别性、地域性特征的文化也是国家实力的重要组成部分，影响着国家对外战略与政策的制定及对外行为方式。

第三，文化背景不同使得各国的外交特色与风格也“大相径庭”。如当代中国外交的特色与风格：重义守诺、讲求道德与公正、坦诚热情、求同存异、不卑不亢等，都可在中国的传统文化中找到源头。

如今，各国已经意识到“外交关系中插入智力的交流和民族文化的传播的益处”，因而不再“漠不关心”，而是“主动为之操心”。[②] 世界各国尤其是西方大国普遍重视利用文化手段来展示本国文化，宣传自己的价值观，提升和扩大国家的影响力。各国政府通过制定文化关系政策，开始对自发的跨国文化交流自觉地进行管辖、引导、调控和鼓励，规定其内容和形式、手段和目的，及其运作机制和发展方向，并作出相应的制度安排，由此逐渐形成了文化领域的外交行为，或者说外交领域中的文化活动。[③] 比如，英国建立了纯熟的大文化管理机制，非常注重文化产业，其独特之处在于政府不干

---

① 彭新良：“文化与外交的关系初探”，http：//www. sino-cmcc. com/meitiyuzhongguo/wmkzg/2009 -06 -16/802. html。

② ［法］路易·多洛，孙恒译：《国际文化关系》，上海：上海人民出版社，1987 年版，第 1 页。

③ 彭新良：“外交学研究中的一个新领域——关于文化外交的几点思考”，《宁波大学学报（人文科学版）》2006 年第 4 期。

预文化市场的具体运作，而是主要通过政府委托非政府公共文化机构实现对文化事业的财政支持，大力发展具有英国特色的“创意产业”。20 世纪 70 年代和 80 年代，英语文化严重冲击法国本土文化，法国政府开始反思并努力扶持本民族文化。1995 年，法国电影人为纪念电影诞生 100 周年，其著名演员在巴黎协和广场当众销毁了一部美国电影拷贝。法国议会还通过法令，严格限制法语中使用外来语尤其是美国英语；在法国英特网上进行广告宣传的文字必须译成法文。保护本民族文化是法国的民族特性，借助本民族文化资源和文化外交，法国成为世界上最为著名的旅游大国，旅游业超过其工农业产值。韩国的文化产业为不可动摇的国家政策，在日本、中国和东南亚国家盛行的“韩流”，有力提升了韩国的国家形象。中国政府通过举办一系列大型文化活动和开展文化交流，不仅宣传了中国的巨大发展成就，也缩短了中国与世界各国的心理距离，文化交流还促进了港澳台同胞的中华文化认同。同时，世界各国对汉语学习的需求越来越多，中国继续在世界各地建立孔子学院。与孔子学院类似，还有已经国际化了的少林寺，比如俄罗斯民众对中国文化，特别是武术、中医、“风水”兴趣浓厚。[①]

但是，由于各个民族文化在历史形成过程中形成了各自的特点，各民族国家之间必然存在着文化上的差异与矛盾，这种差异与矛盾直接牵涉到民族感情与民族心理，如不能及时地通过交流加强相互了解并达到共存，在特定条件下往往会产生隔阂或导致尖锐的对立和冲突，促发国家之间的政治危机和冲突。[②] 还有的强权国家出于自己的战略目的，对其他民族国家进行文化渗透，或自认为本国文化优越于他国文化，试图用本国文化同化他国文化，甚至欲图征服、消灭另外一种文化，这即是文化侵略。这种情形之下，文化差异就会对外交产生阻碍作用。

五、科技与外交

科学技术“是一种在历史上起推动作用的、革命的力量”，[③] 当代社会

---

① 杨鸿玺：“软实力外交与中国对外战略”，http：//www.caogen.com/blog/infor_detail/42502.html；彭新良：“外交学研究中的一个新领域——关于文化外交的几点思考”，《宁波大学学报（人文科学版）》2006 年第 4 期。

② 冯特君、宋新宁主编：《国际政治概论》，北京：中国人民大学出版社，1992 年版，第 401 页。

③ 《马克思恩格斯全集》第 19 卷，北京：人民出版社，1963 年版，第 375 页。

生产力的提高也越来越依靠科学技术的发展与进步。科学技术不但是当今世界各国国家实力的重要组成部分，而且它本身还对构成国家实力的其他要素起着制约作用。因此，科学技术决定着国家实力的大小，国与国之间力量的对比状况；科学技术进步还导致外交关系发生的频率和速度迅速提高。[①] 因而，科学技术对国家的对外决策与外交活动有着直接、重要的支撑作用，其在国与国之间交往中所占的比重和地位日益提高，并且成为后冷战时代国家较量的焦点之一，正如舒尔茨所说，今天外交决策是受科学技术支配的。科技与外交的关系正在由“为了外交的科技”转变为“为了科技的外交”。[②]

第一，通过对国家实力的决定性影响，科学技术因素直接影响着国家在国际社会的地位及外交能力。

科学技术的发展步伐快、水平高，会迅速提高和大大增强国家实力，并提高和巩固国家的国际地位，因而会为本国外交活动提供坚实的基础，改善、提高本国外交能力。

第二，科学技术进步拓展了外交活动的空间，深化了外交活动领域。

正是科学技术的发展与进步，使国家的外交活动在近代打破了地区和洲际的藩篱，走向世界，而今随着科学技术的飞跃发展、全球化的深入，国家的外交活动越来越具有全球维度。

科学技术革命使人类进入太空、潜入海洋、踏上南极，同时也给世界带来了许多问题和威胁，如大规模杀伤性和毁灭性武器的发明、环境污染、能源危机、跨国犯罪、国际恐怖主义活动等，这些都使得外交活动的领域不断深入发展，发展国与国之间的科技合作日益成为各国外交活动的重要内容之一。

第三，科学技术的发展，推动着外交技术手段和外交方式的不断更新。

科技新成果的发明与广泛应用，使得外交技术手段不断更新。如电报、电话、电视、卫星通信、英特网，以及计算机系统的采用，使外交情报信息的收集、整理和传递愈加方便、迅速；而火车、轮船、飞机促使外交活动范围不断扩大，外交活动越来越频繁。使用传统外交手段解决不了的问题，借

---

① ［美］约翰·鲁杰主编，苏长和等译：《多边主义》，杭州：浙江人民出版社，2003 年版，第 147 页。

② 韩冰：“科技与外交”，《世界知识》1984 年第 23 期；中国科技产业：“科技外交的新特点及中国的战略选择”，http：//www. 21gwy. com/wz/2196/a/2812/492812. html。

助科技手段却能迎刃而解。[①]

新的外交方式不断出现，如首脑外交、经济外交、会议外交、多边外交等等，而科技因素本身正在成为国家间外交的重要方式。

第四，科学技术发展促使传统外交观念发生改变，外交地位提高。如核武器的发明与发展改变了人们传统的战争与和平观念，以及对时代主题的认识，当代世界各国更加重视以和平的外交手段维护、推进国家利益，用政治手段解决国际争端已成为公认的国际准则，外交的地位相应提高。[②]

各国都认识到，科技的发展增强了国家实力，增强了本国的外交分量，提高了本国的外交能力，因此在外交活动中各国都注重科技合作，并不断用新的技术手段改善和充实本国外交。科技发展越来越强烈地影响着国家外交的观念与格局。如果说传统外交观正在拓展为包括经济外交、政治外交、军事外交等内容的现代大外交观，那么科技外交正逐步成为其中的一个核心要素。[③]

第五，科学技术为各国之间进行直接而及时的外交接触与联系提供了必要的物质基础和可靠便捷的现代化手段，在人们看来，地球变得越来越小，各国之间的联系更加密切。

第六，科技的发展促使外交公开度有了较大提高。一方面，各国公众有可能、条件和机会，在一定程度上了解并参与本国的外交事务；另一方面，外交保密变得更为困难，在一国领土上发生的事件会很快传遍世界各国。[④]

当今世界，各国之间的科技竞争日趋激烈，科学技术的主导地位日益突出，科技战略已经上升到国家战略层面。因此，主权国家更加重视科技进步，从而促进了国际社会中多边或双边的科技合作与交流。截至 2011 年，中国已与 153 个国家和地区建立了科技合作关系，与 98 个国家和地区签订了 105 项政府间科技合作协定，签订了 1000 多项部门间科技合作协议，加

① 余霜霜、姚景虹、张小会："中国的科技外交"，http://wenku.baidu.com/link?url=0TE-Qt6e1RTgWN1vEBrfDCZ8JLu_tKHEqsCWa7pS0yI3rU7uBHSXwSCLW1vD4u3f97nXCBd0ChqbAhAqdUMB-JyfycY1xahQsyCh7J4Aau0q。

② 鲁毅等著：《外交学概论》，北京：世界知识出版社，1997 年版，第 269 页。

③ 余霜霜、姚景虹、张小会："中国的科技外交"，http://wenku.baidu.com/link?url=0TE-Qt6e1RTgWN1vEBrfDCZ8JLu_tKHEqsCWa7pS0yI3rU7uBHSXwSCLW1vD4u3f97nXCBd0ChqbAhAqdUMB-JyfycY1xahQsyCh7J4Aau0q。

④ 金正昆：《现代外交学概论》，北京：中国人民大学出版社，1999 年版，第 48 页；鲁毅等著：《外交学概论》，北京：世界知识出版社，1997 年版，第 270 页。

入了200多个政府间国际科技合作组织，形成了较为完整的政府间双边和多边国际合作框架。[①] 而科技系统自身发展也日益完善与庞大，越来越成为外部势力攻击的对象。科技系统自身的发展及其对国家外交安全的其他要素的影响已引起越来越广泛的关注。[②]

随着全球化趋势的发展，世界变得越来越小，国家之间的联系也变得越来越频繁和多元，外交的重要性在日益加强，影响外交的因素也在不断增加。

---

① 何军、周生斌："中国已经与153个国家和地区建立科技合作关系"，http：//www. fujian. gov. cn/ywzgyw/201109/t20110901_ 385060. htm；中国新闻网："中国力推科技外交已与152国家地区建立合作关系"，http：//www. chinanews. com/gn/2011/08－28/3288652. shtml。

② 余霜霜、姚景虹、张小会："中国的科技外交"，http：//wenku. baidu. com/link？url＝0TE-Qt6e1RTgWN1vEBrfDCZ8JLu_ tKHEqsCWa7pS0yI3rU7uBHSXwSCLW1vD4u3f97nXCBd0ChqbAhAqdUMB-JyfycY1xahQsyCh7J4Aau0q。

第三章　外交体制与代表

外交体制是指在一定历史条件下，各国在长期外交实践中所确定、形成的规则、惯例及体系。外交是一种具有高度组织性乃至高度专业性的业务。在国际社会中，通过国际法律规范，依照主权平等和工作便利的原则，由外交机关和外交人员进行外交工作。①

第一节　外交的国家领导与事务主管机关

一个国家有一个最能维护自己利益的外交政策还不够，还必须具备可以推动外交政策贯彻实现的最佳的体制基础，同时应建立并运用海外关系来谋取自己最大的利益。国家的外交领导机关、外交部及其领导的驻外使节，组成了相互交结的外交体制（系）。“外交体系是传递外交政策的机制，是一个国家对外政策实现的过程。”② 外交机关也称外交机构，它是具体负责管理与办理外交事务的常设专职主管部门。一个国家外交机构的建立组成了国际交流发生的机制，③ 为外交活动提供了组织和体制方面的保障。

一、国家的外交领导机关

外交活动的宗旨是维护和谋求国家利益，所以任何国家的外交领导权都

① 周启朋、杨闯等编译：《国外外交学》，北京：中国人民公安大学出版社，1990 年版，第 257 页。

② ［印］基尚·拉纳著，肖欢容、后显慧译：《21 世纪的大使：从全权到首席执行》，北京：北京大学出版社，2008 年版，第 4 页。

③ 同上书，第 3 页。

掌握在本国最高领导或实际掌握最高行政权力的执行机关手中，即国家元首或政府首脑及其办事机构，他们同时也是本国对外政策的最高决策机构和最高执行机构。

（一）国家元首

国家元首是一国的最高首脑，是一个国家在实质或形式上对内对外的最高代表，是国家的象征，履行一国宪法赋予的权力和义务。自古以来，国家元首，不论是君主国的君主还是共和国的执政官、总统等，一般都身兼行政首长，为行政权的体现者。这种情况到近代出现了两方面的变化。其一是行政权的分割。由于责任内阁制的兴起，内阁首长的地位日渐提升。在实行议会内阁制的国家，总理甚至取代总统成为行政首长。其二是某些国家是以立法机关的首脑作为国家元首的，英格兰和法兰西便曾分别以议会议长和国民公会主席作为国家元首。另外，在当代的某些社会主义国家，国家元首由议会常设机关的首脑担任。目前，国家元首的称谓为总统的占大多数，为100多位，另外有20多位君主——英国、荷兰、比利时、丹麦、挪威、沙特阿拉伯、摩洛哥等国称国王，卢森堡称大公，科威特称埃米尔，还有一部分国家称国家主席。①

“国家元首”这个词汇最早出现于1831年的比利时王国宪法。第二次世界大战以后，“国家元首”的概念和职衔称谓陆续为各个国家所普遍采用。一般来说，一个国家设一位国家元首。但也有例外：如在只有两万余人的圣马利诺，一个国家设有两位国家元首——执政官，而英王是一人兼为两个以上国家的国家元首；还有个别国家实行集体国家元首的制度，如瑞士联邦委员会。《中华人民共和国宪法》规定，国家元首的职权由全国人民代表大会及其常务委员会和中华人民共和国主席联合行使。

各国国家元首的职权由各国宪法规定，一般有公布法律权、发布命令权、驻外使节任免权、召集议会权、外交权、统帅武装部队权、赦免权、荣典权等。国际法规定：国家元首是本国对外关系的最高代表，在外交访问期间，享受国家尊荣、最高外交礼遇，以及外交特权与豁免；出席国际会议或签订国际条约时，无需出示全权证书。依本国宪法，国家元首提名或根据

---

① 百度百科：“国家元首”，http：//baike. baidu. com/link？ url = pkt_ lVhQGFE2QJiztGe0Pgc55ye0BOl25sej1LLUWlklHhJBIbJ0NORlUq2FDx0e。

代议机关的选举结果任命专职执行外交机构的首长或代表；有权任命本国全权外交使节；接受外国使节呈递的国书，授予或颁发对本国公民或外国友人的荣誉称号；有权对外缔结、批准或者废除条约；有权对外国宣战或者媾和。

（二）政府（国家行政机关）

此是指中央政府（国家行政机关），它是一个政治体系，是掌握国家行政管理权力的机构。学术界一般认为，行政权就是所谓“内政外交大权”，即执行法律和立法机关所作出的决定，管理整个国家内外事务的权力。政府（国家行政机关）是国家直接实现其一切重大决策的工具。政府（国家行政机关）根据国家的法律，负责制定、执行国家的政策，享有立法创议权和修改宪法的建议权，并对国内外的重大政治、经济和社会事件作出及时的反应和对策。政府（国家行政机关）是国家机构中最关键的部分。美国、法国等一般叫政府，英国、日本等习惯叫内阁，中国也将其称为中央政府。

政府领导人称为政府首脑，政府首脑行使最高国家行政权，其产生、任期和具体职权由各国宪法和法律规定。在不同的国家，政府首脑的称谓不同，主要有总理、首相、内阁总理大臣、部长会议主席、政府执行委员会主席等。直接主持国家行政机关工作的总统一般还兼为政府首脑，如美国总统既是国家元首，又是政府首脑，不设总理职务。

政府首脑的权限也各异，有的只管政务，有的还兼理军队。一般而言，作为国家最高行政机关的一国政府通常是本国对外事务的具体领导者。它有权制定外交政策，处理外交事务和领事事务，与外国进行谈判、缔结条约；国际法规定，政府首脑出席国际会议或签订条约时，不需出示全权证书，在外交访问时享有全部外交特权与豁免，享受仅次于国家元首的外交礼遇。

二、事务主管机关

外交工作的成绩在很大程度上必须以外交部（国务院）对于本国政府的政策与行动的影响作为判断的标准。[①] 外交部是国际社会公认的各主权国

① ［美］马丁·梅耶著，夏祖煃等译：《外交官》，北京：世界知识出版社，1988 年版，第 23 页。

家里执行国家对外政策，贯彻执行国家总体外交方针，维护国家最高利益，主管、处理外交事务的专门性机关，通常都实行首长负责制，其首长一般称外交部长。在美国分别称为“国务院”与“国务卿”；在君主制国家里，则称为外交大臣（具体称呼也因国不同，如英国是“外交和联邦事务部”与“外交和联邦事务大臣”；日本是“外务省”与“外务大臣”或“外相”）。在没有设立专门管理外交事务机构的国家，一般按 1961 年签订的《维也纳外交关系公约》所规定的，以“商定之其他部”代行外交部的职责，如马里设外交和合作部、阿根廷设外交和宗教部、巴巴多斯由总检察长兼管司法和外交、牙买加则由一人兼任外交和国防部长。

1626 年，日益增多的外交活动与驻外使节，需要更加统一的指令和更完善的档案保存，因而需要有一个专门的组织或管理机构对他们进行管理、调度，与他们进行沟通，于是法王路易十三的首席部长黎塞留创立了世界上第一个外交部。到 18 世纪，有关外交政策和外交管理应由“外交部长”领导的单一的外交部负责的建议才在欧洲成为普遍的准则。直到进入 19 世纪，总体上规模偏小的外交部才发展成为复杂的官僚机构。[①] 今天，外交部在世界各国都是其中央政府中不可缺少的一个重要的职能部门，在国家对外事务方面，外交部居于极为突出的地位，外交部和外交部长具有代表本国国家和政府的特殊职责，并为国际法所确认。在一般情况下，其他政府部门的对外交往都应服从本国外交部的指导或协调。在发展外交关系、处理外交事务方面，外交部享有“外交优先权”，《维也纳外交关系公约》第 41 条规定：外交使节如与接受国进行联系和履行职务，一律应当通过接受国的外交部。若有另行规定时，方可与接受国其他部门进行往来。一国即使不专设外交部，亦应由特别规定的政府其他部门来代管本国外交事务。

具体来讲，一国外交部代表国家和政府办理外交事务，发布国家重大对外政策和决定，公布外交文件和声明，陈述本国对外政策；负责本国的外交关系、领导本国的驻外使节、发送可以由本国外交代表转化为实际对外政策的信号；负责外交谈判，办理外交交涉；签订有关条约、协定等外交文件；[②] 安排外国政要访问及本国政要出访他国等事务；处理本国外交的日常

① ［英］杰夫・贝里奇，庞中英译：《外交理论与实践》，北京：北京大学出版社，2005 年版，第 6—7 页。

② 钱其琛主编：《世界外交大辞典》下卷，北京：世界知识出版社，2005 年版，第 2046 页。

事务，负有将国际法适用于国内秩序化的使命及在本国国内具体解释国际法。外交部长常居于仅次于政府首脑的重要位置，在代表国家和政府在国外进行外交活动时，享受外交特权与豁免。如美国国务院的主要职责是：主管美国在全世界的大使和领事以及涉外官员的工作，协助总统与外国签订条约和协定，安排总统接见外国使节，就承认新国家或新政府向总统提出意见，掌管美国国印等。国务院的行政首长是国务卿，由总统任命（经参议院同意）并对总统负责，是仅次于正、副总统的高级行政官员，国务卿对总统发布的某些文告还有副署之责。

作为专门性（专职）外交主管机构和外交执行者，外交部和外交部长也在不同程度上参与对外决策。一般而言，外交部通过其直属机构和驻外机构，收集来自世界各地的信息，加以综合、分析，作出相应判断，并提出相关的措施和建议给决策机构。而外交部长作为具有较高位置的政府成员，在对外决策过程中起着重要的作用。在第二次世界大战以后，各国为了将外交及国防等国家整体政策协调一致，通常将外交部长视为核心内阁成员之一，是国家安全会议成员。

一国外交部的组成与规模取决于该国对外战略和对外政策的性质、所承担的对外任务的繁简、内部的需要以及国家的承担能力，并随着情况和需要的变化而进行调整和变动。比如发达国家的外交机构规模都比较大，其中美国的外交机构最为庞大，而中小发展中国家的外交机构一般规模较小，如黎巴嫩的外交部仅设礼宾、政治和经济司，还有一些国家没有专职外交部。总括来讲，各国的外交部一般都由 3 个主要类别的机构组成：（1）管理地区性事务的机构，主管世界各洲各国的事务；（2）管理专业性业务的机构，主管政策研究、国际组织和会议、新闻情报、世界经济及领事等业务；（3）行政性管理机构，如办公厅、机要、总务、财务等。作为世界上最大的外交机构之一，美国国务院内设有 60 余个组织单位。

一直被国内其他职能部门挑战的外交部门，也在努力提高自己的可信形象。外交机构面临着针对它们的行为甚至是价值的缜密的调查。①

---

① ［印］基尚·拉纳著，肖欢容、后显慧译：《21 世纪的大使：从全权到首席执行》，北京：北京大学出版社，2008 年版，第 22 页。

第二节　派驻国外常设外交代表机构

临时性的特使派遣起来昂贵，途中容易出事，加之他们的领导人索要的高级地位，总是可能因地位高低和位次而引起程度不同的麻烦。在15世纪后半叶，这些使节被有着更加广泛责任的常设的或者“驻所”的遣使所取代，或者更精确地说，所补充。“任命一位大使更经常地往返被发现更加实用和更经济。”更进一步地，持续的代表性使得其对其他国家的情况和特性更加熟悉，并且因此可能产生更有权威性的情报流回国内，这也使得更容易为重要的谈判做准备（即使这并不由常驻的外交官来承担）。①

一、常驻建交国家的外交代表机构

外交代表机关是由一国外交代表领导的、为同另一个国家进行外交联系以及代表和保护本国利益而派出的机构。外交代表机构泛指使馆，分为大使馆、公使馆和代办处3个等级，由馆长（大使、公使或代办）、外交官（参赞、秘书、随员）以及公务人员（行政技术人员和服务人员）组成，现在一般都称为大使馆。大使馆一般是建立外交关系的两个国家互设在对方首都，现已成为一个普遍的制度。

欧洲的意大利是最早在外国设置常驻使馆的国家。1455年米兰公爵被派往外国常驻，被认为是欧洲常设使馆之始。之后，英国、法国、西班牙、德意志也相继设立。1648年的《威斯特伐利亚条约》在法律上确定了国家间互设常设使馆的做法。1877年1月，清廷第一个驻外使馆在英国伦敦创设。现在外交使团都已经是普遍常驻的了。国际法确认，互设常驻外交代表机构是两国建立外交关系的标志，两国如没有建立外交关系就无权相互在对方首都派驻常设的外交代表并建使馆。对于这一治外法权和持久的外交代表权问题，马丁利就此言道，“通过获取对个人意志至高无上的权力，新的国家拥有了绝对主权。在此过程中，他们发现在本国很小的一块地方容忍外部

---

① ［英］杰夫·贝里奇，庞中英译：《外交理论与实践》，北京：北京大学出版社，2005年版，第113页。

主权的存在，便利地与他国进行沟通和交往”。[①]

《维也纳外交关系公约》第3条明确规定了大使馆的职责范围：（1）在接受国中代表派遣国；（2）在国际法许可之范围内，在接受国中保护派遣国及其国民之利益；（3）与接受国政府办理交涉；（4）以一切合法手段调查接受国之状况及发展情形，向派遣国政府具报；（5）促进派遣国与接受国间之友好关系及发展两国间之经济、文化与科学关系；（6）执行领事职务。

“代表派遣国”是使馆的首要职责。使馆可以使馆名义，代表派遣国政府同接受国政府，主要是接受国政府的外交部进行文书往来；同接受国政府办理日常交涉；经本国政府授权和有关国家同意，履行特定的谈判职能。

“保护本国和本国侨民在接受国的利益”是使馆最早和最基本的职责之一。使馆保护的必须是正当的利益，采取正当的手段，在国际法许可限度内进行，不能以保护为名，干涉接受国内政或进行侵略。

“调查接受国之状况及发展情形”，就是对接受国进行“观察”，这是使馆最基本的职责之一，也是使馆最经常的一项任务。使馆可以通过合法的手段和途径，如接受国的广播、电视、报刊，接触接受国的各界人士等，收集、研究接受国的各方面信息，并及时报告国内。

使馆还具有的主要职责就是研究、探讨派遣国与接受国间存在的相互利益，增进两国间的相互了解和信任，促进两国间的友好关系，以及发展两国间经济文化等各方面的双边关系。在和平与发展成为主题的当今世界，使馆这一职责无疑越来越突出。

此外，《维也纳外交关系公约》第46条规定，经接受国同意，使馆可以受委托保护第三国及其国民在接受国的利益。

使馆的实际组成与规模大小由派遣国国力、实际需要，派遣国与接受国间的关系以及对等原则等因素决定。《维也纳外交关系公约》第11条规定，“关于使馆之构成人数如另无协议，接受国得酌量本国环境与情况及特定使馆之需要，要求使馆构成人数不超过该国认为合理及正常之限度”。事实上，使馆的规模不论就同驻一国的不同国家的使馆而言，还是同一国家派驻不同国家的使馆而言，都不尽一致，小到只有馆长一人具有外交官身份，大

---

① ［美］约翰·鲁杰主编，苏长和译：《多边主义》，杭州：浙江人民出版社，2003年版，第17页。

到拥有100名以上的外交官。但不论使馆的规模如何，其地位一律平等，所担负的各项职责也完全相同。

二、常驻国际组织的外交代表机构①

作为由若干国家根据条约组成、为一定的宗旨在国际法上独自存在并通过其所设机构在国际舞台上展开活动的国际组织，在当今国际社会的作用愈来愈大，影响范围也愈来愈广。因此，各国政府也愈来愈重视同相关的政府间国际组织建立和发展关系，其中最重要的表征就是向主要政府间国际组织派遣常驻外交代表，建立常设外交代表机构。如今常驻国际组织的外交代表机构与常驻建交国家的外交代表机构一样被泛称为“外交代表机关”。

常驻国际组织的外交代表机构一般称为代表团，如“中华人民共和国常驻联合国代表团”；常驻使团由团长、外交人员、行政和技术人员及服务人员组成。一般而言，我们把团长称为常驻代表，如果该代表是大使级的，自然就被称为常驻大使了。其常驻代表是成员国单方面向国际组织派出的。常驻国际组织的外交代表机构的任务和职责主要通过每一国际组织所设的机构来履行的，其打交道的对象是组成该国际组织的所有成员国。

由于国际组织所属类别不同，常驻国际组织的外交代表机构的职责没有统一规定，主要由所属国际组织的宗旨和有关规定来确定。一般有：（1）在国际组织内代表派遣国，按派遣国在国际组织内应享有的权利和应负的义务履行职责；（2）在国际组织内代表本国政府，就该组织正在处理或应该处理的事项阐明本国政府的立场和主张，实现本国政府的意图；（3）了解国际组织内外的情况，及时向本国政府具报；（4）在国际组织内开展多边外交活动，促进同其他成员国的多边和双边关系，包括在特别授权的情况下，同其他成员国代表进行谈判以至签订协定。

如中国常驻世贸组织代表团的主要职能是：代表中国政府，负责处理与世贸组织秘书处及世贸组织成员常驻日内瓦世贸组织代表机构之间的日常事务；参加世贸组织各机构在日内瓦总部举行的各类会议和磋商；根据国内授权，负责与世贸组织其他成员常驻世贸组织代表机构进行多边、双边谈判、

---

① 主要内容见鲁毅等著：《外交学概论》，北京：世界知识出版社，1997年版，第90—95页。

交涉和磋商等。[①]

在国际组织就某一事项进行讨论并需要进行表决时，一国常驻国际组织的外交代表需要随时向本国政府报告，以便迅速和准确地向本国政府反映情况和代表本国政府表态。因此，其回旋余地远较使馆有限。

由于国际组织的类别及成员国在其中的地位存在差异，常驻国际组织的外交代表机构的组成和规模也存在极大差异。一般说来，常驻国际组织的外交代表机构以常驻国际组织的外交代表为中心组成，重要的代表机构规模较大，并有较齐全的内部结构。

国际组织是具有法人资格的实体，是国际法的主体。为了确保国际组织职能的实现，诸多多边公约和国际组织的章程中都规定了常驻使团及其人员享有一定的特权和豁免，这些特权和豁免包括：馆舍方面：（1）馆舍不得侵犯，驻在国不得随意进入馆舍，并负对馆舍提供保护的责任，馆舍不得被采取法律上的强制措施；（2）档案和文件不得被侵犯；（3）通讯自由；（4）免纳捐税；（5）其人员的行动和旅行自由；（6）使用国旗国徽。人员方面：（1）人身不可侵犯；（2）管辖豁免；（3）人和物的免税免验；（4）免除对驻在国的个人劳务、捐献义务、社会保险规定等。

虽然由于国际关系运行机制的转变，导致今天的大使们很少作出国家间战争与和平的决定，但是他们仍然发挥着缓和紧张状态的作用。当国家有意参与政治、技术和交叉学科领域等全部议题时，大使们的准确看法就提供了商谈交涉、发生联系和交易的机会。在当代不稳定的国际关系中，各国都在寻求与其他国家的共识，希望在特定事务中建立联合。在所有这些活动中，大使近乎天衣无缝地与驻在国国内部门特别是外交部融为一体，依赖便捷的通讯拉近距离，跨越“代表团与指挥部”思维的传统障碍，成为政策制定与决定过程的参与者。[②]

第二次世界大战后，有些人认为常驻使馆“既是一个时代错误，又是个累赘”。在20世纪70年代和80年代，人们是那样有信心地起草了常驻使馆的讣告，传统外交受到越来越多的反对性的正式监督，其预算遭受了无情的打击。但是，常驻使馆仍然没有“安然告终”，它经历了通讯革命而继续

① “何谓驻世贸组织代表”，《求知》2002年第6期。

② ［印］基尚·拉纳著，肖欢容、后显慧译：《21世纪的大使：从全权到首席执行》，北京：北京大学出版社，2008年版，第4—5页。

存在。因为在一些情况下，若没有了大使馆，常驻使馆（担负）的功能便不能够很好地执行；有许多其他仪式场合，当为了实际的或者政治的理由，由一个驻地大使而非一个特使代表要简便得多，对新国家和那些衰落中的已经确立地位的国家之威信来说，常驻大使一般是特别重要的。①

第三节　领事制度与领事馆

领事业务是外交职业中最古老的部分，它是国际贸易和商业的产物，其起源可追溯到古希腊的“前导者”和“外国代表人”制度与罗马共和国的“外国人执政官”制度。可以说，还在常驻使馆出现之前很久，有的国家就已经出现了领事。②

一、领事制度

领事是一国政府经另一国政府同意，或根据同另一国政府达成的协议，派驻对方国家的特定城市，并在一定区域内执行领事职务的政府代表。所谓领事制度是指在另外一国的领土上保护派遣国的商业利益，保护并帮助派遣国国籍的居住者、旅行者、船员及商务人员，执行与之有关的某些行政、司法和户籍职务，并且向拟赴派遣国旅行的接受国国民及第三国国民发放签证或其他适当文件的派遣国的公共服务制度。

领事制度早在公元前六七世纪的古希腊奴隶制城邦国家时代就已经萌芽，即所谓的“外国代表人制度”，容许居住在古希腊城邦的外国人选择自己的代表，作为他们和当地政权进行交涉的中间人。到了中世纪后半期，当时意大利、西班牙和法国商业城镇中的外国商人，一般在他们中间推举一人或数人充当商务争执中的仲裁者，称之为“仲裁领事”或“商人领事”，从此在西欧就有了“领事”的称呼。1279 年，西班牙商人推举代表驻于海外有关系的各地，以担当仲裁人之职，一年一任，产生了世界上最早的领事制

① ［英］杰夫·贝里奇，庞中英译：《外交理论与实践》，北京：北京大学出版社，2005 年版，第 123—125、136 页。

② “领事处”，http：//caj. jnu. edu. cn/wjx/xuexi-zy/wjwszs/wjwszs12. htm。

度。[①] 但在当时，领事还不是专职的。11—14 世纪，随着欧洲十字军东征，意大利、西班牙和法国的商人在土耳其等伊斯兰国家定居下来从事商业，他们也将领事制度带到了这些国家。后来，商人所属国家的政府同伊斯兰教国家订立了领事裁判条约，将领事职能扩大到对本国侨民的生命财产进行保护，并拥有对他们行使民事和刑事管辖的特权，这就是最早出现的领事裁判权。这时的领事制度已经带有官方性质并涉及国家间关系。15 世纪，领事制度又由东方伊斯兰国家传回欧洲。此时，欧洲国家的领事已经不再由侨商推选，而是政府委派，甚至直接由国家派遣，称“委任领事”，如此领事制度也就完全具有官方性质了。到 16 世纪时，领事制度在欧洲已经相当普遍。当时，欧洲一些主要国家除互派领事之外，还向东方国家派驻领事，一些领事除执行领事职责外，还履行部分外交方面的事务。

从 17 世纪初至 18 世纪初，由于常驻外交代表制度的建立和发展，领事的作用减弱，加上各国反对领事裁判权的民族情绪日益高涨，外国商人开始被置于当地的民法、刑法管辖之下，因此领事职权大大缩小，领事地位被削弱，领事制度曾经一度衰落下去。18 世纪中期后，西方资本主义经济、国际贸易不断发展，欧美国家为了保护本国在国外的商业利益和航海利益，又开始重视领事制度，使之得到恢复和发展。1769 年，法国与西班牙之间签订的《帕多条约》，首次明确提到了领事的职务、特权和豁免。[②] 19 世纪后半期，国际贸易的大发展使领事制度重新兴起。其间，帝国主义国家利用从不平等条约攫取的所谓“领事裁判权”，侵犯中国等一些亚洲国家的主权，干涉这些国家的内政。

法国是第一个设置职业领事部门的国家，其他欧洲国家也迅速效法。1825 年，英国建立领事机关，作为行政机关的一个部门，由外交部的一个特别部门管理。美国很早就向各地派遣领事，但直到 1906 年才设立职业领事机关。各国委派担任领事职务的官员被称为职业领事官员，像其他行政机关人员一样进行招募、选拔和培训。单独的职业领事机关后来被逐渐取消，合并入外交部之中。法国根据 1880 年 7 月 10 日和 1883 年 4 月 27 日的两个法令，将领事部门和外交部门合并。美国通过 1924 年的《罗杰斯法案》统一了这两个部门。英国直到 1943 年才取消外交部门和领事部门的划分。目

---

① “领事处”，http：//caj. jnu. edu. cn/wjx/xuexi-zy/wjwszs/wjwszs12. htm。

② 赵丕涛编著：《外事概说》，上海：上海社会科学院出版社，1995 年版，第 61 页。

前，世界上几乎所有的国家都由外交部统管外交和领事工作，并在外交部内设置中央领事机关（领事司或领事局），归口管理国家的职业领事及驻外领事机关。①

在西方殖民者入侵之前，中国保护外侨利益的形式如下：在唐代，为加强管理，唐朝实行“蕃长制”，就是在外国人聚居的地方设立蕃坊，置蕃长一人。依照唐朝法律规定：“诸化外人，同类自相犯者，以本俗法；异类相犯，以法律论。”宋代时，蕃坊改为司，蕃长由外国人担任，由皇帝下诏书任命，蕃长穿中国服饰，不限国籍。由于蕃长对居住中国的外国人可以行使一定的行政和司法管辖权，这与欧洲国家的“仲裁领事”或“商人领事”相近，因此“蕃长制”可视为中国领事制度的渊源。元朝时，外国人在中国已经可以自由杂居，并经过皇帝特许，可以在中国为官，如意大利的马可·波罗就曾任扬州知政 3 年，“蕃长制”已不复存在。明朝实行“闭关锁国”和“海禁政策”。清朝对欧洲列强在中国地方设立的领事馆从未予以承认，或只称它们为“事务馆”。直至 1842 年 8 月及以后，欧洲列强才依据强迫清政府签订的不平等条约，获取了向中国派驻领事的权利。到中华人民共和国建立前，共有 33 个国家在中国设立了 185 个领事机构，涉及 42 座城市。

19 世纪 70 年代以前，中国禁止在国外设立领事馆，对国外的华侨遭到殖民当局的杀戮也“概不闻问”。直至华侨、商人在东南亚等地经过长期苦心经营，形成一定的经济实力，并希望得到清政府的保护，清政府才认识到在外设领事以保护华侨的重要性。于是，清政府在东南亚、美洲、西欧等地设立了第一批领事馆。1877 年，清政府在新加坡设立领事馆，1878 年派遣驻日本横滨和美国旧金山领事，1879 年派遣驻古巴哈瓦那总领事，1885 年委任驻纽约领事。辛亥革命以后，中国在华侨众多的地方都陆续设立了领事馆。但由于那时中国政府腐败，国势衰弱，华侨的正当权益仍然没有保障。

中华人民共和国建立后，根据独立自主原则发展对外关系，不承认以往时代任何外国的外交机关和外交人员的合法地位，关闭了帝国主义在中国设立的所有领事馆，帝国主义在中国的各种特权包括领事裁判权被彻底取缔。之后，依据中华人民共和国对外政策及发展对外关系的原则，外国在中国开设领事馆，中国也向国外派驻领事。如今新型的领事制度健康发展，有效地

① “领事制度”，http：//www. sdast. org. cn/article_ show. php？a_ id = 1963&page = 2。

保障了海外华侨的正当权益，促进了中国和各国人民之间的友谊。①

第二次世界大战结束后，领事制度开始在平等互惠的基础上进一步规范化发展，从第二次世界大战结束到1960年，各种领事条约达到39个。随着领事关系的迅速发展，许多国家希望对领事权及其特权作出统一规定。1963年3月4日，联合国在维也纳召开了关于领事关系的国际会议，根据联合国宪章关于各国主权平等、维持国际和平与安全以及促进国际间友好关系的宗旨和原则，结合国际习惯法、多数国际条约一致的规定以及主要国内法体系采行的规则编纂成典，并于同年4月22日通过了《维也纳领事关系公约》。该条约于1967年3月19日生效，成为各参加国处理领事关系的准则。中国于1979年7月3日加入公约。

《维也纳领事关系公约》第2条规定："一、国与国间领事关系之建立，以协议为之。二、除另有声明外，两国同意建立外交关系亦即谓同意建立领事关系。三、断绝外交关系并不当然断绝领事关系。"

一般而言，在当代国际关系实践中，领事关系从属于外交关系，但领事关系由于其特殊的起源和在长时期内曾是平行于外交系统的独立系统，因而具有相对的独立性，只要两国协议即可建立领事关系，即使两国并没有建立外交关系，两国断绝外交关系也仍可继续保持领事关系。

二、领事馆

领事馆是一国驻在他国某城市的领事代表机构的总称，有总领事馆、领事馆、副领事馆和领事代理处。领事馆除领事外，还有其他工作人员。

《维也纳领事关系公约》第4条第1款规定："领馆须经接受国同意始得在该国境内设立。"即指两国协议建立领事关系并不意味着同时协议建领馆。究竟设不设领馆、设几个馆、设在哪里、什么等级、辖区多大都须由两国逐一议定。如两国认为无须单独设立领馆，领事职责按《维也纳领事关系公约》第3条规定："亦得由使馆依照本公约之规定行使之。"

由于设立领事馆问题涉及两国邦交，按国际惯例一般须由有关国家订立专门的双边领事条约、专约或规定。有关设立领事馆的协议，其内容一般包括领事馆的等级、类别、设立地点、辖区、开馆日期等。也有的协议还规定

① 赵丕涛编著：《外事概说》，上海：上海社会科学院出版社，1995年版，第62—66页。

领事馆成员的名额、领事官员必须是派遣国国民等。设立领事馆的协议必须依据对等和互惠原则进行，如一方认为暂时无必要或无能力设立领事馆，则可保留设立领事馆的权力。

至于一国在对方国家什么地方设立领事馆，设立哪一等级的领事馆，一般来说是根据该地点或地区的重要程度、领事业务多少以及对等原则来确定。各国的领事实践与习惯不一，有的国家如比利时、荷兰等国在国外除设立职业领事馆外，还设立名誉领事馆。约旦王国在国外的领事馆则全部是名誉领事馆。目前绝大多数国家在国外只设立职业领事馆。

领事馆的辖区也称领事区域或领区，是领事馆在驻在国领土上进行活动的区域。两国间在达成设立领事馆的协议时，一般也就确定了领事馆辖区，但有时也有少数例外情况。领事馆辖区的范围由派遣国和接受国根据需要和互惠原则商定，一般限于领事馆所在城市或领事馆所在的省区，也可包括领事馆邻近的城市或省区。两国确定彼此领事馆辖区的范围基本上遵循对等原则，但这并不意味着彼此领事馆辖区的面积、人口或辖区内的侨民人数绝对相等。领事馆的辖区仅指领事馆有权执行领事职务的区域，但并不赋予领事馆任何别的管辖权。一般情况下，领事馆官员只能在其领事馆辖区内执行领事职务。遇有特殊情况，经接受国同意，领事官员也可以到领事辖区外执行职务。

从国际法角度，领事关系不等同于外交关系，领事不享有外交使节的地位，因此领事馆不被视为外交代表机构。但领事馆作为一国政府的派出机构，自然拥有其派遣国的官方地位和身份，执行本国的对外政策。实际上，领事馆只不过不能充当其派遣国的正式外交代表，而其他方面则一向作为其派遣国代表存在，从事实际的外交活动。当更大国家的省份分离出来成为未被承认的国家时，外国在那里正好已经拥有领事馆，领事代表也可能是处理与这些国家的有限关系的便捷方法。如，在整个越南战争期间，英国都维持了它在河内的总领事馆，该馆被认为是转交给美国的重要情报来源。①

---

① ［英］杰夫·贝里奇，庞中英译：《外交理论与实践》，北京：北京大学出版社，2005 年版，第 147—148 页。

第四节 外交代表与领事代表

我们在考察外交过程中，很容易就发现大使制度的重要性，无论是在双边还是多边角色中，大使都是整个外交体系中的重要因素。在整个政府机器中，对其负责领域内的双边关系在现实世界的当前状态和情况，大使有最准确的总体看法。大使及其团队中的其他人在推进国家利益中起着催化剂和执行工具的作用，他们致力于为国家树立良好的形象，保持一个有利的外交关系网。①

一、外交代表

外交代表也称外交使节，即一国派驻另一国或某国际组织的官方代表，他代表国家，负责办理外交事务。

根据国际关系准则，凡独立的主权国家，都有权派遣外交代表执行本国的外交使命，为国家利益服务。但这种派遣必须以双方的协议为前提，同时也有权决定是否接受他国的外交代表。

外交代表有常驻和临时两种。常驻外交代表系指派驻某一特定国家或某一国际组织，并负责同该国或该组织保持经常联系的代表；临时外交代表系指临时出国负有某种特定任务的代表。

常驻外交代表有等级之分。常驻外交代表等级最初是在1815年维也纳国际会议上统一确定的。在这次会议上通过的决定明确把外交代表划为大使、公使和代办三级，这就消除了在此之前因外交代表等级划分不统一而经常发生的争执位次的现象。虽然1818年11月亚琛会议决定增加驻办公使一级，置于公使和代办之间，但是1961年的《维也纳外交关系公约》又取消了驻办公使，再次恢复为大使、公使和代办三级。目前，依据2009年10月通过的《中华人民共和国驻外外交人员法》规定，中国的驻外外交人员实行七级外交衔级制度，即大使衔、公使衔、参赞衔、一等秘书衔、二等秘书

---

① ［印］基尚·拉纳著，肖欢容、后显慧译：《21世纪的大使：从全权到首席执行》，北京：北京大学出版社，2008年版，第4、5页。

衔、三等秘书衔、随员衔。

早在公元2000年前的古埃及就有互派特使的活动，① 而“大使”这一名词最早是在恺撒关于高卢战争的记载中使用过的。“大使”的尊衔不是轻易封赠的，在20世纪初期以前，一些国家通常只向少数相互友好的君主国家派遣大使。至1860年，英国一共只派出驻巴黎、圣彼得堡和君士坦丁堡3位大使，美国直至1893年为止还未曾派出1位大使。对于不重要、弱小或不友好的国家，从前的外交实践则是派驻一等或二等公使。公使的身份使得其只能与驻在国政府打交道，而不能参加围绕王国宫廷举行的各种典礼仪式。如今，建交国家间不再互派公使或担任大使馆馆长，我们经常见到的馆长一级的外交代表就是大使和代办两种。但是，公使这一级别的外交官头衔仍然存在，只是在大型使馆中担任第二把手。②

驻外使节一般分为5个等级：一级（副部级大使）；二级（正司局级）；三、四级（副司局级）；五级（处级）。确定外交代表的等级是建交双方在同意建立外交关系时需要商定的要点之一。外交代表的等级应是对等的，并且明确见之于建交公报或其他建交文书中。但有一些国家，如肯尼亚、泰国和土耳其的大使只有1个级别。另外有一些国家，如中国和德国，把外交人员的级别和赴任的首都对应起来，德国最高级别的大使只派驻东京或其他12个地方。中国驻外大使均为副司（局）级以上级别。目前，中国向9个国家（美、俄、法、德、英、日、印、朝、巴西）派驻副部长级大使，还与许多国际组织建立副部级关系，如常驻联合国、驻联合国日内瓦办事处，欧盟、非盟、东盟使团团长，常驻世贸组织、国际货币基金组织、世界银行代表。③ 根据两国关系的发展和变化，外交关系的等级可以升格和降格，无论是升格或是降格均应由当事国双方谈判达成协议。一般来讲，处理或解决两国间发生或出现的复杂问题或事件，高级别的驻外使节是关键所在。但建交国因关系恶化召回使节，使馆由一位外交官任临时代办，主持馆务，是不须经谈判的。

---

① ［印］基尚·拉纳著，肖欢容、后显慧译：《21世纪的大使：从全权到首席执行》，北京：北京大学出版社，2008年版，第24页。

② ［美］马丁·梅耶著，夏祖煃等译：《外交官》，北京：世界知识出版社，1988年版，第37—39页；“馆长级外交代表的等级”，http：//caj. jnu. edu. cn/wjx/lesson/ch05/050101. htm。

③ ［印］基尚·拉纳著，肖欢容、后显慧译：《21世纪的大使：从全权到首席执行》，北京：北京大学出版社，2008年，第25页；“中国驻外大使级别”，http：//www. 360doc. com/content/13/0508/11/11593961_ 283824966. shtml。

常驻一国的外交代表，同时可兼驻两个国家或几个国家，但外交代表兼任驻他国大使须事先征得有关各方同意。

外交代表也可兼任派遣国在任何国际组织中的代表，如目前中国驻比利时大使同时兼任驻欧洲经济共同体大使。

外交代表的职责是：代表本国并以本国名义从事外交活动，维护本国的利益和本国国民的权益，同驻在国主管外交部门进行谈判和文书往来，草拟条约文件，经本国授权可签订条约，促进本国和驻在国关系的发展，收集、分析驻在国各个方面的情况并具报本国政府，作为自己的代表机构的首长，领导它的工作。外交官系本国政府的代理人、辩护人、消息提供者和顾问，维系国家关系，使用除战争外的其他手段控制或解决国家间纠纷；政府依靠外交官充当本国在海外利益的监护人。① 摩根索将外交代表喻为一国外交部的眼睛、耳朵、喉舌和指尖，外交部的流动化身，他们代表政府履行象征性职能、法律上的职能及政治上的职能。②

国际法规定，外交代表在驻在国应享有绝对的安全和不受驻在国权力机构管辖的完全的独立，即享有外交特权与豁免，外交代表还应享受相应的礼遇。驻在国有义务采取必要的措施，以保护外交代表的生命、健康和名誉不受任何侵害。但是，一国的外交代表不应违反驻在国的法律、法规和风俗习惯，不得干涉驻在国的内政。

外交代表通常同驻在国外交主管部门进行联系。但出于礼貌或实际需要，驻在国往往也给外交代表同本国政府首脑和其他政府官员及其他政府部门直接联系的机会。外交代表驻在地通常是驻在国首都。

外交代表的使命在下列情况下即告终止：（1）外交代表被本国政府召回、死亡或所担负的使命已经完成；（2）因外交代表个人原因，如他成为不受欢迎的人，或两国断绝外交关系，或发生战争，外交代表的护照被驻在国政府发还；（3）两国中有一国的政体发生根本变化或不再作为一个主权国家存在。

---

① ［美］傅立民，刘晓红译：《论实力：治国方略与外交艺术》，北京：清华大学出版社，2004年版，第80、87页。

② ［美］摩根索，杨歧鸣等译：《国家间政治：为权力与和平而斗争》，北京：商务印书馆，1993年版，第648—649页。

（一）使馆馆长

使馆馆长是一国驻他国外交代表机构的最高负责人，也称“特使全权”。19 世纪末叶以前，只有大国间才能互派大使，这反映了大小国家不平等的国际地位。第二次世界大战以后，本着国家主权平等的原则，建立外交关系的国家一般都是互派大使级的外交代表。

各国都按其有关法律规定来任命使馆馆长，通常是由外交部长提名，经过议会通过，由国家元首签署任命，或不经议会由国家元首直接任命。

按照国际法，派遣国确定本国驻外使馆馆长人选后，即应将拟派驻使馆馆长的有关情况通知接受国政府，以征得对方的同意。接受国有权拒绝某一人选，拒绝并不意味着对派遣国的不尊重或有失友好，而且接受国不必说明拒绝理由，也不能把拒绝的理由公诸于世。

派遣国拟派出的使馆馆长人选得到接受国同意后，即可正式予以任命。使馆馆长在赴任前，须取得本国元首签署的称作“国书”的委任状，并应将预定抵达驻在国的日期通知接受国外交部，以便在其抵达接受国国境后享有外交特权和相应的礼遇。国书主要内容为请接受国对新任外交使节代表派遣国陈述的一切给予完全信任。代办级外交使节的委任书是由派遣国外长致接受国外长的介绍信。

此外，派遣国还须将使节的中途行程通知旅经国，以便使节根据国际法和国际惯例在途经第三国时享受应享受的礼遇。通常新任使节在赴任前，会通过本国外交部礼宾司联系，拜会接受国驻本国的外交使节。接受国的使节出于礼貌应尽早会见将赴任的外交使节，并为之送行。新任大使到达接受国首都后，应尽快会见接受国礼宾司长，了解递交国书的礼仪和程序，并请代为约见接受国外交部长，以便递交国书副本和商谈递交国书事宜。代办或负责建馆事宜的首任临时代办也要会见驻在国礼宾司长，请其约见接受国外交部长并递交介绍信。

关于递交国书的仪式，各国不尽相同，有繁有简，但都十分重视和隆重。某些君主制国家至今仍保留着古老的风格，例如在西班牙，新任大使在礼宾司长或王宫典礼官的陪同下，乘坐豪华的古式马车前往王宫，使馆参礼（即参加仪式）的外交官员乘坐汽车尾随。车队由身着古装的宫廷骑士护卫。大使抵达王宫院内时，乐队奏国歌，排列在宫厅两侧手执长矛的武士向大使致礼。大使由宫廷官员引入呈递国书的大厅。西班牙国王身着礼服站在大厅中央，外交大臣及国王办公厅文武官员侍立两旁。大使行至国王面前时，以庄重的语调说：“我荣幸地向陛下递交我被任命为×××国驻西班牙特命全权大使的国书。”随即将国书递上，国王接过国书后与大使握手。大使将参礼的其他外交官员逐一向国王进行介绍。国王与大使在客厅简短交谈后，大使即起身告辞，仍由礼宾司长或宫廷典礼官送至大使官邸。大使略备酒点招待，以作答谢。英国等君主国递交仪式也大致如此。

中国递交国书的仪式经历了一个由繁到简的过程。现在中国递交国书的仪式已较简便，其程序如下：

由外交部礼宾代表乘礼车前往使馆迎接大使，并陪同大使乘礼车至呈递国书地点（目前均在人民大会堂）。礼兵在大门口向大使致敬。大使及其使馆参礼人员由礼宾司长（或副司长）引入大厅。

大使向中华人民共和国主席（或副主席）递交国书。递交后，大使和使馆参礼人员与主席（或副主席）、外交部长（或副部长）等握手并合影留念。接着，大使随主席（或副主席）至会客室谈话。最后由礼宾司代表陪送大使乘礼车返回使馆。

递交国书时，大使夫人一般不参加仪式。

一般来说，新任使节在递交国书时还要向接受国元首致祝愿词，即“颂词”，其内容大体为转达本国元首的问候；向接受国人民和政府致意；对两国关系以及对接受国在国际舞台上的作用做恰如其分的评价和表达使节本人为发展两国关系作出努力的愿望等。有的国家要求大使在递交国书时，口头致颂词，为此使节应熟记颂词，以避免临场出错。凡要求致颂词的国家，元首一般致答词。目前，不少国家已不要求使节当面致颂词，仅要求在递交国书的同时递交书面颂词。在这种情况下，接受国元首向使节交书面答词。中国和一些国家现已取消颂词，代之以友好的谈话。

根据国际法和国际惯例，大使在向接受国元首递交国书或将国书副本送交接受国外交部长之后，即视为已在接受国内开始履行职务。

对使馆馆长到任时间的计算，《维也纳外交关系公约》第 13 条规定：“使馆馆长依照接受国应予划一适用之通行惯例，在呈递国书或在向接受国外交部……通知到达并将所奉国书正式副本送交后，即视为已在接受国内开始执行职务。”接受国有权决定具体采取哪种算法。“呈递国书或递送国书之正式副本之次弟依使馆馆长到达之日期及时间先后定之。”这一规定限制了一些国家把优先地位给予到达较晚的友好国家使节的差别待遇做法。中国在外交礼仪上的做法是，认为外国使节抵达北京后即可开始履行职务，但到任之日期以正式向中国国家元首递交国书之时算起。

在外交实践中，经接受国同意，一个国家可以委任同一人兼任两个或两个以上国家的使馆馆长。通常的做法是，在一个国家内设立常驻使馆，由一位外交官为临时代办，负责使馆常务，而担任大使的使馆馆长则居住在另一国的首都。

一般来说，使馆馆长兼任的前提必须是，所兼任的两个国家彼此间没有尖锐的利害冲突或争端，否则使节的使命会难以履行，也很难使驻在国满意。派遣兼任使节可以有多种原因，如两个或两个以上驻在国家在地理上接近或历史上有传统的联系，或由于派遣国基于本国外交政策或外交行政上的需要，也可能纯粹为了节省开支。

根据国际惯例，与大使列为同等地位的外交代表还有高级专员。高级专员是英联邦各成员国之间互相派遣的外交代表。在以英女王为元首的联邦国家之间的高级专员由总理向总理派遣，如澳大利亚、斐济等；英联邦成员国如本身另有元首，如印度、坦桑尼亚等，高级专员为元首向元首派遣。

中华人民共和国国书示例①

××××国总统×××（姓名全称）阁下

阁下：

为巩固和发展中华人民共和国和××国之间的友好合作关系，我任命×××先生为中华人民共和国驻××国特命全权大使。

我相信×××先生将尽力完成他所担负的使命，请你惠予接待，并对他代表中华人民共和国政府所进行的工作给予信任和帮助。

---

① 资料来源：中华人民共和国外交部网站，http：//www.fmprc.gov.cn/mfa_chn/ziliao_611306/lbzs_611374/t9044.shtml。

×××先生业已完成其驻×××国特命全权大使的使命，现予召回。我愿借此机会对他任职期间所受到的接待和帮助表示感谢。

中华人民共和国主席（签字）

中华人民共和国外交部长（签字）（副署）

一九××年×月×日于北京

国字第×××号

（二）临时代办

临时代办是在使馆馆长缺位（如回国述职或休假）或因故（如因病长期住院）不能执行职务时代理馆长主持馆务的外交官。临时代办一般由领事馆主管政务的外交官中级别最高者担任。两国建交后，首任大使就任前，被派往接受国办理建馆事宜的首席外交官也称“临时代办”。

临时代办并非外交使节中的一个等级，因而同作为一级馆长的代办有原则区别。临时代办的委任应由使馆馆长本人以正式照会的形式通知驻在国外交部，也有的以常驻外交代表机关的名义以普通照会的形式通知驻在国外交部，或直接由派遣国外交部通知对方。此类照会同时发给其他各国和国际组织在驻在国的外交代表机关。外交人员担任临时代办无须事先征得驻在国同意。

《维也纳外交关系公约》第 19 条第 2 款规定，如在驻在国内并无外交职员时，派遣国征得驻在国同意后，得指派某一行政和技术职员主持使馆的日常行政事务，但不能称作“临时代办”。两国建交后，在首任大使到任前，通常委派建馆临时代办先行到达驻在国筹建使馆。但负责建馆事宜的临时代办，因派遣国尚无外交代表驻在接受国，须由派遣国外交部长向接受国外交部长发送证明临时代办身份的介绍信。同时，须以普通照会的形式通知在驻在国的其他各国和国际组织外交代表机关。建馆临时代办在递交介绍信后即可代行新使馆馆长的职责。

（三）特使

特使是一国为执行某项特定外交任务或参加典礼活动而临时委派的外交代表。特使通常由国家元首或政府首脑派遣，所以也称国家元首特使或政府代表。

特使负有的外交使命一般有两类。一类是政治性的，即向有关国家或国际组织通报重要的政治信息，就特定的外交问题或签署条约进行磋商或谈判等；有时派遣出席国际会议的政府代表，或前往他国送交本国领导人亲笔信件的政府重要官员也被赋予特使衔的外交身份，以昭示其所担负使命的重要性。另一类是礼节性的，如参加某国的国庆庆典、独立庆典，出席国家元首就职仪式或葬礼等。

特使的身份通常由特使证书、正式照会或其他官员文件或电报予以确认。特使证书根据特使身份或所负使命的性质，分别由国家元首、政府首脑或外交部长签署。前往谈判或签订条约的代表，其特使身份由颁发的特使全权证书加以确认。特使在完成使命归国后，其特使身份自行终止。

中华人民共和国外交全权证书示例①

例一

全权证书

兹委派×××（职衔）×××（姓名）为全权代表同×××国的全权代表谈判并签订中华人民共和国和×××国××××（条约名称）条约。

中华人民共和国主席（签字）
中华人民共和国外交部长（签字）（副署）
一九××年×月×日于北京

例二

全权证书

中华人民共和国国务院委派×××（姓名）为全权代表同×××国政府的全权代表谈判并签署两国政府××××（协定名称）协定。

例三

全权证书

中华人民共和国国务院委派×××（姓名）为中华人民共和国出席×

① 资料来源：中华人民共和国外交部网站，http：//www. fmprc. gov. cn/mfa_ chn/ziliao_ 611306/lbzs_ 611374/t9044. shtml。

×××（会议名称）会议代表团团长，×××、×××（姓名）为代表，×××、×××（姓名）为副代表。

一九××年×月×日于北京
（盖国务院带国徽铜印）

外交部颁发的全权证书，正文内容同上，但要在文后加上“特此证明”字样，由外长签署，盖外交部带国徽的铜印。

例四

全权证书

中华人民共和国国务院委派×××（姓名）为出席××××（会议名称）会议的代表。特此证明。

中华人民共和国外交部长（签名）
一九××年×月×日于北京
（盖外交部带国徽铜印）

（四）无任所大使

无任所大使也称“巡回大使”，是国家常设（也有国家依需要临时委派）的，但不驻在特定国家的大使衔外交代表。国家元首或政府可以随时派他到其他国家进行某项活动、商谈某一重要问题、递交国家元首亲笔信件、参加某项谈判或某一国际会议等。在国外时，无任所大使享有外交特权或豁免。

无任所大使也有由一国政府或外交部临时委派执行使命的，有的国家也对派往有关国家检查使馆工作的高级外交官员委以无任所大使衔。无任所大使也称为特别外交使节，但并不同于“特使”。

（五）观察员

观察员是一国派遣到国际会议或国际组织参加其部分活动的代表。一国与某个国际会议讨论的问题或国际组织的工作有关系，但因某种原因不便或不能派全权代表参加时，有时可以派观察员参加，以便进行联系、发表意见、了解情况等。

有时国际会议或国际组织也可以派遣观察员参加特定的国际会议或国际组织的活动。非政府性的国际组织也有被邀请派观察员参加国际会议的。

通常，成为国际组织的观察员，即是向成为该国际组织的成员国迈出了第一步。观察员中的“观察”是双向的：一方面，观察员可以观察他所参与的国际组织，以决定是否加入该组织；另一方面，国际组织也会观察它的观察员，以决定是否批准其加入。[①] 按照国际惯例，观察员在国际会议或国际组织中有发言权，但没有表决权，也无权签署该国际会议或国际组织所制定的任何文件。

观察员制度始于第一次世界大战后的国际联盟机构及其所从事的一些活动，如美国当时并非是国际联盟会员国，但它以观察员的资格参加了国际联盟的许多活动。第二次世界大战后的联合国也有非成员国的国家派出观察员列席联合国的会议及其所属机构的一些活动。

二、领事代表

领事是一国根据国际惯例和协议派驻他国某城市的代表，一般有总领事、领事、副领事、随习领事（随员领事）和领事代理人。

《维也纳领事关系公约》把领事官员分为两类。一类是职业领事，也称派任领事或专业领事。一般由受过领事业务专门训练的、掌握一定领事业务知识的、具有派遣国国籍的公职人员担任。在职期间，他们只能担任领事职务，不能从事任何私人业务。另一类是名誉领事。一般是从在接受国居住的人中遴选出来，可以是派遣国的国民，也可以是接受国的国民，还可以是第三国公民。他们一般没有受过领事业务的专门训练，可以在领事职务之外从事私人营利性职业；派遣国不付给他们固定的薪金，但他们可以从办理领事业务所收的费用中提取一定的报酬。目前，世界上绝大多数国家只派职业领事而不派名誉领事从事领事业务活动。

在领事实践历史中，领事官员与外交官是两种并行的职业种类。近代以来，许多国家逐渐采用外交官兼任领事官员的做法，并且外交官和领事官员可以互相置换。

---

① 百度百科：“观察员国”，http：//baike. baidu. com/link？ url = R6pk29nkpJU44QP-FpSnG1-FC6107NrwzEORO8Ldq084xAm6qEfxpcRjs7ZgbRsr4Alt8Tj6kCoeiKbxvI7toq。

领事受本国驻在该国的外交代表和本国外交部的领导。领事官员不同于外交使节，他们没有代表派遣国同接受国从事外交谈判的职责。但派遣国在接受国未设使馆，也无第三国使馆代管时，经接受国同意，领事可以承办一些外交事务，其领事身份不变，也并不因此而享受外交特权和豁免。

根据国际惯例，一国任命领事不必事先征求接受国的同意。《维也纳领事关系公约》规定："领事馆长每次奉派任职，应由派遣国发给委任文凭或类似文书以及其职位之证书，其上通例载明馆长之全名、其职类与等级、领事辖区及领馆设置地点。"派遣国要给本国派驻他国的领事馆馆长颁发任命书，接受国同意后，发给领事证书。非领事馆馆长的领事按一般惯例，由派遣国将该领事全名、职级通知接受国即可。但如果有的国家对不担任领事馆馆长的领事也要有任命书的形式，则应尊重其规定。

领事馆馆长赴任到达接受国，派遣国应事先通知接受国，领事馆所在地的接受国地方政府给予迎接。迎接的礼仪规格一般说来取决于领事馆馆长的职位、两国关系和当地惯例。领事馆长就任后，一般要发就任通知书，进行适当的拜会和举行就任招待会。非馆长的领事就任也应通知接受国，但接受国一般不派人迎接。

因如下情况，领事身份即告终止：派遣国召回；接受国撤消对领事身份的承认；领事官员死亡；两国断绝领事关系。

由于领事制度惯例沿袭，双边协议在领事关系中始终有特殊作用，为此《维也纳领事关系公约》第73条规定："本公约之规定不影响当事国间现行有效的其他国际协定"，"本公约并不禁止各国间另行国际协定以确认、或补充、或推广、或引申本公约之各项规定"。

《维也纳领事关系公约》规定领事的主要职权是：按照国际惯例的有关国家间协议，在接受国保护派遣国的国家、公民和法人的正当权益；增进派遣国和接受国经济和贸易关系的发展，促进双方文化和科技事业的交流；以合法手段调查接受国商业、经济、文化和科学情况，向本国政府报告或向本国有关方面或人士提出咨询；登记和在某些方面帮助本国在驻在地区的侨民；办理护照、签证、公证、认证；依照现行国际协定或依照符合接受国法律规章的任何其他方式，为派遣国法院传送司法文件，或执行录取证词的司法委托或嘱咐；协助和管理本国的船舶和飞机。领事执行职务时，一般同地方政府有关机关联系。

领事工作实际上是外交工作的一部分，因此领事官员在执行职务时，根据国际惯例和有关国家间的互惠协议，享有一定的外交特权和豁免，包括：

1. 接受国应给予领事馆执行职务的允分便利。

2. 可以使用派遣国国旗与国徽。

3. 接受国官员未经馆长同意，领事的办公处所、档案与因公来往的文书和电报不受侵犯和检查；但接受国主管当局有重大理由要拆邮袋时，得请派遣国授权代表在场将邮袋开拆，如派遣国拒绝此项要求，邮袋应退回原发送地。

4. 领事馆馆舍及其设备和财产免予征用。但接受国为了国防或公用目的确实需要征用时，应给派遣国有效补偿。

5. 领事有行动及旅行的自由，且人身不受侵犯。

6. 领事的职务行为不受驻在国司法管辖，但当领事官员犯有严重罪行时，接受国可以逮捕或羁押候审，并可提起刑事诉讼，此时接受国应立即通知馆长。如以领事馆馆长为措施对象时，接受国应经由外交途径通知派遣国。

7. 领事在其执行职务时所涉及事项，无作证义务。要求领事作证的机关应避免对其执行职务有所妨碍，可在其寓所或领事馆录取证言，或接受书面陈述。

此外，领事馆还有权使用密码通讯；领事得免除役务和免纳直接税等。

但是，1963 年通过的《维也纳领事关系公约》第 17 条第 1 款规定：派遣国在某个国家没有外交使馆，也不被第三国的外交使馆所代表，领事官员可以经接收国的同意，在不影响其领事身份的情况下，被授权从事外交活动。领事官员从事这样的活动，并不因而有权利主张享有外交特权与豁免权。

领事人员的义务有：

1. 尊重接受国的法律规章；

2. 不干涉接受国的内政；

3. 不在接受国境内为私人利益从事任何职务范围以外的职业或商业活动；

4. 领事馆不得充任与领事不相符的用途。

当今，由于外出旅行变得更加容易和便宜，领事工作一般也变得愈加重要。随着时代的发展，领事与外交服务越来越趋于一体化，现在领事官员更有可能拥有过去的外交经验，因此能够肩负起强使他们接受的外交任务。[①]为确定外国驻中国领事馆和领事人员的领事特权与豁免，便于外国驻中国领事馆在其领事辖区内代表其所属国家有效地执行职务，中国在1990年10月30日发布了《中华人民共和国领事特权与豁免条例》。

① ［英］杰夫·贝里奇，庞中英译：《外交理论与实践》，北京：北京大学出版社，2005年版，第130、147页。

第四章　外交准则与惯例

社会和政治观念能够被制度化为人类关系的规范框架——就像竞争游戏的规则那样。法律体系通常为变化着的规则提供一种程序或制度。国家间的外交关系应遵循一定的国际法规范。“几乎所有的国家在几乎所有时候遵守几乎所有的国际法的原则和它们几乎所有的义务。”①

外交准则与惯例是外交活动应遵循的基本原则与基本规范，它规定了外交活动的方式，为外交活动提供了依据，是外交活动正常、规范而又有序、不受干涉或阻碍地进行的保证。

第一节　外交的基本准则

外交准则是国际社会公认的国家在从事外交活动中所应遵循的基本行为规范，其本质上是与现代国际法和国际行为的准则相一致的。

一、主权平等

国家主权平等原则，既是传统国际法的重要原则之一，也是现代国际法的一项基本原则。虽然各个国家在领土面积、人口数量、经济实力、军事力量以及文化素质等方面存在着差异，但是国家主权平等原则却是国际社会重申得最多的现代国际法原则之一。无论是联合国还是其他区域性国际组织，

---

① ［美］朱迪斯·戈尔斯坦、罗伯特·O. 基欧汉，刘东国、于军译：《观念与外交政策：信念、制度与政治变迁》，北京：北京大学出版社，2005 年版，第 110 页；黄德明：《现代外交特权与豁免问题研究》，武汉：武汉大学出版社，2005 年版，第 4 页；［美］莉萨·马丁、贝思·西蒙斯，黄仁伟、蔡鹏鸿译：《国际制度》，上海：上海人民出版社，2006 年版，第 284 页。

在其通过的有关国家间关系的基本原则的文件中，均无一例外地列有国家主权平等原则，甚至将它列为各项原则之首。①

主权是现代民族国家最重要的属性，民族国家因此又被称为主权国家。16 世纪的法国古典法学家让·博丹在其《论共和国六书》中首先对主权进行了较系统的阐述，他认为主权是国家永恒的，绝对的，不受时间、教皇、法律限制的最高权力。之后，经过长期的国际关系实践，主权原则得到不断完善，发展成为国际法的基本原则。今天，主权被认为是国家固有的权力，主要表现为对内的最高统治和管辖权及对外的独立权和防止外来侵犯的自卫权。

平等本是 17 世纪末和 18 世纪初政治学上的一个基本要素，近代的一些国际法学者将这一政治学中所主张的自然状态适用到国际法上。例如，深受霍布斯影响的自然法学派的早期代表人物德国学者普芬多夫就曾经断言："自然状态下的所有的人都是平等的，国际法上的人格者（国家）处在自然状态下，因而它们也是平等的。"普芬多夫所阐述的国家平等的法律思想，在 18 世纪得到许多国际法学者的赞同。德国国际法学者沃尔夫（Christian Wolff）指出："所有国家相互间是天生平等的。因为国家被认为是像自由的个人生活在自然状态中。由于所有的人是天生平等的，因此所有国家彼此之间也是天生平等的。"②

瑞士国际法学家瓦特尔在 18 世纪中叶出版的名著《万国法》中，根据自然法的观点阐明了国家主权平等原则。他说："由于人是自然平等的，他们天赋的权利和义务是一样的，国家作为人的集合体是自然地平等的，赋有同样的义务和权利，国之强弱在这方面没有关系。一个侏儒和一个巨人同样是人。一个小小的共和国和一个强大的王国同样是主权国家。由于平等、必要的结果，凡一个国家被允许做的事，一切其他国家也被允许做；而凡一个国家不被允许做的事，其他国家也不被允许做。"19 世纪末，实在法学派的学者里维尔（Rivier）提出：主权国家之间是平等的；每一个主权国家以同样的名分行使其从它的主权和它的国际社会成员的资格派生出来的所有权

① 百度文库："论国家主权平等原则"，http：//wenku. baidu. com/link？url = fEM09MD7bIEfsneBYqHdq5ik7o3PRtqayfo4Aibe0O9qw84YdXSteQ8W4YYOREinmpv8dE-jGpJ52WbjwbhH9Glu-JHJQFiNmqR4ga6kX7O_ 。

② L. A. Shearer, *Stark's International Law*, Eleventh Edition, Butterworths, 1994, p. 99，转引自杨泽伟："国家主权平等原则的法律效果"，《法商研究》2003 年第 1 期。

利，只要符合它同其他国家的协定的关系。英国著名国际法学家詹宁斯和瓦茨在其修订的《奥本海国际法》中也认为："平等是国际法的基础的引申"；"由于国际法是以作为主权社会的国家的共同同意为根据的，国际社会的成员国家是作为国际法主体而彼此平等的。各个国家按照它们的性质在权力、领土等方面肯定不是平等的。但是，作为国际社会的成员，它们在原则上是平等的，尽管它们可以有任何的差异。这是它们在国际范围内的主权的结果。"①

主权平等原则也是联合国立身的基石，《联合国宪章》中写道："本组织基于各会员国主权平等之原则。"《联合国宪章》还对主权平等原则作出完整说明，即主权平等主要是国家在法律上平等；各国拥有对内的主权权力；国家的人格和领土完整、政治独立均应受到尊重；国家必须在国际法方面忠实地履行其国际义务。一个国家有权维护自己的主权，同时也负有尊重他国主权的义务。

第二次世界大战结束以来，国家主权平等原则随着国际形势的发展又不断地得到充实和发展，联合国大会通过了一系列维护国家主权平等的决议或文件，如1965年的《关于各国内政不容干涉及其独立与主权之保护宣言》、1970年的《国际法原则宣言》、1974年的《建立新的国际经济秩序宣言》和《各国经济权利和义务宪章》都规定了国家主权平等原则。国家主权平等原则还得到许多区域性国际文件的确认，如《欧洲关于指导与会国间关系原则的宣言》、《美洲国家组织宪章》、《非洲统一组织宪章》和《亚非会议最后公报》等。同时，中国倡导的和平共处五项原则，也是国家主权平等原则的具体实施和体现。②

由于主权是国家固有的权力，因此在国际交往中，任何国家享有的基本权利都是平等的，不能因国家的差别而有所不同。在国际社会，无论国家的大小、强弱、贫富，以及政治经济制度如何，都不应影响一个国家在国际社会享有平等权。国家的平等权表现在国家之间相互尊重，平等相处，体现了权利和义务的相关性。国家要维护和行使自己的独立权，就有义务承认和尊

---

① 百度文库："论国家主权平等原则"，http：//wenku. baidu. com/link？ url = fEM09MD7bIEfs-neBYqHdq5ik7o3PRtqayfo4Aibe0O9qw84YdXSteQ8W4YYOREinmpv8dE-jGpJ52WbjwbhH9Glu-JHJQFiNm-qR4ga6kX7O_ 。

② 百度百科："国家主权平等原则"，http：//baike. baidu. com/link？ url = 1hQ_ 7E5RUI6Sn-aXeBXiBab3uqIUBbN3lIoNGXLUd21jgqbjHuZ0BoIdBq3kLINb0S1lH_ PpeeHVN-Qezqv3Q_ 。

重他国的独立权。在国际社会，国家间的平等还表现在对任何有关人类生存和命运的大事，应由各国平等地协商解决，国家间的矛盾和冲突应由有关国家平等地协商解决。①

外交涉及的是主权国家之间的关系，是主权国家对外行使主权的一种行为。② 因此，主权平等原则也应是指导当代外交实践的首要基本准则，各国在从事外交活动时，都应对任何主权国家予以完全平等的对待。

二、和平解决国际争端

和平解决国际争端是当代国际法的一项基本原则。由于国家主权的基本内涵是国家对内的最高管辖权及对外独立权、平等权和自卫权，国家主权是神圣不可侵犯的，所以任何国家都不得以任何借口使用或威胁使用武力，或炫耀武力及其他方式侵犯其他国家的主权、领土完整或政治独立。但在现实的国际社会中，国家间存在着不同的利益关系，将不可避免地存在利益的冲突和争端，和平解决国际争端就成为保证在不损害国家主权和独立的条件下妥善解决国与国之间矛盾和冲突的基本前提。

解决国家间争端的和平方式，就是要求各国在处理、解决彼此间利益冲突和争端时，不得使用或威胁使用武力，而应采用和平、非战的外交方式和途径。这在国际法上已有明确规定，早在 1899 年和 1907 年的两次海牙国际和平大会上就通过了《和平解决国际争端公约》，并在第一次世界大战后的《国际联盟盟约》中规定了会员国以和平方法解决相互之间争端的义务，再次重申了和平解决争端的原则。1928 年 8 月签署的《非战公约》第一次明确规定，废弃战争作为实行国家政策的工具，国与国之间的争端无论性质如何、何种原因，只能用和平方法解决。1928 年和平解决国际争端总议定书规定，缔约国之间的争端不能以外交解决者，均应提交和解程序、仲裁程序或司法程序。但是这些在当时并没有弱化武力作为解决国家间争端的主要手段的作用，也未能阻止两次世界大战的爆发。

第二次世界大战后，由于人类社会的发展与进步、和平力量的增长，强

---

① 金应忠、倪世雄：《国际关系理论比较研究》，北京：中国社会科学出版社，2003 年版，第 100 页。

② 鲁毅等著：《外交学概论》，北京：世界知识出版社，1997 年版，第 54 页。

权政治受到很大限制，和平解决争端的原则开始真正成为具有明确表述和具体实施途径的国际法和国际关系准则。《联合国宪章》将“和平解决国际争端”及“不使用武力或武力威胁”规定为联合国的基本原则，明确规定：“各会员国应以和平方法解决其国际争端，避免危及国际和平、安全、正义。”“各会员国在其国际关系上不得使用或威胁使用武力，或以与联合国宗旨不符之任何其他方法，侵害任何会员国或国家之领土完整或政治独立。”1970 年的《国际法原则宣言》规定，每一国皆有义务在其国际关系上避免为侵害任何国家领土完整或政治独立之目的，或以与联合国宗旨不符之任何其他方式使用或威胁使用武力。此种使用或威胁使用武力构成违反国际法及联合国宪章之行为，永远不应用为解决国际争端之方法。《国际法原则宣言》对和平解决国际争端原则做了详细解释：

1. 每一国应以和平方法解决其与其他国家之国际争端，避免危及国际和平、安全及正义。

2. 各国应以谈判、调查、调停、公断、司法解决、区域机关或办法之利用或其所选择之它种和平方法寻求国际争端之早日及公平之解决。于寻求此项解决时，各当事方应商定与争端情况及性质适合之和平方法。

3. 争端各当事方遇未能以上述任一和平方法达成解决之情形时，有义务继续以其所商定之它种和平方法寻求争端之解决。

4. 国际争端各当事国及其他国家应避免从事足以使情势恶化致危及国际和平与安全之维持之任何行动，并应依照联合国之宗旨与原则而行动。

5. 国际争端应根据国家主权平等之基础并依照自由选择方法之原则解决之。各国对其本国为当事一方之现有或未来争端所自由议定解决程序，其采用或接受不得视为与主权平等不合。① 许多重要的专门性国际组织和区域性组织的章程中也都规定了缔约国和平解决国际争端的义务。

从本质上讲，提倡和平解决国际争端，就是提倡有关各国在解决国际争端时注意借助于外交途径。因为外交本身就意味着和平，和平解决国际争端的方式其实就是外交方式的另一种提法。②

---

① 冯特君、宋新宁主编：《国际政治概论》，北京：中国人民大学出版社，1992 年版，第163—164 页；百度百科：“和平解决国际争端原则”，http：//baike. baidu. com/link？url = u8u GurL-HPBColYcK5Vwwgl4_ 8e0njAUbPOxmnKEfASCm7lU4mGoHowbgMDVcYVcEi5QYDHfko0lGSI8K-HOtgna。

② 金正昆：《现代外交学概论》，北京：中国人民大学出版社，1999 年版，第 62 页。

三、不干涉他国内政

“主权和不干涉是保证在无政府世界体系中存在着秩序的两个基本原则。”[①] 不干涉内政原则是从国家主权原则直接引申出来的，指任何国家或国家集团都无权以任何理由、任何借口直接或间接地干涉任何其他国家的内部事务与外交事务。

内政就实质而言是国家在其管辖的领土上独立自主行使最高权力的表现。也就是说，凡是国家在宪法和法律中规定的事项，即本质上属于国家主权管辖的事项都是国家内政。如决定本国政治制度、经济体制、政权组织形式和国家政策、社会进步、文化教育体制以及建立对外关系、缔结条约、参加国际组织、出席国际会议、宣战等等都属国家内政。总之，内政包括一国主权范围内的任何措施和行动，包括政治、经济、社会、文化、外交等多个方面。[②]

不干涉内政原则作为国际关系规范，最早出现在 18 世纪末法国资产阶级大革命时期制定的宪法中，是为反对欧洲封建专制王朝对法国资产阶级革命进行干涉而提出的。1793 年法国宪法第 119 条规定：法国人民不干涉其他国家政府事务，也不允许其他民族干涉法国的事务。而为了反对欧洲神圣同盟对美洲进行干涉，1823 年美国总统门罗提出了“门罗主义”，宣布美国不干涉欧洲事务，也不允许欧洲干涉美洲事务。由于这项原则是国家主权原则的题中之意，是反抗侵犯国家主权行为的有力武器，所以很快就被各国所接受，成为国际习惯法原则。十月革命后的苏俄和苏联为反对帝国主义武装干涉，也曾主张不干涉内政原则。第一次世界大战后，不干涉内政原则成为一项国际法基本原则。1919 年《国际联盟盟约》第 15 条第 8 款规定：“如争执各方任何一方对于争议自行声明并为行政院所承认，按诸国际法纯属该方国内管辖之事件，则行政院应据情报告，而不作解决该争端之建议。因此，武装干涉及对国家人格或其政治、经济及文化要素之一切其他形式之干

---

① ［美］小约瑟夫·奈，张小明译：《理解国际冲突：理论与历史》，上海：上海人民出版社，2002 年版，第 225 页。

② 丁逸琛：《不干涉内政原则在当代中国外交中的实践》，复旦大学 2012 年硕士学位论文，中国知网。

预或试图威胁，均系违反国际法。”①

第二次世界大战后，不干涉内政原则在《联合国宪章》、联合国的《关于各国内政不容干涉及其独立与主权之保护宣言》和《国际法原则宣言》等国际文件中得到完善和确认：集体国家均有选择其政治、经济、社会及文化制度之不可转让之权利，不受他国任何形式之干涉；任何国家均不得使用武力剥夺各民族之民族特性；任何国家均不得使用或鼓励使用经济、政治或任何它种措施强迫另一个国家屈从自己，并自该国获取任何种类之利益；任何国家均不得组织、协助、煽动、资助、鼓励或容许目的旨在以暴力推翻另一国政权之颠覆、恐怖或武装活动，或干预另一国之内争。② 从此，不干涉内政原则成为国际社会普遍公认的一项基本准则。

一般来说，干涉有合法与非法干涉之分，但无论以何种手段干涉他国内政和外交事务均是违反国际法的，是非法行为。既不允许武装干涉，也不允许政治干涉、经济干涉、文化干涉。

互不干涉内政原则与互不侵犯原则有着密切的关系，两者均为主权原则的延伸。从一定意义上讲，侵犯就是一种干涉，干涉也是一种侵犯，两者并无本质区别。但侵犯侧重于指对国家主权和领土完整的直接或间接侵犯，特别是以武力和武力威胁的方式所进行的侵犯的表现形式较为明显；而干涉则主要指对另一个国家内部事务或外交事务的干涉，其手段更为多样，有时更加隐蔽。因此，国际社会比较容易在侵犯或侵略的定义上达成共识，而对干涉则较难定义。特别是那些打着维护人类共同利益旗号的否定或限制主权的理论，更使何为干涉变得更加复杂化了。

除了上述基本准则外，在外交实践中还存在着其他准则，然而指导当代外交实践并得到国际社会普遍公认的基本准则主要是这几项，其中主权平等又是主导的国际准则。

---

① 鲁毅等著：《外交学概论》，北京：世界知识出版社，1997 年版，第 56 页；百度百科：“互不干涉内政”，http：//baike. baidu. com/link？ url = 1MHkldKLo5mIyorcQKiLo1JT9MXM8QdPBo2P0p6xpLJyFBWNYyfbMlVLF4sx29g4yLsqOlnhCSsW9J4nY4c-a。

② 冯特君、宋新宁主编：《国际政治概论》，北京：中国人民大学出版社，1992 年版，第 167 页。

第二节 当代中国外交准则

中华人民共和国自建立伊始，为了维护来之不易的国家主权与独立，维护国家的主权和安全、集中力量恢复和发展经济就一直是国家战略的核心内容。为此，中华人民共和国始终奉行独立自主的和平外交政策。早在中华人民共和国成立前夕，1949 年 9 月中国人民政治协商会议上通过的《中国人民政治协商会议共同纲领》（简称《共同纲领》）就对即将成立的中华人民共和国的外交基本原则作出了规定："中华人民共和国外交政策的原则为保障本国独立、自由和领土主权的完整，拥护国际的持久和平和各国人民之间的友好合作，反对帝国主义的侵略政策和战争政策。"10 月 1 日，毛泽东主席在天安门城楼向全世界宣告："凡愿遵守平等、互利及互相尊重领土主权等项原则的任何外国政府，本政府均愿与之建立外交关系。"①

在推行独立自主和平外交政策，遵循公认的国际关系准则发展国家对外关系的同时，中华人民共和国在外交实践中提出了自己的外交准则，即"互相尊重主权和领土完整、互不侵犯、互不干涉内政、平等互利与和平共处"五项原则。和平共处五项原则作为处理国与国之间关系的基本准则，作为独立自主和平外交方针的具体化，50 余年来，对指导当代中国的外交工作，实现中国外交政策的基本目标，促进世界和平与发展，保障和推动中国社会主义现代化建设事业的发展，发挥了积极作用，并在外交实践中不断得到发扬光大，提高了中国的国际威望。

1953 年 12 月至 1954 年 4 月，在中国政府代表团同印度政府代表团就两国在中国西藏地方的关系于北京举行的谈判会上，周恩来总理在同印度代表团谈话时说道："我们说过要在 1953 年开始这一谈判，现在实现了。我们相信，中印两国的关系会一天一天地好起来，某些成熟的、悬而未决的问题一定会顺利地解决的。从新中国成立后就确定了处理中印两国关系的原则，那就是互相尊重领土主权、互不侵犯、互不干涉内政、平等互惠与和平共处的原则。两个大国之间，特别是像中印这样两个接壤的大国之间，一定会有某些问题。只要根据这些原则，任何业已成熟的悬而未决的问题都可以拿出来

---

① 郑瑞祥："和平共处五项原则产生的历史背景和时代意义"，《当代亚太》2004 年第 6 期。

谈。”这是周恩来总理首次完整地提出了和平共处五项原则，后来其正式写入双方达成的《关于中国西藏地方和印度之间的通商和交通协定》的序言中。1954 年 6 月周恩来总理访问印度和缅甸。6 月 28 日中印两国总理发表的联合声明，以及 6 月 29 日中缅两国总理发表的联合声明中都确认和平共处五项原则是指导两国关系的原则，并共同倡议将和平共处五项原则作为指导一般国际关系的原则。之后，经过 1955 年万隆会议的具体阐述，和平共处五项原则更得到了亚非拉广大新兴民族国家的赞成与拥护。其中，在中印、中缅联合声明中，平等互惠改为平等互利。在亚非会议上周恩来总理的发言中，把互相尊重领土主权改为互相尊重主权和领土完整。① 和平共处五项原则作为超越社会制度、意识形态和文化差异的发展国家关系的基本原则，它不仅同《联合国宪章》的宗旨和原则完全一致，而且充实和丰富了《联合国宪章》宗旨和原则的内容，正确而深刻地反映了当代国际关系的现实，反映了世界各国人民的共同愿望和要求。当今世界，各类国家对国际关系的基本诉求很少超出这五项原则的范畴，因此它能为社会制度、文化传统、经济发展水平不同的国家服务。② 目前，和平共处五项原则已为世界上绝大多数国家所接受，正在成为世界各国在外交实践中普遍遵守的准则。

和平共处五项原则还正式写入了《中华人民共和国宪法》。1982 年制定的《中华人民共和国宪法》明确规定：“中国坚持独立自主的对外政策，坚持互相尊重主权和领土完整、互不侵犯、互不干涉内政、平等互利、和平共处五项原则，发展同各国的外交关系和经济、文化的交流，坚持反对帝国主义、霸权主义、殖民主义，加强同世界各国人民的团结，支持被压迫民族和发展中国家争取和维护民族独立、发展民族经济的正义斗争，为维护世界和平和促进人类进步事业而努力。”

和平共处五项原则是一个有机的整体。和平共处是目的，互相尊重领土主权、互不侵犯、互不干涉内政是维护国家主权的必要条件，平等互利是发展国家间关系的基础。只有做到了其中的前四条，才能真正地实现和平共处。五项原则之间相辅相成，彼此紧密联系，缺一不可。③

---

① 郑瑞祥：“和平共处五项原则产生的历史背景和时代意义”，《当代亚太》2004 年第 6 期。

② 蔡武：“和平共处五项原则的历史意义和现实指导意义”，《当代世界》2004 年第 6 期。

③ 金正昆：《现代外交学概论》，北京：中国人民大学出版社，1999 年版，第 64 页。

一、互相尊重主权和领土完整

主权独立和领土完整是国家生存和发展的必要条件，是国与国之间进行自由平等交往的必要前提，因此互相尊重主权和领土完整是和平共处五项原则中的首要原则，也是和平共处五项原则的核心、基础，只有坚持这一原则，才能实现其他原则。这项原则包括国家主权原则和领土完整原则两项内容，彼此相互联系、不可分割，因而概括为互相尊重主权和领土完整。

主权是国家所固有的权力，是国家最重要的属性。就外交关系来说，主权就是国家的独立权。国家主权原则是指任何国家都有独立自主地决定本国政治、经济、社会及文化制度的权力，任何国家和国际组织都不得以任何借口并以任何方式进行干涉。国家间应互相尊重主权，这是维护国家独立自主的重要条件，是国家间合作和交往的基础。互相尊重主权就是在双边关系中互相尊重对方的对内最高权和对外独立权，这是发展国家之间关系的最起码的要求，并且早已成为外交的一项基本准则。联合国大会 1974 年 12 月 6 日通过的《各国经济权利和义务宪章》规定："各国根据其人民的意志，有选择其政治、社会和文化制度以及经济制度的主权和不可剥夺的权利，不受不论任何形式的外来干预、压制或威胁。"这一规定与互相尊重主权原则是完全一致的。

领土完整原则是指国家对其领土（包括领海、领空）拥有所有权和管辖权，它是国家主权的基本内容之一。互相尊重领土完整，就是指国家的领土主权不可侵犯，即国家领土不受蚕食、吞并、肢解和侵占。国家主权与领土完整是统一的，领土完整是国家主权的重要内容和重要组成部分。互相尊重国家主权，才能保证领土完整；维护国家的领土完整，才能真正维护国家主权。因此，在处理双边关系中，尊重双方的主权首先应尊重其领土完整权。此外，还要互相尊重外交权、管辖权、自卫权等。因为一国虽然没有侵犯对方的领土完整权，但侵犯了上述其他方面的权利，也是侵犯别国主权的行为。

二、互不侵犯

互不侵犯原则是由互相尊重主权和领土完整原则派生出来的一项处理国

家之间关系的基本原则，是为了保证互相尊重主权和领土完整原则得以真正实施而制定的。

所谓互不侵犯是指在国际关系中国家之间可能发生的一切争端，不论其性质或起因如何，都只能以和平的方式加以解决，而不能以任何借口，使用或威胁使用武力，或以任何其他违反国际法的方式侵犯别国的主权、领土完整和政治独立。

坚持互不侵犯原则首要的是消除侵略战争。一个国家使用武力侵犯另一个国家的主权、领土完整或政治独立，或者使用武力轰炸、袭击另一个国家，吞并或占领另一个国家的领土或一部分领土，或者使用武力封锁另一个国家的海防、空防，攻击另一个国家的陆海空部队以及商船、民航机，乃至一国以其领土供另一国对第三国使用武力，都属于侵略行为，都是违背互不侵犯原则的。

互不侵犯原则是坚持互相尊重主权和领土完整原则的基本要求和具体体现。只有恪守互不侵犯原则，才能实现互相尊重主权和领土完整，达到和平共处的目标。实际上，互不侵犯原则就是要求各国认真恪守和平解决国际争端的外交准则。

互不侵犯原则是阻止或遏制殖民主义、帝国主义及霸权主义的最好方式，而一国武装反抗外来压迫，或者武装抵御外来侵略，则是捍卫国家主权和领土完整的行为，不能视为违反互不侵犯原则。

三、互不干涉内政

互不干涉内政原则是互相尊重主权和领土完整原则的直接引伸，是指在国家间的相互关系中，任何国家不得以任何借口或任何方式直接或间接地干涉在本质上属于一国国内所管辖的事件，也不得以任何手段强制他国接受自己的意识形态、价值观念或社会制度。

内政的内容极为广泛，凡在本质上属于一国国内管辖的事件，均在内政之列。即使在国境以外（如驶抵别国的轮船、飞机内）发生的行为，如果属于国内管辖，也应该属于内政的范围。因此，干涉内政实际上就是冒犯别国的国家主权。互不干涉内政表明了在国际关系特别是双边关系中权利和义务的一致性，将权利和义务统一于一项原则中，是对不干涉内政原则的发展。

互不干涉内政原则要求，各国人民都有权自由选择自己国家的社会制度、发展道路、生活方式与价值观念，任何其他国家不得以政治、经济或其他方式，强迫他国屈从于自己的意志；任何国家不得以任何借口直接或间接干预他国的国内事务和外交事务，既不允许武装干涉，也不允许政治干涉、经济干涉、文化干涉乃至人权干涉；任何国家不得组织、协助、煽动、资助目的在于颠覆别国合法政府的组织或活动。

但是，如果依据国家间平等的合法条约或应别国政府的请求，援助遭受侵略的国家，这是履行正当的国际义务，既不是侵犯别国的主权和领土完整，也不是干涉他国内政。至于某些资本主义国家借保护人权之名而行干涉他国内政之实的行为，则是必须坚决反对的。

互不干涉内政是处理国际关系的基本要求。坚持互不干涉内政原则，才能真正尊重他国的主权，才能实现平等互利、和平共处的目标。干涉他国内政，是对他国主权的侵犯，是对正常国际关系的破坏。

在中国政府所坚持的互不干涉内政原则里，尤其强调“互相”尊重和维护各国在本国主权管辖范围内所享有的不受外来干扰和约束的行为权力。具体而言，“互不干涉内政”可以划分为三个层面：（1）其他任何国家和势力不得干涉中国的内政；（2）中国不干涉其他国家的内政；（3）国际上任何国家和势力不得干涉其他国家的内政。其中，第一个层面是出于中国的自我保护的需要，涉及中国对自身的主权关切，是国家核心利益之所在；而后两个层面则是出于中国的自我实现的需要，体现着中国对于维持国际社会秩序、维护国际和平与安全的国际责任的承担，以及实现各国和谐共处、构建和谐世界的理念倡导。不允许别国干涉中国的内政与中国不干涉别国的内政，一直都受到同等重视，并且在中国的外交实践中并行不悖。[①]

四、平等互利

平等互利原则具体包括平等原则和互利原则，二者彼此联系，相互补充。平等是互利的前提和基础，互利是平等的必然结果。只有真正实现国家平等，才能真正实现国家间的互利互惠；只有真正实现互利，才能体现国家平等。

---

① 丁逸琛：《不干涉内政原则在当代中国外交中的实践》，复旦大学2012年硕士学位论文，中国知网；金正昆：《现代外交学概论》，北京：中国人民大学出版社，1999年版，第66页。

平等权主要表现为国家主权平等，即国家不分大小强弱、贫富和社会政治、经济制度如何，一律享有平等的国际地位与权利。它要求国家间平等相处，真诚相待，不以大欺小、以强凌弱、以富压贫。互利则是指国家间在政治关系和经济、科技、文化交往中，任何一方不得以损害或牺牲对方的利益来实现自己的目的，而应从双方合法利益出发，努力兼顾双方的合法利益。

当今世界由于现代化生产力和商品经济的发展，国家间的经济联系和互相依赖达到前所未有的程度，这更要求国家间在国际经济、科技和文化交往中，都应一律平等、公正、互利、合作。在外交实践中，不允许所谓的“外交特权”与“外交依附关系”存在。

中国政府在处理对外关系时，一贯坚持平等互利的原则。1963 年底，周恩来总理访问非洲时阐述了中国对外经济援助坚持以平等互利为基础的八项原则，改革开放以来中国又提出了“平等互利，讲求实效，形式多样，共同发展”的对外经济技术合作四项原则。这些都是中国政府对平等互利原则在对外经济技术交往中的具体阐发，是建立新型对外关系的典范。

五、和平共处

和平共处是指在社会制度不同的国家或在社会制度相同的国家之间，用和平的方式解决国家间的一切争端和分歧，在平等互利的基础上发展国家之间的政治、经济和文化关系，国家间和睦相处，密切合作，共同发展。和平共处是五项原则的根本目标，实际上是前述四项基本原则的必然结论。

在充满斗争与合作的复杂关系的当代世界，只有坚持任何国家都有权根据本国国情选择自己的政治、经济和社会制度，世界各国特别是大国恪守不干涉他国内政的原则，国家之间互相尊重、求同存异、和睦相处、平等相待、互利合作，国际争端通过和平方式合理解决，而不诉诸武力或以武力相威胁，各国不论大小、强弱、贫富，都有权平等地参与协商解决国际事务，和平共处才能真正实现。

和平共处五项原则作为一套完整的国家行为规范，科学地反映和概括了当代国际关系的基本特点。和平共处五项原则是中国等发展中国家对现代国际法的发展所作出的重大贡献。它以主权国家一律平等为根本出发点，高度概括了国际关系首先是双边关系中必须遵守的基本原则。和平共处五项原则完全、彻底摆脱了旧国际关系中的不公正、不合理的因素和消极影响，同霸权主义和强权政治针锋相对，符合现代国际关系中的民主精神，反映了国际社会特别是广大发展中国家的共同愿望，体现了时代的特点，符合世界人民的根本利益，是当今国际社会公认的处理国际关系的基本准则。真正遵守和平共处五项原则，不论是社会制度、意识形态和价值观念相同的国家，还是社会制度、意识形态和价值观念不同的国家，都可以建立起相互信任、相互尊重、平等互利、和平共处的友好合作关系。因此，这五项原则为建立和发展崭新的国际关系，为建立和平、稳定、公正合理的国家政治新秩序和相互尊重主权、平等互利、发展民族经济的国际经济新秩序奠定了基础。

中华人民共和国政府一贯坚持和平共处五项原则，并在这个原则的基础上同许多国家建立和发展了国家与国家之间的友好交往关系；同200多个国家和地区开展了经贸、科技、文化交流与合作；同所有邻国和周边国家建立了睦邻友好关系，同绝大多数邻国妥善解决了历史遗留下来的边界问题；在国际事务中，中国遵循和平共处五项原则，主持公道，伸张正义，不谋私利，为和平解决国际争端、推动国际合作、维护地区和世界和平作出了自己应有的努力和贡献。和平共处五项原则体现的理论和实践顺应了历史进步潮流，反映了国际关系的法理本质，在国际关系中具有普遍适用性，为国际社会在新时期应对新挑战、新问题提供了强大思想武器，对于引导国际新秩序的发展方向具有重要意义。①

和平共处是发生于相关两国或数国之间的一种关系，只有单方面的良好意愿是不可能实现的，只有当和平成为世界大趋势，各国都将和平作为追求的目标，以非武力手段来解决所遇到的各种问题时，“和平共处五项原则”才能够真正得到实施，从思想理论变为现实。②

第三节　外交的基本规则与惯例

规则决定外交。规则首先来自惯例。③ 一直到1961年，向外交代表提

① 蔡武：“和平共处五项原则的历史意义和现实指导意义”，《当代世界》2004年第6期；涂坚：“论和平共处五项原则理论与实践”，《国际问题研究》2005年第1期。

② 赵伯乐：“实现‘和平共处五项原则’条件论析”，《国际政治研究》2005年第4期。

③ ［美］康威·汉得森，金帆译：《国际关系：世纪之交的冲突与合作》，海口：海南出版社，2004年版，第203页。

供在当地的刑法和民法之下的特权和豁免权的外交法，主要放在习惯国际法，即各国累积起来的惯例中，各国接受这些惯例的约束。[①]

外交规则与惯例是在外交实践中逐渐形成和发展起来的，并在现代交通和通信技术飞速发展的影响下不断得到完善。如，在初期及旧式外交时期，外交事务是各国严格保守的秘密。一国向接受国派遣的外交使节的职责是向国外宣传本国政策，代表本国利益与接受国的政府进行谈判，维护本国与接受国之间的关系。一国的外交使节对谈判的内容和条件拥有极大的决定权，并被授权从容地完成任务。由于受当时技术条件的限制，外交代表很难及时得到本国的有关指示，他们也不可能及时回报给本国有关信息。那时的国际关系实际上由外交使节们操纵着，他们拥有极高的声望。现代交通和通信技术的进步，极大地影响了这种传统外交惯例，外交家们再不能按自己的意见行事了。与此同时，现代交通和通信技术的发展，使国际交往日益频繁、密切，外交涉及的范围不断扩大，外交规则与惯例相应地增多了，外交也具有了很大的公开性。

外交规则与惯例是指各国在对外交往中都遵守的、约定俗成的，并为各国所公认的常规做法和习惯，是外交行为顺利实施的前提。它的特点是：能用性，即为大多数国家和地区通用；稳定性，不易受政策调整和经济波动的影响；重复性，一般都是反复运用；准强制性，受到各国法律的保护，具有一定的法律约束力；效益性，被国际交往活动验证是成功的。[②]

现代国家在进行对外交往中所遵循的基本规则与惯例都源于18世纪前后的欧洲，且随着欧洲资本主义势力向全球的扩张而推广到世界各国，并在实践中不断得到调整，尤其是在第二次世界大战以后，这些规则与惯例根据主权平等等基本准则进一步得到总结、发展和完善。外交规则与惯例有成文和不成文两种类型，各国在进行对外交往中都应认真遵守和执行。

一、外交承认

“外交承认”也称“国际承认”。从国际法角度而言，“承认”是指国

---

① ［英］杰夫·贝里奇，庞中英译：《外交理论与实践》，北京：北京大学出版社，2005年版，第119页。

② “国际惯例的五个特点”，《广西会计》1995年第2期。

际社会承认一定事态或法律关系的变更的制度，是给予一个特定的团体以特定的资格。实质上是一种宣示性、确认性行为。在外交实践中，各国间若无外交承认，就不能进行正式的外交往来。因此，在诸多外交规则与惯例中，外交承认是基础中之基础。

外交承认有两种：一种是指一个主权国家承认另一个主权国家。国家对另一国的承认表明该国认为，承认另一国在国际关系中作为主权、独立一员的存在符合本国利益，而不论对方是否真正享有自治。另一种是指承认一个主权国家的新政权（一国政权更迭后的新政权），即承认一国的政府。承认政府表明，认为有关政府有效地控制着有关国家，并在相当一段时间内很可能继续保持对该国的控制，因此作为一个现实问题，与该政府控制下的政治实体有关的事务必须通过该政府进行。承认政府的目的是为从与另一国统治当局的关系中获取实际利益。所获利益可能体现在增强与这些当局合作或竞争的能力上。如果对有关国家政府的了解、影响或与它的交往无利可图，或该政府不可能长期执政，对该政府的承认则主要是一个象征性举动，意在政治效果。①

互相承认是两国建立外交关系的前提和出发点。两国互不承认，或只有单方面的承认，就不能建立外交关系。再就是，一个主权国家承认另外一个国家，不一定会同时承认该国的政府；而一个主权国家如果承认了另外一个国家的政府，就一定会同时承认或事先承认了那个国家。

承认可以采取：发表联合公报宣布互相承认；单方面由一国领导人、外交部或外交代表发电报、发表声明或谈话等宣布承认等方式。

还有人将外交承认方式分为：

1. 按承认的正式与否，可以分为法律上的承认与事实上的承认。法律上的承认是一种正式的承认，又称正式承认。它是指承认国给予另外一国或一国政府以一种永久的、明确的、不能撤销的承认，并表示愿意与之进行全面交往。事实上的承认是一种非正式的承认，亦称非正式承认。它是指在另外一国或一国政府不能获得法律承认的情况下，而善意地给予对方的一种临时的、不稳定的承认。事实上的承认往往是法律上承认的第一阶段，它一般

---

① 钱其琛主编：《世界外交大辞典》上卷，北京：世界知识出版社，2005 年版，第 743 页；［美］傅立民，刘晓红译：《论实力：治国方略与外交艺术》，北京：清华大学出版社，2004 年版，第 75—76 页。

都会导致法律上的承认，但是法律上的承认并非一定都要经过事实上的承认这一阶段。

2. 按照承认的明示与否，可分为明示承认与默示承认。明示承认一般是指承认国通过本国的外交文件，如声明、宣言、条约、照会、信函等，对另外一国或一国政府明确表明承认之意。默示承认则是指承认国不明确表明对另外一国或一国政府的承认之意，而是实施可以推定为表示承认的一定行为所成立的承认。两国建交，即为一种默示承认。

3. 按照承认的有无条件，可分为有条件承认和无条件承认。有条件承认指的是在承认另外一国或一国政府时，附加了某些特定的限制性条件。无条件承认则是指在承认另外一国或一国政府时，概不附加任何限制性条件。

4. 按照承认国的多寡，可分为个别承认与集体承认。所谓个别承认，指的是一国对另外一国或一国政府的承认。所谓集体承认，则指部分国家为了协调彼此之间的立场，从而统一起来采取共同行动，对另外一国或一国政府的共同承认。

互相正式承认的国家也可以由于不同原因暂不建立外交关系。例如，英国于 1950 年 1 月 6 日即承认中国，但迟至 1954 年 6 月 17 日才在第一次日内瓦会议期间同中国达成互派代办的协议，1972 年 3 月 13 日中英双方才决定将外交代表由代办升格为大使，两国外交关系才完全建立。已建交的国家可以中断外交关系，但并不意味着互不承认。印度尼西亚在 1950 年 4 月同中国建交，1967 年 10 月同中国中断了外交关系，但并不意味着互不承认。[①]

二、外交关系的建立

外交关系主要是国家之间在国际社会交往活动中形成的一种关系。国际法意义上的外交关系是国家间的基本关系，主要是指国家之间根据主权平等的原则，在相互承认的基础上达成协议，建立起来的一种正式、官方的关系。《维也纳外交关系公约》规定，建立外交关系和建立常驻使馆要“以协议为之”，即两国政府根据两国的相互需求，事先经过接触、协商、谈判、签订相关条约和协议、发表声明，最终确定两国间的正式的外交关系。建交

---

① 王铁崖主编：《国际法》，北京：法律出版社，1981 年版，第 106—108 页；“外交规则与惯例的主要内容”，http：//wenwen. soso. com/z/q172691126. htm。

伊始，两国即有权派出各自的外交代表到对方首都常驻和设立使馆，并按国际法和惯例享有外交特权和便利，代表本国和维护本国利益。

两国建立外交关系是基于外交或国际法准则的相互行为，前提是对双方国家及其政府的正式承认。在外交实践中，也有国家会根据本国实际，向建交对象国提出某个或某些其他或特殊条件，如中华人民共和国政府要求建交对象国或主权国家政府间国际组织承认中华人民共和国政府是在国际社会中代表中国的唯一合法政府，台湾是中国的一部分（地方省）；不支持“一中一台”、“两个中国”与“台湾独立”等。一般而言，外交关系可分为如下几种：

正式的外交关系，也称为正常的外交关系，以双方互派常驻使节为主要特征。

半外交关系，也称为不完全的外交关系，中国又称之为“半建交”，是中华人民共和国成立初期与某些国家建交时的特殊现象，以双方互派代办级外交使节为主要特征。如，英国于 1950 年 1 月即承认中华人民共和国中央人民政府为“中国法律上之政府”，愿同中国建交，荷兰与中国的建交谈判也早在 1950 年 4 月就已开始，但由于英、荷不愿放弃在台湾问题上的立场，建交谈判无果而终。1954 年 6 月日内瓦会议期间，英国在印度支那问题上采取了有别于美国的立场，保守党政府又一再向中国表示愿意改善关系，中国遂同意与英国互换代办，其任务是继续谈判两国的完全建交以及处理两国的侨务和贸易问题。1954 年 11 月，中国同荷兰也按中英模式互换代办。

非正式外交关系，其特征是两个没有正式建交的国家直接进行外交谈判，由于一些问题还未达成大使级外交关系，因联系或沟通的需要，互设某种联络机构保持相互接触，如中美正式建交之前的大使级会谈和互设联络处。①

外交关系的级别按互派使节的级别区分为三级：大使级、公使级与代办级，个别国家间为领事级。外交关系的级别在建交国间是对等的。建立何种级别的外交关系，由当事国在建交过程中商定并明确载于建交公报或其他建交文书中。外交关系可以升格，也可以降格，甚至断绝。升格表示建交国之间关系的发展，一般由双方协议予以确定，如中华人民共和国在 20 世纪 50

---

① 百度百科：“外交关系”，http://baike.baidu.com/link?url=9ZFqjDhR531QP-kCmsvyyQsz-KS55S4rRRCv2G9w6rh6UCahEMgulQTmTM5HpquZy。

年代初同丹麦、芬兰、瑞士等国建立外交关系时是“公使级”，后来均升格为“大使级”。降格表示建交双方关系的恶化，一般是单方宣布，无须谈判。[①] 如1981年5月，由于荷兰政府批准向台湾当局出售两艘潜艇，中国政府宣布把与荷兰的外交关系降格为代办级，其后，由于两国关系得到改善，1984年2月两国又恢复为大使级外交关系。外交关系的断绝一般发生在两国关系严重恶化或爆发战争时，表征是双方各自召回或要求对方召回其派驻的外交代表和全体使馆人员。如有必要降格外交关系，更为有利的做法是无限期召回大使述职，而不是正式撤回大使。这样，大使级别的关系事实上是中止而不是终止。这种召回的做法把同对方政府在最高级别上的重新对话问题缩小为何时开始的问题，这不仅保持了主动，还使重新开始对话方便易行，无需拘泥于正式谈判。[②]

三、对等与无差别待遇

“对等”是在国际关系实践中形成的一个国际法原则。所谓对等原则就是指国家与国家彼此以同样或类似的行为或不行为来解决它们（包括国家、法人和自然人）之间的关系。其主要含义是一国给另一国以某种待遇，对方就给以相对称的回报。对等原则内含相互性和平等性两个意思。相互性是说对等原则适用于双边关系，这种双边关系就是一种相互关系，不涉及第三者。然而相互关系并不完全等于对等关系，因为相互关系只是表明一种现实状况，不包括平等的意思在内。平等性则是指在这种双边关系中，两国处于同样的地位，具有同样的权利，可以采取对应的行为或措施等。可见相互性和平等性构成对等原则的统一整体，相互性是对等原则的范围，平等性是对等原则的保证。一般地说，对等原则又可分为积极的对等和消极的对等。积极的对等就是在双边关系中，两国相互给予对方以权利和利益。消极的对等即两国由于某种原因，相互予以报复或采取其他的制裁手段。对等原则是平衡和平衡的保持。无论积极的对等抑或是消极的对等，其作用都是在彼此的关系中形成一种平衡。不同的是，积极的对等是创设一种尚未出现过的平

---

① 钱其琛主编：《世界外交大辞典》下卷，北京：世界知识出版社，2005年版，第2048页

② ［美］傅立民，刘晓红译：《论实力：治国方略与外交》，北京：清华大学出版社，2004年版，第79页。

衡；而消极的对等则是在原有的平衡消失后，寻求另一种平衡以代替前一种平衡，是不平衡的平衡。①

在以主权平等原则为基础的国际社会，对等成为国与国之间关系的重要原则。一切双边条约、协议都包含着平等原则。例如在建交公报中常明文规定双方以互惠原则为对方的建馆提供协助。又如，有关领事的条约或协定中也以对等原则来确定彼此互相设领馆的数目、地点、级别和辖区等等。中国同外国签订的各种条约和协定就常常明文规定要以平等互利为原则。对等的关键是平衡（或对称），但在实际执行中这并不是绝对一成不变的。譬如互设大使馆，这是可以做到平衡的（都属大使等级），然而使馆的规模虽有对等的权利但并不强求绝对相等。因为使馆的规模主要由派遣国的国力和需要来决定，所以两国互设使馆的规模如果大小不等当然并不意味着违反对等原则。②

对等一般是针对两国间关系而言的，但其中的任何一国同第三国的关系中又可能引起差别待遇。如，甲国与乙国之间的互惠待遇能否也给予丙国？这是在国际贸易中经常发生的事情。最惠国待遇即是为了解决此问题而产生的，并已经普遍地应用于国际贸易之中。《维也纳外交关系公约》为此作出如下规定：

> 一、接受国适用本公约规定时，对各国不得差别待遇。
>
> 二、但下列情形不以差别待遇论：
>
> （甲）接受国因派遣国对接受国使馆适用本公约任一规定有所限制，对同一规定之适用亦予限制；
>
> （乙）各国依惯例或协定，彼此给予本公约所规定者更为有利之待遇。③

假设甲国对乙国驻本国使馆人员的活动区域施加限制，乙国也对甲国施加同样的限制，这就属第一类例外。1962年阿尔及利亚宣告独立，当时许多国家的大使几乎同时到达其首都阿尔及尔。阿方在安排各国大使呈递国书

---

① 张亚非："浅论对等和互惠原则及其作用"，《社会科学》1984年第10期。

② 黄金祺："对等原则与无差别待遇"，《世界知识》1990年第13期。

③ 鲁毅等著：《外交学概论》，北京：世界知识出版社，1997年版，第66—67页。

时就将阿拉伯国家一律安排在非阿拉伯国之前，后者并没有视之为差别待遇，这可以属于第二类例外。[①]

四、外交特权与豁免

“外交特权与豁免”是外交法的基本内容。它不仅涉及派遣国与接受国之间的权利和义务关系，而且涉及这两种国家管辖权之间的冲突。无论是侵犯还是滥用外交特权与豁免，不仅严重危害、妨碍国与国之间的交往，而且还会牵涉到有关地区甚至整个国际社会的和平与安全。[②] 外交特权与豁免的含义是：为使外交官及外交使团作为派遣国的代表能够独立而有效地执行职务，因而使其在接受国内享受特殊的国际法上的地位。根据相互尊重主权和平等互利的原则，按照国际惯例和有关协议，各国相互给予驻在国的外交代表、外交代表机关和外交人员一种特殊权利和优遇。“豁免权，古代文明将其解释为神圣不可侵犯的形式，是外交系统的先决条件。”[③]

自古以来，各国对于相互派遣临时性的使者，实际上都给予某种特殊权利和优惠待遇。中国古代有“两国交兵，不斩来使”的说法。古代印度认为，“要保护这个婆罗门大使不受伤害，是不言而喻的。”在欧洲，从 13 世纪开始出现常驻使节时起，就给他们以特别的保护，认为他们是神圣不可侵犯的。但在当时，对此做法并没有成文的国际法作为保证。17 世纪伟大的法理学家格老秀斯曾经谈到“大使的神圣性”，而荷兰外交家维格尔福特在其 1681 年的经典著作中称侵犯大使就是“侵犯了国际法”。自 15 世纪的意大利开始出现互换常驻大使起，大使的特权和豁免观念也随之慢慢发展。[④] 17 世纪后半期，互派常驻使节成为一种普遍的制度后，使节享有外交特权与豁免逐渐发展成为一种惯例。随着国际交往的日益频繁，有些国家对使节享有的外交特权与豁免订立了专门的协定，即外交特权与豁免以条约的形式确定下来，从而成为国际法的重要组成部分。

按《维也纳外交关系公约》的规定，凡外交代表，包括使馆馆长以及

---

① 黄金祺：“对等原则与无差别待遇”，《世界知识》1990 年第 13 期。

② 黄德明：《现代外交特权与豁免问题研究》，武汉：武汉大学出版社，2005 年版，序言。

③ ［印］基尚·拉纳著，肖欢容、后显慧译：《21 世纪的大使：从全权到首席执行》，北京：北京大学出版社，2008 年，第 54 页。

④ 同上。

所有外交职员都享有外交特权与豁免。所有上述人员的配偶及未成年的子女也享受基本相同的特权。使馆的行政及技术职员在其职务执行范围以内也享有特权与豁免。行政及技术职员的家属，可分别享有与行政及技术职员相同的特权，但以他（她）们是否是接受国的国民为前提。使馆人员的私人仆役也可在一定程度上有条件地享受外交特权与豁免。

一国的国家元首、政府首脑和外交部长等在国外活动时享有外交特权与豁免。

由派遣国和接受国双方同意临时派遣的，代表一国就特定任务进行交涉的特别使团人员、派往国际组织的各国代表团成员、国际组织的高级职员和国际法院的法官等等，也依据有关的条约享有类似的外交特权与豁免。

《维也纳外交关系公约》规定，凡享有外交特权与豁免之人，自其进入接受国国境前往就任之时起就享有此项特权与豁免。对已在接受国国境内，但尚不属享有特权的人员，则自派遣国将其委任通知接受国外交部时起，就能享受特权。当职务终止时此项特权与豁免通常于有关人员离境之时或在他离境之合理期间终了之时停止。即使发生武装冲突，也应继续有效至离境时为止。如果外交代表和其他使馆人员死亡，其家属应继续享有应享之特权与豁免，直到其离境之合理期间终了之时为止。

外交特权与豁免本质上属于外交代表所代表的国家，而不属于他个人。外交代表不能自行放弃外交豁免而只能由派遣国决定放弃。放弃特权与豁免必须明示。

外交特权和豁免是外交系统的支柱之一。这两种权利在正常情况下被认为理所当然，但是一旦爆发动乱危机，或是两国之间关系恶化，那么它就能为外交人员和整个外交机构发挥安全网的作用。① 但“外交特权与豁免”是对东道国管辖权的一种例外，具有互惠、平等适用性质。它是一种相对的而不是绝对的权利，享有外交特权与豁免并不意味着领事馆及其人员可以置东道国的法律于不顾；相反，“凡享有此项特权与豁免之人员，均负有尊重接受国法律规章”，尤其“负有不干涉该国内政之义务”。②

《维也纳外交关系公约》对外交特权与豁免的具体内容作出了规定，主

---

① ［印］基尚·拉纳著，肖欢容、后显慧译：《21 世纪的大使：从全权到首席执行》，北京：北京大学出版社，2008 年版，第 55 页。

② 黄德明：《现代外交特权与豁免问题研究》，武汉：武汉大学出版社，2005 年版，第 9—10 页。

要有：[①]

（一）不可侵犯权

1. 人身不可侵犯权

《维也纳外交关系公约》第29条明确规定："外交代表人身不可侵犯。外交代表不受任何方式之逮捕或拘禁。接受国对外交代表应特示尊重，并应采取一切适当步骤以防止其人身、自由或尊严受到任何侵犯。"

按此条款意义，驻在国有义务采取必要的措施对外交人员加以保护，以防止其人身遭到侵犯。对于那些侵犯外交人员人身安全的肇事者，驻在国应依法严惩，并需向受害者及其派遣国使馆表示歉意。

鉴于国际上侵犯外交人员人身自由，抵押外交人员为人质的事件屡有发生，联合国大会于1973年通过了《关于防止和惩处侵害应受国际保护人员包括外交代表的罪行的公约》，1981年1月联合国大会又通过一项题为《考虑有效措施以加强对外交和领事团和代表的保护及其安全》的决议，目的在于保障外交人员得以执行正常职务，提请各国政府严惩侵犯外交和领事人员安全的罪犯，绳之以法，并防止发生此类事件。

不可侵犯性也意味着接受国向外交官的人身以及财产提供特别保护的义务。公约也指出，外交官移动的自由，对于一系列的职能，尤其是情报收集，是关键的。不过，移动的自由也允许接受国以国家安全为由限制外交官到达一定的区域。值得指出的是，在理论和实践上，外交代表不可侵犯性有点不如使馆财产的不可侵犯性那样神圣。这主要是因为，限制外交官对使馆的危及程度要比限制其财产、动产和通信来得小。[②]

2. 使馆馆舍、财产、外交人员私人寓所及使馆档案和文件不可侵犯

《维也纳外交关系公约》第22条、第30条规定："一、使馆馆舍不得侵犯。接受国官吏非经使馆馆长许可，不得进入使馆馆舍。二、接受国负有特殊责任，采取一切适当步骤保护使馆馆舍免受侵入或损害，并防止一切扰乱使馆安宁或有损使馆尊严之情事。三、使馆馆舍及设备，以及馆舍内其他财产与使馆交通工具免受搜查、征用、扣押或强制执行。""公约"还规定，

---

① 下述主要内容参见李斌：《国际礼仪与交际礼节》，北京：世界知识出版社，1985年版，第158—170页。

② ［英］杰夫·贝里奇，庞中英译：《外交理论与实践》，北京：北京大学出版社，2005年版，第121—122页。

外交人员的私人寓所、文书及信件、财产同样享有不可侵犯权。

“接受国官吏”是指驻在国的各类公务人员，未经馆长同意，他们不得进入使馆及外交人员的私人寓所（不管是其本国政府或私人财产，或是租赁的）执行任何公务。

外交代表机关的公文、档案，包括外交人员的文件和信件不受检查、扣留或毁损。按照国际惯例，即使两国断绝外交关系或发生战争，驻在国也不得检查、扣留外交公文、档案。

大使馆馆舍的不可侵犯是指不受限制运转的权利，不管此种限制是来自于接受国政府，以暴力警察进入的形式，还是来自其他因素。接受国有责任向所有外交使馆提供“特别保护”。《维也纳外交关系公约》确实作出了非常强烈的声明。它严格地认为，“使馆必须是不可侵犯的”，并排除了任何例外。当然，在外交关系破裂或者武力冲突的情况下，这一点也适用。而且，使馆的不可侵犯性延伸到使馆的内容。[①] 大使人身的不可侵犯性和对其办公地点、办公设施的保护，对于大使职能的发挥至关重要。[②]

（二）管辖豁免

1. 刑事与民事管辖豁免

外交代表是免于接受国的刑事管辖，以及民事和行政管辖的——以私人名义从事商务与其他经营活动而引起诉讼的案件除外。

《维也纳外交关系公约》第31条明确规定：“外交代表对接受国之刑事管辖享有豁免。”同时规定，驻在国不得因外交官的债务而对其提起诉讼或进行判决。

在外交实践中，对于触犯驻在国刑法的外交人员，驻在国一般对其不加以拘捕或扣留，不提起诉讼，不由司法部门判决，而是通过外交途径解决，就是由驻在国外交机关出面，以口头或书面照会的形式，向派遣国提出交涉。如系一般违法，通常由驻在国外交机关向有关派遣国外交代表机关提请注意或发出警告。如违法或犯罪的情节比较严重，驻在国则宣布其为“不受欢迎的人”，要求其派遣国限期将其召回。当严重威胁驻在国安全时，驻

---

① ［英］杰夫·贝里奇，庞中英译：《外交理论与实践》，北京：北京大学出版社，2005年版，第121页。

② ［印］基尚·拉纳著，肖欢容、后显慧译：《21世纪的大使：从全权到首席执行》，北京：北京大学出版社，2008年，第54页。

在国对犯罪的外交人员会予以驱逐出境。但是，当外交人员的行为严重地危害当地社会秩序或驻在国安全，如不加以制止其危害会进一步扩大时，驻在国可以在现场采取必要的措施，包括现场监视、暂时拘捕等。

《维也纳外交关系公约》同时规定以下情况下外交人员不能援引民事管辖的豁免权：涉及外交人员在驻在国私有不动产的物权（如房屋）诉讼；外交人员以私人身份卷入的遗产继承诉讼；外交人员在驻在国从事获利的商业和其他私人职业活动引起的诉讼。

2. 行政管辖豁免

《维也纳外交关系公约》第 31 条规定：外交人员对接受国的行政管辖享有豁免。如外交人员除向驻在国外交部按规定做到任、离任通知并办理身份证件外，不做户口登记，不服兵役和劳役，外交人员的死亡、子女出生等都不需要履行驻在国的有关行政规定和手续。

3. 无作证义务

《维也纳外交关系公约》第 31 条规定："外交代表无以主人身份作证之义务。"外交人员之所以享有作证的豁免，是因为作证本身实际上就是受某种管辖和强制，这是同管辖豁免相抵触的。

但是，只要派遣国政府同意，外交人员也可为某一案件作证。作证的方式一般是提供书面证词或要求法院派人到使馆听取证词，当然他也可以出庭作证。可有的国家法院按其国内法随意下令要使馆人员出庭作证，这是不能接受的。

（三）通信自由

一国派驻国外的外交代表机关需要经常向本国政府报告情况、请示问题并接受领导部门的指示，也需要与本国驻第三国的外交代表机关取得联系，而且这些通信联络必须保密。因此，驻在国应给予各国外交代表机关以通信方便并加以保障。

《维也纳外交关系公约》第 27 条规定："接受国应允许使馆为一切公务目的自由通信，并予保护。使馆与派遣国政府及无论何处之该国其他使馆及领事馆通信时，得采用一切适当方法，包括外交信差及明密电信在内。"

1. 使用密码电报通信

外交代表机关首长可以拍发国际政务电报和挂发国际政务长途电话。电报可以使用密码，既可以通过驻在国的邮电部门拍发，也可以通过自设的电台拍发。但是，外交代表机关的无线电台必须事先征得驻在国的同意并在互惠原则的基础上方可设立和使用。

2. 派遣外交信使和使用外交信袋

派遣外交信使运送外交信袋是国际间通行的做法。信使可以是专业性的，也可以是临时性的，只是两者都必须持有证明其身份的官方文件，即注明信使身份的外交护照、信使证明书或临时信使证明书。信使享有人身不可侵犯权和司法豁免权，驻在国对他们应加以保护并给予各种便利。

外交信袋在国际上公认不可侵犯，就是不得被开拆、检查、扣留或毁损，但外交信使的私人行李不享有免检优待。实际上，各国通常不进行检查。但《维也纳外交关系公约》也规定，如果有重大理由推定外交代表私人行李中装有按驻在国规定禁止进出口或检疫条例加以管制的物品时，即可检查。

免验只是一种优遇，是出于国际交往的礼貌。各国海关法令都保留有在必要时对行李物品进行检查的权力。但实际上，非在绝对必要的情况下，不行使这种权力。检查时，须有行李物品所有人或其授权的代理人在场。

外交信袋外部一般均严密包装，并有可资识别的标志。

外交信袋一般由外交信使携带，但在外交实践中，各国也常常委托前往驻在国的飞机机长、轮船船长携带，或交由运输、邮政部门托运或邮寄。机长和船长都应持有官方证明文件，他们不被视为外交信使。信袋运抵目的地后，有关外交代表机关得派官员前往提取。

（四）免纳关税和其他直接捐税

捐税豁免是一个极其复杂和细致的问题。由于社会制度和国情不同，各国在具体做法上不尽相同。《维也纳外交关系公约》仅仅是做了原则性的规定：外交代表机关公用物品和外交人员及其家属私人用品入境免纳关税；外交代表机关在驻在国拥有或租赁的供使馆使用的房舍免纳国家、区域或地方捐税；外交代表机关办理公务所收的手续费等费用免缴捐税；以及外交人员免纳对人或物课征的国家、区域或地方捐税等。

但入关申报手续一般仍不可免，超出部分不需办理许可证。为了维护本国的政治和经济利益，各国根据各自情况对外交代表机关和外交人员公私物品进出口在品种、数量、出售与转让等方面都有所限制。对有争议的物品，各国一般尊重驻在国的规定，并依照互惠对等原则进行处理。

在免纳捐税方面，国际上一般公认的原则是外交人员可以免纳直接税，不能免纳间接税。使馆本身受益部分，如用于路政、防火等措施的捐税或地方附加税等，则不能免。

不能免纳的税种还有：通常计入商品或劳务费用内的间接税；对外交人员自有私用的不动产征收的捐税；对在驻在国从事商业和投资征收的捐税；以及驻在国征收的有关遗产的各种捐税等。但在某些国家，外交人员可免纳包含在商品价目中已经由商家缴付过的间接税或进出口关税。

由于各国税收制度、规定和税目有很大不同，而且很多国家将很多特权问题，如免除销售税或增值税，当作双边互惠的条件，以便自己的大使在他国也能得到相应的便利，[①] 所以许多国家要求在免税问题上达成互惠双边协议。

此外，外交代表机关和外交人员享有的特权与豁免还有：获得馆舍权；行动自由；使用国旗和国徽的权利；享有免于适用接受国施行的社会保险办法的权利；免除关于征用、军事募捐、军人住宿等军事义务的特权。

《维也纳外交关系公约》同时也明确规定了外交和使馆人员对接受国应履行的义务与必须遵守的一些公认的国际法原则和规则：尊重接受国法律规章和不干涉内政；使馆馆舍不得充作与使馆职能不相符的用途；不滥用特权；不参加也不支持反对驻在国政府的集会活动、示威游行。

对外交代表机关的非外交人员，如行政技术人员、服务人员、私人仆役等是否享有外交特权与豁免，各国的规定和实践不尽相同。多数国家承认他们享有部分外交特权与豁免，但也有些国家对非外交人员的特权与豁免有所保留。在实践中，一般仍然照顾到国际上通常的做法，给予一定的优待和方便。

在外交实践中，各国一般都能遵守外交特权与豁免的规则和惯例，但在国际上不存在超越国家主权之上的外交特权与豁免。

五、外交报复

“外交报复”是一个主权国家对其交往对象的某些伤害自己国家主权或

---

① ［印］基尚·拉纳著，肖欢容、后显慧译：《21 世纪的大使：从全权到首席执行》，北京：北京大学出版社，2008 年版，第 55 页。

尊严的做法公开表示的不满、愤怒及采取的自保、补救或带有惩罚性的外交措施或行动。外交报复在国家间关系中是经常发生、屡见不鲜的行为和现象，经过长期外交实践历史，发展成为一种国际习惯。

外交报复形式有：驱逐交往对象的外交官；召回驻外使节；降低外交关系规格；取消双方已经议定的外交活动；废除双边条约、协定；断绝外交关系等等。外交报复必须是正当的，即受害国确实遭到不应有的伤害；报复是为了制止不法行为或谋求补救伤害而采取的；报复是有节制的，就是同伤害行为的程度大致相等。①

2013 年 12 月，印度一名驻美国女性外交官因涉嫌伪造签证，遭到美国执法部门当街逮捕，并遭脱衣搜身。这一事件传回印度后引起极大愤慨。印度官方形容这种对外交官的待遇为羞辱、卑鄙和野蛮。印度外交部长萨勒曼·胡尔希德 17 日说，新德里认为这起事件相当严重。他说："这起事件所涉及人的因素让我们感到极端难受。一位官员遭到那种没有尊严的待遇对我们来说完全无法接受。因此，我只能这么告诉你，任何可以做的都在进行当中。我们以实际行动来有效解决这个问题。"印度外交部官员随后传召美国驻印度大使南西·鲍威尔表达抗议。印度外交部在对事件表示震惊之余，还表明正与美方"强力地"交涉。印度下议院议长库玛尔及国家安全顾问梅农，则双双拒绝接见到访的美国国会 5 人代表团，并要求所有驻印美国外交官交出身份证等证件。作为"报复手段"之一，印度还拆除了美国驻新德里大使馆门外的交通路障等安全设施。

一般而言，外交报复是受害国依据国际法有关规定，为制止国际不法行为或寻求补救而采取的一种惩罚性外交行为。采取正当的报复行动，可以使企图不顾后果而采取违反国际法的行为和意欲无端伤害别国的国家在采取行动前有所顾忌，从而减少这种行为的发生。它是受害国用来维护本国正当权益和尊严的一种手段。

六、政治庇护与外交庇护

给予庇护是国家的一项权力，即国家在国际法上有给予个人以庇护的权力，个人受到庇护是国家庇护权的产物，个人可以申请庇护，但是否给予庇

---

① 鲁毅等著：《外交学概论》，北京：世界知识出版社，1997 年版，第 67—68 页。

护，由被申请国家决定。1967年12月14日联合国大会通过的《领土庇护宣言》认为，对个人予以庇护是国家"行使主权"，"庇护之给予有无理由，应由给予庇护之国酌定之"。给予庇护的权力是国家从它的属地优越权引申出来的。只有主权国家有资格给予他国国民以庇护的权力，而这种国家权力，源于一国的领土管辖权，也是符合国际法原则的行为，一国在其本国领土内对所有的人都有管辖和保护的权力。一个被追诉或追捕的人，一旦进入另一国家的领土，就处于所在国的管辖之下，追诉或追捕他的国家就不能在其所在国领土范围内继续进行追诉或追捕。

"政治庇护"是指一国公民因政治原因逃亡他国，要求准予居留，即要求给予"政治庇护"，俗称"政治避难"。他国接受上述逃亡者的要求，不予引渡，准予居留，就是给予政治庇护。这就是"庇护权"。①

政治庇护的对象主要是政治避难者。庇护与政治犯不引渡原则相联系，但庇护的对象超出通常意义的政治犯，而且庇护不仅是不引渡，还包括不予驱逐和准其在境内安居。庇护的法律根据主要是国内立法，许多国家的宪法中订有庇护条款。1793年法国宪法首次规定，对为了争取自由从本国流亡到法国的外国人给予庇护，同时宣布对专制者不给予庇护。1833年，比利时制定第一个禁止引渡外国政治犯的法令。1834年，比利时与法国订立引渡条约，明文规定政治犯不引渡。第二次世界大战后，一些国际文件中明确将某类人排除在可以享受庇护的范围以外。例如，1948年《世界人权宣言》规定，对于真正由于非政治性的罪行或由于违背联合国的宗旨和原则的行为而被起诉的人，不得予以庇护。联合国大会1948年通过的《防止及惩治灭绝种族罪公约》规定，灭种族罪不得视为政治性犯罪，而是属于可引渡的罪行。1967年《领土庇护宣言》中说，犯有破坏和平罪、战争罪或危害人类罪的人，不得请求及享受庇护。联合国大会1973年通过的《禁止并惩治种族隔离罪行国际公约》规定，就引渡而言，种族隔离罪不应视为政治犯罪，亦即不得享受庇护。享受庇护的外国人的地位，原则上应与一般外国侨民相同。给予庇护的国家对庇护者的活动，有义务加以必要的限制，使他不得在其境内从事危害他国安全及其他违反联合国宗旨与原则的活动。1982年《中华人民共和国宪法》规定："中华人民共和国对于因为政治原因要求

---

① 鲁毅等著：《外交学概论》，北京：世界知识出版社，1997年版，第68页；［美］康威·汉得森，金帆译：《国际关系：世纪之交的冲突与合作》，海口：海南出版社，2004年版，第202页。

避难的外国人，可以给予受庇护的权力。”

“外交庇护”是指一国利用其驻外国使馆和在外国港口的军舰给予外国人的庇护，或者一国公民因政治原因要求驻本国的他国使馆给予庇护，也称域外庇护。根据国际法，使馆馆舍享有不可侵犯权，外交庇护就是利用使馆的这种特权把使馆作为遭到追捕的公民的避难所。“外交庇护”不同于“外交保护”。国际法上的外交保护，是泛指一国通过外交途径，对在国外的本国国民合法权益进行保护，只适用于在其他国家的本国国民或者法人，依据通过国籍来定。外交保护是传统的法律制度，受到各国所公认。但是，“外交庇护”不同于国家根据其属地管辖权而行使的域内保护，它是在别国的领域内行使庇护，因而涉及对别国的领土主权的侵犯问题，与有关国际法规定不相符，国际法从未承认过“外交庇护”。外交庇护只在拉丁美洲国家间适用，中国和其他许多国家已经确认使馆无“外交庇护”权，遇到使馆庇护驻在国追捕的人，驻在国政府有权要求使馆将庇护的人交出。美国外交服务部规定，如果难民受到来自暴徒的致命威胁，允许美国海外使馆予以庇护。[①]

在拉美地区，提供政治避难和外交庇护似乎已成为一种传统。1928 年美洲国家间《关于庇护的公约》对此加以确认。1933 年美洲国家间《政治庇护权公约》规定，对于罪行是否政治性质的判断权，属于给予庇护的国家。此项规则至今仍在沿用。1954 年第 10 届美洲国家会议起草的《外交庇护公约》规定：（1）一国驻外使馆有权给予庇护。如果要求庇护的人数超过使馆建筑的容纳量，则收留受庇护者的范围不仅包括正常的使馆馆舍和使馆馆长的住所，也包括使馆给受庇护者提供的任何房舍。（2）使馆在给予庇护后应立即将事实报告驻在国外交部。如事实发生在决策者以外的地区，则应立即报告地方行政当局。（3）驻在国政府有权要求在尽可能短的时间内将受庇护者送出国境；而给予庇护的外交代表也有权要求驻在国允许受庇护者离开其本国领土；不论属于何种情况，均应保证其安全通行和人身不受侵犯。（4）如给予庇护权的外交代表由于外交关系断绝而必须离开其驻在国时，应允许其携走受庇护者；如不能带走，则可将受庇护者将给第三国的

---

① 钱其琛主编：《世界外交大辞典》下卷，北京：世界知识出版社，2005 年版，第 2045—2046 页；段婧：“浅议国际法下的外交庇护制度”，http：//www. globrand. com/2010/510401. shtml。

使馆。[①]

1980 年 4 月，数千古巴人涌入秘鲁驻古巴大使馆寻求外交庇护。为此，拉美安第斯国家集团代表在利马开会，重申他们“保卫庇护制度的不可动摇的立场”。在这一传统的掩盖下，一些拉美国家成为政治避难的天堂。它们往往以政治理由拒绝引渡一些犯有严重罪行的人，包括一些独裁者和重大刑事犯，使他们逍遥法外。有不少拉美国家的官员利用法律漏洞，外逃后首先用过去的职务来申请职务豁免。豁免不成，再以政治迫害为名要求避难。如果避难被驳回，还可以上诉；然后再用案发国司法不健全、不能保障人权、可能刑讯逼供等理由避免被引渡回国。例如，2003 年年底，巴拿马总统莫斯科索签署法令给予厄瓜多尔前财政部长莫兰避难权。莫兰涉嫌勒索并收受贿赂，被列入美国领事部门的贪官名单中。阿根廷前总统梅内姆自 2003 年以来一直居住在智利，并以“避免政治迫害风险”为由连续 4 次拒绝回国接受司法传讯和调查。特殊情况下，在欧洲也发生过外交庇护的事例，如 1956 年匈牙利主教 J. 明岑蒂曾在美国驻匈牙利使馆避难，匈牙利事件主要人物 I. 纳吉曾在南斯拉夫驻匈使馆避难。[②]

---

① 钱其琛主编：《世界外交大辞典》下卷，北京：世界知识出版社，2005 年版，第 2045—2046 页。

② “拉美国家成为政治避难天堂犯罪　分子可逍遥法外”，《世界新闻报》2005 年 4 月 25 日，http：//news. sina. com. cn/w/2005 - 04 - 25/17196488462. shtml；“庇护”，http：//zhidao. baidu. com/link？url = fbpR4cUcApA8U9nQN4WD3QLpizjAfAHvMWXSY46XzhcObOrkVd6VW5BMwX0Mdhzq3 - fIEv-skmYidXpWRb6Trmq。

第五章　国家对外战略与对外政策

从事对外交往，构建和发展对外关系是现代国家对外职能的重要方面之一，随着现代交通和通讯技术的飞速发展，国家间交往、联系越来越频繁、密切，国家的对外行为和国家间的相互行为成为国际行为不可缺少的组成部分。而国家所进行的对外交往和对外关系行为都离不开一定的国家对外战略和对外政策的指导。国家对外战略和对外政策是国家对外交往和发展对外关系的基本依据及其所遵循的基本原则和行动方针。

国家对外战略和对外政策在指导国家对外行为方面，虽然所起的具体作用各不相同，但都属于国家对外行为的谋略范畴，[①] 彼此密切相联，相互影响，同在国家对外交往、对外关系实践中发挥作用。

国家对外战略和对外政策有时是以系统表述的形式，有时则表述得较为分散。可以具体地体现为设想、计划，也可以体现在国家领导人或政府的讲话声明当中，以及体现在一国与他国签订的公报、声明、宣言、协议、条约之中。

国家对外战略和对外政策有时公布于众，有时并不公布。

第一节　国家对外战略

国家开展外交活动，参与国际事务，处理对外关系的主要意图是要为自己创造一个良好、有利的国际环境，以利于其谋求、维护和实现国家利益。为此，国家就要对现实及未来较长一段时期的国际格局、国际形势的发展变化，以及自己的国际地位有所认识，并且据此对自己的对外行为进行周密、

---

① 张季良：《国际关系学概论》，北京：世界知识出版社，1989 年版，第 77 页。

具有长期性的规划和部署，而这些就是国家对外战略所关切的基本内容。国家对外战略作为指导实现国家整体对外目标的纲领和行动计划，既是适应国际战略格局的产物，更是影响此种格局发展变化的重要因素。各国对外战略的相互作用构成国际政治和国际关系的主要内容。

一、什么是国家对外战略

国家对外战略是在国际关系理论和国家外交实践中，已为人们广泛使用的一个概念。国家对外战略概念是现代历史条件发展的产物。它是在20世纪50年代，随着外交军事战略理论研究发展，国际社会发生深广变化，适应国家发展对外关系综合化趋势而出现的。国家对外战略指导着国家各种对外的具体策略，包括外交政策的制定，对国家的生存和发展具有极大价值。

（一）战略

所谓战略是任何行为主体通过调动、培育、组织、运用各种既有力量和潜在力量达成既定目标的一种行动计划。就一个国家而言，战略即是为达成国家目标而做的长期性规划和部署。它强调全局性、指导性及可行性，具体内容一般包括国家利益的界定，国家总体对外目标的确立，指导方针的形成，政治、经济、军事等各种有形与无形力量的配置与培育。[①]

在历史上，战略是一个军事术语，主要指军事战略。战略一词最早出现于公元前5世纪前后的希腊文中，本意是“统帅”、“指挥官”。古希腊人认为，战略是军事领导者的艺术。19世纪末，中国人从日语中将战略一词引入中国。

到了19世纪，在试图把握和解释拿破仑战争实质的过程中，西方国家现代战略概念得以确立。[②] 当时德国著名军事家卡尔·冯·克劳塞维茨在其代表作《战争论》中给出了尚只限用于军事领域的战略一词的完备定义，即“战略是实现战争目的而运用战斗的学问”。[③]

---

① 张敏谦：《美国对外经济战略》，北京：世界知识出版社，2001年版，导论。

② 金应忠、倪世雄：《国际关系理论比较研究》，北京：中国社会科学出版社，2003年版，第244页。

③ ［德］克劳塞维茨，中国人民解放军军事科学院译：《战争论》第1卷，北京：商务印书馆，1978年版，第233页。

20世纪，特别是第二次世界大战结束以来，现代科学技术的迅猛发展，使得人类社会的分工越来越趋于细化，人类社会各个方面、不同领域之间的相互联系也越来越密切。国际分工的纵深发展和横向扩张、发展中国家的崛起、超级大国的出现、发达国家的增多，导致国际环境随之发生根本变化。战略概念和战略研究从单纯的军事领域扩展到政治、经济、文化、国家对外关系等诸多领域。战略由对战争全局谋划的单一特殊概念演变成对事物全局谋划的多元一般概念，战略观念与战略研究逐渐形成一个横向和纵向系统。[①] 而且，战略一词被广泛应用到社会生活的各个领域。除传统的军事战略外，政治战略、经济战略、文化战略、教育战略、对外战略、大战略、国家战略、国际战略、全球战略等等众多的战略概念相继出现。

马克思主义经典作家将作为军事术语的战略一词引入了政治科学领域，不但揭示了战略与政治相联系的本质——“战略服从于政治”，而且揭示了战略与经济的联系，“……战术和战略，首先依赖于当时的生产水平和交通情况”。[②]

（二）国家对外战略

较早将战略应用到国家对外关系领域，将战略定义与国家对外政策目标联系起来的是20世纪初期的德国军事战略家贝西·利德尔·哈特。他认为，战略是运用军事手段来实现国家对外政策目标的艺术，是为实现国家对外政策目标而设计的。第二次世界大战后，战略构成扩大到国家对外关系的各个领域，出现了建立国家发展对外关系综合战略的趋势。[③] 如今，随着全球化的深入发展，国际社会相互依存度越来越高，世界上各种事情、现象之间的联系愈加复杂、密切，每个国家的利益都是在与其他国际关系行为体的交互作用过程中实现的。为保证国家对外行为不顾此失彼，或不因某项利益而使整个对外关系全局陷入被动，必须有战略上的考虑，制定出正确的对外战略。一项正确的对外战略的实施，可以达到借用外部力量缓解不利因素的作

---

① 金应忠、倪世雄：《国际关系理论比较研究》，北京：中国社会科学出版社，2003年版，第247页；张季良：《国际关系学概论》北京：世界知识出版社，1989年版，第73页。

② 《马克思恩格斯选集》，第3卷，北京：人民出版社，1972年版，第206页。

③ 金应忠、倪世雄：《国际关系理论比较研究》，北京：中国社会科学出版社，2003年版，第245、247页。

用，在物质上和心理上增强国家对外部世界的影响能力。国家对外战略成为现代主权国家总体战略的重要组成部分。

国家对外战略作为一个主权国家长期和总体发展战略（或称大战略）的重要组成部分，是相对其对内战略而言的。迄今，对于国家对外战略的定义和研究内容，国内外学者都有不同的看法。

中国学者认为，所谓国家对外战略，“指的是一国对较长一个时期内整个国际格局、本国国际地位、国家利益和目标，以及相应的外交和军事政策等总的认识和谋划”。①

现代国家对外战略是对政治、经济、军事、科技、意识形态、核战略等诸领域的总体协调和运用。它是一个国家制定的既符合国内外形势又有利于自身利益的长期对外政策思路和策划，是国家为实现其对外目标而设计、规划的全局性指导思想和方针；是国家从国际全局出发，运用对外战略的谋划和指导，驾驭国际关系格局朝着有利于自己的方向发展变化，以实现本国国家权益。

国家对外战略具有长期性、全局性、谋略性和高层次性等特征：国家对外战略是国家对较长时期的国际格局，以及本国较长时期内主要国际利益、国际目标、国际活动总路线的认识和谋划，是对全局的分析和综合考虑。因此，国家对外战略决定着国家对外政策的制定和实施。② 也可以说，国家对外战略是国家最高层次的“对外政策”。

第二次世界大战结束以来，民族独立运动使得大批民族国家诞生，由此不仅扩大了对外战略所涉及的国别范围，而且各国对外战略间的相互作用和相互影响也进一步得到了强化。国家对外战略的相互作用最终形成种种双边与多边关系，产生纷繁复杂的政治现象，并联结为一个不可分割的体系及其结构——格局和运行秩序，构成国际政治的基本内容。一般说来，大国对外战略往往起着重大的甚至决定性的作用。当今世界，国际政治的主要内容集中体现在美国、中国、西欧、日本、俄国，以及第三世界国家联盟或集团的对外战略的相互作用上。

---

① 张季良：《国际关系学概论》，北京：世界知识出版社，1989 年版，第 73 页。

② 同上书，第 77 页。

二、国家对外战略的结构

战略的结构是指某一战略或某一类战略的基本组成部分、基本框架。战略的内容是在战略的框架内编制出来的。①

各国战略家、政治家和学者由于对国家对外战略的概念理解不同，所以对国家对外战略结构的认识也不同。

从理论上讲，国家对外战略具有以下几种基本构成要素：

第一，国家对外战略所考虑和追求的是长远的战略利益，国家对外战略一旦制定出来，一般情况下不能在短时间内大幅度改变，否则就会失去政策上的连续性，导致外交上的挫折和失误。

在冷战期间，美苏两国总体上的遏制与反遏制战略执行了40余年。其间，美苏两国各自提出的军事战略新概念和地缘战略调整并没有改变两国对外战略的对抗特征。1972年，尼克松访华没有改变美苏冷战格局，但却实现了美国对华政策的战略性调整，这种对华接触与合作战略虽历经了30年的风风雨雨，美国历届政府的对华政策调整并没有改变对华接触与合作的总体战略格局。

第二，对当时和未来较长一段时期的国际格局和国际形势的发展方向要有总体上的判断、认识。国家对外战略作为指导实现国家整体对外目标的纲领和行动计划，不但是影响国际格局发展变化的重要因素，而且其本身就是适应国际战略格局的产物。

国际格局是认识国际环境，探索国际关系发展变化规律，以及国际形势发展趋势的前提和基础。通过认识、研究国际格局，来了解、掌握世界基本力量的类别与分布，及其相互关系和组合状态，这是制定国家对外战略的出发点。

对整个国际格局、国际形势的发展方向有了总体上的判断、认识，国家就可以根据自己的实际情况制定相应的政策。不作出判断或作出错误的判断，都会造成外交混乱，甚至出台危险的对外政策，最终导致对外战略的失败。相反，如果总体判断准确，对外政策就会取得成功。所谓“着眼于大局”，就是强调总体判断、认识的重要性。例如，中国认为“和平与发展是

---

① 张季良：《国际关系学概论》，北京：世界知识出版社，1989年版，第79页。

当今时代主题”的判断就属于对整个国际局势发展方向的总体判断；冷战时期，美苏两国针对对方的任何政策都可以说是着眼于对抗和遏制的战略形势。

从某种程度上说，一个国家对整个国际格局、国际形势发展方向的总体判断、认识若发生改变，其对外战略也会转变。

第三，对自身国家实力和国际地位要有正确的认识和评估，这是制定对外战略的根本。只有彻底分析和认识自己的实力，并同国际上其他力量进行对比，才能做到“知己知彼”。这也就是我们经常所说的“国际定位”。给自己的国家实力打分和给自己的国际角色定位最忌走两个极端：一是高估自己的实力和优势，有意无意地强调别国的不利因素；二是低估自己的实力和优势，自觉不自觉地鼓吹投降和失败论。回顾中国近现代史和世界冷战史，这样的例子有很多，而结果都是非常令人遗憾的。

第四，对国家利益的分析、判定及阐述是国家对外战略的起点。

国家对外战略是国家对国际社会和本国国际活动总路线的认识和谋划，目的是实现本国的国家利益，包括意识形态和价值观因素在内。国家对外战略所表明的国家对国际格局和本国国际地位的判断、评估、认识，规定了国家对外行为所要追求的国家利益和目标。国家对外战略的第一要务就是维护国家主权、领土完整和国家安全。

第五，要结合自身的国家利益制定出符合国际形势和自身实力判断的具体国家目标和对外战略重心。

国家利益往往是被高度概括了的抽象概念，它的实现也有赖于由此转化了的国家目标的实现。国家对外战略是依据既定的国家目标而设计的。

国家目标是依据国家利益所确定的国家在一定时期内所要达到的目的、计划、愿望和要求。国家目标是国家对外战略的中心内容，没有目标就没有战略。一个国家在从事对外活动之前必须首先清楚、确定自己的目标和要求。如果不能预先确定目标或缺少正确的目标，国家对外战略的内容就会产生矛盾，也就失去了国家对外行为的动力。

国家目标多种多样，既有长期与短期目标，也有主要与次要目标。国家目标首先应表现出稳定性，一经确定就不应轻易改变，否则，朝令夕改，一切行动都无法进行。同时，国家目标又应具有弹性，要根据实际情况的变化及时予以调整，对因外在情况变化而丧失时效或无望实现的目标必须予以放弃。如，冷战结束之后，意识形态凝聚力的下降及世界经济多极化、区域化、集团化的发展，导致各国间的经济竞争日趋激烈，从而使经济安全取代军事安全成为国家对外战略的首要目标。冷战后的美国对华战略目标也从拉拢中国共同对抗苏联转变成为促进中国成为一个负责任的大国和防止中国成为美国的敌人。

选择目标时，要有冷静的头脑，实事求是的态度，不但要注意理想与现实之间的关系，考虑目标实现的“费效比”，还要注意国内目标与国际目标的统一。

为避免战略内容冲突，以及由此造成的战略错误，还要确定好对外战略的重心，将目标实现的轻重缓急、利益实现的大小远近规定妥当。

第六，确定适应国际环境的实现国家利益和目标的途径，即制定出关涉政治、经济、文化、军事等领域的一系列对外基本方针和政策。

国家对外战略中对利益、目标、环境的规定和认识只是设计出了蓝图，这一蓝图的实现还必须通过具体的对外实践行为才能实现，而从事这种对外实践行为必须有一定的方针、原则作为指导。这就是国家对外战略中对本国对外活动总的方向的规定，即国家的对外政策和方针。国家对外政策是国家对外战略基本结构的一部分。国家对外战略的实现有赖于对外政策的实施。国家对外战略本身又为对外政策做了总的方向性的规定，要求后者必须为实现国家对外战略所规定的利益和目标服务。

国家对外战略的各构成部分是一个有机联系的目标系统，具有有机的内在协调性和整体性。虽然某个领域的战略或政策调整在国家政治中时有发生，有时对国家对外战略影响还很大，但却改变不了总体国家对外战略。当然，一个领域的战略和政策调整可能会引起其他领域的连锁调整，最终导致质变，在这种情况下，国家对外战略也就到了转变的时候。

三、国家对外战略的类型

对于如何划分国家对外战略的类型，各国的战略家、政治家和学者提出了不同的分析方法，以及分类标准。

第一，依照涉及空间的不同，分为全球性对外战略和区域性对外战略。

全球性对外战略指的是以整个世界为关注对象，适用于整个世界的对外战略。一般而言，全球性的对外战略视角最为广阔、内涵宏大。而区域性的对外战略主要对象为某个大洲、国家或地区，视角较狭窄，内涵也相对较小。从根本上说，区域性的对外战略服从于全球性的对外战略。

第二，根据适用的具体时间，分为长期性对外战略和近期性战略。

长期性对外战略是指一个国家对其长远对外目标的谋划，需要经过较长时期，有时需经几代人的努力才有可能实现的对外战略。近期性对外战略是指有望在现阶段或不久的将来实现或达到的对外战略。

第三，从实施途径的角度，分为直接性对外战略和间接性对外战略。

直接性的对外战略是指选择直接的方式或途径谋求对外战略的目标或任务的实现。相对地，间接性的对外战略就是指采取隐蔽、迂回的方式或途径达到对外战略的目标或完成对外战略的任务。

第四，按照军事战略的分析方法，一些学者将国家对外战略分为进攻战略、防御战略和退却战略。这种方法可以反映国家对外战略执行的态势，但是极易将具有霸权欲望的进攻战略与一般的具有进取性的战略混淆起来。

第五，以对待战争的态度为标准，一些学者将国家对外战略分为“避免战争的战略”与“准备战争的战略”。准备战争的战略并不否认谈判，但是谈判桌上的目的同时是以战争手段作为后盾的。谈判桌上的决裂同时意味着战场上的兵戎相见，有的甚至以谈判为掩护发动突然袭击。

第二次世界大战后，由于大规模毁灭性武器的出现，避免战争的战略产生了。这种战略是以威慑为手段实现国家目标，避免直接的武装冲突。亨利·基辛格将避免战争的战略称之为谋求和平的战略。

第六，维持现状的战略与谋求霸权的战略。

维持现状的战略是一个常见但又模糊不清的概念。因为维持现状既可以指维持当今世界领土的现状和目前世界各国现存边界的现状，也可以指对有争议而一时无法协商解决的领土或边界的纠纷暂且维持现状；而霸权主义把谋求自己的势力范围和对他国的支配地位也纳入维持现状的行列。

第七，从社会制度的角度，苏联东欧国家的有些学者将国家对外战略分为两大类，即社会主义国家对外战略和帝国主义国家对外战略。

第八，依据国家类型，将国家对外战略划分为：发达的垄断资本主义国家对外战略，其中若干大国不同程度地推行过或现实还在推行帝国主义、殖民主义、霸权主义的，旨在争霸全球的对外战略。

发展中国家对外战略。尽管情况比较复杂，存在着经济发展水平、宗教信仰、民族构成等方面的差异，但是都有过殖民主义、霸权主义掠夺、压迫的共同遭遇，在取得民族独立后，又都面临巩固政治独立和发展民族经济的共同任务，因而都以推进维护民族独立，建立公正、公平、合理、民主的国际新秩序为对外战略目标。

奉行国际主义和爱国主义相结合的社会主义国家对外战略。但有的社会主义国家，尤其是苏联的对外战略既有符合社会主义的一面，也有背离社会主义的一面。

第九，以主权平等为标准，把国家对外战略分为霸权主义、独立自主和对外依附三种类型。

此外，西方一些学者在归类国家对外战略时强调，关键是要判断一种外交政策行为是合作型的，还是冲突型的；是维持现状的，还是旨在变革的。[①] 还有学者从谋略模式角度分析了地缘战略、均势战略、联盟战略和统一战线战略。

对国家对外战略进行分类的目的是为了便于对其宏观把握，但是类型的划分并不是简单化、公式化、绝对化的行为，而是宏观把握和具体分析相结合的过程。它依据国家对外行为及其客观结果，依据对他国国家主权的态度。应以国家主权平等、互不干涉内政、平等合作和共同发展为核心的国际关系准则作为划分的主要标准。

第二节　国家对外政策

国家对外政策是国家对外战略基本结构的一部分和重要环节，是为实现对外战略所规定的利益和目标服务的。但国家对外政策本身又是国家对外行为的一个相对独立的领域，有自己的系统与结构。

一、什么是国家对外政策

在国际社会，国家除了对内活动外，还必须通过超越其领土边界的对外活动来促进其经济福利、社会繁荣和政治影响。国家对外活动的具体体现是其对外政策的取向及其对外交往实践。如，国家间缔结联盟、建立或中止外交关系、威胁或实际使用军事力量、实行经济制裁或给予经济优惠、在国际

① 张历历：《现代国际关系》，重庆：重庆出版社，1989 年版，第 109—110 页。

组织中表示赞成或反对等。[①]

国家对外政策是国家依据其对外战略、国家利益和特定环境，确定、规范为促进国家利益、实现国家对外目标而从事对外活动的原则和方针。

国家对外政策从属于国家对外战略，因此国家对外政策的原则性是最根本的。同时，国家对外政策又有其特定前提下的灵活性。在实现国家对外政策的过程中，应有轻重缓急之分，对具体的国际事件、国家之间关系问题要区别对待，有时还要视具体情况，采取折中办法。没有灵活性的对外政策是僵硬的政策，但对外政策的灵活性必须有一个限度，超过限度就失去了原则性。由此可见，国家对外政策的灵活性从属于原则性，反过来又服务于原则性。

国家对外战略是国家对外政策的基础，国家对外政策是国家实施对外战略的原则、方针，是国家处理国际问题和对外关系问题的基本原则和具体指导方针，即是国家对外行为准则。国家对外政策直接体现着国家的对外职能，包含着国家的意志，所以国家对外政策必然也体现着统治阶级的利益，服从和服务于这个国家的阶级性质。因此，不同的国家有不同的对外政策。

二、国家对外政策的结构

国家对外政策的基本原理是调停外部对内部的影响，在难以驾驭的世界中找到规划一系列具体利害关系的方法。[②] 它的构成要素一般包括对外政策的基本原则与立场、对外政策的目标与任务、国别与地区政策等。

对外政策的基本原则与立场通常是指国家处理国际问题和发展对外关系的根本方针与准则及其基本看法。这是国家对外政策的核心，主要是国际局势的具体变化和国家利益的驱动决定着国家对外行为的方向和方式，如是坚持独立自主、和平共处，还是奉行孤立主义、中立主义。一国的对外政策和外交活动所采取的基本原则与立场一般是该国长期外交实践的总结。

国家对外政策的目标与任务是指国家从事对外活动所要达到的标准和境地，就是具体实现国家对外战略中所规定的国家利益目标，包括意识形态

① 李少军：《国际政治学概论》，上海：上海人民出版社，2002 年版，第 215 页。

② ［美］克里斯托弗·希尔著，唐晓松、陈寒溪译：《变化中的对外政策政治》，上海：上海人民出版社，2007 年版，第 33 页。

在内。

国家对外政策的目标可以只有一个，也可以有多个。在多个对外目标并存时，我们往往会对这些目标进行排序，以规定出最主要（根本）的目标，或总体目标与具体目标。国家对外政策的总目标是国家对外战略所规定的目标，如维护国家主权、独立、领土完整和国家的统一，维护和发展本国的政治、经济、社会制度和文化、意识形态，促进本国经济和社会的发展。目标往往是在处理国际问题和发展对外关系过程中，实现本国的意愿、利益和要求，如边界问题的合理解决、发展对外经济合作与贸易、争取体面地结束危机等等。①

对外政策所规定的任务，既是国家常规的对外活动的目的，同时又是出自实现对外政策所确定目标的根本要求。各国的外交实践表明，各个国家在不同时期、不同条件下，其对外政策所规定的任务也往往不尽相同，但根本的任务都是为了求得自身生存，谋求自身发展。

国别和地区政策是国家以对外政策目标和基本原则为依据所表明的一国对其他国家和地区的立场、态度和原则。同对外政策基本原则相比，国别和地区政策的内容更为具体、针对性更强，并具有随着具体情况的变化而变化的较大灵活性。

克里斯托弗·希尔将多数国民与决策者对他们国家的对外政策所怀有的主要期望概括为：保护海外公民、塑造海外身份、维持稳定或是防御外部威胁、维护领域完整和社会和谐、促进繁荣、就海外干预作出决定、达成一个稳定的国际秩序、保护公共事物等。②

三、国家对外政策的类型

一般而言，外交活动相当复杂，为了在国际事务中占据主动，各国不会轻易暴露自己的外交意图，有些外交行动是在秘密状态下进行的，许多外交文件长期不公开，一些外交活动可能仅仅是一种假象，这就使人们很难对一个国家的对外政策作出全面正确的判断。尽管如此，一个国家的基本对外政

---

① 张季良：《国际关系学概论》，北京：世界知识出版社，1989 年版，第 83 页。

② ［美］克里斯托弗·希尔著，唐晓松、陈寒溪译：《变化中的对外政策政治》，上海：上海人民出版社，2007 年版，第 45—47 页。

策倾向，仍会以一定的形式表现出来。人们通常会根据外交实践中各国对外政策的不同表现倾向和涉及的范围对其进行分类。

第一，全球性、地区性和国别政策。即国家对外政策所适用的空间范围。也就是说，一国是从全球范围，还是某一地区的范围来考虑自身的利益需求，选择对外政策目标；或者是针对某一国家的政策考虑。

第二，双边关系政策与多边关系政策。一是指两个或多个国家参与同一个国际协调行动；二是指通过参与两个或多个国家组成的地区性或全球性国际组织的活动来达到外交目的。

第三，问题领域政策。如经济合作政策、科技合作政策、货币信贷政策、援助政策、核能政策、裁军与军备控制政策。

第四，干涉主义政策与不干涉主义政策。凡是把改变别国政权作为首要目标，想通过决定一国由谁执政而实现其影响的国家的，其外交政策就属于干涉主义的。

第五，结盟与不结盟政策。结盟就是一国通过联合其他国家，以借助他国之力来增强自身实力，从而达到维护本国国家利益，实现本国对外目标的目的。近代以来，大国或强国往往选择结盟政策，以攫取或维护其对国际事务的垄断地位，因此“联盟是潜在的作战集团”,① 常常导致尖锐的国际对立，造成国际局势的紧张或引发战争。相反，有些国家出于自身实力、国家利益的考虑，为保证自己对外策略选择的自由，或为了维护和实现本国的独立自主与平等，或为了避免卷入大国集团对立，从而选择不结盟政策。不结盟主要是指一国不在政治或军事领域内与任何其他国家建立任何形式的联盟关系，但不限制某种形式的经济联盟。20 世纪 50 年代以来，不结盟政策一直为绝大多数发展中国家所重视和奉行，冷战结束后，中国等国又进一步发展了不结盟政策，提倡伙伴关系政策。

还有人将国家对外政策分为传统和现代两类。传统对外政策是以欧洲资本主义兴起时形成的外交为代表的，它以国家的实力与其国际地位成正比为前提，以大国的均势与大国的联合干涉为维护和平的主要途径，以职业外交官的秘密谈判为典型的外交手段；第二次世界大战后日益凸显的对外政策，诸如多边关系政策、核能政策、裁军与军备控制政策等，称为现代对外

---

① ［美］威廉·奥尔森、戴维·麦克莱伦、弗雷德·桑德曼编，王沿等译：《国际关系的理论和实践》，北京：中国社会科学出版社，1987 年版，第 305 页。

政策。

要对国家对外政策进行严格区分不太容易。许多问题领域的政策既包含着全球性适用部分，又包含着仅适用于双边、多边或区域性关系的部分。

第三节　国家对外战略与对外政策的依据

国家对外战略与对外政策的内容和层次虽然不同，但都是国家对外活动的谋略。一般而言，国家对外战略与对外政策制定需要一定的先决条件，就是要考虑能对其产生影响的要素，这就是国家对外战略与对外政策的依据，即现实的外部（国际）环境和国内环境因素。而且，这些依据随着历史发展而变化，依据的范围呈现出日益扩大的趋势。国家对外战略与对外政策是国内与国际两大环境系统互动的过程，要根据国际环境和国内环境因素的发展、变化进行及时有效的调整。

一、国际依据

现代国家受国际环境的影响和制约。国际环境是指一个国家国界之外的局势和事件。每个国家都生活在一定的国际环境之中，它不仅仅是抽象的国际体系、制度、规则，也是具体的一个国家生存的环境。

国家对外战略与对外政策，从本质上看就是指导国家在对外关系领域实现和维护本国国家利益的根本性方针、政策。制定本国对外战略与对外政策，要求既要精确了解本国的国家利益，又要清醒地认清与本国相关的主要国家的国家利益，即要做到“知己知彼”。而国家要充分把握这两个方面，必然会受到国际环境的严重制约。国家对外战略与对外政策是否正确，主要不在于主体要实现什么要求，而在于客体可接受的程度。[①] 国家对外战略与对外政策本身就是对国际环境的现状及其未来发展变化的认识与反应。在制定国家对外战略与对外政策时，国际环境许可接受的程度，是必须要考虑的依据。这种依据包括以下几个方面的内容。

---

① 金应忠、倪世雄：《国际关系理论比较研究》，北京：中国社会科学出版社，2003 年版，第 281 页。

（一）对国际格局和国际形势发展趋势的认识

国际格局所提供的依据在于：国际格局中各种力量的分布、组合及其演变趋势。国际格局的主要矛盾影响并制约着国际环境中各种基本矛盾的变化和发展。

对国际格局的认识决定着国家对外行为的主要方向和总路线，即通过何种途径来实现本国的国家利益目标。①

国际形势处于不断发展变化，有时甚至是瞬息万变之中。国际政治、经济、文化、科技和军事安全形势的特征和发展、变化趋势，各种国际力量的动向，大国间关系的调整，国际合作与冲突发展的现实和趋势，重大、突发性的国际事件等等，都会影响一国对其国家对外战略与对外政策的评估、调整。

（二）国际社会有关国家，尤其是周边邻国的内部状况、反应，以及国际舆论反响

周边邻国政局的稳定与动荡、政权的更替、军事力量和经济力量的强盛与衰弱、对外战略、意识形态倾向的变化等，都会影响到一个国家对外战略与对外政策的基本方面。所以，邻国内部的变化固然是它们自己的事情，但是一个国家在任何时候都不得不考虑其邻国的内部变动情况。各国的外交实践也表明，任何一个国家必然把周边国家的情势作为其制定对外战略与对外政策的一个重要依据。

再就是，国际社会是一个利益交互系统，反映着国家利益要求的一国对外战略和对外政策必然会与其他国家的利益发生联系，不管是产生互惠还是冲突，皆导致他国必然会作出相应反应。“国际政治中没有权威政府的状况使得战争很容易爆发，因此产生了极大的安全代价。而国家大部分自我保护措施同时又威胁了其他国家，这就导致了更加深远的复杂情景。”② 一国的对外战略与对外政策若赢得的赞赏者和支持者多，反对者甚至是抵制者少，其推进就会顺利；反之，就会面临相当大的阻力，难以取得预计的成效，甚

---

① 张季良：《国际关系学概论》，北京：世界知识出版社，1989 年版，第 90 页。

② ［美］罗伯特·杰维斯，秦亚青译：《国际政治中的知觉与错误知觉》，北京：世界知识出版社，2003 年版，第 35 页。

至会导致失败。

国际舆论，尤其是以先进传播技术手段为媒介的现代国际舆论，深刻反映、影响着国际社会的意向，以及其他国家和地区的看法。一国对外战略与对外政策要充分注意与国际舆论的关系，因为是否顺应和体现国际舆论意愿，会直接影响所能争取到的国际舆论支持力度的高低。

（三）国际组织与国际法

国际社会是一个相互依赖、相互依存的系统，各国的利益、意志不可避免地要受到整个国际社会、全人类的共同利益和意志的制约。各国在制定和推进自己的对外战略和对外政策时也会程度不同地受到国际社会共同利益和意志的约束，受到国际组织与国际法的约束。在纽约召开的联合国大会提醒着美国政府：参加国际组织所得到的结果并不是单方面的，对超级大国来说也是如此。① 所以，各国的对外战略和对外政策应该符合，并充分尊重国际组织与国际法的准则，在处理国际问题和对外关系问题时努力求得通过国际组织与国际法的途径加以解决。

国际组织是若干国家、社会团体或个人为了实现特定的目的和任务，根据共同同意的国际条约而组成的跨国团体。不管国际组织具有什么特性，现在对国家来说，参加国际组织是一种行为规范。所有国家都是国际组织成员，多数国家兼有各种不同国际组织成员国身份。多种现象表明，国家不愿意被排除在一个共同的体系之外。② 当代国际社会，国际组织大量涌现，各种国际组织名目繁多、宗旨不一，其组织活动程序也不尽相同。据有关统计，全世界国际组织已经增至近 5000 个，其中政府间国际组织约 300 个，非政府间国际组织约 4600 个。从活动范围来看，国际组织涵盖了政治、经济、文化、环保等各个领域，几乎全球所有国家都不同程度地参加了国际组织的活动。

此外，从影响力方面来看，国际组织等非国家行为体的影响力也在逐渐扩大。奥林匹克运动会已经成为各国显示国力、扩大交往的重要途径；绿色和平组织的抗议行动已经得到越来越多的人的同情和支持，其保护环境的主

---

① ［美］克里斯托弗·希尔著，唐晓松、陈寒溪译：《变化中的对外政策政治》，上海：上海人民出版社，2007 年版，第 205 页。

② 同上。

张已经成为一项基本的国际共识；尽管存在诸多缺陷，联合国在维护世界和平与安全方面的地位仍然无可代替；而一些大的跨国公司已经富可敌国，甚至开始左右一些小国政局的发展。[①] 有的国家也通过加入具有重要意义的地区集团来提高自己的形象，表达自己的关切。例如爱尔兰参与欧洲共同体和欧盟的政治合作（共同外交与安全政策），以及爱尔兰政府在20世纪90年代对中立政策的再调整。同样，加拿大开始从其邻国和盟国的影子中走出来，承担联合国维和任务。[②]

国际法是国际社会所通行的法律。它是由调整国家间关系的具有一定约束力的原则、规章、制度所构成的规范体系。国际法是国与国之间往来的基本依据，可以促使或保证国与国之间进行秩序化、规范化、健康化、正常化的往来。

国际法更应该被理解为是政治相互依存的一种来源，而不是一种治理框架。虽然国际法过于基础和零散，很难被国家“遵守”，但它在深化过程中形成了一系列协议和原则，使国际体系中的各种不同思想观点都要以之为参照。毕竟，国际法在很大程度上是由国家制定的，它有两个功能——既确立主权，又制约主权。除此之外，国际法还促使国家按照统一的程序参与共同对话过程，使国家形成“体系意识”。所有国家都需要国际法的保护，以便从事交往活动、管理特定领域的问题、免遭非法干预、建立互惠原则。各国外交部长被“条约连着”，因为他们不愿意冒被排除在制定新法律的活动之外的风险。[③]

冷战结束以来，国际社会各成员间的相互依存、相互依赖度愈来愈高，全球化进一步深化，国际环境发生了根本性变化，其对国家对外战略与对外政策的影响无论在形式还是内容上都较以往有着显著的不同。

首先，从广度而言，国际环境对国家对外战略与对外政策的影响向全方位扩展。国际文化、国际经济、国际科技等冷战时期或被掩盖、或被忽视、或从属于国际军事政治环境的众多因素，都已上升为对国家有着不容低估影响的环境因素。就国际文化因素而言，宗教问题、民族问题对国际关系产生了重大影响。世界经济一体化、区域经济集团化、经济关系政治化、经济格

---

① 高飞：“当代外交学研究现状分析”，《外交学院学报》2002年第4期。

② ［美］克里斯托弗·希尔著，唐晓松、陈寒溪译：《变化中的对外政策政治》，上海：上海人民出版社，2007年版，第206页。

③ 同上书，第206—207页。

局多元化等国际经济因素也已成为全球而不仅仅是国际经济界的重大事件。当今世界科技的飞速发展也对国际关系产生了深刻而巨大的影响，它改变了国际冲突的形式和强度，提高了经济效率和综合国力，推动了各种文明间的冲突和融合，扩大了发达与不发达地带的裂痕，制约了各国尤其是技术落后国家的主权，改变了决策者的议事日程，整合和解构了世界秩序，推动了国际格局的变迁。①

其次，从深度上看，国际环境更深刻地影响着国家对外战略与对外政策各个基本要素的发展变化。无论是国家利益、国家实力、国家对外行为原则，还是国家对外战略与对外政策的其他构成要素，在冷战结束后都受到了国际环境的深刻而巨大的影响和冲击。

从国家利益看，冷战期间较多强调的国家利益主要是主权、独立、领土完整和领土安全，但冷战后对国家利益的认识已不仅仅包括上述内容，还包括国家的经济利益、文化利益。国家利益含义的深化和扩展，反映了国际社会的发展使国际文化、国际经济和国际科技等众多因素上升到了一个不容低估的地位。

从国家实力看，过去那种把国家实力仅仅理解为政治力加军事力的传统看法显然已被国际社会所抛弃。一种包括政治力、军事力、经济力、科技力、文化力等多种要素的综合国力的概念，已开始为大多数国家所接受。

就国家对外战略与对外政策运用的原则而言，当今世界很少再有哪一个国家在某个时期实施对外战略时墨守某一项原则而长期不变。大多数国家针对变化多端的国际环境，在实施对外战略与对外政策时往往会同时运用多种战略原则灵活应对。如冷战后的东盟国家，一方面它们在东南亚范围内采取联盟原则，以扩大东盟在亚太乃至世界的影响；另一方面，它们在亚太甚至世界范围内运用均势原则，在各大国之间“走钢丝”，以求确保和进一步扩大东盟的影响。

再次，冷战后，以大过渡、大变动为主要特征的国际环境，造成了各国对外战略与对外政策的大变动、大调整，而且调整的速度加快，变换的周期缩短。美国自1989年至今，先后推出了“超越遏制”战略、“世界新秩序”战略、“参与与扩展战略”和“布什主义”。俄罗斯自1992年至今，也先后奉行了向西方“一边倒”的对外战略和全方位的对外战略，普京执政后又

① 王逸舟：《当代国际政治析论》，上海：上海人民出版社，1995版，第137—172页。

将俄罗斯战略核心任务的定位由“恢复大国地位”转变为“强国富民”。

阿诺德·沃尔弗斯认为，外部环境的强制性越大，人们的行为就越趋于一致。[①] 如在高度战争状态下，决策者往往感到他的行为是出于不得已而不是出于充分的选择。但身处同样环境中的决策者不同的主观感受也会导致各种决策议案，其最终行动也未必相同。因此，我们强调客观或外部国际环境的影响力或对其进行评估时不能认为外部环境就是决定因素，更不能只注意国际环境而忽略了其他因素。

二、国内依据

“对外政策是对内政策的继续。”对外政策有其国内根源，而国内政策也有其对外影响。对外政策永远不能脱离其国内背景的发源地。没有国内社会和国家，也就没有对外政策。[②] 国家对外战略与对外政策制定的出发点是国家的立国原则和国内发展的需要，如国家的人口规模、民族状况、社会历史文化传统、经济实力、军事能力、各政治党派、利益集团、公众舆论，以及最高决策者的个人素质等等。即是说，国家对外战略与对外政策制定和实践过程不但涉及社会制度、政府体制、社会结构的性质、功能及其相互关系，而且受经常变化的国内政治经济形势和社会状况的影响。[③] 基辛格认为：“如果要系统地估计国内结构对处理国际事务的影响，应该研究诸如历史传统、社会信念以及经济制度等等因素。”[④]

从决策过程看，对外政策不但涉及理性价值判断（理性的判断和非理性无理性或超理性判断混在一起），而且还包括政策制定者的心理情结在内的各种无理性或非理性因素。[⑤] 有人将国内依据分为两大类：第一类因素包括国内的政治、经济体制和文化系统，占优势的意识形态和信仰系统，这些都是基本相对稳定的因素；第二类是指各种次国家行为体对决策的影响，包

---

① ［美］罗伯特·杰维斯，秦亚青译：《国际政治中的知觉与错误知觉》，北京：世界知识出版社，2003 年版，第 9 页。

② ［美］克里斯托弗·希尔著，唐晓松、陈寒溪译：《变化中的对外政策政治》，上海：上海人民出版社，2007 年版，第 39、41 页。

③ 张季良：《国际关系学概论》，北京：世界知识出版社，1989 年版，第 85 页。

④ ［美］亨利·A. 基辛格：《美国对外政策》，上海：上海人民出版社，1972 年版，第 3 页。

⑤ ［美］詹姆斯·多尔蒂、小罗伯特·普法尔茨格拉夫，阎学通、陈寒溪等译：《争论中的国际关系理论》第 5 版，北京：世界知识出版社，2003 年版，第 602 页。

括政治领导人、官僚组织、立法机构、政治党派、利益集团、非政府组织、公众等。①

（一）统治阶级的意志

现代国家是统治阶级的工具。任何一个国家决策者的决策，都不能违背在这个国家占统治地位的阶级的意志。所以，作为上层建筑一部分的国家对外战略与对外政策实质上是一个国家占统治地位的阶级的战略和政策。

（二）意识形态

马克斯韦伯说过，“直接影响人的行为的因素不是观念，而是物质和精神的利益。但是，‘观念造就的’对世界的认识却往往像扳道工一样起到确定方向的作用，使被利益驱动的行动沿着这个方向前进”。② 一般来说，统治阶级的意识形态总是在社会中居支配地位。意识形态影响着一国的目标或最终目标，以及对国际环境的认识。国家间的冲突与合作可能与意识形态带来的最初动力或情感相反或相同，但不同的意识形态和意识形态的不同派别，是引起矛盾和冲突的潜在因素。国家对外战略与对外政策本身就是意识形态的一部分，有的国家对外战略与对外政策的意识形态色彩还特别强烈。基辛格曾指出，20 世纪靠意识形态统治的国家，利用了更加强大的国家力量，这就使它们能对抗一种远比它们更为强大的外界力量。③

（三）政府机构

政府中的各分支机构或部门都有各具特性的角色、职能，其运作及彼此间的互动，对对外决策有着重要作用。现代国家的对外战略、政策决策和对外活动不但涉及外交，而且涉及军事、经济、文化等各个领域，所以在其制定与执行过程中，都有国家政权机构中各部门的直接或间接参与和影响。政府各部门在利益一致的前提下，又都有着各自特殊的利益，在对外决策中总是会或多或少地考虑本部门的利益。1910 年，丘吉尔作为大英帝国

---

① 薄燕：“双层次博弈理论：逻辑及其评价”，《现代国际关系》2003 年第 6 期。

② ［美］罗伯特·杰维斯，秦亚青译：《国际政治中的知觉与错误知觉》，北京：世界知识出版社，2003 年版，第 15 页。

③ 金应忠、倪世雄：《国际关系理论比较研究》，北京：中国社会科学出版社，2003 年版，第 178 页。

的内政大臣，带头反对第一海军大臣麦克纳增加军舰的要求；但到了1913年，他出任第一海军大臣后，又坚持扩大造船计划，增加军舰数量。20世纪40年代，马歇尔任美国参谋长联席会议主席时，反对国务院以援助促进当时的中国政府的改革，而当他担任国务卿后，又积极支持这一政策。实际上，对外战略与对外政策是政府部门之间讨价还价，进行利益妥协的产物。

（四）党派和利益集团

现代国家的对外战略和政策决策都不同程度地会受到党派和利益集团的影响。一般而言，在一个国家里，出于维护自身利益的需要，一个政党无论执政与否、实力大小，都可以对本国的对外战略和政策决策及对外活动产生一定影响。而利益集团以其实力也影响着决策者的正常决策，影响着决策者面对不同政策和利益的选择。[①] 只不过执政党是通过自己控制、掌握的政府来参与和影响对外政策决策和对外活动的，而在野党派、利益集团则是从各自认识和利益出发，通过各种途径，间接参与、影响对外战略和政策决策及对外活动的。有些党派、利益集团成员还通过其在政府部门中担任的职务直接参与、影响对外战略和政策决策及对外活动。

（五）决策者个人因素

“我们习惯所称的国家行为，实际上在决策过程中受到特定决策者或特定参与者集团的某种预先倾向所影响或左右。因此，这些个人的心理特性，如动机、价值偏好、气质和推断能力等方面的差异，就被看成是基本的变量，个人在国内所属的特定党派、机构，或个人不同的文化属性所产生的差异亦然。”[②] 国家对外战略和政策决策权一般掌握在较少的人手中。按惯例，在国家对外战略和政策决策过程中，国家元首、政府首脑、执政党领袖，或者其他实力派人物往往处于中心地位，所起的作用也最大。因此，由个人经历、家庭、学识、信仰、心理特征、习惯、能力诸因素决定的决策者个人及其在政府部门担任的角色或他们在政府的位置，特别是最高决策者的个人素

---

① ［美］罗伯特·杰维斯，秦亚青译：《国际政治中的知觉与错误知觉》，北京：世界知识出版社，2003年版，第15页。

② 肖文黎、刘旭晖：“关于外交学中个人及角色、个性的理论述介”，《湖湘论坛》2008年第1期。

质对对外战略和政策决策有相当大的影响。决策者的最后决策是以他或他们对国家利益、国内国际环境的认识和理解为依据的。决策者领导能力的大小主要表现在决策能力的大小。一般而言，一个决策者不会选择一个违背本阶级、本民族利益的对外战略与对外政策。

（六）民众（公众舆论）的作用

民众都不直接参与国家对外战略和政策决策过程，即使是民主制最完备的国家也是如此，但这并不意味着民众对国家战略和对外政策决策的形成根本不起作用。一般来说，民众的参与程度会增加或减弱对外决策者的压力，对国家对外战略与对外政策还可以起到抵制、迫使政府修改和支持的作用。一个民主制的国家，在进行对外战略和政策决策时，一般都要考虑民众对国内外政治、经济、社会等问题的认识、感情、态度，即要反映民意。

民众对国家对外战略和政策决策的影响多是间接的，但也有些是直接的。在现代民主制国家，民众通过选举议会代表、大众传媒等来反映自己的意愿。有时公众会通过游行示威等方式直接反映自己的意愿，表明自己对某一国际问题和对外关系问题的看法与态度。

（七）社会历史文化传统与民族心理的影响

这是一种潜在的力量，对一个国家和民族来说，历史文化传统的影响是持久的，并潜移默化地渗透到社会生活的各个方面，同样给国家对外决策打上鲜明的烙印。不知晓一个国家的社会历史文化传统，就不会懂得该国家的对外战略与对外政策。

在国际社会中，各国间的友好与敌对、合作与冲突都不可避免地牵涉到民族情绪情感、民族意识和民族价值观念等这些民族心理因素。所谓民族心理是指全民族成员共同具有的那部分心理特点，即民族在共同的生存条件（包括自然条件和社会条件）下所产生的共同的心理特点，主要包含民族情绪情感、民族意识、民族意志、民族需求等方面的内容。对于一个国家而言，民族的理念、需求、意志等民族心理因素作为一种重要的精神力量对国家的战略和政策，以及实际能力有着重要的影响作用。一个民族国家的对外战略和政策决策者作为那个民族共同体的一个成员，他或他们必定带有那个民族特有的心理经验或心理意识，并以其民族特有的价值观念、行为态度，表达他们对外界事物的认识和情感。[①] 因此，作为一个国家中的精英人物，对外战略和政策决策者们往往是民族精神的体现者、民族整体利益的代表者。国家对外战略和政策决策过程是决策者们吸收本民族的文化和特征，将本民族情绪和情感、民族意识、民族意志、价值观念、民族需求内化于国家对外战略与对外政策之中的过程。

总之，民族心理特征影响着国家对外战略与对外政策的决策选择和资源的使用范围，从而影响着国家对外关系的构建和拓展。与国家对内政策一样，国家对外战略与对外政策也是在民族的感知、观点、信仰和价值范围内形成的。一个国家的对外战略与对外政策应当是那个国家民族心理主流特征的反映和结果。

（八）国家实力

国家对外战略与对外政策与其国力有着密切联系。国家实力状况决定着国家的能力及其国际地位。在对外战略和政策决策时，国家实力的强弱以及与他国的比较始终是国家对外战略与对外政策的决定性因素。但是在外交实践中，也不乏有国力相对弱小的国家成功地运用对外战略来改变本国在国际社会上地位的，新中国外交就是其中最具有代表性的一例。

（九）国内政策与对外政策

国家对外政策既是对外部环境的反应，又是对内政策的延续，或者说国家对外部世界作出反应是为了推进对内政策的贯彻。对内政策的变化必然会引起对外政策的调整。国内政策与对外政策既相互促进又相互制约，国内政策所产生的示范效果，是对外政策最有说服力的依据。国家对外政策的最大威力是对内政策的效果。但对外政策是对内政策的继续是以尊重国际关系的基本准则为前提的，即任何国家都无权将本国的社会制度推行到他国。[②]

国家的国内环境是一个复杂的大系统，它对国家对外决策的影响既复杂、积极，又很微妙。“国内政治因素始终决定着一个国家的统治者对外政

① 孙玉兰、徐玉良：《民族心理学》，北京：知识出版社，1990 年版，第 2 页。

② 金应忠、倪世雄：《国际关系理论比较研究》，北京：中国社会科学出版社，2003 年版，第 267 页。

策的长期和战略性方针及其参与国际关系系统的性质。"① 而且，各个国家的国内环境状况都有自己独到的特征，同一个国家在不同时期所面临的国内环境状况也有差异。因此，并非具有相同国内属性的国家在相似环境中的行为就是相同的。而国内属性不同的国家即便是在相同的环境中也会表现出不同的行为。②

对外战略与对外政策是国际环境与国内环境因素共同影响的产物，并且国内与国外在程度和类别上是可辨识的，每个国家都符合一般模式。最强大的国家可能被长远的事件所扰乱，比如美国陷入越战。而弱小的国家有可能因国内情况而改变其国际地位，比如马耳他在普选结果产生后，拒绝了等待申请加入欧盟的提议。③ 只有从实际出发，对相关因素进行具体的考察、分析，才能明确、把握这些因素在国家对外决策过程中的作用、影响。

---

① Процесс формирования и осуществления внешней политики капиталистических государств. Отв. ред. Гантман В. И М 1981. С. 68.，转引自冯玉军：《俄罗斯外交决策机制》，北京：时事出版社，2003 年版，第 56 页。

② ［美］罗伯特·杰维斯，秦亚青译：《国际政治中的知觉与错误知觉》，北京：世界知识出版社，2003 年版，第 11 页。

③ ［美］克里斯托弗·希尔著，唐小松、陈寒溪译：《变化中的对外政策政治》，上海：上海人民出版社，2007 年版，第 41 页。

第六章　国家对外政策决策

国家对外政策决策,[①] 就是国家对外决策系统以某种方式，通过一定程序制定或调整国家对外政策的过程。国家对外政策的决策模式、决策过程和决策机制影响、制约着国家对外行为的效能。

因为各国的政治、经济、社会制度不同，国家的习惯和决策者履行职能的方式差异甚大，所以国家对外政策制定过程各有千秋，决策模式也不尽相同。即使同一个国家在不同时期、不同问题上所采取的决策程序和模式也不相同。专业研究者对各国对外政策的决策过程进行了比较分析、探讨，其目的是为了再现决策者的决策思维过程和追求目标的“路线”、决策者的目标和知觉,[②] 并试图探究一般、合理的对外决策模式。

第一节　对外决策过程

国家行为有其特殊的背景或条件，分析决策过程是为了解答国家行为的根本条件和国家间互动方式背后的“为什么”的问题。对外政策的制定是一个由一系列具体工作程序所组成的过程。实际上，它是将来自内外环境因素或压力影响下的对外要求输入对外决策系统进行调节、转换，最终转化为具体对外政策的过程。由于各国的国内政治制度与机构设置、社会结构、行为习惯不尽相同，各国决策程序皆各具特色，但一般都有以下几个基本程序。

---

① 以下简称对外决策。

② ［美］罗伯特·杰维斯，秦亚青译:《国际政治中的知觉与错误知觉》，北京：世界知识出版社，2003 年版，第 2—3 页。

一、信息情报收集

对外政策决策中的一个关键要素，是利用从国外情报收集和国内反情报收集中获取的情报资料。[①] 信息情报是指平时和决策期间为决策者收集、整理、提供其决策时所需要的数据、情况、消息材料。信息情报收集是对外决策过程中最基础的工作，它对决策者产生着直接而关键的影响，是对外决策的前提、基础和依据。没有情报来源，就不会有决策。情报收集工作情况，对决策的可靠性有着重大影响。

信息情报的内容分为经常（基本）信息情报和特殊信息情报。

经常（基本）信息情报是有关本国、对象国和国际社会或全球性的基本情况。内容涵盖政治、经济、军事、社会、文化、教育、地理、历史、风土人情、领导人状况和有关国际组织的基本情况等等。

特殊信息情报是对外决策时需要了解的专门情况，或某项决策的必备依据，如一个国家政治事件可能进程的情况，制定军备和裁军政策时需要了解掌握的本国和有关国家的武装能力的评价、军备情况，武器的数量、质量、性能、部署、生产等基本情况和某一类武器的情况。

经常（基本）信息情报和特殊信息情报之间没有严格的界限。某个经常（基本）信息情报在特定条件下会成为特殊信息情报；特殊信息情报在非特别需要时也就成为经常（基本）信息情报。

情报信息时限既涉及现实的动态因素，又含有历史的渊源因素。

情报信息收集途径有公开和秘密两种。公开途径是情报信息的基本来源，即国家通过公开的人际关系、大众传媒、政府官员的讲话和报告等获取大量的公开信息。公开途径收集所得信息情报的价值程度会因目标国家或所涉及问题的性质而有殊异。秘密途径是通过国家设立的专门情报机构，收集对外决策所需要的情报信息。一般的做法是，外交部及其驻外使馆或机构收集来自世界各地的信息，对之加以综合、分析，作出相应的判断，提出相关的措施和建议给决策者；国内政府的相关机构及军方情报机构除广泛收集各国的军备动态外，对于各国政府对他国或相关国际问题所采取的态度、立场

---

① ［美］克里斯托弗·希尔著，唐晓松、陈寒溪译：《变化中的对外政策政治》，上海：上海人民出版社，2007年版，第73页。

和拟议采取的措施与经贸动向，都列入情报收集的范围。当然这些机构也可能采取许多灰色收集情报的方法，如派遣情报官员以各种身份参加国际会议、展览、活动收集情报；它们会把自己人安插在政府首脑的随行人员当中，以及安插在对手的情报分析源（如研究机构和大学）之中。[①]

值得注意的是，信息技术支撑下的传媒的迅速发展改变了传统的外交信息来源，它也为决策者提供了大量、具体和重要的信息。这些信息从不同的角度更加真实地反映出所发生的事件、出现的事态或问题的本质及其矛盾。传媒提供的信息在一定程度上弥补了政府部门在收集情报时的缺漏及官方信息传递的低速和低效率。特别是在爆发突发事件时，传媒往往成为决策者获取及时信息的最快捷通道。例如，期刊与图书相比，具有出版周期短、内容新、内容广泛、时效性强、出版量大、形式多样等特点。期刊中发表的文章密度大，蕴含的知识情报密集程度高，其所提供的情报约占情报源的65%—70%。[②] 据有关资料显示，自世界上第一种期刊《学者杂志》于1665年1月5日由法国人戴·萨罗在巴黎创办以来，至今全世界出版期刊约20万种。1986到2007年间，全球计算信息容量平均每年增长58%，增速是美国GDP增速的10倍。同时，通信信息总量年增28%，存储信息年增23%。迄今为止人类创造的信息总量为295EB。除了存储到CD光盘内堆叠起来超过月球外，如果将这些信息印刷在书本上，将会覆盖整个美国国土面积13层。[③]

面对当代世界如此浩瀚的信息源，准确收集和甄别有价值的信息资源是一个细致而复杂的过程，它要求收集者必须知识渊博，思维敏捷，及时把握、了解国内外的发展动态和变化趋势，特别是注重所收集的信息情报的时效性、连续性、适用性和系统性。

信息情报收集手段也有两种：人力收集手段和技术收集手段。人力收集手段通过人力提供、收集信息情报来完成，如个人之间的交往、个人对某一或某些事件的观察，以及个人购买有价值的书刊等。技术手段是指借助技术

---

① ［美］克里斯托弗·希尔著，唐晓松、陈寒溪译：《变化中的对外政策政治》，上海：上海人民出版社，2007年版，第75页。

② “期刊的利用”，http：//www. szai. com/tsg/news. asp? id =444。

③ “第36届世界期刊大会将于5月在北京举行”，http：//finance. sina. com. cn/hy/20070419/11463517665. shtml；“存储全球的信息量，需要多少张CD盘?”，http：//www. win7china. com/html/12323. html。

或技术系统来收集信息情报，如对电视和广播节目进行录制、使用卫星侦察及侦听通信系统等等。

为了增进国家间的相互了解和信任，许多国家都乐于向有关国家提供本国的情况，并为对方了解本国提供各种方便和机会，在这种情况下，信息情报收集不仅是正当的，且对涉及方都是有益的。

二、信息情报综合分析

信息情报综合分析就是专门研究机构、专业研究者对收集来的大量情报信息进行去粗取精、去伪存真、由表及里的梳理，并对之进行分析、判断，将大量资料变为一种有条理的形式，进而提出富有真知灼见，使它们在数量上和种类上都适合于决策者加以处理，并且能为决策者所用的综合研究过程。在这个过程中，主体（分析者）运用思维，对于承载了一定信息的客体（情报资料），以及客体与其他事物之间的联系进行重新建构，从而形成新的信息成果。①

在现代国家，政府相关职能部门和机构负有信息情报综合分析任务，它们可以在自己日常的业务活动中，便利地收集到许多信息情报，也可以从各自所接触到的信息情报中归纳概括出综合性的分析结论。当代世界各国政府的许多职能部门都设有信息情报机构。

除此之外，这些工作通常是由社会上不同层次、不同类型的“智囊”，或西方所称的“脑库”、“思想库”来承担完成的。如美国著名的对外关系委员会、兰德公司、乔治城大学战略和国际问题研究中心，英国伦敦国际战略研究所，瑞典斯德哥尔摩国际和平研究所，俄罗斯世界经济与政治研究所、远东研究所等。它们在对情报信息进行分析研究后，提出各种可供选择的战略、策略和政策方案，以供政府决策部门参考。

领导人很少有时间或喜好看原始材料，而且他们交叉核对和评估情报的能力有限，不得不依靠这些人力过滤器。②

---

① ［美］戴维·伊斯顿，王浦劬译：《政治生活的系统分析》，北京：华夏出版社，1999年版，第84页；张魁：“刍议情报分析主体的思维方式与情报分析意识”，《解放军外国语学院学报（社会科学版）》2010年第3期。

② ［美］克里斯托弗·希尔著，唐晓松、陈寒溪译：《变化中的对外政策政治》，上海：上海人民出版社，2007年版，第75页。

信息情报综合分析工作必须科学、准确、客观，做到实事求是。由于大量的信息来源于国内外不同学科的各个领域，又存在于社会的各个层面，因而是错综复杂的，所以要坚持尊重科学、尊重事实，不被各方面所干扰和左右，这样才能客观正确地揭示事物的本质。实事求是是情报分析的核心，而基本理念正确、富有创造性的逻辑思维是情报分析的保证，科学严谨、辩证统一的综合分析是情报分析准确无误的唯一选择。

但以往实践证明，信息情报综合分析工作常常受到人们头脑中的固有成见、职业偏见及墨守成规、缺少创新精神的干扰或阻碍。亨利·基辛格说："创造性始终包含着做人所不熟悉的事情的意义。它需要有一种能抛弃人所共知的事情的意志。当技术、政治结构、人类的期望发生急剧变化时，创造性就包含有要改变那些甚至看来是顺利的事情的意志。"①

科学制定政策和作出决定，需要充分的信息情报收集和对信息情报进行实事求是的分析与判断。

三、决策者选择、制定决策方案

决策者对情报信息分析研究成果、政策意见主张进行综合、评估、分析和思考，根据国家利益、国内外实际状况，尽可能选择、制订出最佳决策蓝图或方案，其实就是决策者凭借其对国家利益的判断来对各种目标的优先顺序进行排列，并在多种目标之中进行取舍选择。衡量决策的重要依据就在于合理性和可行性。合理性是指决策者能否最大限度地维护国家利益。可行性是指决策者是否拥有足够的政治力量来推行所定政策。由于决策者内在及政治角色方面的差异，因此其在考虑或选择备选议案的过程中，会受到若干因素的限制，如个人解决问题的能力、可以获得的信息、分析的成本（人力、资源和时间），以及事实和价值在现实中的不可分割性。② 决策方案的制订与选择是对外决策最后阶段的基本程序。

---

① ［美］亨利·A. 基辛格，国际关系研究所编译室译：《选择的必要——美国外交政策的前景》，北京：世界知识出版社，1962 年版，第 7—9 页。

② ［美］詹姆斯·多尔蒂、小罗伯特·普法尔茨格拉夫，阎学通、陈寒溪等译：《争论中的国际关系理论》第 5 版，北京：世界知识出版社，2003 年版，第 603 页；金熙德：《日美基轴与经济外交：日本外交的转型》，北京：中国社会科学出版社，1998 年版，第 5 页。

四、实施、反馈和调整

在对外政策具体贯彻实行过程中，要根据实际效果，针对变化了的形势和任务相继地对其进行订正、调整和修改。外交政策在实施过程中，依据实际的反馈，作出必要的调整、修改，是经常会发生的。外交政策的调整，本身就是决策。①

在实践中，各国对外决策过程并非完全体现上述模式，有时会简化决策程序，特别是在处理突发性的国际问题和对外关系问题时更是如此。

第二节　对外决策模式

对外决策模式是指根据已知的对外决策的规律和实践经验，所概括归纳出来的可供借鉴的、定型的、标准的对外决策的具体形式，实际上就是为了进行科学的对外决策所构造的一种基本框架。② 国家对外政策决策是一个复杂的动态过程，受多种因素影响。其决策模式的运用也因“国际环境、国内舆论动向、时代背景、政治体制、领导人性格、问题的本质等等而相应地变化”。③

在影响决策的众多因素中，我们大致可以发现，其中某些影响因素对决策过程产生的影响大大高于其他因素的影响，以至于对外政策的过程打上了该种影响因素的深刻烙印。依据影响对外决策的主要因素的不同，我们可以将对外决策模式划分为以下几种。

一、以决策的客观对象为基点④

（一）宏观决策和微观决策

“宏观决策”涉及的是对外政策指导方针、方向、路线之类的重大问

---

① 金应忠、倪世雄：《国际关系理论比较研究》，北京：中国社会科学出版社，2003 年版，第 267 页。

② 金正昆：《现代外交学概论》，北京：中国人民大学出版社，1999 年版，第 133 页。

③ ［日］佐藤英夫，王晓滨译：《对外政策》，北京：经济日报出版社，1990 年版，第 35 页。

④ 李少军：《国际政治学概论》，上海：上海人民出版社，2002 年版，第 222—223 页。

题，关注的面比较广泛，适用于各种不同的具体情况。其通常有比较长的时间框架，决策参与者比较广泛，且针对的是预期性的而非突发性的事件，如中国的和平对外政策、美国的中东政策等。

“微观决策”（有时也叫“行政决定”）涉及的是具体对外事务，日常的大量对外政策决策都属于此类。其所涉及问题的范围较窄，问题的紧要性或威胁程度较低，并由较低层次的政府部门机构进行，如是否允许某类商品进出口、某些人员交流与互访等。微观决策是以宏观决策为基础的。有时微观决策可能产生宏观影响，如美国对台湾的军售就对中美关系有宏观影响。

（二）视情况紧急与否的日常决策和危机决策

“日常决策”是指决策者以日常标准的决策程序，充分协调彼此不同意见而进行的决策。

“危机决策”是指在国家面临高度威胁或可能的高度威胁，或形势紧迫，可能在短时期内决定国家命运的情况下，必须由涉及范围很小的最高决策者立即进行的决策。

二、以决策主体为基点

（一）个人决策模式

这是最为原始的一种对外决策模式，也被称为家长式决策模式或专制型决策模式。决策主体只有最高统治者一个人，完全依据他个人的才智、经验、情绪好恶进行决策。决策过程简单、迅速，产生的失误也较多。在当代国际社会，科学技术飞速发展，国际事务变得日益复杂和重要，人们普遍认识到个人决策模式的落后性、局限性和危险性，因此其作用与影响已日渐缩小。

（二）组织决策模式

决策的主体是政府内部的各种行政组织，而不是最高决策者，即决策是在提交议案的下级机构中作出的。复杂的问题被不同的组织机构分解，而最高层面的决策过程则保持了这种分散状态。① 组织决策是“基于组织内常规

---

① ［美］詹姆斯·多尔蒂、小罗伯特·普法尔茨格拉夫，阎学通、陈寒溪等译：《争论中的国际关系理论》第5版，北京：世界知识出版社，2003年版，第621页。

运作程序的一种机械的或半机械的过程的产物"。[1] 在这种模式中，大多数行政组织对于最高决策者来说都有一定的自主权。政府涉及的对外事务的部门在各自领域里，按照既定的决策活动标准程序自动采取对应措施，最高决策者缺乏决策主动性，只是顺应各个组织的请求作出应有的回答或者在必要时调整政府内各组织间的关系。实际上，对外决策成了涉及对外事务的各职能部门的一系列对外政策的总和。

这种模式的优点是组织分工与责任清晰、明确，有专门人才施展能力的空间，便于发展；缺点在于各组织之间出于捍卫自身利益的需要，会进行激烈竞争。因此，"由行政机构控制的决策过程可能不仅会使对外政策不太具有内聚力，还可能出现彼此对立的政策"，[2] 而且所制定的对外政策有时也不能按决策者的意愿执行。如在20世纪80年代和90年代初期，美国对日本的政策就是因为各职能部门之间的不同政策而陷入混乱状态的。国务院、国防部和国家安全委员会强调日本作为美国地缘政治和战略资产的价值；商务部和美国贸易代表办公室认为，日本对美国咄咄逼人的出口攻势对美国构成了经济威胁，要求美国政府对日本采取强硬的政策，对日本施加压力，迫使其开放国内市场；而财政部等部门则坚持自由市场经济的原则，一般反对政府过多地干预经济，以使美国企业能与日本企业展开平等竞争。职能部门政策的相互矛盾状态，致使美国政府无法推行一项连贯的对日政策。

再就是，由于根据事先确定的常规运作程序进行决策，重视先例的倾向也就无法避免，而决策一旦形成，又会有很大的惯性和延续性，久而久之就会陷入"渐进主义"。"各组织的成员日复一日地干着几乎同样的事，当今的许多决策和对外政策都反映出多年积累的官僚习气。"[3] 在20世纪60年代古巴导弹危机事件中，美国的U2飞机之所以能将苏联运往古巴的导弹拍摄下来，是因为苏联没有对自己的导弹进行伪装。阿利森认为，这并非是苏联领导人的非理性行为所致，而是组织惯例使然——像所有机构的决策者一样，他们按惯例做了决策。事实上，苏联红军此前从未在外国部署过导弹，而在苏联国内部署导弹从来都无需伪装，因此当苏联红军决定在古巴部署导

---

① ［日］佐藤英夫，王晓滨译：《对外政策》，北京：经济日报出版社，1990年版，第27页。

② ［美］杰里尔·A. 罗赛蒂，周启朋等译：《美国对外政策的政治学》，北京：世界知识出版社，1997年版，第253页。

③ 同上书，第254页。

弹的时候，它按惯例走了正常的程序。[①]

（三）官僚政治决策模式

官僚政治决策模式也称政府内部政治模式，决策主体是政府内的主要成员。官僚政治决策模式认为，对外政策既不是最高领导人理性选择的结果，也不是各职能部门的官僚们“基于依照决策活动标准程序而运作的大型组织的产品”，[②] 而是参与对外政策决策的政府领导人及其在不同的官僚机构中的代表们之间相互竞争、讨价还价达成妥协的结果。

官僚政治决策模式基于的是一种多元决策环境，是一种非集权、非理性化的决策过程。参与决策的人都有各自的目标，而又没有一个权威来控制整个决策过程，因此整个决策过程围绕着决策者们彼此间的竞争和妥协来进行，最终的决策结果则取决于各决策者的“地位权限”和“有效使用这种权限的能力”。[③] 官僚政治理论重点分析那些维护与增加影响力和权力的内部政治活动，而不是重点分析有关为处理外部机遇或威胁而进行战略选择的纯知识问题。官僚政治理论被格伦斯奈德和保罗戴森看作是一个建立主导性联盟的过程。[④]

官僚政治决策模式认为，参与决策的人都会同时考虑四种利益：国家安全利益、国内政治利益、组织利益和个人利益。由于决策者所代表的组织不同、所属的政党或派别不同、政治抱负不同、对国家安全利益的认识不同，每个决策者在对外决策的过程中都可能具有不同的目标和立场。因此，官僚政治决策模式中关键性的命题是：地位决定立场。决策结果“不是依靠决策者对这些利益的理性权衡，而是与其他成员的周旋”。[⑤] 决策者依据自己的政治地位决定自己的政治立场，比如国防部长首先关心的是国家安全利益，外交部长优先考虑的是与他国的关系，而商务部长特别关注国内经济的发展。在尼克松执政初期，按理，国务卿罗杰斯是美国对外政策决策过程中

---

① ［法］达里奥·巴蒂斯特拉，潘革平译：《国际关系理论》，北京：社会科学文献出版社，2010 年版，第 241 页。

② G. T. Allison, *Essence of Decision: Explaining the Cuban Missile Crisis*, Boston: Little Brown, 1971.

③ 冯玉军：《俄罗斯外交决策机制》，北京：时事出版社，2002 年版，第 46—47 页。

④ ［美］詹姆斯·多尔蒂、小罗伯特·普法尔茨格拉夫，阎学通、陈寒溪等译：《争论中的国际关系理论》第 5 版，北京：世界知识出版社，2003 年版，第 618—619 页。

⑤ ［日］佐藤英夫，王晓滨译：《对外政策》，北京：经济日报出版社，1990 年版，第 30 页。

的二号人物，但作为总统国家安全事务助理的基辛格博士在美国对外决策过程中的影响力显然大大超过了罗杰斯。当时，美国许多重大的对外决策，如基辛格博士在1971年秘密访问中国，都是在罗杰斯本人不知情的情况下作出的。①

通过官僚政治决策模式作出的某项决策一经作出，并不意味着围绕决策的政治过程的终止，那些对决策感到不满的决策者仍会继续努力，以试图修正或扭转已经作出的决策及决策的实施。

在官僚政治决策模式的实际运行中，决策单位往往是具有高度内聚力的小集团，它存在着一些弱点：（1）小集团内部有趋同的自然趋势，使决策者们丧失了多种方案的选择机会；（2）小集团往往过于重视自己机构的组织利益，并试图与其他官僚机构保持距离，因此他们的情报研究工作总是不够全面；（3）小集团内部协调一致和集体精神的需要，导致决策者们刻意追求意见统一，往往排斥于己不利的情报，忽视对可能出现的意外的预测。

因此，“小集团思维最终限制了对各种行动方案的客观评判，压制了自由讨论，影响了决策者们对情报的准确掌握和对问题的正确定性”。② 而且，各决策单位之间的明争暗斗、结党营私和相互妥协也侵蚀了高质量决策的可能性。③ 为对有权作出最终决策的政治权威发挥影响，它们甚至不惜在政府机构内相互对抗或相互结盟——正所谓“屁股决定脑袋”。④

美国肯尼迪总统的国家安全事务顾问邦迪权力很大，肯尼迪及其继任者约翰逊不断升级越南战争的行动，就是在邦迪等人的催促下实施的。邦迪还搞过与中国有关的“秘密动作”。20世纪60年代，时任法国总统戴高乐决心与新中国建交。1963年秋，他派前总理富尔以私人名义访华，商谈建交。1963年10月24日，邦迪收到中情局的情报，认为中法不会建交，戴高乐“得看华盛顿有什么反应”。但邦迪不放心，仍多方试探戴高乐的态度。1963年11月2日，毛泽东接见了富尔，中法建交谈判顺利结束。1964年1月，法方通知美方，法国即将与中国建交。约翰逊急坏了，找邦迪商议。邦

① 冯玉军：《俄罗斯外交决策机制》，北京：时事出版社，2002年版，第46—47页；俞正梁：《全球化时代的国际关系》，上海：复旦大学出版社，2000年版，第80页。

② ［加拿大］夏尔—菲利普·大卫，李旦等译：《白宫的秘密：从杜鲁门到克林顿的美国外交决策》，北京：中国人民大学出版社，1998年版，第21页。

③ 冯玉军：《俄罗斯外交决策机制》，北京：时事出版社，2002年版，第48—49页。

④ ［法］达里奥·巴蒂斯特拉，潘革平译：《国际关系理论》，北京：社会科学文献出版社，2010年版，第242页。

迪说，这时唯一的办法是不让台湾的蒋介石当局宣布与法国断交，企图造成“两个中国”的现实，让北京难堪。但这样的小动作，最终被证明无济于事，沦为笑谈。①

尼克松总统通过基辛格建立了以白宫为中心的行政管理体系，取代了以往行政机构的中心地位，从而将政策制定程序极大地集中化。基辛格掌控下的美国国家安全委员会成为协调、管理对外政策机构，甚至通过启用或限制某一机构来控制它们。其工作程序是：首先，基辛格概括核心问题，接着由中央情报局局长理查德·赫尔姆斯做情报摘要，最后以尼克松的讲话结束会议。几天后，总统的国家安全决策备忘录就会发下来，交付各行政机构贯彻执行。当初，尼克松还强令官僚机构向自己和基辛格提供情报与建议，但在其任总统的第二年，他与基辛格就不再对情报和建议感兴趣了，也不再强求行政部门向他们提供情报和建议，而是集中精力于政策倡议和政策实施。结果是，基辛格和国家安全委员会体制越来越成为控制和约束各种机构的一种手段。基辛格不仅成为总统的总管和首席顾问，而且成为以总统名义进行谈判的首席谈判者和政策发言人，甚至成为对外政策的执行者。这时，基辛格简直就是总统的化身，他及其工作班子的地位超越了为总统提供情报、建议和管理政策程序的各部，许多传统的外交政策机构和官员影响对外政策制定程序的能力大为减弱。最后成为挂名的国务卿罗杰斯被迫辞职，让位于基辛格，而基辛格与国防部长梅尔文·莱尔德之间的冲突也愈发激烈，基辛格在尼克松的赞许下，经常绕过其他政策机构。②

（四）合理选择模式

合理选择模式也有人称之为“理性决策模式”。这种决策模式曾一度在国际关系学界颇为流行，也是传统的外交史学和国际政治学常用的分析方法。其以人类的理性为理论前提，强调决策者在决策过程中的主体作用，它借用古典经济学中的“利益最大化”原则，认为政策是“基于合理计算的选择”。③ 在这种决策模式中，决策的主体是追求国家利益的“合理行为

---

① 百度百科：“美国国家安全委员会”，http://baike.baidu.com/link? url = 5hPiGOBzDls 0tou-GABganIiBI9ayhEZcuCn3X929BW_ aLsZpsEEF9ttnNubpwy2T。

② 北京太平洋国际战略研究所：《应对危机——美国国家安全决策机制》，北京：时事出版社，2001 年版，第 63—66 页。

③ ［日］佐藤英夫，王晓滨译：《对外政策》，北京：经济日报出版社，1990 年版，第 25 页。

者”——被拟人化了的、统一的政府，对外政策是“整体性政府”理性选择的产物。即，政府依据明确的对外政策目标，对所面临的多种方案进行得失分析、权衡利弊，并从中选择出一种以最小的代价换取最大效果的对外政策方案的过程。

合理选择模式的一般决策程序如下：

（1）设定目标。一个国家所处的国际与国内环境极其复杂多变，其利益要求也具有多层次性和多面性的特征。因此，一国会有多个对外政策的目标，由于环境、资源、条件的限制，该国不可能立刻全部实现这些目标，决策者需要明确自己指导对外政策的价值准则，规定这些目标的主次与轻重缓急。

（2）拟制方案。为达到已经选定的最优先的对外政策目标，决策者会召集智囊人员，制订出多种可供选择的方案。

（3）方案评估。在各种可能的方案提出后，决策者将对各方案的可行性予以评估，分析每种方案所可能产生的政策效果。

（4）决策。在对各方案进行了充分评估与分析的基础上，决策者将选择其政策效果最能实现政策目标的那种方案。①

合理选择模式强调，合理性的决策都是选择最佳的方法维护国家安全，发展国家利益。而且，决策者还会根据形势的变化不断地对决策进行修正、调整。

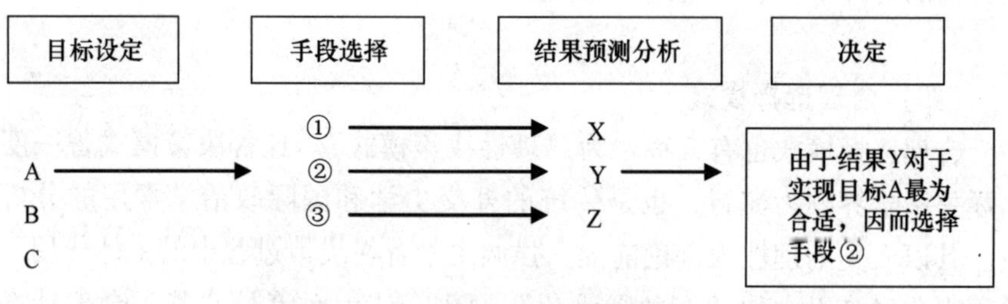

图6—1 合理选择模式②

合理选择模式假设，“政府被拟人化为追求国家利益的‘合理行为

① 俞正梁：《全球化时代的国际关系》，上海：复旦大学出版社，2000年版，第77页。

② ［日］佐藤英夫，王晓滨译：《对外政策》，北京：经济日报出版社，1990年版，第26页。

者'”，拥有最高的决策权力，完全可以自觉地、有意识地行动，不存在组织性因素。决策中的信息传递是完美、可靠的，决策者对行动方案的评估是客观的。“不管决策的性质如何，其目的都是增强一国的潜力或是防止对其实力及威望的损害，决策者使用手中的各种奖惩手段，以便用最佳方法实现期望的目标。”但在实际上，一个国家内部有着复杂的政治系统，决策者在决定对外政策过程中必然会受到多种其他因素的影响；决策者自身的主观认知能力也影响着其对决策信息传递的“完美性”及其对决策方案的选择；在具体的决策过程中，由于时间的紧迫性，决策环境的压力往往会影响决策者对方案评估的客观性。另外，决策者不仅仅是以维护国家利益等公共产品为目标，还要考虑自身的升迁、再次当选等与其切身利益相关的问题。[①]

运用合理选择模式决策的一个典型事例是，1962 年 10 月美国对古巴导弹危机的处理。当时，美国认为，苏联的导弹对美国安全构成了重大威胁，必须设法将其消除。为此，肯尼迪总统召集国家安全委员会及智囊人员研究对策。有关人员提出了 6 种方案供评估选择。总统国家安全事务助理邦迪和国务卿腊斯克主张通过外交途径，但肯尼迪总统认为，苏联方面的导弹建设工作进展快速，美国必须立刻作出反应，没有进行外交谈判的时间；参谋长联席会议主席泰勒和财政部长狄龙等人主张空袭古巴导弹基地，但人们认为这个方案比较冒险，还可能引来对方的强烈反应或报复，甚至有促发核大战的危险。而采取入侵古巴的方案则风险更大。肯尼迪和他的幕僚们又认为通过谈判不会使古巴领导人卡斯特罗改变主意，所以与卡斯特罗秘密谈判的方案也被搁置。最后，国防部长麦克纳马拉对古巴进行封锁的方案占了上风，即通过封锁，不让苏联继续向古巴运送进攻性武器，在对峙中迫使苏联从古巴撤出导弹。肯尼迪和他的幕僚们认为，封锁是一个可进可退、留有回旋余地和更为有效的方案。封锁成功可不战而迫使苏联从古巴撤出导弹，封锁失败则可考虑采取进一步的措施。肯尼迪总统最后选择决定对古巴进行封锁，并达到了迫使苏联从古巴撤出导弹的目标。[②]

（五）群体决策模式

主体是以“群体”为决策主体。如就某一问题由全体公民投票表决，

---

① 冯玉军：《俄罗斯外交决策机制》，北京：时事出版社，2002 年版，第 40—41 页。

② 俞正梁：《全球化时代的国际关系》，上海：复旦大学出版社，2000 年版，第 78 页。

决定对外政策的重大问题。群体决策与个人决策相比：一是群体通常能比个人作出质量更高的决策，因为它具有更完整的信息和更多的备选方案；二是以群体方式作出决策，易于增加有关人员对决策方案的接受性。群体决策的效果受到群体大小、成员从众现象等因素的影响，此外群体决策的时间较长、效率相对较低。

采取群体决策模式需要有制度保证。因成员众多，差异大，在决策过程中必须重视进行有效协调，平等相待，求同存异。

如2001年6月7日爱尔兰就是否赞成欧盟继续东扩问题举行全民公决。此次全民公决是根据2000年12月欧盟各国领导人在法国城市尼斯达成的协议，欧盟将于未来十几年内接收12个中东欧国家为新成员。但这一协议需经欧盟全部15个成员国的议会或民众同意后才能实施。而爱尔兰是欧盟成员国中唯一需要通过全民投票决定尼斯条约命运的国家。因此，爱尔兰的这次全民公决的结果将对欧盟的东扩进程产生重大影响。

爱尔兰政府和国内几个较大的党派都对尼斯协议表示支持，但爱尔兰约290万选民却有的赞成，有的心存疑虑，有的不置可否，有些选民甚至可能不会参加这次投票。为此，爱尔兰政府及一些政治家在公决举行前这段时间里，做了许多劝说，多次呼吁，但是2001年6月8日官方公布的投票结果显示，54%的公民反对批准《尼斯条约》。这一公决结果使爱尔兰政府为批准《尼斯条约》而进行的努力搁浅。欧洲联盟也只能对此次爱尔兰公决结果表示“非常遗憾”。

直至2002年3月3日，经全民公决，瑞士才最终解决了长期困扰其的是否加入联合国问题。

（六）危机决策模式

危机决策模式是指决策者认定的重大安全和核心价值观念受到严重威胁或挑战，突发意外事件以及不确定前景造成了高度的紧张和压力，为使组织在危机中得以生存，并将危机所造成的损害限制在最低限度内，从而在相当有限的时间里所作出的重大决策和反应。

一般而论，危机具有以下特点：一是危机的突发性、破坏性和无序性，使组织所面临的环境达到了一个临界值和既定的阈值；二是危机的不确定性，事态的进程使博弈双方的即时决策效能成为一个关键性甚至是决定性的变量，不同的博弈决策结构、决策过程、决策路径可能导致差异极大的结局；三是博弈双方的核心价值，即决策单元最优先的目标受到严重威胁；四是博弈双方必须通过非程序化决策，作出明确应对挑战的具体化措施；五是决策的时效性，决策单位必须在有限的时间约束下完成。[①]

在发生突发性国际危机的情况下，一国的常规决策程序将难以适应复杂而又紧迫的形势，完全从理智、合理的角度来决策也往往会忽视国际形势中的多变因素和不确定因素。在国际危机的严重性、时限性和突然性三要素的同时作用下，危机决策的压力感受与常规决策的压力感受决然不同。危机决策常常采用控制论的决策模式简化决策过程：接受一定的变量与信号——作出反应——信号反馈——修正目标——再做反应的不断循环过程，以使对外政策的决策逐步接近实际，并达到对国际关系进程的某种控制。危机决策采取高度集权方式。

（七）多元启发模式[②]

1993年，亚历克斯·明茨及其同事提出多元启发模式。这一模式建立在“期望理论”的基础之上，决策主体根据一些特性或维度考虑一些可供选择的方案。每一个维度都可以被视为一个“组织主题”，它由一系列与决策相关的变量和影响因素组成。它把决策分成了两个阶段。

第一阶段是决策模型阶段（认知阶段）。决策者采用维度和非补偿原则，对所有可能的方案进行认知分析并加以筛选。当决策者必须作出决策，尤其是出现危机之时，它会认定一个比其他都重要的关键维度，用以权衡摆在自己面前的各种潜在解决方案，排除不可接受的方案（非补偿原则），将那些“无需与合适的替代方案进行复杂对比的方案纳入思考的范围”。换言之，任何一种选择方案，如果它被某一种标准所否定，那它就会被彻底放弃，“只有当一种经受住各层面标准的检验、能让人接受的方案出现后，探寻解决方案的工作才会停止”。为保全自己的政治生命（利益），决策者所想的首先是如何避免失败而不是不惜一切代价获得成功，因此他会拒绝任何可能损害其政治资本的方案。如果一个方案在政治维度上是低效用的，即便

---

① 北京太平洋国际战略研究所：《应对危机—美国国家安全决策机制》，北京：时事出版社，2001年版，第3—4页。

② ［法］达里奥·马蒂斯特拉巴，潘革平译：《国际关系理论》，北京：社会科学文献出版社，2010年版，第249—250页；韩召颖、袁维杰：“对外政策分析中的多元启发理论”，《外交评论》2007年第6期；贾方方、朱伟：“多元启发理论研究论析”，《沈阳大学学报》2011年第5期。

它的经济或其他维度具有很高的效用，决策者也会放弃它。

第二阶段是理性选择阶段。决策者在充分考虑各种因素——包括内部因素、外在因素以及个人因素等的基础上，基于预期效用规则（对每个方案进行成本收益分析）和词典编纂原则（即最重要维度上的效用最大化、最优化原则），会通过理性的计算从余下的方案中选择效用最大的一个。但在决策过程中，由于高度复杂的环境、不完全的信息以及时间的限制，决策过程不可避免地具有不确定性和评估的复杂性，因此最终的方案很有可能不是效用的最大化，而只是令决策者相对满意的结果或足够好的方案。

多元启发理论研究者结合其他学科，特别是比较政治学的研究成果，对美国历届政府的外交政策进行了深入研究。例如，老布什发动“沙漠盾牌”行动前有三种方案供其选择：（1）美国单方面撤军，以免美国再次陷入类似越南战争的泥潭。选择此方案可能影响总统在国内的声望。（2）通过禁运的方式对萨达姆政权继续实施间接打击战略。此方案除恶劣的作战条件外，还需美军中、长期驻扎，巨大的开支与后勤负担是美国难以接受的。（3）老布什选择了用武力的方式击退在科威特领土上的伊拉克军队。

表 6—1　多元启发理论对美国外交政策决策的个案研究①

总统	危机事件	作者
艾森豪威尔	奠边府，越南（1954）	Derouen（2003）
艾森豪威尔	危地马拉	Taylor-Robinson and Redd（2003）
里根	格林纳达（1983）	Derouen（2001）
布什	伊拉克（1991）	Mintz（1993）
克林顿	科索沃（1998）	Redd（2000）

多元启发理论研究者也对其他国家的对外政策做了大量的个案研究和比较分析研究。布兰登·J. 金尼借鉴比较政治学中有关民主与专制政体的分类方法，论证了在对外决策时如何以非补偿方式发挥作用。他认为每一种政体形式下领导人的政治考量是不一样的：一党专制政府的领导人会排除那些

① 资料来源：Alex Mintz，“How Do Leaders Make Decisions? A Poliheuristic Perspective,” *The Journal of Conflict Resolution*, Vol. 48, No. 1, February 2004, p. 5，转引自韩召颖、袁维杰：“对外政策分析中的多元启发理论”，《外交评论》2007 年第 6 期。

不能充分满足政党利益的方案；个人独裁政府的领导人会排除那些不能满足保持自己政治地位的方案；军事独裁政府的领导人会排除那些不能充分满足占统治地位的军事集团利益的决策方案。他分别选取苏联、伊拉克、巴基斯坦作为三种政体的代表，对它们进行了逐一分析（一党专制——苏联；个人独裁——萨达姆·侯赛因统治下的伊拉克；军事独裁——巴基斯坦）。①

表 6—2　多元启发理论对中东地区领导人决策的个案研究②

领导人	国家/政治实体	决策	作者
阿萨德	叙利亚	叙利亚相对于以色列的战争与和平决策	Astorino-Courtois and Trusty（2000）
亚瑟尔·阿拉法特	巴勒斯坦	与以色列之间的冲突性和合作性	Clare（2003）
亚瑟尔·阿拉法特	巴勒斯坦	2000—2002 年巴勒斯坦起义的决策	Mintz and Mishal（2003）
萨达姆·侯赛因	伊拉克	1991 年的海湾战争	Mintz（2003）
内塔尼亚胡，佩雷斯，拉宾	以色列	1993 年奥斯陆协定前后的决策	Clare（2003）
沙米尔	以色列	1992、1994 年有关联盟模式的决策	Mintz（1995）
谢里夫	巴基斯坦	1998 年巴基斯坦导弹试验的决策	Sathasivam（2003）
沙龙	以色列	起义期间的决策	Mintz and Mishal（2003）

多元启发模式不仅回答了对外决策中的“为什么”以及“如何”等问题，而且还因其提出的“在简单决策模型中，决策者能够在别无选择的情况下选择理性方案”的观点，从而在对外决策的“理性模式”与“认知模式”之间建立起了直接联系。其缺陷在于，它没有说明太多关于“问题是如何发现的、决策者是如何采取行动的以及决策单元在实际环境中又是如何

① 韩召颖、袁维杰：“对外政策分析中的多元启发理论”，《外交评论》2007 年第 6 期。

② 资料来源：Alex Mintz，“How Do Leaders Make Decisions? A Poliheuristic Perspective，” *The Journal of Conflict Resolution*，Vol. 48，No. 1，February 2004，p. 6，转引自韩召颖、袁维杰：“对外政策分析中的多元启发理论”，《外交评论》2007 年第 6 期。

形成的”等问题；单纯的决策者个人层次的解释是不充分的，没有充分考虑到环境与制度的影响；强调决策者受到限制是正确的，但有些过于绝对，许多案例表明，有的决策者即使在遭到激烈反对，甚至反对力量占优势的情况下，仍然会固执地坚持自己的对外政策方向；决策者对国内政治环境的敏感应被视为偶然而非普遍的现象，不同的决策者对国内政治环境的敏感性也是不同的。

上述不同决策模式各具优缺点，并且彼此具有一定关联性，不能笼统地评说哪种更为有用。在具体的对外政策决策实践中，决策模式的采用在很大程度上受到议题性质、国际环境、国内舆论、国家政治制度、领导人性格等因素的影响。如果议题带有危机色彩、在短期可能决定国家命运、必须马上作出决策，而政治体制又是较为集权的，则对外决策很可能由最高决策者根据自己的心理认知进行决策；相反，如果政治体制是分散、多元的，则由少数人参加决策、相互讨价还价而最终达成妥协的官僚政治模式就有可能出现。如果议题是常规的，而政治体制是集权式的，则合理选择模式较为普遍，这时对外决策就成为一个“既集权化又理智化的过程”；相反，如果政治体制是分散、多元的，则组织决策模式的运用更为典型。[①] 而在危机决策中，合理选择、组织过程、官僚政治三个决策模式都存在。

对外政策问题常常是无序的，不可预见的问题多得惊人。[②] 在对外决策实践中，要力求采取科学的方法，按照科学的程序，进行科学论证，排除不切实际的期望和要求；减少或避免可能出现的重大失误，以及单一决策模式所可能造成的僵化、呆板、保守的缺点；防止受到内部个人利益、机构争权以及组织惰性的伤害。

第三节　对外决策机制

对外政策的决策机制是一个国家对外政策决策过程中的核心环节，具有一个协调的对外政策决策机制是成功制定、执行对外战略与对外政策的首要

① 冯玉军：《俄罗斯外交决策机制》，北京：时事出版社，2002年版，第51—52页。

② ［美］克里斯托弗·希尔著，唐晓松、陈寒溪译：《变化中的对外政策政治》，上海：上海人民出版社，2007年版，第64页。

条件。通过对外政策决策机制的研究，我们可以了解一个国家的对外政策是如何制定出来的。

在国外国际关系理论和对外政策比较分析中，西方的对外政策研究者虽然认可对外政策决策机制是具有相应结构和功能的政治体系，但没有明确给出对外政策决策机制的定义。俄罗斯学者认为，对外政策的决策机制是“经常性地参与对外政策决策与执行过程的、以一定形式组织并相互作用的国家机构的总和”。在中国以往的专业研究成果中，研究者在其著作中虽然经常使用“外交决策机制”这一术语，但并没有人对这一术语的涵义进行深入探讨和研究。直至2001年，中国现代国际关系研究院俄罗斯研究所的冯玉军博士对这一问题进行了深入、有益的研究。他在考察、综合分析中外专业研究者相关研究成果的基础上，将对外政策的决策机制定义为：“以担负对外政策职能的国家政治机构为核心，在政治系统其他重要因素的影响下，按照相应组织结构运作，从而将来自外部环境的要求与支持转化为一个国家对外政策组织体系。”①

在现代国家，对外政策的决策权不仅掌握在行政部门手中，而且掌握在立法部门手中，同时还受到政党、社会运动和利益集团等政治功能团体的影响。因此，按照现代国家系统的一般规范，对外政策的决策机制应由国家和社会两个层面组成，包括国家元首或政府首脑、政府的行政职能部门和机构、立法部门、军队、政党、利益集团、公众舆论等。它们按照国家法律所确立的正式程序或由幕后关系等确立的非正式程序运作，发挥对外政策决策功能，从而将国际环境和国内环境的依据、要求，经过由决策机制所主导的决策过程，最终形成一个国家具体的对外政策。

一、政府与权力机构

国家元首或政府首脑作为首要决策者与政府的行政职能部门，一起构成决策机制的核心。它领导着决策机制中情报信息的收集、评估，以及拟定或准备决策方案的“服务机构”、“执行机构”。作为机制的核心，它还应该赋予对外政策以必要的相融性、明确性、内部完整性和统一性。

---

① 冯玉军：《俄罗斯外交决策机制》，北京：时事出版社，2002年版，第69页。

第一，国家元首或政府首脑是一国对外政策的最高决策者，他们往往都致力于外交政策的制定并指导对外关系的执行。

其原因在于：首先，一国的宪法赋予了国家元首或政府首脑在制定和实施对外政策方面享有至高无上或最集中的权力。如一般而言，国家元首或政府首脑有权接见外国使节和接受国书，有权与外国签订条约，有权任命负责对外事务的政府部门首长或代表，并且掌管国家武装力量，核大国的国家元首或政府首脑还掌握着使用本国核力量的“按钮”。

其次，国家元首或政府首脑所拥有的职权，使得其拥有得天独厚的情报来源渠道，掌握着任何其他个人和部门机构所不能比拟的各种资源和信息情报。

再就是对于涉及国家生死存亡的事务或在国家面临危急状况之际，国民会要求一个单一的起决定作用的领导人来作出最终决策。

第二，随着国家对外关系涉及的领域越来越广泛，政府许多职能部门都已经涉足国际事务，这些部门在各自的功能领域对对外决策发挥着重要的作用。

在有关对外决策中，这些部门都负责获取、评估信息情报，准备相关决策方案，进行现状和前景分析及组织技术保障与政策执行等工作。

其中，外交部是一国处理对外事务的专门机构，一般是一国政府中最重要的部门之一。外交部具有对外代表国家和本国政府的特殊职责，协调政府其他部门的对外交往，并负责对外政策的制定、修改和执行。外交部通过自己管辖的大批驻外使领馆可以方便地收集和翻译外国情报；作为对外政策的主要执行者，在国务院还负责与外国和国际组织谈判，协调政府在海外的活动，维护和促进国家利益的同时，实际评估国家既定对外政策，并及时反馈给决策者。因此，外交部可以有力地协助最高决策者制定和修改对外政策。事实上，一国的外交部长往往是政府内阁的核心成员，也是重要的决策者。

国防部在制定对外决策中享有特殊的地位和作用。因为在一个充满各种潜在危险、武装冲突和纠纷不断的世界，军事和国防战略直接涉及国家安全利益，国防部的专家意见在对外决策中举足轻重；国防部作为确保“国家安全”的工具，具有爱国主义的号召力；国防部开销巨大，在军火工业中可找到天然盟友，军事和工业联合体的出现和膨胀，加强了国防部在对外决策中的实力。因此，国防部及国防部长在对外决策中具有很高的地位和很大的影响力。

随着冷战的结束和世界进入以和平发展为主题的时代，经济问题在对外决策中的重要性日益突出，经济部门越来越深地卷入对外决策中，作用也越来越突出。

第三，立法部门（议会）在对外政策决策机制中的作用具体表现为：确立与对外政策有关的国内法律，为对外政策机制的运行提供相应的法制保障；批准国际条约、协定，决定战争与和平等和国家对外关系有关的问题；对政府的对外行为进行监督；开展议会外交；作为社会各种政治力量与集团的利益代表机制，在对外政策的决策过程中体现这些政治力量的利益。

但是，由于制度因素，立法部门（议会）的情报信息相对于行政部门来说比较闭塞；立法部门（议会）的组织结构松散，权力分散；立法部门（议会）立法程序繁琐，立法行动迟缓；作为代议机构，立法部门（议会）关心更多更直接的是选区选民的利益和地方利益。因此，在实际政治生活中，立法部门（议会）很少直接制定对外政策，很少提出对外政策方案。随着对外决策针对不同的问题和涉及不同的领域，立法部门（议会）参与或影响对外决策的权力和运用方式也有所不同。一般地，立法部门（议会）会在某些问题上，如与民众物质利益相关的经贸政策方面，积极参与或影响决策。另外，一个对外决策问题越是紧迫，国家元首或政府首脑的影响就越大，立法部门（议会）的影响则越小；反之，若对外决策涉及的问题时间跨度越长，立法部门（议会）对对外决策的影响就越大。

第四，军队作为国家机器的重要组成部分，在履行维护、保卫国家安全职能的同时，也在对外政策的决策机制中占有重要地位。军队作为一个具有严格内部结构与独特利益取向的“社会群体”，在对外政策的决策机制中，有时还表现为一个特殊的利益集团。

二、政党、利益集团、公众舆论和大众传媒

尽管从表面上看，最终的决策是由国家层面的决策机制决定的，但在特定条件下，这些社会性因素通过幕后关系等途径在对外政策决策中也发挥着不小的影响力。在处于转型时期，政治体制尚未健全的国家，这些幕后关系发挥着更重要的作用。

第一，政党是现代社会政治系统的重要组成部分和统治阶级实现政治统治的重要渠道。它以不同的方式，程度不等地影响着一国社会生活的各个领域，包括参与对外决策过程。如作为一个执政党可以确定国家整体对外方针、目标及外交活动方式，也影响着实施国家对外政策的社会政治气氛。

第二，利益集团广义而言是指以集团利益为基础而组成的社会组织或团体，它们常常通过各种手段向社会其他集团提出要求以满足其集团利益；狭义而言是指那些积极设法对议会、政府机关及其成员施加影响，提出政治权利和要求以影响政府决策的利益集团，又称“政治性利益集团”或“压力集团”。

利益集团影响对外决策主要体现在两个方面：一方面，它可以影响与对外决策有关的政府机构本身；另一方面，它也可以影响决策机构借以运行的环境。①

利益集团常常与公众和大众传媒混合在一起对外交决策施加影响；立场对立的利益集团之间还会互相抵消其力量；很多利益集团影响决策是不公开的，媒体也未予以报道。

利益集团精明的领导人不仅能预见到各种各样的愿望，而且在这些愿望不存在的时候，如果这种利益集团作为一个政治的工具肯定是一种必要的、积极的因素，那他就随时准备把这种愿望诱发出来。② 当代世界各国对外决策越来越受到更多利益集团的影响。

第三，公众舆论是指舆论对国家政治、政府政策、公共问题及处理这些政策和问题所公开表示的意见。公众舆论对对外决策的影响主要有三个方面：

(1) 公众舆论是对外决策的依据。决策者在制定或改变对外政策时，不能不考虑公众舆论，否则政策很可能因得不到公众支持而难以执行和继续。但是舆论必须形成强大的声势并通过各种渠道到达决策者，如此才能引起重视而对决策产生影响。例如，越南战争后期，美国国内强大的反战情绪在迫使尼克松政府尽早结束战争方面起到了重要作用。

---

① 冯玉军：《俄罗斯外交决策机制》，北京：时事出版社，2002 年版，第 59—62 页。

② ［美］戴维·伊斯顿，王浦劬译：《政治生活的系统分析》，北京：华夏出版社，1999 年版，第 112 页。

（2）公众舆论是对外决策的反映。政府不只是被动地把舆论作为其决策的重要依据，也反过来影响舆论乃至制造舆论使公众支持其政策，特别是在它提出新政策或改变行之已久的政策的时候。如尼克松政府在对华新政策的实施过程中逐步改变美国舆论，使大部分公众由反对变为支持中美关系正常化。

（3）公众舆论形成对对外决策的约束力。对外政策常常是决策者制定的，公众通常是对之作出反应。决策者和事件本身形成了决策的议事日程，不过公众舆论为政策制定者作出决策设定了宽泛的界限，尤其是当某个问题成为公众关注的焦点、公众意见形成强烈共识时，这种舆论将对政府决策形成强大约束力。通过谈判寻求越南问题的和平解决，就是尼克松政府“为了平息国内舆论不满而不得不采取的办法”。①

第四，大众传媒是一个国家各种政治力量和利益集团对对外政策决策与执行过程施加影响的重要渠道。在某种情况下，大众传媒还可以被视为独立的“利益集团”。大众传媒自身还对社会政治力量划分施加影响，它不仅传达着各种政治力量对有关对外政策问题的观点和意见，而且影响着有关对外政策问题的社会舆论的形成。

大众传媒还在对外决策和对外政策实施的过程中扮演“监督者”的角色，它“以那些想知道政府如何履行自己的职责、想有一种可信的机制来监督政府行为的政治力量的名义注视着执行权力机关的对外政策活动”。②

在现实中，大众传媒成为除官僚机关之外的重要信息获取渠道，其信息来源的多样化和相关材料的独立性在一定程度上可以使政府部门摆脱单纯的“机关情报”的束缚，这对制定现实的政策是有益的。但执行权力在需要大众传媒获取信息的同时，又力求大众传媒能尽可能少地破坏它的立场。

从根本上说，一定的大众传媒传达的是一定阶级、阶层的对外政策观点与政策主张。③ 在更大的程度上，大众传媒的作用并不是体现在它的独立性上，它已成为各种政治力量对对外决策过程施加影响的工具。

当代世界政治、经济和科学技术的发展潮流，推动着对外政策决策机制

---

① 唐晓：“美国外交决策机制概论”，《外交学院学报》1996 年第 1 期。

② Процесс Формирова И Осуществления Внешней Политики Капиталистических Госуда-рств Отв. ред. Гантман В. И. М. , 1981. С. 163. ，转引自冯玉军：《俄罗斯外交决策机制》，北京：时事出版社，2002 年版，第 62 页。

③ 冯玉军：《俄罗斯外交决策机制》，北京：时事出版社，2002 年版，第 62 页。

的变化和发展。时至今日，政治与经济的相互作用越来越紧密，相互渗透越来越强，经济在国家对外关系中的地位也越来越重要、突出，经济与国家对外政策的实效有了紧密联系。因此，国家对外政策与国民的切身利益息息相关，国民越来越关心国家对外政策的制定。于是，民主监督逐渐扩展到对外政策决策领域，议会的作用也在增强。而国力的综合性和外交的多样化在行政部门内部导致了对外政策权能的专业化。权能的专业化要求行政部门的权力要集中化。这样，在对外政策决策中，行政权力进一步集中，行政首脑承担了越来越繁重的对外政策决策和执行职能。①

第四节　国家对外决策机制比较

国家对外决策是一个十分复杂的系统工程，而且是一个曲折的动态过程。不同的历史时期，不同的国内外形势，不同决策者的素质与性格，他们履行职能的方式以及外交决策所面临的不同性质的问题及其形势的发展等因素，都使外交决策过程变化多端。受国家政治体制、国内政治结构，以及民众对国际事务的关心程度的影响，不同国家的决策机构、对外职能并不相同，对外政策的决策机制构成也不一致。

一、美国对外决策机制②

（一）联邦总统

美国总统的外交决策权主要来自下面几个因素。第一是宪法所赋予的众多权力，包括三军总司令、头号外交家、行政首脑、国家元首等。

根据美国宪法规定，总统和国会共同行使外交权。其中总统有权任命驻外大使（但任命的大使需经参议院批准）；有权对外缔结条约（但须征询参议院的同意和批准）；有权接见外国使节和接受国书，即有权决定是否承认外国使节所代表的国家的主权及其政府的合法性；作为全国武装力量总司

---

① 冯绍雷等著：《国际关系新论》，上海：上海社会科学院出版社，1994年版，第303—304页。

② 主要内容参见唐晓："美国外交决策机制概论"，《外交学院学报》1996年第1期。

令，拥有军事管理权和指挥权，有权派遣武装力量去国外执行任务。

美国总统有权任命总统国家安全事务特别助理、国务卿、国防部长、中央情报局长和财政部长，他们是美国行政部门中五个最重要的对外政策机构的负责人。总统的任免权决定了他当政时期的对外政策走向。这是总统对外决策权的主要来源之一。

从美国社会实际角度看，美国政党政治的运作特点是，民主党和共和党不过是选举党，没有长期固定的组织形式，没有长期固定的党员，甚至没有固定的政见。与国外政党相比，政党的虚化使美国总统能成功地行使权力而很少受到党内的掣肘。而且总统是民选产生，往往具有很强的个人魅力，在选民和全国人民中的威望也很高，强大的民意支撑也是总统得以行使权力的强有力后盾。

虽然宪法对制定对外政策的权限没有说明，但由于总统具有法定的上述权力，因此当“总统宣誓就职时，他便登上了各种行政职务的最高职位，与此同时，他也就处在外交的最高地位了”。①

在对外决策方面，美国总统拥有自己得天独厚的政治资源。首先，总统控制了政府情报渠道。政府的对外决策机构及情报部门主要对总统负责，直接而定期地向总统汇报。其次，以国家元首的身份亲自制定和发表对外政策，从事外交活动，如通过信件、电报、电话和热线与其他国家领导人沟通，亲自参加重要的国际会议，亲自参加对外谈判和签订条约等。第三，一旦爆发危机事件，总统在处理危机事件时，不仅可以行使宪法列举的权力和默示的权力，而且可以行使主权国家的“固有权力”。②

历届美国总统一直致力于外交政策的制定并指导对外关系的执行。不仅如此，现代美国总统除履行上述宪法规定的外交权力之外，还通过各种手段和方式，绕过宪法和国会，制定和执行各种对外政策。③ 而美国国会权力的日益分散，为总统行使权力提供了机遇。200 多年的历史，已使国会的内部利益呈现出极端多元化的倾向。利益的多元化必然导致权力的分散，这不利于国会权力的扩张，反而有利于总统填补在行政部门与立法部门互动中的权力真空。

---

① ［美］埃尔默·普利施科，周启朋、施得欣、熊志勇等译：《首脑外交》，北京：世界知识出版社，1990 年版，第 10 页。

② 唐晓：“美国外交决策机制概论”，《外交学院学报》1996 年第 1 期。

③ 同上。

正是因为拥有上述权力及有利条件，美国总统成了美国对外政策最重要的主导者与实践者。但是，从制度层面看，美国总统对外交决策知识和能力的积累与培养受到任期限制；两党轮流执政，造成前任总统班底的人，哪怕对外交事务十分精通，辅助总统驾驭外交决策之车很顺手，他们也必须卷铺盖走人，基本上换成执政党的人马。再就是，美国选民在选择总统时，许多时候也不一定看其外交决策的能力和经验，所以有的当选总统对外交事务一无所知，一般要过了一两年或者在第二任期，才会关注、熟悉外交事务，并在外交决策方面做到驾轻就熟。①

（二）国务院

始建于1789年的国务院，是美国外交政策最重要的执行部门，其地位在政府各部门中首屈一指。国务院成立之初，只有很少几个人组成的工作班子和每年7961美元的预算。但200年后，国务院雇员已经超过2.4万人，预算为40亿美元，操纵着遍布国内外的200多个外交使团。

国务院还是美国联邦政府的最高对外决策机构，参与美国对外政策的制定、修改和执行。国务院管辖的大批驻外使领馆负责收集和翻译外国情报，协助总统制定和修改对外政策。为执行对外政策，国务院还负责与外国和国际组织谈判，协调政府在海外的活动，保护和促进美国在外国的利益等。国务卿为国务院之首，是总统首席外交顾问和总统外交政策的“代理人”和“主要负责人”。

进入21世纪后，美国国务院明确提出，21世纪的外交方略就是在运用传统外交政策工具的同时，充分利用网络、技术等具有创新性的新工具，实现外交政策目标。2002年，国务院内就成立了e外交小组，2003年该小组正式并入国务院信息资源管理局，更名为e外交办公室（Office of e Diplomacy）。2011年，它已经发展成拥有80多人的庞大办公室，其中半数以上人员专职负责该办公室的网络外交事务。办公室的职能是促进国务院内部的知识分享，推动外交与信息技术的整合，以及为外交官提供专业的信息技术

---

① 陆钢：“美国外交决策机制功能性失调之因探究”，《华东师范大学学报（哲学社会科学版）》2011年第4期。

咨询服务，从而让科技更好地服务于国务院的外交使命。①

21 世纪初期的国务院也在应对恐怖主义、强化跨部门协调等方面进行了一些机制上的调整。国务院内部的反恐部门最早建立于 1972 年，当年发生的慕尼黑奥运会惨案促使尼克松总统在国务院内部设立了打击恐怖主义办公室，专门负责制订相关反恐计划，以及协调跨部门的反恐行动。1989 年，该办公室变更为反恐协调员办公室。2012 年初，存在了 20 多年的反恐协调员办公室正式升格为反恐局。该局将与 10 余个参与反恐事务的美国联邦政府部门一起，协调跨部门间的反恐任务，保证各个联邦部门的反恐机构能凝聚成一股力量。1998 年通过的“外交事务重组与改革法案”将设立于 1963 年的军控与裁军署并入国务院，相关职能被分配到裁军局、核不扩散局和协议履行核查局。1999 年，国务院在国务卿奥尔布莱特的提议下设立了军控局，2005 年重新整合设立了确认、承诺及履行局，2010 年又在前两者的基础上重新整合而设立了军控、确认及承诺局，将原属于国际安全暨防核武扩散局的军控职能并入该新建的机构，进一步强化了美国应对全球核武器、生化武器以及其他常规武器威胁的能力。该局将统一行使国务院在军控、协议履行核查及相关的政策制定、谈判以及执行等方面的职能。为了更有效地推动美国在伊拉克和阿富汗的维稳行动，2004 年国务院还决定设立重建与稳定办公室，帮助政府协调和制定计划，促使发生战乱等危机的国家向可持续的和平、民主和市场经济过渡。②

直到第二次世界大战前，美国国务院一直是负责外交事务最重要，也几乎是唯一的机构。美国对外政策在国务院内制定，由国务院成员操纵，并由大使们和国务院其他人员在国外执行。但国务院由于自我保护意识十足，在外交决策中往往囿于部门之见；组织机构庞大且重叠、决策行动迟缓、效率低下等因素，导致第二次世界大战以后它在美国对外决策中绝对优势地位的下降，指导对外政策的权力开始流向其他行政机构，权力中心也向白宫转移。但至今，美国国务院仍然是专职外交机构。

---

① U. S. Department of State，21st Century Statecraft，美国国务院网站：http：//www. state. gov/statecraft/overview/index. htm；美国国务院信息资源管理局－外交办公室：http：//www. state. gov/m/irm/ediplomacy/；Fergus Hanson，Revolution@ State：The Spread of Ediplomacy，Lowy Institute for International Policy，March 2012，p. 8.，转引自江澄：《21 世纪初期美国外交机构的调整研究》，外交学院 2010 级硕士研究生学位论文，国家图书馆硕士论文文库。

② 江澄：《21 世纪初期美国外交机构的调整研究》，外交学院 2010 级硕士研究生学位论文，国家图书馆硕士论文文库。

（三）国防部

军事机构在美国外交界的影响是不容忽视的，处于核心地位的有两个部门，其一是国防部，其二是参谋长联席会议。在政策层面上，军事机构可以通过各种情报分析、研究和建议来左右外交政策，而国防部长和参谋长联席会议主席作为国家安全委员会的成员，都是对外政策的重要决策者。

国防部是美国武装部队的最高领导机关。军种部是各军种的最高行政领导机关，负责本军种的人事与行政管理、部队组建、战备训练、兵役动员、武器装备研制与采购以及后勤保障等。国防部的国防合同遍布美国的许多州和国会选区，国防部在美国对外政策决策中享有特殊的地位和作用。

在伊拉克战争胜利后，一直试图插手美国外交政策的美国国防部似乎变得更加“理直气壮”，它与美国国务院在朝鲜问题、中东和平进程以及伊拉克重建等方面的冲突也变得更加激烈，国防部顾问、前议长金里奇甚至提出要改组“效率低下”的国务院。[①]

（四）中央情报局

“情报部门在外交决策机制中影响巨大，美国外交决策依赖于情报部门提供的信息。”[②] 在美国，具有情报工作性质的重要行政机构包括陆海空情报委员会、国家侦察署、国防情报局、国务院情报研究所、联邦调查局、中央情报局等。据报道，美国情报网的雇员超过15万人，每年所需开支多达300亿美元。情报系统提供的信息影响着对外政策，美国政府需要通过情报来权衡利弊得失，从而作出有效选择。情报来源的局限性、选择性和倾向性，制约着决策系统的视野和角度。

1947年7月，美国政府根据美国国会制定的《国家安全法》设置的中央情报局是独立于政府各部的情报机构，中央情报局局长由美国总统任命，同时担任总统和国会的高级情报顾问。其主要任务是公开和秘密地收集、分析和评估关于国外政府、公司和个人的政治、文化、科技等方面的情报，协调其他国内情报机构的活动，并把这些情报报告到美国政府各个部门，并协

① 李永敬：“外交政策分歧严重美国国防部想‘修理’国务院”，http：//news. sohu. com/17/93/news208739317. shtml。

② 张历历：“21世纪初期中美外交决策机制比较研究”，《世界经济与政治》2009年第9期。

调政府各部门的情报收集和处理工作。由于它“使美国政府对国外事态的分析客观而具有高水平”，且“远远超过了各部门情报机关的狭隘观点”，因此“为使美国政府成为世界上消息最灵通的国家，中央情报局起了重大作用”。[①] 但是，由于拥有更多的独立权力，中央情报局经常利用“保密”这个合法手段介入它不该插手的事务，采取非法或不恰当的行动，不经总统或国会授权就执行自己的对外政策，有时和政府公开宣称的政策发生分歧。

到“9·11”事件发生时，美国政府的情报力量仍分散在多个联邦部门之中，名义上统领情报界的中央情报总监在实际运作中却影响力有限，诸多情报机构缺乏有效的协调与管理，严重影响了美国情报系统的运行效率。“9·11”事件的发生直接暴露了情报系统的缺陷，同时也为外交决策者对情报机构进行改革提供了绝好的动力与机会，“9·11”报告就提议设立统领美国情报界的国家情报总监一职。2004 年 12 月，《2004 年情报改革及恐怖主义预防法》经小布什总统签署而生效，法案规定设立国家情报总监及其办公室。国家情报总监作为总统的首席情报顾问，统领整个情报系统，将监督 16 个国家系统与军方系统的情报机构，为总统的外交与安全决策提供情报咨询。2007 年 3 月，进一步调整办公室的结构：增设一名副国家情报总监，辅助国家情报总监负责情报政策规划与需求；建立一个情报协调执行委员会，由情报系统各个机构的主管、国防部、国务院、财政部、国土安全部的副部长级别官员组成，更好地推动情报机构间的协调管理；设立情报参谋长，管理情报系统所有人员的工作，确保各个机构的情报人员遵守国家情报总监办公室制定的相关政策、程序，确保各个机构间的情报沟通保持顺畅与高效。[②]

（五）国家安全委员会

美国国家安全委员会是在 1947 年根据《国家安全法》设立的，是白宫总统办事机构，负责协调统一政府外交决策机构和部门之间的外交、国防等国家安全政策，为总统出谋划策，同时它也是总统与高级安全幕僚、内阁成员讨论国家安全和对外政策的最重要论坛。2007 年 11 月美国国会通过了

---

① ［美］R. 希尔斯曼，曹大鹏译：《美国是如何治理的》，北京：商务印书馆，1986 年版，第 244 页。

② 江澄：《21 世纪初期美国外交机构的调整研究》，外交学院 2010 级硕士研究生学位论文，国家图书馆硕士论文库。

《2007年能源独立及安全法案》，该法案的第932部分对1947年的《国家安全法》的第101（a）部分进行了细微调整，将联邦能源部长确立为国家安全委员会的法定成员。这是美国60多年来首次以法律的形式调整国家安全委员会的构成，依照该法案，委员会的法定成员从原有的4名增加到5名，分别是总统、副总统、国务卿、国防部长以及国家能源部长。2009年2月13日，奥巴马总统签署了上任以来的第一道总统政策指令，该指令再次重申国家安全委员会为国家安全事务的决策咨询机构，并在法定的5位成员之余，将财政部长、司法部长、国土安全部长、美国常驻联合国代表以及白宫幕僚长、总统国家安全事务助理等增加到委员会成员名单中。①

美国国家安全委员会起初并无太多权力。时任总统杜鲁门担心这个机构权力太大，会影响自己的权威。1947年9月26日，他第一次参加了国安会会议，此后国安会的会议他只参加了1/5。国安会工作人员缺乏，不能经常开会，总统也常绕过它决策，并直接指示各部部长执行。

但国家安全委员会自1947年创建以来的运作实践表明，历任总统都希望通过它来提高自己领导和协调外交事务的效率，其在美国政府制定外交和安全政策中不可缺少。随着冷战的加剧，国家安全委员会身上的“情报血统”得以凸显，这让杜鲁门看到了国安会的价值。当时，担任国安会情报顾问的是中情局局长。国安会开会时，经常由中情局局长率先汇报有关情况，然后进行讨论。此后几十年，收集情报和采取秘密行动一直是国安会的重要功能之一。由于一些秘密行动被曝光后给总统带来尴尬，里根时代的国家安全事务顾问卡卢奇改组了国安会，提出国安会的主要职能是向总统提供政策咨询、协调政府工作，秘密行动应由中情局去执行。2001年9月11日，纽约世贸大楼遭到恐怖袭击。从那一刻开始，美国的国安会有了一个新的使命：反恐。当天晚上9时，时任总统小布什对全美发表电视讲话，随后

---

① Public Law 110 - 140，Energy Independence and Security Act of 2007，http：//www. gpo. gov/fdsys/pkg/PLAW - 110publ140/html/PLAW - 110publ140. htm；Energy Independence and Security Act of 2007，Pub. L. No. 110 - 140，§ 932，121 Stat. 1740（2007），转引自 Cody M. Brown，The National Security Council：A Legal History of the President's Most Powerful Advisers，p. 80；Project on National Security Reform，http：//www. pnsr. org/data/images/the% 20national% 20security% 20council. pdf；Richard A. Best Jr.，The National Security Council：An Organizational Assessment，summary page，Congressional Research Service，7 - 5700，RL30840，http：//www. fas. org/sgp/crs/natsec/RL30840. pdf，转引自江澄：《21世纪初期美国外交机构的调整研究》，外交学院2010级硕士研究生学位论文，国家图书馆硕士论文库。

立刻召开国安会会议，拍板“严惩策划和发动这些袭击的组织及任何庇护这些组织的国家”。奥巴马上台后，作出一些改革姿态，包括将国土安全委员会并入国家安全委员会，精简了机构设置，强化了反恐情报的共享。[①]

事实上，国家安全委员会一直为总统的安全和外交政策提供建议和帮助，已成为总统协调外交政策的重要助手。其成员通常包括：总统、副总统、国务卿、国防部长、参谋长联席会议主席、中央情报局长和国家安全事务助理等。国家安全委员会在行政上隶属于白宫，并且聚集了政府中的重要成员，这就从制度上保证了它在安全政策和外交政策制定过程中的中心位置和主导地位。

国家安全系统中有两种非常明显的模式：总统模式和部长模式。从名字里我们可以看出这两种模式的区别在于，总统将选择谁来作为对外政策的首席声明者——总统还是国务卿，国家安全委员会系统的角色定位也将直接受到影响。在总统模式下，总统将保留对外政策的声明权。随之而来的是白宫将负责对外政策的规划，而这一规划的责任则落在总统的国家安全助理和国家安全委员会的参谋机构身上。为了有效地履行这一职责，国家安全委员会的参谋人员必须是非常积极主动的，他们必须主动去推动总统的政策进程。在部长模式下，总统将确定国家的对外政策目标和重点，但他会任命国务卿担任对外政策的首席声明者。国务院通常是对外政策规划的领导机构。国家安全助理和国家安全委员会的参谋机构在积极改革的同时必须适应国务院内部越来越强的保守力量，这些保守派非常重视对外政策的连续性。部长模式符合美国版的内阁制政府的需要，而总统模式则不行。[②]

随着世界的发展，国际交往领域的扩大，特别是经济在国家对外决策中重要性的日益突出，越来越多的政府部门机构涉入对外决策领域，如广而言之，美国对外决策机构包括国际开发署、财政部、商务部、农业部等部门机构。

“任何涉及一个国家的最高利益和核心机密的外交决策权，都掌握在一国最高行政权力的执行机关手中。”[③] 美国政府各决策机构之间的权限、职能和互动，构成了对外政策的制定与执行过程。

---

① 百度百科：“美国国家安全委员会”，http：//baike. baidu. com/link？url = KDmleUAcdIrg2oy-vHqboEHL0XwUcBcocfyRD6ppd2RM1_ l76lMr2iBFu574qk-cL。

② 知远：“美国国家安全委员会”，http：//mil. sohu. com/20130704/n380735404. shtml。

③ 鲁毅等著：《外交学概论》，北京：世界知识出版社，1997 年版，第 75 页。

（六）国会

美国建国历史虽然只有200年稍多，但国会的历史几乎与美国历史等长。作为美国三权分立政权体制中重要的权力分支，国会在内政和外交诸方面被宪法赋予了很大权力，近来又在经贸关系、人权问题等方面拥有越来越突出的裁决权。

根据美国宪法规定，国会在对外事务中享有下述权力：（1）立法权。国会时常通过立法制定有关外交政策。（2）条约批准权。总统对外缔约须征询参议院的同意和批准。（3）拨款权。虽然拨款权并非直接的外事权，但由于某些外交政策（如对外援助、军事干预和秘密行动等）的执行均需国会拨款，因此国会可利用掌握“钱袋”的权力影响外交决策或增加国会在外交决策上的发言权。（4）宣战权。宪法规定，宣战权属于国会。但实际上，总统常常是不宣而战地向海外派兵。为了维护国会的宣战权，1973年国会通过了“战争权力决议”，对总统向海外派兵或对外采取军事行动予以限制。（5）参议院对总统任命驻外大使拥有批准任命权。

但在实践中，美国对外政策的主要决策者主要在行政系统内，国会很少提出和直接制定对外政策，但由于国会所拥有的法定外事权力，以及国会在监督政府对外政策的制定方面具有不可替代的重大作用，并能够把政府成熟的外交政策法律化，因此国会仍是对外政策重要的“参与者”和“评判者”。国会在决定美国对外政策过程中发挥着十分重要的作用，有时甚至超过总统行政部门。

（七）社会因素

1. 利益集团

美国社会是一个“由集团组成的综合体”，政府的政策是不同的集团在政府内外互相影响和斗争的结果。[①] 美国社会中存在着各种各样的利益集团，美国的“外交政策现在比以往任何时候都受到更多利益集团的影响”。[②] 影响美国对外决策的利益集团有国内利益集团和外国利益集团两大类。

---

① 李寿祺：《利益集团与美国政治》，北京：中国社会科学出版社，1988年版，第18页。

② ［英］吉利安·皮尔等编：《美国政治的发展》，伦敦：麦克米伦出版有限公司，1992年版，第267页，转引自唐晓：“美国外交决策机制概论”，《外交学院学报》1996年第1期。

国内利益集团按其关心的事务可分为综合性团体和单一问题团体。

综合性利益集团长期存在，成员一般限于一种职业，集团的利益不仅限于对外政策。这种团体有企业集团（美国商会、美国圆桌会议等）、行业协会（全国制造商协会等）、工会组织（劳联—产联）、农业集团（全国农场主联盟等）、种族集团（有色人种协进会等）、退伍军人组织（美国军团、海外战争退伍军人协会）。单一问题利益集团仅仅为影响对外政策的某一问题而建立，一般在问题解决或决策作出后即消失，但有些却长期存在。这种组织如美国—以色列公共事务委员会、华盛顿非洲事务处、美国希腊人大会等。

按利益关系划分，国内利益集团又可分为经济性和非经济性两类。

经济性利益集团指那些因政府的对外政策而在经济上有所得失的集团，如企业集团、行业协会、工会组织和农业集团等。非经济性利益集团指出于非经济因素考虑（如种族关系、意识形态和环境保护等）而对政府对外政策施加影响的集团。这类集团既有综合性的，也有单一问题性的。

外国利益集团指受到美国对外政策影响的外国政府及其非政府性团体，他们常常采用与美国国内利益集团相似的手段和方式，以影响美国对外政策的制定。

利益集团影响美国外交决策的方式主要有直接游说和间接游说两种。

直接游说指利益集团直接向国会议员、政府官员陈述其立场和观点以影响决策。在许多对外政策制定过程中，国会或政府部门要举行公开听证会，听取有关利益集团的意见。利益集团往往利用这个机会向决策者传递信息、提供材料，派出强手在听证会上提出支持或反对或修改的意见，力求以有说服力的理由打动决策者，使决策对自己有利。此外，利益集团还努力同与其观点相近的议员及其助手、政府相关部门及其要员建立和保持密切联系，向他们提供有利于本集团的政策选择方案，进而把自己的利益和目标转化为官方的利益和目标，或在其特殊利益与国家利益相近的情况下，积极促成官方政策以达到利己的目的。

间接游说指利益集团通过影响选民和利用大众传媒来影响政府决策。在对外政策制定中，利益集团经常发动选民给议员写信、打电话或拍电报来阐明对某个问题的看法，以影响议员决策。此外，还利用大众传媒刊登广告、发表谈话和演说、向新闻界发布消息和评论等手段宣扬本集团对某个问题的立场和主张，争取公众的了解和支持，形成舆论压力，对既定政策的实施进行阻挠或支持，或影响政策实施后的情况反馈，进而影响政策的改变或预期的政策目标。向公职候选人捐助竞选经费以求得事后回报，向法院提出诉讼以利用最高法院的裁决影响政策，这些也是利益集团间接游说的手段。

利益集团对美国外交决策的影响因利益集团的不同、影响目标的不同和影响领域的不同而有所差别，但不论怎样，利益集团对美国对外决策有着重要影响。

2. 公众舆论

美国学者认为，在非危机情况下，美国公众舆论由三部分组成：其中3/4是普通群众，除非事情非常重要，这类群体对外交事务知之甚少；第二部分是热心的公众，占15%—20%，对外交政策保持浓厚的兴趣；第三部分是舆论制造者，也是最小一部分，他们传播信息、对外交事务作出评判，并在其他两部分公众中寻求支持者。由于公众舆论多种多样且常常相互矛盾、变化无常、模糊不清，因此“很难估计公众舆论在多大程度上是影响决策者的原因，以及有多大的作用”。尽管如此，公众舆论“确实对美国外交政策有着相当程度的影响”。[①]

公众舆论对美国对外决策的影响主要有三个方面：首先，公众舆论是对外决策的依据。决策者在制定或改变对外政策时，不能不考虑公众舆论，否则对外政策很可能因得不到公众支持而难以执行和继续。但是舆论必须形成强大的声势并通过各种渠道到达决策者，才能引起重视而对决策产生影响。

其次，公众舆论是对外决策的反映。政府不只是被动地把舆论作为其对外决策的重要依据，也反过来影响舆论乃至制造舆论使公众支持其政策，特别是在它提出新政策或改变行之已久的政策的时候。

再次，公众舆论形成对对外决策的约束力。对外政策常常是决策者制定的，公众通常是对之作出反应。决策者和事件本身形成了决策的议事日程，不过公众舆论为政策制定者作出决策设定了宽泛的界限，尤其是当某个问题成为公众关注的焦点、公众意见形成强烈共识时，这种舆论将对政府决策形成强大的约束力。

综上所述，在美国对外政策决策过程中，总统及其政府决策机构因拥有比较优越的决策情报系统、庞大而集中的决策机器和多种多样的决策手段，

---

① ［美］罗伊·麦克迪斯编，胡祖庆译：《当代各国外交政策》，台北：五南图书出版公司，1991年版，第202页，转引自唐晓：“美国外交决策机制概论”，《外交学院学报》1996年第1期。

实际上成为美国对外政策的首要决策者。国会是对外政策的重要决策者，它除了通过立法直接制定某些对外政策外，更多地是对总统及其行政部门的对外决策及其执行予以监督和约束，而且越来越多的利益集团因其利益关联而对对外决策过程施加影响。公众舆论是影响美国对外决策的重要因素，它既是外交决策的依据，又形成对决策者的约束力，决策者反过来总是力图引导和影响舆论以赢得公众的支持。美国对外政策是决策者内部及决策者与影响者之间不断斗争和寻求妥协的产物。

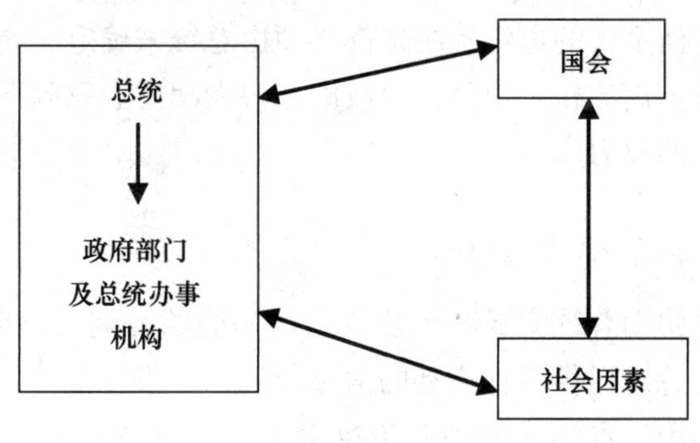

图 6—2　美国对外决策机制

二、俄罗斯对外决策机制[①]

独立后的俄罗斯确立了三权分立的政治体制，伴随着社会政治制度的变迁，在俄罗斯逐渐形成了以总统为核心，讨论会为平稳力量，受利益集团等社会因素重要影响的对外决策机制。

（一）联邦总统

根据俄罗斯宪法，俄罗斯联邦总统拥有如下主要权力：（1）保障宪法实施权。总统按俄罗斯宪法规定的程序采取措施，捍卫俄罗斯联邦的主权、独立与国家完整，保障权力机关协调地行使职能并相互协作。（2）立法权。总统有权向国家杜马提出法律草案。（3）法律签署公布权及发布命令权。俄罗斯宪法规定，总统“签署并颁布法律”；“俄罗斯联邦总统发布命令和

① 主要内容参见冯玉军：《俄罗斯外交决策机制》，北京：时事出版社，2003 年版。

指示"，"俄罗斯联邦全境都必须执行俄罗斯联邦总统的命令和指示"。(4) 决定国家内外政策基本方针权。"俄罗斯联邦总统按俄罗斯联邦宪法和联邦法律决定国家内外政策的基本方针"，"领导俄罗斯联邦的对外政策"。(5) 签署国际条约权。总统在国际场合代表俄罗斯联邦，主持谈判并签署俄罗斯联邦国际条约，签署批准书，接受外国使节的到、离任国书。此外，总统还有政府与总统机构组成人员的任免权。在"同联邦会议两院有关委员会协商后，任命和召回俄罗斯联邦驻外国和国际组织的外交代表"。

宪法所赋予联邦总统的上述权力，事实上使总统成为俄罗斯对外政策的核心决策者，任何重大的方针和决定都必须由总统来确定。立法机构推动了在对外政策决策方面的核心地位，而政府在很大程度上只剩下执行总统决定的对外政策方针的权力。

（二）总统机构

总统机构是协助总统完成其宪法权限与职能的咨询、办事与代表机构，其主要任务是为总统提供各种活动的信息保障和决策方案。

在总统机构中，直接与对外政策决策有关的是总统办公厅和联邦安全会议。

1. 总统办公厅

总统办公厅负责保障总统所需要的信息分析资料，在联邦和地方执行权力机关履行干部政策；向总统提供有关对内政策与对外政策的建议，并在很大程度上影响着总统令的出台。

总统办公厅在对外政策决策机制中的重要性更体现在其所辖的总统对外政策局的职能上。其主要职能是：对外政策情报的转呈与分析；总统对外政策决策方案的拟定；总统对外政策决策执行情况的监督；对外政策机构及其他部门干部的任免建议；首脑会晤安排。

列入总统办公厅序列的总统对外政策局内部机构设置简单、明确集中，仅有总统对外政策措施筹备处、信息分析处、与独联体机构协调处和与外国军事技术合作处 4 个部门。实际上，总统对外政策局是最高决策层（总统）与对外政策官僚机构的中间环节，成为总统履行其广泛的对外政策权力的最直接有效的工具。

2. 安全会议

俄罗斯联邦安全会议是依据《俄罗斯联邦宪法》和《俄罗斯联邦安全

法》设立的。安全会议主席由联邦总统担任，安全会议秘书由总统直接任命。其成员包括国家杜马主席、联邦委员会主席、联邦政府总理、政府主要部门的首长、总统办公厅主任、总统驻联邦区全权代表及俄罗斯科学院院长等。

安全会议是一个机构复杂、功能庞大的官僚机器。它的影响遍及国家政治经济生活、对外政策制定的各个领域，其活动体现在情报搜集分析、部门立场协调、决策方案准备、采取最终决策和决策效果评估等决策过程的各个阶段。实际上，安全会议是实现总统权力，包括对外政策权力的一个“超部门机构”。

（三）联邦政府

俄罗斯联邦政府是履行俄罗斯联邦执行权力的联邦国家权力机关。俄罗斯宪法及俄罗斯联邦政府法规定，联邦政府在对外政策方面的权力是“贯彻俄罗斯联邦对外政策的措施”，“组织执行俄罗斯联邦的对外政策”，以及领导管理俄罗斯驻外代表机构，在自己的权限内签署国际条约、履行国际条约义务等。

但俄罗斯联邦政府法同时规定，“总统根据俄罗斯联邦宪法、俄罗斯联邦宪法性法律和联邦法律，领导涉及国防、安全、内务、外交、预防和消除紧急状态危害等事务的联邦执行权力机关的活动，作为俄罗斯联邦武装力量最高统帅和俄罗斯联邦安全会议主席行使其权力”。

因此，与总统拥有的“决定国家内外政策基本方针”的巨大权力相比，宪法和政府法所赋予联邦政府的对外政策权力相当有限，联邦政府在对外政策决策机制中的地位与作用同总统对外政策局和联邦安全会议也不可等量齐观。

1. 外交部

俄罗斯联邦外交部既是对外政策方针的重要决策参与者和对外政策活动的主要协调者与执行者，又面临着其他对外政策部门的强有力的竞争。

根据 1995 年 3 月俄罗斯联邦总统批准的《俄罗斯联邦外交部章程》，外交部的主要职能包括：（1）对外政策执行职能。俄罗斯联邦外交部贯彻俄罗斯的对外政策方针，维系与外国和国际组织的外交与领事关系，主持国际谈判。（2）对外政策方针咨询建议职能。外交部就俄罗斯对外政策的总体战略、俄罗斯的对外关系以及宏观国际形势等问题向俄罗斯联邦总统或政府提出建议。(3) 对外政策活动协调职能。为了执行统一的对外政策路线，外交部不仅负责协调其他联邦执行权力机关的活动并监督它们的工作，还负责协调俄罗斯联邦的国际关系。

由此可见，俄罗斯外交部只是一个对外政策的执行机关，所承担的对外政策决策相当有限，与总统对外政策局和联邦安全会议相比，外交部在对外政策决策机制中的地位较低。

2. 国防部

国防部涉及的对外政策职能主要有：对外政策与安全政策建议权；军事政策协调权；军事外交参与与执行权；军事情报搜集权等。

国防部在保障国家安全，特别是建立新的地区和全球安全体系、军事改革、军转民、生产和出口武器方面与对外政策有着直接的联系。

3. 对外情报机构

俄罗斯的对外情报机构庞大而又复杂，主要由对苏联时期的克格勃进行改组后的机构组成，既包括对外情报局独立的机构，也包括设在其他部门中的对外情报机构，如总参谋部下设的情报总局、联邦安全局与联邦边防局属下的对外情报机构等。

俄罗斯情报机构除为联邦总统、联邦会议和政府做好情报保障工作，向他们提供政治、经济、军事战略、科技和环境方面的情报以利于决策，创造俄罗斯联邦实施国家安全政策的有利环境以外，还通过自己的渠道对俄罗斯对外政策的决策施加影响。

(四) 立法机构

俄罗斯的立法机构是联邦会议，它由国家杜马和联邦委员会组成。依据俄罗斯联邦宪法，俄罗斯联邦会议在有关对外政策决策方面有如下权力：

1. 有关对外政策方面的立法权

联邦宪法规定，“联邦法律由国家杜马通过”。而联邦法律中不仅包括与战争、和平及批准或废除俄罗斯联邦国际条约有关的法律，还包括一系列调节国家对外政策行为的联邦法律。

2. 外交代表协商权

根据联邦宪法，“俄罗斯联邦总统同联邦会议两院有关委员会协商后，任命和召回俄罗斯联邦驻外国和国际组织的外交代表”。国家杜马和联邦委员会的章程中也都规定，两院各自的国际事务委员会、独联体事务委员会以及其他相应委员会参与总统任命或召回俄罗斯联邦驻外国和国际组织外交代表的协商。两院的责任委员会在各自的会议上进行充分讨论后将自己的结论呈交总统。

3. 联邦委员会的“海外用兵”批准权

宪法规定，联邦委员会“决定能否在俄罗斯联邦境外动用俄罗斯联邦武装力量的问题”。

4. 讨论会外交权

联邦会议两院章程规定，国家杜马和联邦委员会可以进行国际会议交往。国家杜马可以与其他国家议会或国际议会组织签署跨议会合作协议；联邦委员会“根据每年通过的跨议会合作计划开展与外国议会和国际议会组织的合作”。这种议会外交的开展对国家对外政策方针的制定与执行发挥着日益重要的作用，成为俄罗斯对外政策的重要组成部分。

此外联邦会议还拥有对外政策声明权、对总统的制约权及对联邦政府和联邦执行权力机关的监督权等权力。

与苏联时期不同，在当代俄罗斯的对外政策决策中，各种利益集团、智囊机构和大众传媒等社会因素也发挥着日益重要的作用。

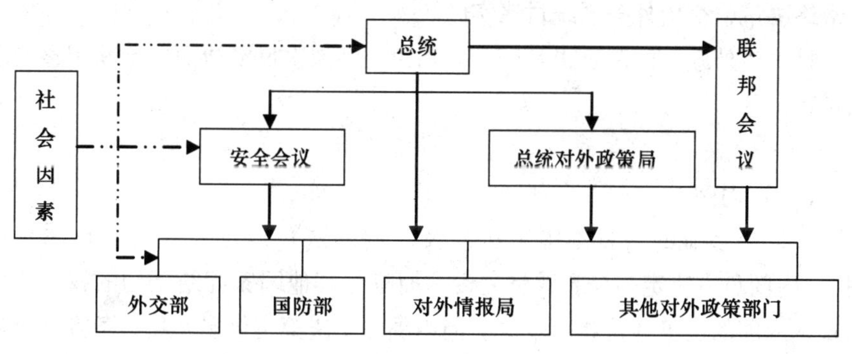

图 6—3　俄罗斯对外决策机制

三、日本对外决策机制①

日本对外政策的决策机制以政党、内阁、文官为主体，实际运作呈现出

① 主要内容参见林晓光：“冷战后日本对外政策决策机制的变化”，《日本学论坛》2000 年第 2 期。

以内阁为中心、多元参与的金字塔型结构，表现出“官高政低”、“官高党低”的特征。其一般程序大体上是自下而上的模式，即驻外使馆—业务主管课—业务主管局—外务审议官—事务次官—外务大臣—总理大臣。每一层次、每一级组织都有不同来源、不同渠道的信息材料，都可以在职权范围内提出各自的政策设想，不仅同级组织之间进行着大量的平面作业和横向联系，就是上下级组织之间也并非总是一成不变、自上而下、命令—执行模式的单向流动，而往往是多层次之间循环往复的双向或多向的沟通、联系、协商、交流与合作。当需要提出新的对外政策或调整现有政策时，一般先由驻外使馆提供必要的背景资料和使馆官员的分析报告；外务省的业务主管课在综合驻外使馆报告和其他信息情报的基础上，提出包括目标、措施、利弊等内容的政策选择预案上报业务主管局，局长会同局审议官讨论研究并征询其他各课意见之后，形成政策方案上报；外务省审议官与其他各局代表共同审议无异议，再上报外务省事务次官，事务次官认可后报外务大臣，外务大臣转达首相和内阁会议；内阁会议上各省大臣从本部门角度对外务省的政策方案提出调整意见，首相还需参考执政党外交部提出的同类事项的政策方案，集中各方意见、权衡利弊得失，一旦内阁会议讨论通过该项政策方案，则作为最终决策，交由外务系统付诸实施。①

日本对外政策的制定也是一个多角色、多层次反复协商、不断调整的动态过程。

（一）内阁

1947 年实施的《日本国宪法》及《内阁法》规定，“行政权属于内阁”。内阁负有决定与公布政策之责，拥有与其他国家缔结条约的权力，所以日本内阁的决策地位相对较高。但内阁由于决策主体多元化，各方意见协调困难，决策时间较长，不能适应国际形势瞬息万变的要求，加之日本参与重大国际政治事务日益增多，因此内阁总理大臣（即首相）作为最高决策者的地位比较突出。依照法律，首相不但有权任命及任意罢免国务大臣，指挥监督各行政部门，而且还代表内阁向国会提出议案，向国会提交有关外交关系问题的报告。实际上首相拥有内阁的最终决断权，主导着内阁的决策。

---

① 聚散随风：“日本政府对外政策的决策机制与运作程序”，http：//lxg966. blogchina. com/647615. html。

而2013年11月设立的“国家安全保障会议”又进一步强化了首相官邸的“司令部”作用。

（二）政党参与

第二次世界大战结束以后，在美国对日本进行民主改造的过程中，日本的政党政治开始形成和发展起来。但自1955年至1996年，自由民主党（自民党）久居日本政坛，日本的内政外交大权基本是由自民党严密控制着。自民党参与国家决策过程的主体可以分成三个层次：一是自民党籍的国会议员；二是以总裁、副总裁、干事长、政调会长和总务会长为首的党内领导集团；三是党内资深政治家出任的内阁阁僚。战后以来，这三个层次互相渗透、互通有无，而且都具有相当明显的官僚化趋势。①

近年来，日本政局最大的变化就是自民党失去了单独执政的政治优势，在对外政策的决策过程中一党独大的局面不复存在。20世纪90年代以来，日本国内政治力量分化组合，主要政党分裂，出现了十几个政党，各政党作为决策参与者的整体决策功能也有所减弱。这一变化弱化了政党参与决策的主观能力和客观条件。如今，日本的执政党已经很难依靠议会简单多数将党内的政策构想强行变为政府的决策行为。对于重大政策问题，执政党需要参与党以及主要在野党进行协商，尽量取得一致意见，然后再提交内阁会议通过。多党合作共同决策使决策过程的透明度有所提高，也在一定程度上增强了在野党对政府决策的发言权。

理论上，政党拥有国会立法权，一旦成为执政党，则拥有组阁权和对政府的政治领导权、行政管理权，又掌握着从首相到各省厅大臣的职位，似乎在决策中居于当然的主导地位。但实际运作并非如此，文官往往通过文件的起草修改和游说劝服工作来影响对外政策的决策方向。文官要想实现自己的政策主张，固然要争取大臣与首相的支持，而政党为政权维系和运营也少不了文官的配合，因而双方在决策过程中是一种竞争性的协商合作关系，当然都要力图掌握决策主导权。相对而言，在正常的一般性决策过程中，文官更具竞争优势。与各政党内部的派系林立、政见纷纭相比，文官有着更为严密的组织系统、严格的指挥命令体系、下级服从上级的纪律和有效的政策协调

① 聚散随风：“日本政府对外政策的决策机制与运作程序”，http：//lxg966. blogchina. com/647615. html。

机制，当政党还在为内部意见整合而煞费苦心的时候，文官系统往往已统一大政方针，为实现既定政策目标而对内阁、国会以及各种压力集团展开说服工作了。战后日本社会、政治、经济的发展，决定了日本政坛上政党官僚化和官僚政党化的现象和趋势，政党作为一种政治力量的整体对外决策功能呈相对弱化之势。[①]

（三）文官作用

相对而言，更多的对外决策属于日常事务性的工作，并且文官在既有决策机制中主要处于事务级的层面。因此，文官基本上只负责事务性的决策和日常性的工作。在政策制定的所有参与者中，“官僚是唯一能够有组织、系统地参与整个规划过程的团体”，日本的“绝大多数法案是由各省（部）的官僚起草的”。[②] 而且除少数高级官员外，日本的文官一般不介入政治，其官僚机制相当稳定，受日本政局动荡的影响较小。因此，文官在日本的政策制定过程中扮演着相当重要的角色，是不可缺少的决策主体。但文官一般不介入高层的政治决策，基本上只负责事务性的决策和日常性的工作，这也导致了文官就总体而言，对具体的事务性问题的操作能力相对较强，而政治性、战略性、宏观性的决策能力相对较弱的群体素质和基本特征。[③]

从宏观的整体的决策过程看，外务省文官在日本对外决策机制中的地位与作用比较独特和突出，首相几乎单方面听取外务省提供的情报。因为在对外决策的过程中，其他决策主体的参与或是在某一方面、就某一问题提出意见，或是在某一阶段参加讨论，只有外务省官员是自始至终地全程参与，并承担了从起草政策议案到形成正式文件，乃至付诸实施的全部基础性事务工作。

1. 外相

外相根据形势的变化或参照国内政策，对所属部局上报的政策建议作出判断并向首相汇报。作为外务省的负责人，外相在日本对外政策决策过程中

---

① 聚散随风：“日本政府对外政策的决策机制与运作程序”，http://lxg966.blogchina.com/647615.html。

② Jun-ichi Kyogoku, *The Political Dynamics of Japan*, University of Tokyo Press, 1987, p. 207; Ezra F. Vogel, ed., *Modern Japanese Organization and Decision-making*, pp. 17－18，转引自韦民：“论日本对外战略的演变进程及其发展方向”，《国际政治研究》2004年第1期。

③ 林晓光：“冷战后日本对外政策决策机制政府的变化”，《日本学论坛》2000年第2期。

理应起到重要的作用。但是，由于外相通常是从非外务官僚出身的政治家选任的，所以他（她）在对外决策中的作用并不能与外务省本身相提并论。

2. 外务次官

外务次官是辅佐外相的事务当局最高负责人，兼有上传下达、临机决断及草拟政策的职权。由于专门处理外交问题，外务次官较之于其他官厅的次官更有发言权。第二次世界大战结束以后，日本对外决策的基本制度是“禀议制”，即在外务次官主持之下，由外务省部局课等基层部门起草政策方案，再逐层申报批准。因此，辅佐外相的外务次官处于基础性决策程序的关键部位，被称为“大半个日本外交的实际遥控者”。考察外务次官的作用对于认识日本对外决策的机制很有必要。

3. 课

对于讲求专业性和政策连续性的外交事务而言，课的作用相当关键。课主要负责对外政策方案的起草、解释、实施以及针对特定外交问题的国际谈判。课内的官僚多为特定领域里的“行家里手”，具有过硬的专业知识及外交事务的职业能力。①

但文官主导的政治结构和决策机制并非尽善尽美，日本社会舆论对其弊端的批评近年来日趋激烈，要求对其改革的呼声不绝于耳。主要问题在于：一是经济方面。文官系统在为日本企业提供政策保护的同时，对经济活动和企业自主权进行了过多的限制。二是政治方面。议会民主制要求政党、政治家对国民负责，如出现政策失误应引咎辞职。但在文官主导的政治结构和决策机制下，事实上对行政管理和政策制定发挥主要功能的文官却无须对政策的失败负任何重大责任。三是政治伦理方面。由于文官系统掌握了国家资金的管理与分配，如厚生省每年掌握的国家补助金即达8000亿日元之多，因而文官具备了利用职务之便不当行使权力的可能性，这一方面的丑闻时常被传媒曝光。②

与其他西方国家一样，日本实行的也是三权分立、相互制衡的政治体制，其政策制定的最后程序也要经过一系列的国会辩论及表决。但由于在此之前政策制定者们已经解决了分歧，进行了妥协并达成了共识，因此一般而

① 张勇：“日本对华外交决策的政治力学”，http：//www.cass.net.cn/chinese/s30_rbs/files/xuek-an/2004－2/zhangyong.html。

② 林晓光：“冷战后日本对外政策决策机制政府的变化”，《日本学论坛》2000年第2期。

论很少有没有被通过的法案。[①]

进入21世纪，日本对外决策机制方面最大的变化就是于2013年11月7日通过了“国家安全保障会议”的相关法案，决定设立“国家安全保障会议”，并于2013年12月4日正式宣告成立。日本“国家安全保障会议”是在借鉴美国国家安全委员会的基础上产生的，职能与其相当。“国家安全保障会议”由首相任主席，常设由首相、内阁官房长官、外务大臣、防卫大臣组成的“四大臣会议”，以及增设“国家安全保障局”。“四大臣会议”定期会晤，研讨日本中长期战略性问题，制定涉及外交和安保问题的基本方针，如有需要，“4人会议”还将扩大为由财务大臣、国家交通大臣、国家公安委员长等内阁成员参加的“9人会议”，就涉及日本国防、外交的重要事项进行审议。而“国家安全保障局”则被认为是“国家安全保障会议”的核心。“国家安全保障局”作为“国家安全保障会议”的事务局，将以首相官邸为中心，负责制定中长期安全战略，并及时处理危机管理工作。“国家安全保障局”执行“六大部门321体制”，即六大部门的头把交椅分别按照防卫省占据3个、外务省占2个、警察厅占1个来分配；部门设置方面，分为“总括”、“战略”、“信息”、“同盟·友好国”、“中国·朝鲜”、“其他地区”六大部门。“国家安全保障会议”发挥司令部作用，极其重要，将每两周召开一次“四大臣会议”，协商外交防卫和安全保障问题，并确定基本政策方向。[②]

在日本，影响决策的其他因素尽管未进入对外决策机制之内，不能将其视为决策主体，但它们在政府体制之外也能对决策发挥间接的作用。随着日本国内政治形势和政治力量对比的变化，当某些传统决策主体的决策能力相对下降时，社会团体、大众传媒等体制外的因素有可能对对外决策产生更大的影响，并成为从外部影响政府决策的最活跃的角色。

概括而言，日本对外决策过程大体上带有“组织决策模式”和“官僚政治决策模式”的双重特点。在前一种模式下，决策主体是多元的，政策并不是某个人或某一集团任意选择的结果，而更多地是决策体制内各主体、各机构之间协调妥协的结果。在后一种模式下，决策主体之间进行着决策主

① 韦民：“论日本对外战略的演变进程及其发展方向”，《国际政治研究》2004年第1期。

② 浙江在线：“日本‘国安会’正式启动或成‘战争司令部’”，http：//war. 163. com/13/1205/08/9FAMBGBK00014OMD. html；“日本国家安全保障局人事确定内设中朝专部”，http：//world. people. com. cn/n/2013/1114/c157278 -23544992. html。

导权的竞争，它们缺乏统一的战略目标和原则方针，只是依据各自对国家利益的认识，甚至只是从本部门的局部利益出发进行决策。决策结果的形成并不取决于政策的合理与否或常规的组织运行规范，而是取决于各决策主体和参与决策的各部门代表的政治手腕。最终形成的政策既非首相或大臣的意志，也不一定符合政党的愿望，在很大程度上是官僚机构各部门权利竞争和利益折中的产物，是参与决策的各主体、各部门的不同立场或意愿的混合物。①

① 林晓光："冷战后日本对外政策决策机制政府的变化"，《日本学论坛》2000 年第 2 期。

第七章　当代外交途径与方式

当代世界各国所进行的外交活动要通过一定的途径（渠道）和方式。在外交实践中，各国根据国际社会现实、本国的实力和地位，针对不同的国际事件或问题及对象，会通过不同的外交途径（渠道），采取不同的外交方式，必要时还会通过多种途径，综合运用多种方式，与其他国家进行沟通、联系及发展外交关系。摩根索认为：维护和平的明智外交可以使用的手段有说服、妥协和武力威胁三项。如果主权国家想要在它们相互间的关系中维护和平与秩序，那它们彼此就必须参与、培植和依靠外交程序，努力进行说服、谈判和相互施加压力。①

第一节　外交谈判与交涉

以自我利益为中心的各国采取外交活动的一个大背景，就是无政府状态的国际系统。在这个国际体系中，各国会使用包括军事力量在内的各种手段去挫败别国的行动，以实现符合本国利益的外交目标。② 进入21世纪以来，随着全球化的深入发展及科技进步造成的时空距离的缩短，以及国与国之间相互依赖度的进一步提高，国际问题、纠纷与争端日益增多，而且更加趋于多样化与复杂化。为了维护地区及世界的和平稳定，为本国的社会和经济发展争取相对安全的环境，外交途径作为一种和平的手段在解决国际问题、纠纷与争端中发挥着重要的作用。

---

① ［美］汉斯·J. 摩根索，肯尼斯·W. 汤普森修订，徐昕等译：《国家间政治：寻求权力与和平的斗争》，北京：中国人民公安大学出版社，1990年版，第190、665—666页。

② ［美］约翰·罗尔克，宋伟等译：《世界舞台上的国际政治》，北京：北京大学出版社，2005年版，第334页。

一、外交途径的概念与作用

外交途径是指国与国之间通过其外交机关（即外交部和外交代表机关）以互致电文或照会，通过协商或谈判等方式进行联系和交往，以解决相互间发生的矛盾或问题。所谓"外交手段"、"外交解决"、"外交对话"、"政治解决"，指的都是通过或利用外交途径处理国与国之间的矛盾与冲突。

通常一国通过本国政府的外交部门和驻外使馆来保持对外联系沟通和交涉。外交部代表本国政府同驻本国的外国使馆或政府间的国际组织保持日常的联系和交涉，一国驻外使馆则代表本国与驻在国政府保持日常的联系和交涉。

在外交实践中，外交途径的重要作用在于：它提供了外交活动得以进行的常规方式；保证外交活动的正常开展；使国家对外战略和政策得以贯彻执行；促使国与国之间的外交联系能够得到维护和发展。①

在和平与发展日益成为主导趋势，对话成为解决国际争端重要手段的当代国际社会，以外交途径解决各国之间的矛盾和冲突越来越受到各国的普遍重视和采用。"国家必须学会从解决问题而不是从竞争的角度发展两国之间的共同利益"。②

通常见到的具体外交途径主要有：外交谈判、外交交涉、外交行动、外交文件等。

二、外交谈判

谈判在国际关系中扮演着十分重要的角色，是提高国际体系稳定性以及促进国际体系各成员之间建立富有成效的合作关系的一种潜在而有力的手段。③

---

① 金正昆：《现代外交学概论》，北京：中国人民大学出版社，1999 年版，第 146 页。

② ［美］罗伯特·杰维斯，秦亚青译：《国际政治中的知觉与错误知觉》，北京：世界知识出版社，2003 年版，第 77 页。

③ ［奥］维克多·克里蒙克，屈李坤、赵围等译：《国际谈判——分析、方法和问题》第 2 版，北京：华夏出版社，2004 年版，1991 年版序言。

（一）外交谈判的含义

谈判是有关方面对有待解决的重大问题进行会谈，是对共同利益或问题的认识促成了彼此的对话。[①] 美国谈判学会会长、著名律师杰勒德·I. 尼尔伦伯格在《谈判艺术》一书中所阐明的观点更加明确，他说："谈判的定义最为简单，而涉及的范围却最为广泛，每一个要求满足的愿望和每一项寻求满足的需要，至少都是诱发人们展开谈判过程的潜因。只要人们是为了改变相互关系而交换观点，只要人们是为了取得一致而磋商协议，他们就是在进行谈判。""谈判通常是在个人之间进行的，他们或者是为了自己，或者是代表着有组织的团体。因此，可以把谈判看作人类行为的一个组成部分，人类的谈判史同人类的文明史同样长久。"[②]

外交谈判则是有关国家政府之间就彼此存在着的、有待解决的问题或争端，以及其他重大国际事务进行协商和讨论，以协调彼此的立场和主张，目的是达成某种妥协，和平地解决问题或争端。[③]

作为以武力解决国家间争端的替代方式或途径，外交谈判是当代国际社会中和平处理国与国之间所发生或存在的问题、纠纷或争端的基本手段，"是国与国之间消除分歧的文明方式"。即使在不存在武力威胁的情况下，谈判也是各方在对利益和立场进行反复权衡的基础上有效合作和达成共识的唯一途径。[④]《联合国宪章》第 33 条就将谈判列为和平解决争端的重要手段。在实践中，各国在使用其他程序解决争端之前，总是首先求诸于谈判。而且，直接通过谈判来解决国际争端不断地被证明是一条卓有成效的途径。例如，1974 年和 1977 年，印度与斯里兰卡以及印度与孟加拉之间，分别通过谈判成功地解决了各自有关福克湾边界划分和有关法拉卡堤问题的争端。[⑤]

外交谈判牵涉到当事方巨大的利害关系，结果关切国家利益，所以极度

---

① ［美］布里吉·斯塔奇、马克·波义耳、乔纳森·维尔肯菲尔德，陈志敏等译：《外交谈判导论》，北京：北京大学出版社，2005 年版，第 1 页。

② "商务谈判的特点和原则"，慧聪网，2003 年 12 月 23 日。

③ 本书所采用的外交谈判概念是传统、狭义的定义，即官方的、国与国之间的对话、沟通。

④ ［奥］维克多·克里蒙克，屈李坤、赵围等译：《国际谈判——分析、方法和问题》第 2 版，北京：华夏出版社，2004 年版，1991 年版序言。

⑤ 叶兴平："国际争端解决方法的历史演进"，《武汉大学学报（社会科学版）》1993 年第 5 期。

引人关注。与其他领域中的谈判相比，它同已经确立起来的硬性法律、标准和实践之间的关系要弱得多。[①] 外交谈判的基础和后盾是一国的综合国力，“只要人性不发生变化，实力和武力就会依然占据国际关系的核心位置”。[②] 实际上，那些拥有更强实力——以军事力量或其他典型特征来衡量——的谈判方在谈判中具有最大的优势，至少不会处于劣势；[③] 当今外交谈判的准则是主权平等；外交谈判一般经历准备、谈判过程、最后拟定协议与草签三大阶段。

（二）外交谈判的形式与特点

1. 外交谈判的形式

一是根据参加谈判国家的数量，分为双边和多边谈判。其中，双边谈判较为常见，在谈判程序方面灵活得多，也“容易”把握或驾驭。多边谈判由于参与者增多，各方利益交织，影响谈判的因素更为多样，协调难度加大，增加了谈判的复杂性，“由于每一方都寻求不同的谈判结果，每一方都对谈判有着不同程度的紧迫感，谈判被延误甚至以失败告终的可能性便增大了”。[④] 多边谈判一般表现为国际会议，以高度正规化为其主要特征，谈判都必须符合特定的程序规则。[⑤]

二是根据谈判代表的级别，分为首脑级、部长级、高级官员级和专家级等不同级别的谈判。

三是根据谈判与外界的关系，分为公开谈判与秘密谈判。公开谈判通常是指人们能通过传播媒介及时了解到的那一类谈判，即通过大众传播媒介，把谈判的时间、地点、参加人员、进程、结果等公诸于世，使人们对有关问题有个全面的了解。例如，在两伊战争期间，两伊外长在联合国秘书长的参

---

① ［美］布里吉·斯塔奇、马克·波义耳，乔纳森·维尔肯菲尔德，陈志敏等译：《外交谈判导论》，北京：北京大学出版社，2005 年版，第 3 页。

② ［美］约翰·罗尔克，宋伟等译：《世界舞台上的国际政治》，北京：北京大学出版社，2005 年版，第 314 页。

③ ［奥］维克多·克里蒙克，屈李坤、赵围等译：《国际谈判——分析、方法和问题》第 2 版，北京：华夏出版社，2004 年版，第 72 页。

④ ［美］布里吉·斯塔奇、马克·波义耳，乔纳森·维尔肯菲尔德，陈志敏等译：《外交谈判导论》，北京：北京大学出版社，2005 年版，第 41 页。

⑤ ［奥］维克多·克里蒙克：《国际谈判——分析、方法和问题》第 2 版，屈李坤、赵围等译，北京：华夏出版社，2004 年版，第 148 页。

与下，在日内瓦举行会谈。通过传播媒介，人们了解到，双方在许多问题上仍存在着分歧，特别是在追究战争责任和赔款等问题上互不相让，但在遣返战俘问题上达成了协议。秘密谈判是由于种种原因，谈判不宜公开，以免涉及其他方面而引起矛盾的表面化、复杂化，或是谈判公开化的时机未到，也可避免对谈判的期望过高，缩小不利影响。一般国家间的政治谈判和较大的国内贸易谈判、外贸谈判，以及为争取出口配额、关税的“最惠国待遇谈判”等内容的谈判均属此种类型。有些谈判，由于某些原因，在宣布了即将进行谈判以后，整个谈判过程就处于完全秘密状态中，甚至对于整个谈判的结果也是“无可奉告”。①

四是直接谈判与间接谈判。直接谈判的优点是，可以避免因中间人等第三方引起的误解，谈判速度也比间接谈判快。直接谈判会带给谈判对手一定程度的合法性，如一国若不愿增加对手的合法性往往会采取间接谈判方式。而且，在间接谈判中，即使本国的建议遭到对方拒绝，也不会让本国外交面临窘境。在中美两国探索建立双边外交联系的 1970 年，两国都是通过巴基斯坦和罗马尼亚官员传递口信，而且相互交流的书面信息也都被影印在没有抬头和署名的纸上。②

此外，还可分正式谈判和非正式谈判、单一日程谈判和多日程谈判、口头谈判和书面谈判、程序性谈判与实质性谈判。

2. 外交谈判的特点

谈判的目的是要就某一特定问题达成协议；谈判协议的达成要经过艰难的“讨价还价”、“有予有取”，“从本质上说，达成一致意见是激烈争论的结果，而不是谈判的结果”；③ 有时有的谈判还要经过比较漫长的谈判过程，如 1969 年 11 月 17 日，美苏两国代表在赫尔辛基开始关于限制战略核武器的第一阶段谈判，历经 7 轮 120 余次全体会议，最后在 1972 年 5 月 26 日，时任美国总统尼克松与苏联领导人勃列日涅夫在莫斯科签署了美苏《限制反弹道导弹系统条约》、《限制进攻性武器的某些措施的临时协定》和一系

---

① 陈建明主编：《商务谈判实用教程》，北京：北京大学出版社，2009 版，第 21 页；“秘密谈判”，http：//www. hbrc. com/rczx/news. 3854464. html。

② ［美］约翰·罗尔克，宋伟等译：《世界舞台上的国际政治》，北京：北京大学出版社，2005 年版，第 351 页。

③ ［奥］维克多·克里蒙克，屈李坤、赵围等译：《国际谈判——分析、方法和问题》第 2 版，北京：华夏出版社，2004 年版，第 111 页。

列补充议定书；谈判达成的协议必须具有约束力，并以某种书面协议文件予以确认；代表必须具有全权代表资格。

（三）外交谈判的规则

谈判各方自愿参加、平等协商。谈判是主权国家间的和平协调，根据国家主权独立原则，一国是否愿意接受外交谈判方式，由该国自行决定。根据国家主权平等原则，在整个外交谈判过程中，参加谈判的双方或各方处于权利平等的地位；双方或各方的谈判代表应该具有同等的政治地位、同等的发言权，享受同样的外交礼遇和外交豁免。

外交谈判代表必须具有全权。在所有的谈判过程中，都必须对主要谈判者的职权和最大权力进行核实。[①] 外交谈判实质上是国家政府之间的政治磋商，所以参加谈判的各方代表必须被本国政府授以全权，以便在谈判中能有较大的选择余地，一些问题也可以自主决定。

依据1969年5月23日订立的《维也纳条约法公约》第二条（丙）款："称'全权证书'者，谓一国主管当局所颁发，指派一人或数人代表该国谈判，议定或认证条约约文，表示该国同意受条约约束，或完成有关条约之任何其他行为之文件。"一般在谈判结束需要签订条约或协定时，各方谈判代表须持有本国政府颁发的全权证书。[②] 但国家元首、政府首脑及外交部长在代表本国缔结条约时，根据国际惯例或各国有关法律，可以不用全权证书。使馆馆长代表本国与驻在国签约，或派往国际组织、国际会议的代表在该组织或会议内商定条约条款时不需再另行出具全权证书，因为他们在出任馆长或代表时已经拥有"国书"或"全权证书"的授权。

虽然谈判者在进行一场外交谈判时可以在一定程度上展示自己的价值和个性，但他们在更大程度上是以组织转交的奖赏和惩罚、得到组织提拔的愿望、组织要求的团队合作精神、完成组织使命以及组织确定的价值观和价值标准为动机的。作为特定组织机构中的一员或代理人，外交谈判代表与政府之间的关系是非常固定的，所以谈判代表自由活动的余地很小，不能根据自

---

① ［奥］维克多·克里蒙克，屈李坤、赵围等译：《国际谈判——分析、方法和问题》第2版，北京：华夏出版社，2004年版，第146页。

② 《维也纳条约法公约》，http：//www. npc. gov. cn/wxzl/gongbao/2000－12/07/content_ 5003752. htm；1969年5月23日，《维也纳条约法》第7条规定：出席缔约谈判的代表"要出具适当的全权证书"，见王铁崖、田如萱编：《国际法资料选编》，北京：法律出版社，1982年版，第82页。

己的意愿行事。全权外交谈判代表的实际权力也是有限的，在外交谈判中，他们要不断地向其委托人提交报告，征求他们的意见或听取他们的建议。他们从这个组织得到的信号非常复杂，有时甚至相互矛盾，因此即使是拥有“全权”授予，他们能做的也只是在政府授权范围内尽可能地行使自己的权力。[①] 如果全权代表权力的行使超出了政府授权范围，政府就可以不予承认，谈判的结果就会无效，谈判的代表及其所代表的国家都将受到指责。高层介入有时会有利于谈判，加速它的进程并带来更大的目的感和承诺力度，但它也可能起到负面的作用。如巴以双方在20世纪90年代后期又退回到更为传统的“自上而下”的谈判，这一变化导致双方陷入互不妥协的境地……[②]在现实的国际社会中，让各国最高领导人坐在一起，他们代表自己的政府签署协议，这样激动人心的历史性时刻也是很少见的。[③]

外交谈判须讲信用。外交谈判从国际法上说是国家的行为，谈判代表的言行是代表国家在国际关系中承担权利和义务的活动。所以，在外交谈判中发言要有信，协议要恪守——那些将在协议上签字的人会兑现谈判的结果，并诚心诚意地将其付诸实施。“‘国际协议的风险’，其实就是承诺的风险。谈判的正式意图在于确立共同的承诺。”在现实的国际社会中，一国的外交谈判代表虽然得到了政府的全权授予，但所签订的外交协议或条约常受到国内相应立法机关批准程序的制约，即使获得批准也存在约束力弱或会发生某一签约国拒绝履行的情况，协议或条约效力将遭到削弱或失效。在第一次世界大战结束后的凡尔赛会议上，美国总统威尔逊提出的在其个人主张和战胜国的国家利益之间达成永久妥协的意见能否得到美国国会的支持，欧洲各国政府尚持怀疑态度。[④] 另一方面，美国国会拒绝支持凡尔赛体系的确是整个谈判政策的失败。而签约国一旦背信弃义，其违约行为也将给自己贴上缺乏诚信感的标签，会对其未来的国际议事活动产生负面影响。

不平等条约不能作为解决历史遗留问题的“法律依据”。条约的签订，应该以缔约国意志的自愿表达与平等互利为前提和法律准则。从现代国际法

---

① ［奥］维克多·克里蒙克，屈李坤、赵围等译：《国际谈判——分析、方法和问题》第2版，北京：华夏出版社，2004年版，第23、99、159页。

② ［美］布里吉·斯塔奇、马克·波义耳，乔纳森·维尔肯菲尔德，陈志敏等译：《外交谈判导论》，北京：北京大学出版社，2005年版，第62页。

③ ［奥］维克多·克里蒙克，屈李坤、赵围等译：《国际谈判——分析、方法和问题》第2版，北京：华夏出版社，2004年版，第99页。

④ 同上书，第66、111、143页。

和外交实践看，不平等条约是非法和无效的，因此不能作为现今有关国家间为解决历史遗留问题进行的谈判的“法律根据”。

外交谈判不是强词夺理、以势压人，而具有较强的技巧性和艺术性。早在1716年，法国外交家弗朗科斯·卡利埃在其所著的《与君主谈判之道》中就强调，“同亲王的谈判艺术是如此重要，以至于最大的国家的命运通常也依赖于谈判是进行得好与坏以及谈判人员所具有的谈判能力的程度”。[①]在19世纪初出版的《外交详解教程》里，法国学者加登就认为：“在更为确切的意义上，外交是谈判科学或艺术。”[②]《韦伯斯特词典》也将“外交”解释为：“驾驭国际谈判的艺术。”而谈判的一方要在短期和长期的国家利益之间、在本国和国际社会的利益之间、在国家利益与道义标准和国际法准则之间找到一种平衡与和谐，欲想在外交谈判中较完美地达到本国预定目的或目标，要依靠谈判者“对于博弈的熟练技巧”，[③] 以及很强的说服能力。

一次成功的外交取决于所有主要参与者必须具备的特殊的道德和知识素质。谈判代表是谈判程序的核心所在，他们的谈判技巧、知识、经验、智力水平和社会能力，甚至是其性格特征都往往对谈判结果起着非常重要或决定性的作用。[④] 一般来讲，谈判者应具备以下几种能力：

第一，外交谈判中的讨价还价行为是以主权国家为基础的。[⑤] 外交谈判代表要能恰当地运用综合国力的规律和以主权平等为主导的国际准则，提出可以争取的最高与可以接受的最低谈判方案和条件，并善于为实现最有利的方案和条件而进行努力或斗争。同时，他们还要脚踏实地，拥有认清实力真实关系的能力。[⑥]“在谈判桌上，权力（实力）若与承诺和机遇相结合，就

---

① Francois de Callieres, *On the Manner of Negotiating with Princes*: *On the Uses of Diplomacy, the Choice of Ministers and Envoys, and the Personal Qualities Necessary for Success in Missions Abroad*, University of Notre Dame Press, 1963.

② 周启朋、杨闯等编译：《国外外交学》，北京：中国人民公安大学出版社，1990年版，第11页。

③ ［美］布里吉·斯塔奇、马克·波义耳，乔纳森·维尔肯菲尔德，陈志敏等译：《外交谈判导论》，北京：北京大学出版社，2005年版，第103页。

④ ［美］汉斯·摩根索，卢明华等译：《国际纵横策论——争强权，求和平》，上海：上海译文出版社，1995年版，第691—692页；［奥］维克多·克里蒙克，屈李坤、赵围等译：《国际谈判——分析、方法和问题》第2版，北京：华夏出版社，2004年版，第23、49页。

⑤ ［奥］维克多·克里蒙克，屈李坤、赵围等译：《国际谈判——分析、方法和问题》第2版，北京：华夏出版社，2004年版，第24页。

⑥ ［美］约翰·罗尔克，宋伟等译：《世界舞台上的国际政治》，北京：北京大学出版社，2005年版，第349页。

会带来独一无二的，有时甚至是意想不到的动力。但历史表明，权力优势并不总能被有效地用于谈判中。例如，拥有核武器并不必然成为在谈判中取得优势的手段。只有当一个核国家确实能够让谈判对手相信，核武器将会被用于追求谈判目标时，核力量才会成为有效手段。”[①] 有时施加实力压迫或威胁性使用反而会使谈判走向破裂或无果而终。再就是，谈判者越是软弱，达成协议的可能性就越大，但是达成对自己有利的协议的可能性就越小。此外，如果某个谈判方所作出的让步被认为是自愿的而且代价非常高昂，则其他方就有可能认为他的让步是诚恳的，从而也就更有可能进行回报。相反，如果一方作出的让步被认为是偶然的，而且被视为是迫于国内外压力作出的，或者他这样做纯粹是出于单方面利益的考虑，则其他方就不太可能进行回报。[②]

第二，外交谈判是国家外交政策的延续。[③] 不同国家的谈判队伍在其所秉持的谈判准则上是大不相同的，语言、风格及方式各异，议题领域所涉及的权力与承诺的水平也绝非一成不变——有些文化强调需要决出鲜明的胜负，而另一些文化重视达成一致、实现双赢。据说，拉丁国家在谈判时喜欢把问题搞得很具体，不厌其细。盎格鲁·萨克逊国家讲究含糊，在含糊中求突破。东方人的谈判则是，下面唱白脸，上面唱红脸。西欧国家的外长经常通宵达旦地进行谈判，在争执得不可开交后，最后达成协议。勃列日涅夫在谈判时喜欢站起来踱步，他说，“我每站起一次，就作出一个新的让步”。赫鲁晓夫在谈判中好摆“教师爷架势”。基辛格在谈判时则善用模糊语言先取得外交突破，把许多细节留待以后补充。尼克松善于把玩扑克的把戏用于谈判，总是掩盖自己的底牌，不让对方摸清自己的意图。[④]

在现实中，谈判可能既不是零和博弈，也不是非零和博弈，这些给谈判者达成协议带来巨大困难。[⑤] 这就要求谈判者既能在必要时为争取的条件坚

---

① ［美］布里吉·斯塔奇、马克·波义耳，乔纳森·维尔肯菲尔德，陈志敏等译：《外交谈判导论》，北京：北京大学出版社，2005 年版，第 43 页。

② ［奥］维克多·克里蒙克，屈李坤、赵围等译：《国际谈判——分析、方法和问题》第 2 版，北京：华夏出版社，2004 年版，第 72、274 页。

③ 同上书，第 24 页。

④ 靳言：“外交谈判趣事”，《新湘评论》2010 年第 10 期。

⑤ ［美］布里吉·斯塔奇、马克·波义耳、乔纳森·维尔肯菲尔德，陈志敏等译：《外交谈判导论》，北京：北京大学出版社，2005 年版，第 44、46 页；［奥］维克多·克里蒙克，屈李坤、赵围等译：《国际谈判——分析、方法和问题》第 2 版，北京：华夏出版社，2004 年版，第 167 页。

持或等待，“不拿原则做交易”，又能在适当的时机“适可而止”，在许可的范围内做不失时机的妥协，及时调整方案和条件，也可将谈判所涉及的问题按轻重缓急或难易度来分类处理。在某些特定的情况下，有些棘手问题可能无法找到合适的解决办法，不妨将其暂时搁置，这或许是处理那些难以解决的问题的最好方法。如《南极条约》就是个典型的例子。由于在南极洲的归属问题上无法取得一致，因此谈判方就将它的所有权问题冻结起来，所有其他关于和平利用和开发南极洲的问题也就迎刃而解了。“优秀的谈判者往往在实现目标的手段和对目标的执著追求上表现出一定的灵活性。这意味着，他会尽快确定谈判的目的，并设想出自己要达成的协议的大致框架，并在实现这些目标的各种可能的手段之间保持相当大的灵活性。”① 一般而言，大多外交谈判达成的协议，都是谈判方之间相互妥协的结果。

第三，理解对方，既能在必要时为对方准备台阶，又能为自己留有回旋的余地。② 真正的谈判高手不会对对手表现出不尊重或采取敌视的态度，他们既明白自己的谈判目标，也会尊重对方期望达成的目标。他们专心于搜寻关于双方差异和一致的信息，以便能达成整合性协议，也可促进相互信任的建立。③ 之所以强调要理解对方，是因为基于文化差异、信息缺乏或者错误信息的误解是引发国家间冲突的一个主要原因。④ 相对而言，谈判方在基本利益上的相互理解越深入，他们就越有可能就谈判协议形成一些开创性的意见。⑤ 在中美关系建交谈判中，美国承认中华人民共和国是“中国唯一的合法政府”，中国也同意美国继续与台湾保持非官方联系，最终使两国建立了正式的外交关系，中美关系也从此步入了一个新的发展时期。

在某些情况下，谈判方可能就一些具体问题达成了妥协，但是那些更为深入的基本利益则有待于进一步的谈判。如果谈判的一方或双方在谈判中都很强硬，尤其是使对方感到难堪或“丢了面子”，这样不仅会造成此次谈判

---

① ［奥］维克多·克里蒙克，屈李坤、赵围等译：《国际谈判——分析、方法和问题》第2版，北京：华夏出版社，2004年版，第104、154页。

② 鲁毅等著：《外交学概论》，北京：世界知识出版社，1997年版，第175—182页。

③ ［美］珍尼·M. 布雷特，范徽、王风华等译：《全球谈判：跨文化交易谈判、争端解决与决策制定》，北京：中国人民大学出版社，2005年版，第50页。

④ ［美］约翰·罗尔克，宋伟等译：《世界舞台上的国际政治》，北京：北京大学出版社，2005年版，第350页。

⑤ ［奥］维克多·克里蒙克，屈李坤、赵围等译：《国际谈判——分析、方法和问题》第2版，北京：华夏出版社，2004年版，第19页。

的无果而终，还会使未来的谈判中的双方变得敌对，从而使以后发生的谈判笼罩在一种极度紧张的氛围中，可能双方就要付出代价以“挽回面子”了。“在外交过程中，你必须为自己和自己的谈判对手保全‘荣誉’、‘面子’或是‘声望’。他们绝对会因为感到受到侮辱、失去尊严、丢面子而趋向战争，甚至不惜为此丢掉自己的生命。”在1998年的伊拉克武器核查危机中，当时的联合国秘书长安南就注重替伊拉克保全颜面。安南曾对一位西方记者建议道：“去和你的阿拉伯朋友们谈谈吧。让他们谈谈什么是尊严。”① 从长远看，在谈判中给对手保留一定程度自尊的做法更易于为以后的谈判氛围奠定积极的基础。如古巴导弹危机就是以一种两全的方式告终的，即苏联声称美国从土耳其撤出导弹是对自己的让步，从而避免了苏联颜面尽失。②

在如今这个复杂的外交时代，外交谈判者面对的现实谈判并不像棋盘游戏一样发生在受控制的环境里，内部和外部的情景因素都会对真实的谈判产生影响，即现实的谈判环境影响因素更多，也愈加复杂。谈判者需要权衡国内外多种利益、来自不同利害方的声音或关系因素，因而谈判所涉及的问题数量越来越多，谈判程序愈加冗长，内涵也越来越丰富。因此，外交谈判代表在实际工作中承受着巨大的压力，“在起草完善、公平、稳固而又得以让各方尊重的协定上所承担的责任是无可比拟的”，③ 他们必须具备敏捷的思维、正确的判断、坚韧的努力，保持耐心与创造性，谦虚但又自信，有魅力但不取悦于人，看起来必须是一个令人愉快的、文明的、有远见的人，不只在谈判桌上，而且在私下个人接触时，也是善于并乐于同对手相处的人。④

三、外交交涉

外交交涉是指主权国家通过它的外交代表机关（主要指外交部）或其

---

① ［美］约翰·罗尔克，宋伟等译：《世界舞台上的国际政治》，北京：北京大学出版社，2005年版，第350页。

② ［美］布里吉·斯塔奇、马克·波义耳，乔纳森·维尔肯菲尔德，陈志敏等译：《外交谈判导论》，北京：北京大学出版社，2005年版，第55页；［奥］维克多·克里蒙克，屈李坤、赵围等译：《国际谈判——分析、方法和问题》第2版，北京：华夏出版社，2004年版，第19、48页。

③ ［美］布里吉·斯塔奇、马克·波义耳、乔纳森·维尔肯菲尔德，陈志敏等译：《外交谈判导论》，北京：北京大学出版社，2005年版，第1、7页。

④ 杨公素：《外交理论与实践》，成都：四川大学出版社，1992年版，第140页；［奥］维克多·克里蒙克，屈李坤、赵围等译：《国际谈判——分析、方法和问题》第2版，北京：华夏出版社，2004年版，第416页。

驻外使领馆的代表就某一事件正式向另一国政府表明立场，并提出要求。外交交涉通常由交涉国政府部门负责人召见被交涉国驻该国使领馆的代表，或由交涉国驻有关国家的外交代表约见该国有关部门的负责人，从而面对面地陈述。

外交交涉包括谈判、接触、陈述、讨论、要求、协作和表明本国政府立场，以及弄清对象国的立场和观点等各种方式。

至于外交交涉的途径，按照主权原则，国家对外进行交涉的权力应由国家的外交机构来行使。国家元首、政府首脑、外交部长根据本国宪法和有关法律的规定，拥有代表本国进行对外交涉的权力。国家日常对外交涉则由其政府外交部门和驻外使馆来进行。外交部代表本国政府同驻本国的外国使馆或政府间的国际组织保持日常的联系和交涉；国家驻外使馆代表本国与驻在国外交部保持经常的接触与交涉。

外交交涉的形式有口头交涉与书面交涉两种。口头交涉简便易行，节省时间。书面交涉的文书有正式照会、普通照会和备忘录三种，其因可以留下文字根据，日后可以查照，所以比口头交涉扎实准确。但在一个时期内两国之间的交涉如主要采用照会，特别是就某一问题连续互相使用照会，即发生外交术语上所称的“照会战”，这在一定程度上表明两国关系的冷淡甚至恶化。①

交涉的内容通常包括：事情的起因、交涉方的立场和看法、对被交涉方提出的要求。交涉时，被交涉国如事先得到授权，一般要表明己方态度，或对交涉内容进行反驳；如事先不了解情况，则会视情况阐述己方的原则立场。交涉方通常会要求当事人将交涉报告给其政府。

由于事情的缓急和重要程度不同，交涉官员的级别也会不一样。一般性交涉，在处长、参赞或专员级别上；比较重要的，在司长、大使（大使不在，则由临时代办出面）级别上；重要的，则在部长助理或副部长与大使（代办）级别上。有的国家的国家元首或政府首脑也常应对方请求或由本人决定亲自接见外国外交使节，办理外交交涉问题。而有的国家连其外交部长都很难约见。有时虽然交涉的问题并不十分重要，但由于驻在国外交部门拖延不办，为求得所交涉的事项或问题能够得到迅速妥善解决，使馆馆长也可以要求驻在国外交部长接见，以促进该事项或问题的解决。如系突发或紧急

① 鲁毅等著：《外交学概论》，北京：世界知识出版社，1997年版，第169、171页。

事件，亦可紧急召见或约见。提出召见或约见请求时，交涉方通常要说明交涉的议题，让对方心中有数并做好相应准备。

外交交涉中最常见的表述，依事件的严重程度，主要有关注（关切）、遗憾、不满、反对和抗议。有时，还会根据需要加上带有感情色彩的修饰词，如深表关切、坚决反对、强烈抗议等。"关注"与"关切"区别不大，"关注"偏重"重视"，"关切"强调"关心"。例如，中东局势趋于紧张，宜用"关注"；某国发生骚乱，中国侨民生命财产受到威胁，宜用"关切"。

有两种情形会表示"遗憾"。一种情形是对对方的言行不满，但在一定程度上又表示理解。2001 年 10 月 4 日，4 名联合国工作人员在美国对阿富汗的空袭中丧生，联合国秘书长安南发表讲话对事件的发生表示遗憾，强调美方应保证联合国工作人员的人身安全。当时美英正在阿采取反恐军事行动，这个事件并非美英故意所为，且其已表示了歉意。另一种情形是不该发生的事情发生了，但性质不是很严重。如，朝鲜代表在法兰克福转机前往纽约出席千年议长大会，登机前受到美方安全人员的突然检查，朝方提出抗议，美国政府对此事件表示"遗憾"，并希望朝鲜代表如期与会。

"不满"与"反对"指对方的言行损害了己方利益，无法接受，"反对"比"不满"更为严重。2001 年，美国国务卿鲍威尔在国会听证会上，将台湾称为"中华民国"。由于美方强调此事纯属口误，并不表明美所奉行的一个中国政策有任何改变，中方向美方提出了交涉，表示不满。而中方在就美国向台湾出售先进武器进行交涉时，使用的则是"强烈不满"和"坚决反对"。

抗议是交涉中最严重的一个等级，包括"抗议"、"强烈抗议"和"最强烈抗议"。2001 年 4 月 1 日夜，中国外交部部长助理周文重就美军侦察机在南海上空撞毁我军用飞机一事，紧急召见美驻华大使普理赫，提出严正交涉和抗议。2001 年 8 月 20 日，日本外相召见俄罗斯驻日大使，就俄允许朝鲜、韩国和乌克兰等国渔船在北方四岛海域捕鱼提出强烈抗议。1999 年 5 月 8 日，我外交部副部长王英凡紧急召见美国驻华大使尚慕杰，就我驻南联盟使馆遭北约导弹袭击一事提出最强烈抗议，要求美方承担全部责任。

外交交涉语言既有严谨的特点，也有模糊的优势。说它严谨，是因为用何种语言，事先都要字斟句酌，要根据当时两国关系的情况和事件本身的严重程度而定，即使发生相同的事件，在不同的形势下，也有可能使用不同的措辞。说它模糊，是因为对于"关注"、"遗憾"、"不满"、"反对"和"抗议"之间，特别是相近的两种表述之间有多大差别，并没有统一的标准，更不用说"关注"与"深表关注"之类的区别了。但是，对于同一个（类）事件，如果两国关系没有大的变化，措辞的加重，则表明对交涉的重视程度或事态的严重程度在加深，被交涉方应引起重视。有时，对一个并不严重的事件，在特定情况下，从外交斗争的需要出发，可以使用强烈的措辞；反之，对一个相当严重的事件，为了维护两国关系大局，或配合某个重大外交行动，则采取较为平和的措辞。

对外交交涉过程中涉及的国家机密，必须严格保密，不得向外界泄露。两国在交涉外交事务中如已有关于发布消息办法的协议时，双方的交涉人员尤应信守协议，不得违背协议的规定。[①]

第二节　外交行动

外交行动有广义和狭义之分。广义的外交行动泛指国与国之间的交往。狭义的外交行动是指在一定的事件中，一国对另一国采取具体措施的行为。[②] 我们通常所说的外交行动就是指狭义的外交行动。

外交行动的范围比较广泛，行动的性质和内容也各种各样，并随着时间、条件、对象的变化而变化。

外交行动的形式也是多种多样，前述外交谈判、外交交涉，外交礼遇、外交承认，以及所谓抗议、警告、威胁，声明、照会、备忘录、最后通牒，以及中止或断绝外交关系与宣布某个或某些外交代表为不受欢迎的人都是外交行动的具体形式。此外，还有外交访问、外交接触和国际调处等。

一、外交访问

外交访问一般是指一个国家的主要领导人按照预先的约定，前往另外一个与本国有着正式外交关系的国家，进行有目的的拜会和会谈。

由于访问涉及到的两个国家的习惯和传统有可能不同，因此在出访国主

---

① 鲁毅等著：《外交学概论》，北京：世界知识出版社，1997 年版，第 173 页。

② 杨公素：《外交理论与实践》，成都：四川大学出版社，1992 年版，第 154 页。

动提出访问提议，或到访国发出邀请后，双方政府主管机关通常要事先商定访问的日期、日程、内容、随行人员和接待仪式等全部细节，而且有关访问的一切特殊情况和特点都要考虑在内。

外交访问通常是两国友好关系的一种表示，并且可以进一步加深双方间相互了解、理解，消除误解，从而会大大密切两国之间的关系。有人将外交访问形象地比喻为“衡量国家关系冷热的寒暑表”。①

外交访问可分为正式访问与非正式访问。正式访问指的是一国领导应某一国家领导的正式邀请，对邀请国进行的访问，有时称为友好访问或正式友好访问。国家元首的正式访问还可称为国事访问，即由来访国国家元首应东道国国家政府（一般由国家元首出面）邀请而进行的访问，在所有访问类型中访问者享有的礼宾接待规格都是最高的。一般情况下，国事访问要求来访国家元首偕配偶，东道国元首配偶也要出席相应的活动。对来访元首配偶还会安排一系列单独活动，比如来访的第一夫人会参观与妇女儿童、社会福利相关的设施，参加慈善和文化交流等活动。非正式访问：这类访问的礼仪活动一般从简，突出特点是来访者自由度较大，东道国主要根据客人的愿望安排活动。其中国家领导人以私人身份进行的访问称为私人访问，出访时途经某国所进行的访问可称为顺道访问，由于某种原因不便公开报道的访问则称为秘密访问。此外，两国领导人为磋商重大问题举行的会晤，往往采用工作访问的形式。②

此外，工作访问一般指的是有实权的外国国家元首和政府首脑应东道国国家元首、政府首脑或东道国国家政府的邀请，进行的以工作为主要目的的访问。工作访问一般都有特定的明确目的，比如参加在东道国举行的本国国家展览会、国际会议、签订条约，以及对专门问题进行商谈、交换意见等。其访问时间比国事和正式访问要短，一般为2—3天。礼宾礼仪从简安排，不设欢迎仪式和其他仪式性接待活动。③

外交访问对国家对外战略和政策的推进起着配合作用，而其中国家领导，尤其是国家元首或政府首脑对外国的访问往往具有更大的政治意义，往往要着手解决两国关系中的某个或某些实质性的问题。

---

① 黄金祺：《外交外事知识和技能》，北京：世界知识出版社，1999年版，第256页。

② “外交访问的正式与非正式如何区分”，http://zhidao.baidu.com/link?url=IqjK8MV8Y-EyZMdC6ZWOklbYVFR1fDZSB8GCwRqKmRG2UdOLqqtGSUc21-9rCXKf1V0tgEEcwdjzRf9Otk5sbNq。

③ 唐奇芳：“外交访问的类型和规格”，《环球人物》2013年第28期。

二、国际调处

国际调处是指国家作为第三方在其他存在国际矛盾或争端的国家中间所进行的调解与劝说，从而促使当事国能进行和平协商、谈判，最终使当事国之间的矛盾或争端得以化解或缓和。在国际舞台上，有时候第三方的介入是让双方达成公正而又持久的约定的唯一途径。①

在外交实践中，常见的国际调处的具体形式有：外交斡旋、国际调停、国际会商、国际调查、国际调解等。《联合国宪章》规定"各会员国以和平方法解决其国际争端"，在第六章中约定，联合国会员国要"利用外交手段、调停、仲裁或司法解决以解决其国际争端"。

1. 外交斡旋

外交斡旋是上述方式中介入程度最轻、最为谨慎的一种。它是指第三方国家、国际组织或个人劝使争端中的各方坐到或重新回到谈判桌边而本身并不介入谈判过程的一种行为。② 进行斡旋的第三方只是为争端当事国提供、创造有利于他们进行接触与谈判的便利条件，提出自己的建议、方案或转达各方意见，劝说有关争端的当事国进行谈判。斡旋者主要是通过外部手段促成当事国直接谈判，不参加争端当事国的谈判，争端的当事国之间谈判开始，外交斡旋即告结束。简言之，斡旋的作用局限于预先谈判阶段。③ 其程序有时是争端当事国一方委托第三方，有时是第三方自愿进行斡旋。

外交斡旋可以调整当事国的状态，使争端或冲突方进行交流、沟通，寻找到彼此间进行谈判的共识或基础，从而避免争端事态的扩大，或促成当事国之间争端的解决。外交斡旋说明了代表的国家在国际社会的地位，体现了该国在外交上的实力、水平和影响空间，因此它也是有关国家政府提高本国在国际社会中的影响力和地位的重要手段和途径。从这个角度来讲，"斡旋

---

① ［美］布里吉·斯塔奇、马克·波义耳，乔纳森·维尔肯菲尔德，陈志敏等译：《外交谈判导论》，北京：北京大学出版社，2005 年版，第 3 页。

② 叶兴平："国际争端中的斡旋与调停剖析"，《武汉大学学报（哲学社会科学版）》1997 年第 2 期。

③ ［英］杰夫·贝里奇，庞中英译：《外交理论与实践》，北京：北京大学出版社，2005 年版，第 200 页。

是一种提高国家威望，增进国家权力，进而实现国家利益的外交手段”。[①]如1979年伊朗伊斯兰革命爆发后，美国与伊朗围绕人质危机剑拔弩张，后在阿尔及利亚的斡旋下，局势化险为夷，阿尔及利亚的形象随之大幅度改善。2003年以来，中国发起的朝核问题六方会谈机制进一步展现了中国斡旋外交的活力。在中东，中国参与苏丹问题、伊朗核问题、巴以和平进程问题、利比亚和叙利亚危机等问题的和平解决，提升了中国在国际上的政治影响力、道义感召力和文化亲和力。[②] 再就是，在外交实践中，某些国家往往会以斡旋和调停为幌子，挑拨离间，从中渔利，如1982年美国在斡旋和调停英阿马岛争端的活动中，明显地偏袒英国，使得马岛战争以英国重新占领而告终。[③]

在高度相互依赖的国际社会，国家间的合作、竞争、矛盾和冲突都发展到了前所未有的程度，外交斡旋作为主动积极解决国与国之间矛盾、争端的有效手段和方式，其重要性得到国际社会的普遍认同。统计数据显示，1945—1974年，世界上爆发了310起较大规模的国际冲突。冲突爆发后，第三方主动提议斡旋的例子占82%，而霍尔斯蒂的研究表明，在二战后发生的94起国家间冲突中，有第三方主动斡旋的占45%。[④] 许多重要的双边或多边国际条约都把斡旋作为和平解决国际争端的方式载入有关条款之中，如1907年的《海牙和平解决国际争端公约》、1948年的《美洲国家和平解决国际争端公约》、1949年的《北大西洋公约》、1955年的《亚非会议最后公报》、1982年的《海洋法公约》及联合国其他的一些文件和公约等。

2. 国际调停

外交斡旋的进一步发展就是国际调停。国际调停在外交实践中指由第三方推动并直接参与当事国之间谈判的和平解决国际争端的政治方式。在争端当事国不能以谈判或协商的方法解决它们之间的争端时，第三方主动或应邀以中间人的身份推动当事国采取和平方法解决它们之间的争端，包括提出建议作为争端当事国重新谈判的基础，并且直接参加争端当事国之间的谈判，

---

① ［英］马丁·怀特，宋爱群译：《权力政治》，北京：世界知识出版社，2004年版，第72页。

② 孙德刚：“中国在中东开展斡旋外交的动因分析”，《国际展望》2012年第6期。

③ 张江河：“试论斡旋和调停”，《西北政法学院学报》1985年第1期。

④ Jacob Bercovitch, “Mediation in International Conflict,” in William I. Zartman, I. and J. Lewis Rasmussen eds., *Peacemaking in International Conflict: Methods and Techniques*, Washington: U. S. Institute of Peace Press, 1997, p. 131.

目的是促成争端当事国达成妥协，进行调停的第三方不能把自己的意见或建议强加于争端当事国。[①]

这种第三方介入的形式通常在谈判陷入僵局之后得到运用，即当谈判中的双方想要取得某种形式的进展却又发现他们无力取得这样的进展或无法在必要的时间范围内获得进展的时候，就需要外部力量或“新鲜血液”采取调停的方式解决当时的冲突。[②] 进行调停的第三方不仅要劝说发生矛盾或争端的有关国家直接进行谈判，而且还要积极为当事国之间的谈判创造条件，提供基础，可提出解决争端的建议和条件并且自己也直接参加或主持谈判，努力使当事国最终达成妥协。如通过联合国、美国、欧盟和俄罗斯四方外交努力，2003 年 4 月出台的中东和平路线图就是力图发现能够顾及巴以双方利益的办法，为建立一个更为持久的（尽管仍是不那么确定的）解决巴以冲突问题的方案找到一个共同基础。[③]

事实上，在国际冲突中，调停的发生并不是必然的，也并非所有冲突都可以得到调停。只有当冲突双方与提供调停的第三方都愿意时，国际调停才会真正发生。[④] 调停者可以是第三国，也可以是联合国等国际组织。

也有人将国际调停定义为“与危机没有直接利害关系的行为体所采取的任何旨在减少或消除谈判关系中的一个或多个问题以加速危机终结的行动”。一个调停者，至少从理论上说，应该在参与谈判的各方之间保持中立，尽管这一特征在当代国际事务中并不总是显而易见的，甚至并不总是可能的。调停者干预一场冲突或艰难谈判的动机将会影响其以某种形式解决问题的能力。除了帮助国际行为体解决冲突这一利益的驱动外，第三方介入谈判的原因还在于，在某种程度上，他们在谈判中有休戚相关的利益并希望加速以和平方式解决谈判所引发的问题。1995 年，在美国的有力调停下，波斯尼亚、克罗地亚和塞尔维亚三国通过谈判最终达成了《代顿和平协议》，结束了三国间持续了三年的战争，而美国也依据其中的相关条款，通过往波斯尼亚派驻维和部队的形式持续介入该地区。此外，联合国数次参与调停中

---

① 钱其琛主编：《世界外交大辞典》下卷，北京：世界知识出版社，2005 年版，第 1995 页。

② ［美］布里吉·斯塔奇、马克·波义耳，乔纳森·维尔肯菲尔德，陈志敏等译：《外交谈判导论》，北京：北京大学出版社，2005 年版，第 127 页。

③ 同上书，第 128 页。

④ 卢璟、陈冲：“国际调停发生的讨价还价模型：一种定量检验”，《世界经济与政治》2012 年第 5 期。

东战火并促成联合国军队50年里长期驻扎在以色列与其阿拉伯邻国的边界上。[①]

“斡旋是各种有助于促使冲突各国进行谈判的行动；调停则是当事国间以调停人所提出的建议为基础而直接进行的谈判。”[②]“准确地理解，斡旋是范围缩小了的或狭义的调停，调停是范围扩大了的或广义的斡旋。斡旋和调停在本质上是一回事。”[③]外交实践和国际公约对这两者并不总是加以严格区分的。《海牙和平解决国际争端公约》约定，当事国遇有严重争端时，在诉诸武力之前，在情况许可的范围内，应当请求一个或数个友好国家出面斡旋或调停；争端无关的国家也宜不待当事国请求而向争端各国提供斡旋或调停，即使在战争进行期间亦然，争端任何一方决不能视此为不友好行为。[④]《奥本海默国际法》中规定，“在各当事国不愿以谈判解决它们的争端，或者它们曾经谈判而不能达成谅解时，第三国可以通过它的斡旋或调停使争端获得解决”。[⑤]但在行为的效力上，无论是调停的建议，还是斡旋的劝告，均不具有法律约束力，一旦斡旋和调停对于解决某一争端或成功或失败，斡旋或调停的使命即告终结，充当调停或斡旋的第三者均不承担任何法律责任。在国际责任或义务上，国际法均未规定各国政府有义务承担调停或斡旋。[⑥]

3. 国际调解（国际和解）

外交是以调解求和平的工具。[⑦]国际调解（国际和解）是指矛盾或争端的当事国根据有关条约，将彼此之间所存在的国际争端交付国际机关（一个由若干人组成的委员会），并根据国际机关所阐明的事实，提出的实质性的建议或方案，以促使有争议的各方在自愿的基础上，和平地解决或缓和矛

---

① ［美］布里吉·斯塔奇、马克·波义耳，乔纳森·维尔肯菲尔德，陈志敏等译：《外交谈判导论》，北京：北京大学出版社，2005年版，第36—39页。

② ［英］劳特派特修订，王铁崖、陈体强译：《奥本海国际法》下卷第一分册，北京：商务印书馆，1981年版，第5—6页。

③ 叶兴平：“国际争端解决中的斡旋与调停剖析”，《武汉大学学报（哲学社会科学版）》1997年第2期。

④ 王铁崖主编：《国际法》，北京：法律出版社，1981年版，第459页。

⑤ ［英］劳特派特修订，王铁崖、陈体强译：《奥本海国际法》下卷第一分册，商务印书馆，1981年版，第5页。

⑥ 范炳良：“试论外交斡旋”，《经济与社会发展》2006年第7期。

⑦ ［美］汉斯·J. 摩根索，肯尼斯·W. 汤普森修订，徐昕等译：《国家间政治：寻求权力与和平的斗争》，北京：中国人民公安大学出版社，1990年版，第650页。

盾或争端。调解（和解）手段特别适用于以下情形：领土争端、多重原因引发的危机、涉及种族问题的危机、危机双方在地理位置上相邻、危机发生在次要系统而非主导系统，以及在全面战争中出现极端暴力的时候。①

早在19世纪末期就产生了国际和解委员会，1928年国际联盟大会制定并经1949年联合国大会予以修订的《日内瓦和平解决国际争端的总议定书》把国际和解委员会作为一种通用的国际和解制度肯定下来。② 国际调解委员会组成一般都在有关国际公约或双边条约中有明确和具体的规定。成员人数是单数，可以是3人或5人。争端当事国双方各指定3名和解员中的1名或5名和解员中的2名。其他1名由争端当事国双方协商决定，应为第三国国民。争端当事国协商指定的这名和解员一般被同时定为和解委员会主席。争端当事国双方就指定最后1名和解员发生困难而妨碍和解委员会的组成时，争端当事国可授权第三方（通常是第三国或1名知名人士，如联合国秘书长或国际法院院长）来指定。一般情况下，和解委员会对程序规则、报告和建议等问题的决定应由成员的多数票作出。1961年通过的《国际调解程序规则》进一步明确规定，通过由当事各方自己建立的常设或临时委员会处理争端，其委员会的职能是应当事各方的请求对争端事实进行公正的调查，并且明确地限定可为当事各方接受的解决争端的条件或向当事各方提出可由它们自行决定其效力的而原则上不具有法律约束力的有关解决争端的建议。③

调解（和解）与调停不同，调停是第三国（方）在当事国之间主持或参加谈判，努力促成双方接触或达成协议；而调解则是当事国将争端提交调解（和解）委员会，目的在于公正地查明争端事实，建议并提出适当的解决办法。调解（和解）过程一旦形成，必然同时涉及不可或缺的两个方面：一是关联的各方或冲突的各方要求或允许调解者实行调解；二是调解者必须

---

① Wilkenfeld, Jonathan, Kathleen Young, Victor Asal, and David Quinn, "Mediating International Crises: Cross-National and Experimental Perspectives," *Journal of Conflict Resolution*, 2003, Vol. 47, No. 3, pp. 279 – 301; Wilkenfeid, Jonathan, Kathleen Young, David Quinn, and Victor Asal, *Mediating International Crises*, Oxford: Routledge, 2005, 转引自胡元梓：“调解何以能促成冲突的解决：文献述评与经验研究”，《学术界》2010年第8期。

② 钱其琛主编：《世界外交大辞典》上卷，北京：世界知识出版社，2005年版，第749页；王铁崖主编：《国际法》，北京：法律出版社，1981年版，第462页。

③ 叶兴平：“国际争端解决中的调查与调解程序”，《法律科学》1994年第4期。

同意进行调解。[①]

调解（和解）同仲裁及司法解决也有区别，因为在调解（和解）程序下，当事国对于向它们提出的关于解决办法的建议，并没有必须接受的法律义务；而仲裁和司法判决则具有法律约束力。调解（和解）同国际调查委员会也不完全相同，调解（和解）的主要目的是取得调解（和解）委员会的积极帮助而使争端当事国达成协议；而国际调查委员会的主要目的在于调查争端事实，在查明事实以后，使当事国能自行解决争端。[②]

调解（和解）是一个冲突管理过程，是指处于冲突中的各方或其代表在寻求得到或接受来自个人、团体、国家或国际组织的援助与调解时，在不使用武力或不诉诸法律的情况下改变或影响冲突各方的观念和行为。[③] 在现实的国际关系中，并非所有的潜在调解人都会参与解调。调解能力和调解意愿是潜在的调解人决定是否参与国际调解的两个主要决定因素。潜在调解人的调解能力取决于其硬实力或拥有的资源、对于冲突各方的信息沟通能力及其能否说服冲突各方，使之相信冲突长期化的损失远大于终止冲突所获得的收益。成功的可能性与概率并不是调解人介入调解与否的唯一决定性因素。出于其他因素的考虑，调解人尽管意识到参与调解取得成功的可能性不大，但它们还是会选择介入，这主要有两个方面的原因。一方面，与军事干涉或制裁等手段相比，调解总体上无须付出多大代价，即使调解失败，调解方也不会付出较高的物质代价。因此，在面临复杂形势时，调解行为仍然是一个风险较低的政策选择。另一方面，调解行为对提高一个行为体的政治声誉可能是有利的。如进入21世纪以来，中国积极介入国际调解，无论调解的结果和口碑如何，中国都能在具体的调解过程中逐渐建立自己的国际声誉或积累国际社会资本，有利于维护和扩大中国的国家利益与国际影响力，拓展自己的外交空间。

尽管人们对调解的潜在失败很敏感，但国际社会仍然会对调解方所做的调解努力表示赞赏，日益增多的国际冲突与危机也呼吁更多、更为有效的国际调解，但迄今为止成功的国际调解并不多。危机调解的比例在多极格局时

---

① 胡元梓："调解何以能促成冲突的解决：文献述评与经验研究"，《学术界》2010年第8期。

② 王铁崖主编：《国际法》，北京：法律出版社，1981年版，第460页。

③ J. Bercovitch, "The Structure and Diversity of Mediation in International Relations," in J. Bercovitch and J. Z. Rubin, eds., *Mediation in International Relations: Multiple Approaches to Conflict Management*, London: Macmillan Press Ltd., 1992, p. 7.

期（1918—1939 年）为 22%，在两极格局时期（1945—1962 年）为 27%，在多中心主义时期（1963—1989 年）为 35%，在冷战结束后的单极格局时期达到了 47%（1990—2001 年）。根据“国际危机行为”数据库的统计，约占 63% 的危机经过调解后，在 5 年内有所缓解，只有 44% 的危机经过调解达成了某种正式协议。①

4. 国际调查

国际调查是由有关国家组成的专门的国际调查委员会，按照与各当事国达成的协议，对当事国之间发生的矛盾或争端的事实进行调查，以便彻底澄清事实，消除争端各国之间的误会，缓解其对立情绪。国际调查委员会的设立一般都是根据有关条约、章程，由争端当事国订立专约，专约中载明调查的内容，规定组成委员会的办法、期限，委员会的权限等。调查结束后，委员会应讨论、起草和宣读报告书；报告书限于查明事实，决无仲裁裁决书的性质；各当事国对于调查结果给予何种效力有完全的自由。

1899 年的第一次海牙和会上，著名的国际法教授 F. F. De. 马顿斯代表当时的俄罗斯政府提出了设立国际调查委员会以发展调查程序解决国际争端的计划。该项计划绝大多数方面的内容得到了与会各国代表的赞同。会议通过的《和平解决国际争端公约》正式将有关国际调查委员会的规定写进其条款之中，从而使以国际调查委员会形式体现的调查解决争端的制度具有了明确的法律根据。②《海牙公约》规定：凡遇有国际争端不涉及国家荣誉或根本利益而只起因于对事实的意见分歧者，如争端当事国不能以外交手段解决，则于情况许可范围内，设立国际调查委员会。其第一次应用是 1904 年俄罗斯波罗的海舰队在北海的多革滩附近向英国渔船队射击事件。英俄双方同意设立一个国际调查委员会，由英俄美法奥五国各派一名军官组成。该委员会进行调查后认为，此事件是因俄方舰队司令官的错误造成的。事件处理结果是俄罗斯政府向英国赔偿损失。③

此外，还有国际会商方式，即是在作为第三方的国家的影响或主持下，发生矛盾或争端的有关当事国家以举行国际会议的形式进行协商、讨论，以

---

① 张春：“国际调解的供需关系分析——以埃塞俄比亚与厄立特里亚冲突（1998～2000 年）的调解为例”，《世界经济与政治》2007 年第 1 期；胡元梓：“调解何以能促成冲突的解决：文献述评与经验研究”，《学术界》2010 年第 8 期。

② 叶兴平：“国际争端解决中的调查与调解程序”，《法律科学》1994 年第 4 期。

③ 王铁崖主编：《国际法》，北京：法律出版社，1981 年版，第 460—461 页。

寻求妥协或让步，从而促使矛盾或争端能够得到缓解或解决。

第三方进行国际调处的目的在于帮助争端或冲突的当事国（方）找到共识，解决分歧。第三方如何行动影响到争端双方是否认为第三方是公正的，第三方以中立和不带偏见的方式对待争端双方，让双方确信他是值得信任的，尊重双方的立场和利益，会被评价为最具公正性。[①] 在国际调处的过程中，第三方要恪守国际法的有关原则规定，必须尊重矛盾或争端当事国的主权，不得干涉其内部事务。

从外交实践看，国际调处正在受到各国的普遍重视。因为及时的国际调处可以缓和国际矛盾或争端，有可能避免国际矛盾或争端的进一步激化、扩大化，起到明显地维护世界和平的作用，参与国际调处的第三方国家还可借机提高本国的国际地位。

第三节 当代外交方式

作为人类社会弥合冲突、加强合作的一种最文明、最理性的手段，外交在调整国际关系方面起着不可替代的作用。而且“外交在理论上和实践上的表现形式，如同大多数人类制度一样，是充满活力并随时代而变化的。”[②] 外交自产生以来，历经区域外交、传统外交和现代外交等不同时期。每一时期的外交都产生了一些独特的、带有时代烙印的外交方式。外交的进程是富有生命力的，随着国际关系的演进，旧的外交方式不断被扬弃、改进和完善，新的外交方式不断产生和发展。

自第二次世界大战结束以来，国际社会不断扩大，行为主体迅速增加。世界上的主权国家已由1900年的45个，增加到今天的近200个，外交进入多边时代。随着全球化的深入及国际社会相互依存度的提高，外交事务大量增多，包括政治、安全、经济、文化和生态等诸多问题，外交涉及的范围大大拓展，创造、采取新的外交方式成为必要。通信和交通技术的进步，打破了跨区域联系的时空局限，在使外交接触的效率大大提高的同时，也为国家

---

① ［美］珍尼·M. 布雷特，范徽、王凤华等译：《全球谈判：跨文化交易谈判、争端解决与决策制定》，北京：中国人民大学出版社，2005年版，第82页。

② ［美］埃尔默·普利施科，周启明、顾德欣、熊志勇等译：《首脑外交》，北京：世界知识出版社，1990年版，第11页。

政府与民间的沟通创造了条件；各国政府决策机构直接控制外交进程，决策者亲自处理重大问题或彼此间及时磋商有了可能。结合国际关系民主化进程，公众舆论成为影响外交的重要因素。

受上述因素影响，在第二次世界大战后的外交实践中，首脑外交、多边外交、公共外交、预防外交和经济外交成为当代外交的主要方式。

一、多边外交

“多边外交”是指三个或三个以上的国际关系行为主体（主权国家），通过多种渠道进行磋商、协调及举行国际会议进行讨论以处理相互关系或解决彼此关心的问题。它有两种含义：一是多个主权国家参与同一个国际协调行动；二是通过参与多个主权国家组成的地区性或全球性国际组织的活动达到外交目的。一般说来，多边外交是多边主义在具体外交实践中的表现，它以多边主义为其基本理论基础。①

有的学者将多边外交分为4种类型：霸权型合作，如北约、华约与经济互助委员会等；协调型合作，如1815年后的欧洲协调机制、当代的联合国安理会、八国集团等；受限的对话合作，如导致美洲国家组织成立的华盛顿会议、国际联盟等；开放的对话合作，如上海合作组织、东南亚国家联盟等。②

传统外交时期的主要外交方式是双边外交，多边外交只是偶而或暂时出现在战争结束后，交战各方举行的和会上及受其影响形成的威斯特伐里亚体系、维也纳体系、凡尔赛体系等国际体系以及第一次世界大战后建立的国际联盟。1874年建立了万国邮政联盟，1899年设立了海牙常设国际仲裁法院等专业性的常设多边机构。但是，那时的多边外交并不是一种经常运用的方式。第二次世界大战以后，随着联合国组织及其他一系列国际组织的产生，一大批主权国家的诞生，以及交通和通信技术的发展，各国之间联系的速度与频率都在加速；再就是多边组织外交活动有可能使小国、弱国发挥出超越

---

① John Gerard Reggie, “Multilateralism: The Anatomy of an Institution,” *International Organization*, Vol. 46, No. 3, Summer 1992.

② Jorn Dosch, Manfred Mols, *International Relations in the Asia-Pacific: New Patterns of Power, Interst, and Cooperation*, New York: St. Martin's Press, 2000, pp. 89 – 94，转引自王明进：“中国对多边外交的认识与参与”，《教学与研究》2004年第5期。

本国实力的国际影响力，所以多边外交对它们具有特别的吸引力；[①] 加之世界经济一体化与全球化的深入发展，以及政治化与文化多元化的发展趋势，多边外交空前活跃，在促成不同发展程度、不同层次与范围的多国协议与政策协调上都取得了富有成效的进展。多边外交真正显示出其在解决国家间、地区内部及世界问题中的巨大作用，得到世界各国的广泛认同，并已成为国际社会最为普遍的外交形式之一。如，中国在20世纪80年代参与了世界银行和国际货币基金组织，并拥有单独选区；2001年，中国加入了世界贸易组织。中国还同77国集团和“不结盟运动”建立了多边合作关系。中国于1992年加入《不扩散核武器条约》，于2000年签署《全面禁止核试验条约》，于2001年批准了《经济、社会及文化权利国际公约》。20世纪90年代之前，中国与东南亚各国关系的发展基本上是在双边外交的形式下进行的。随着冷战的终结，中国与东南亚各国开始顺应国际关系发展的潮流，以多边外交的形式来推动彼此间关系的发展。截至2011年，中国政府参与的全球和地区主要政府间多边外交组织已超过80个，[②] 在全球多边外交舞台上越来越多地展显示出中国特色。

多边外交的主要形式是国际组织和国际会议。随着全球化的深入，国际政治、经济的发展和国家之间相互依赖、相互影响的进一步加深，各国所面临的问题越来越多，人类生活的各个领域都迫切需要通过国际组织和国际会议来协调。目前世界上影响较大的国际组织已达4000多个，这些国际组织与人类生活的各个方面密切相关，上至宇宙，下至洋底，其活动范围包罗万象。其中联合国及其附属机构每年举行的大型国际会议是进行多边外交最重要的场所。

多边外交是不同类型和体制的国家在一起相互沟通和协商，其本质上属合作性而非对抗性，属平等性而非歧视性，具有更高的公开性，制定与实施的协议更具有透明性，多国利益与政策在此交汇也使它具有广泛的包容性，且强调互利合作共赢，对话与协调形式灵活多样，[③] 因而多边外交对当代国

---

① ［美］约翰·罗尔克，宋伟等译：《世界舞台上的国际政治》，北京：北京大学出版社，2005年版，第338页。

② 卢晨阳：“中国对多边外交的参与及对策”，《学习与探索》2008年第2期；王光厚、张效民：“多边外交与中国—东盟关系”，《东南亚纵横》2011年第12期。

③ 王明进：“中国对多边外交的认识与参与”，《教学与研究》2004年第5期；于洪君：“世界多边外交的回顾与思考”，于洪君编：《当代世界多边外交（2012）》，北京：党建读物出版社，2013年版，代前言。

际关系有着重要的影响和作用。它对于增进国际交流与理解，推动外交事务的民主化、公开化、推动世界朝多极化方向发展以及提高处理国际事务的效率都大有裨益。

第一，多边外交是国家间广泛交往的重要渠道，尤其是为发展中国家走向世界，申明对国际事务的主张，维护民族权益和了解国际事务的发展趋势开辟了广阔的天地。

如，在当今世界，许多国家尤其是发展中国家，将联合国作为与他国交往、联系的主要场合；利用联合国的讲坛，阐明本国对外政策，明确本国对国际事务的主张和立场；它们有时也联合起来，通过集体力量和集团投票来有效地维护本国的权益与利益。发展中国家特别是新兴国家积极参与的二十国集团、欧亚峰会不仅凸显了多边外交在当今世界的重要性，而且为应对全球金融危机及其他全球重大问题作出了突出贡献，也为广大发展中国家在国际社会赢得了更多影响力和话语权。①

第二，在增进国家间政治和传统安全领域的互信与共识，和平解决国际争端，消除地区热点，缓和紧张局势，进而构建和促进世界与地区的和平等方面，多边外交起着特殊的促进作用。

维护政治、安全关系的稳定并促进其不断发展，实现持久和平是第二次世界大战结束以来国际社会的共识，多边外交是参与各方交换立场、互通信息、阐释观点的稳定的制度安排，在推进各参与方增加互信、扩大共识方面起着不可或缺的作用。②

《联合国宪章》规定："采取有效集体办法，以防止且消除对于和平之威胁，制止侵略行为或其他和平之破坏；并以和平方法且依正义及国际法之原则，调整或解决足以破坏和平之国际争端或情势。"在实践中，联合国的多边外交在调解国际冲突中取得了一些成效。至今，联合国安理会已经多次通过决议，在与当事国协商及合作的条件下，向出现重大冲突的地区和国家派出数以万计的维和部队。

在当代国际社会，这样的多边谈判机制（如为解决朝核问题而构建的六方会谈）已成为解决国际热点问题，应对诸多安全危机的首选方式。

---

① 于洪君："世界多边外交的回顾与思考"，于洪君编：《当代世界多边外交（2012）》，北京：党建读物出版社，2013 年版，代前言。

② 王光厚、张效民："多边外交与中国—东盟关系"，《东南亚纵横》2011 年第 12 期。

第三，多边外交为加强国际合作，开展国际援助，促进全球谈判与国际经济秩序，推动各国经济、社会发展，解决人类共同面临的全球性问题等提供了重要的途径。

全球化时代是市场经济盛行的时代，不参与全球经济互动、不开展国际经济合作，任何国家的经济都难以实现持久发展。从这一角度来看，积极开展多边外交并借此深化彼此间的经济合作，是各国应对经济全球化挑战的必然选择。实际上，第二次世界大战结束以来，美国一直是多边主义的倡导者，自2007年世界金融危机趋重后，奥巴马政府为应对全球金融危机而加强了国际多边合作。奥巴马政府积极参加2009年、2010年达沃斯世界经济论坛，博鳌亚洲论坛2009年年会、2010年年会，“G8”拉奎拉峰会、亨茨维尔峰会，“G20”伦敦金融峰会、匹兹堡金融峰会、多伦多金融峰会等多边会议，并就世界经济复苏、经济发展方式转变、国际金融体系改革等议题与各国展开积极合作。① 如今，上海合作组织、非洲国家联盟、海湾合作委员会等新兴国家组织相继召开多边会议，传递加强国际金融体系改革与经济合作、推动世界经济尽快复苏和强劲、促进多边主义和国际关系民主化、追求建立公正合理的国际经济新秩序等诉求。② 更为重要的是，多边外交还是区域经济一体化赖以展开的重要制度架构，区域经济一体化的推进离不开区域多边外交的完善与深化。

随着全球化的深入发展，诸如恐怖主义威胁、环境恶化、能源短缺、跨国犯罪等全球性和区域性非传统安全问题日益凸显，“成为影响国际和地区安全的重要的不确定因素”。这些全球性和区域性非传统安全问题形成的根源十分复杂且影响范围十分广泛，因而单靠一个国家的力量是无法得到彻底解决的。在这种情况下，积极开展各种形式的全球性和区域性的多边合作成为各国应对非传统安全问题的必然选择。③ 如今在应对全球问题上，美国更加倾向于采取多边外交路线，以加强国际多边合作。美国国务卿希拉里曾就减排问题表示，“我将积极向日本和韩国主张清洁能源，寻求与印尼合作，我们将与中国建立合作伙伴关系。”2009年2月24日，奥巴马在美参众两

---

① 王发龙：《奥巴马政府多边外交政策评析》，山东师范大学2011年硕士学位论文，中国知网。

② 于洪君：“世界多边外交的回顾与思考”，于洪君编：《当代世界多边外交（2012）》，北京：党建读物出版社，2013年版，代前言。

③ 王光厚、张效民：“多边外交与中国—东盟关系”，《东南亚纵横》2011年第12期。

院联席会议上演讲时表示："新的合作时代已来到，因为我们知道美国无法单独应对本世纪的各种威胁；没有美国的参与，世界也无力应对这些威胁。"①

总之，作为国际协调与各国相互依赖日益加深的一个必然产物，多边外交"在一定程度上弥补了传统的单边外交和双边外交的缺失，适合多数国家扩大沟通的需要，使世界政治更加活跃，也令国际关系格局朝多元化的方向演化"。②

但是，当今世界，主权国家仍是国际关系以及多边外交的主体，从事多边外交的政府间国际组织也都由主权国家组成。各国由于政治、经济、地理、历史和文化方面的巨大差异性，拥有的国家利益有所不同，对共同利益的理解也大相径庭，使得多边外交的作用和影响受到限制；特别是国际社会中仍然存在着的强权政治也经常对多边外交产生消极作用，"主要的西方大国……逐渐地，在'协商一致的决策'的名义下开始让人感到它们的分量"。③ 实践中的多边外交因参与国（方）各自利益不同，许多方面拥有各自的盘算，存在许多严重分歧，达成协议过程缓慢或难以达成共识，因此多边外交所起的作用远低于预期，许多重大经济、金融、安全问题难以达成根本一致，难以获得真正的解决。尽管要讨论所谓的重要议题，但实际解决效果并不明显，不少决议和文件难以落实，最终不了了之。多边外交的局限性和有限性使得各国在许多重大问题上难以寄其所望。如就美国的性格而言，过多的多边外交、多边沟通和多边合作未必是美国之所愿。约瑟夫·奈曾指出："全球信息时代的美国外交政策应总体上偏向多边主义，但并非完全采用多边主义，偶尔我们将不得不单干。"④ 中国也深刻意识到多边外交的局限性，在重视多边外交的同时，也尽力规避被动性地参加各类多边外交而收

---

① U. S. –Asia Relations：Indispensable to Our Future，Hillary Rodham Clinton，February 13，2009，http：//www. state. gov/secretary/rm/2009a/02/117333. htm. ；Remarks of President Barack Obama-As Prepared for Delivery，Address to Joint Session of Congress，Tuesday，February 24th，2009，http：//www. whitehouse. gov/the-press-office/remarks-president-barack-obama-address-joint-session-congress.

② 王逸舟：《全球政治与中国外交——探寻新的视角与解释》，北京：世界知识出版社，2003年版，第271页。

③ ［英］杰夫·贝里奇，庞中英译：《外交理论与实践》，北京：北京大学出版社，2005年版，第169页。

④ ［美］约瑟夫·奈："重新定义美国的国家利益"，胡鞍钢、门洪华：《解读美国大战略》，杭州：浙江人民出版社，2003年版，第109页。

效甚微的情况。特别是那些涉及中国国家安全、涉及中国参与国际秩序与规则制定方面的一些多边外交机制，经常对中国维护核心利益和战略安全、领土领海起到负面影响，牵制、羁绊了中国外交回旋空间的会议或机制；更是拒绝那些机制已经流于形式，甚至成为周边大国和西方国家限制、牵制乃至挤压中国的工具。[①]

在多边外交日益发展的同时，双边外交活动仍起着十分重要的作用。在外交实践中，多边外交和双边外交各有其用，有的国际问题用双边外交的方式更好解决，而有的问题则用多边外交的方式更好解决，两者是互补的或相辅相成的，多边外交经常需要双边层次上的支持行动，其目的不仅仅是为了争取目标国的支持，也是为了进行真正的双向对话。[②] 但西方一些学者和政治家对多边外交持批评、指责态度，认为多边外交是“多数人决定的恶习”。而且多边外交涉及的议题范围广泛，为了取得多数表决同意，各国代表需要通过双边交往及各种形式的私下、个别磋商，以寻求共同点，澄清疑点，达成妥协与默契，取得谅解，没有这些扎实的双边接触，多边外交很难取得预期的成果。事实上，多边外交的场合为双边接触、交涉提供了更有利、更灵活多样的机会与选择，为各国展开全方位的双边外交提供了舞台。[③]

二、首脑外交与峰会外交[④]

在当代世界，交通和通信技术的进步，推动了国家最高层对外交的兴趣与参与度的跃升，国家领导人之间举行双边或多边首脑峰会变得越来越频繁或经常化。

---

① 齐云飞：“辩证看待多边外交的优点与局限性”，http：//www. china. com. cn/international/txt/2012 - 05/21/content_ 25433396. htm。

② 卢晨阳：“中国对多边外交的参与及对策”，《学习与探索》2008 年第 2 期；［印］基尚·拉纳，罗松涛、邱敬译：《双边外交》，北京：北京大学出版社，2005 年版，第 59 页。

③ 鲁毅等主编：《外交学概论》，北京：世界知识出版社，1997 年版，第 142—146 页；钱其琛主编：《世界外交大辞典》上卷，北京：世界知识出版社，2005 年版，第 516 页。

④ 为示区别，首脑外交，本书同意埃尔默·普利施科的英文用法，即“Diplomacy in Chief”，而峰会外交英文表示则为人们常见的“Summit Diplomacy”。

（一）首脑外交

“首脑外交”也有人称之为“个人外交”，指的是国家最高政治级别领导人，如国家元首、政府首脑直接参与的外交活动。“首脑外交”的方式主要有：国事访问、友好访问；正式会议、会晤、非正式会晤；首脑之间的通信、通话；首脑的私人代表或特使在正式外交渠道之外的特殊使命，以及首脑公开的对外政策声明、讲话等。一般而言，首脑外交的特征如下：①

一是参与主体对象的特殊性。首脑外交的主体必须是具有合法性的中央政府的政治首脑，包括在职的国家元首（如总统、主席）、政府首脑（如首相、总理）、政府最高领导人及其国际组织的最高领导人或首脑委任的代表。

二是外交议题的重要性、象征性。首脑外交的所有活动都必须代表国家主权或国际组织的意志，政治首脑的一切行为都必须对整个国家或国际组织负责。

三是外交决议执行的一体性与连续性。首脑外交的目标清晰而明确，一般都是着眼于国家或国际组织的利益，推动外交战略和外交政策更好地实施，服务于战略利益的实现，促进政治、经济和文化的交流。这些原则性问题往往以共同宣言、联合公报、外交声明等形式发表出来，一经确立就不能随意改变，少有回旋的余地。

四是外交谈判的直接性与快捷性。首脑外交方式是决策与执行高度一体化，避开传统外交那样过于注重外交礼仪的繁文缛节，而是直接、迅速、面对面地同对方打交道，寻求高度集中、有效处理共同关心的国际事务的途径。②

首脑外交最初起源于原始部落酋长之间最早期的互访和谈判。许多世纪以来，在位的君主、总统、首相、独裁者和其他政治领导人一直以个人身份从事外交活动，诸如任命密使、到国外进行正式访问、谈判和签订条约。在第二次世界大战中，罗斯福、丘吉尔和斯大林“三巨头”几次聚首，讨论战争问题和战后世界安排之会更是成为首脑外交史上的典范之作。

---

① 龙金和：《冷战后首脑外交的新变化及其未来发展趋势研究》，中南大学2010年硕士学位论文，中国知网。

② 赵可金：“首脑外交及其未来发展趋势”，《教与学研究》2007年第12期。

虽然首脑外交的实践也许和有文字记载的历史一样古老，但具有现代涵义的首脑外交一词却是20世纪的产物。人们普遍认为是温斯顿·丘吉尔在1953年春第一次使用了“首脑”这个词，但事实上，早在1943年美英第二次魁北克会议结束时发表的联合声明中就已经使用了这个词。[①] 第二次世界大战后，随着交通运输技术手段的进步与变革，长距离、高速穿梭旅行成为日常现实，信息技术的发展又提供了即刻通话和协商的便利条件，加之有现代安全手段的保障，各国家元首、政府首脑直接参与的外交活动与日俱增。而现代传媒手段的发达，也使首脑外交的形象与成果得到大力宣传。首脑外交的提法在新闻媒介中逐渐流行起来，成为主要的外交方式，在国际舞台上日益活跃。

首脑外交是国家元首或政府首脑直接参与的外交活动，其独特魅力在于国家元首或政府首脑会晤所衍生的权威性及其决策能力、下级对上级的服从等方面。[②] 因此，它不只是礼仪性和象征性的，而是越来越同解决重大的双边或多边国际问题相联系，并发挥着更重要的作用。

第一，国家元首、政府首脑一般都是该国外交政策的最高决策者，他们的直接相互往来，有助于彼此熟识，建立良好的私人关系，以及增强领导人之间彼此的敬重和信任，发展相互谅解。这样，可以面对面阐明各自的国家利益、外交政策甚至国内困难，[③] 从而有助于促进正式的国家关系，促进双边和多边事务的发展。在关系敌对的国家中，国家元首、政府首脑之间的联系则有助于澄清各自国家的立场，增加相互信任，消除分歧，扩大妥协的范围。

如，1977年埃及总统萨达特毅然决定访问耶路撒冷，与以色列领导人直接进行和平谈判，从而结束了埃以两国长期敌对的状态。2000年6月，韩国与朝鲜领导人50年来第一次在平壤举行了双边会谈。因这是朝鲜半岛形势发展最为重要的时刻，朝韩之间协议的重要性也远远比不上朝韩两国领导人在电视上一直握手、微笑、开玩笑、喝香槟的象征意义。一位首尔办事

---

① ［美］埃尔默·普利施科，周启明、顾德欣、熊志勇等译：《首脑外交》，北京：世界知识出版社，1990年版，第16页。

② 郑华：“冷战背景下首脑外交核心要素考察——以中美关系解冻系列谈判为例（1969～1972）”，《国际观察》2007年第4期。

③ ［美］埃尔默·普利施科，周启明、顾德欣、熊志勇等译：《首脑外交》，北京：世界知识出版社，1990年版，第461页。

员评论道："也许韩朝关系不会立刻出现巨变，但大多数人都同意我们双方已经达成了很多共识，取得了很多进展。"①

第二，各国首脑超越传统外交代表机构及一些固有的程式，便于直接、迅速、面对面地解决重大问题，取得外交方面的突破性进展。首脑们将国家对外政策决策和执行结合起来，通过面对面阐明各自的愿望、见解和主张，可以有效消除误解，避免错误估计，克服、抑制一些较低层级外交谈判中出现的分歧和矛盾的爆发，从而产生信任与合作，② 寻求高度集中的、有效的处理共同关心的国际事务的途径。

此外，除去正式条约和其他要求须通过立法行动来承担义务外，首脑们无须听候指令，也不用间接地通过代表机构或有待斟酌，避免了外交渠道的拖延和曲折，可以避开一些纠缠不清的技术细节，直面问题的核心，迅速和直接地作出决定，为及时处理危机与突破僵局赢得了时间。同时，首脑外交还利于提高参与方的国家地位及公众对其政策的支持度。

第三，首脑外交在增进领导人个人情感，提高其个人声望的同时，也在向国际社会展示本国的形象，推介本国的文化。首脑外交是国家元首或政府首脑直接参与的外交活动，在交往的过程中，由于对彼此了解的加深，双方易建立并长期保持个人间的友谊。这对改善国家关系，推动两国人民的交流与合作往往会产生意想不到的作用。而国家首脑往往代表一个国家的形象，在电视、英特网越来越普及的情况下，人们对一个国家的认知就会越来越依靠该国领导人来实现。③

第四，首脑外交反映着当代世界格局与国际形势的发展变化。在当代国际社会，首脑外交在发展正常国家关系，建立、促进国际信任与合作，处理国际冲突和危机，裁军与军备控制，促进一体化发展等诸多方面、领域都发挥着特殊的作用。自 20 世纪 90 年代以来，随着国际一体化和多极化趋势的进一步发展，多边首脑外交盛行起来，各种多边首脑会议比比皆是，如亚太经合组织非正式首脑会议、欧盟首脑会议、欧安组织首脑会议和非统组织首

---

① ［美］约翰·罗尔克，宋伟等译：《世界舞台上的国际政治》，北京：北京大学出版社，2005 年版，第 343 页。

② 安峥："峰会外交日益活跃中国如何发挥影响"，http：//newspaper. jfdaily. com/jfrb/html/2010 -04/21/content_ 317291. htm。

③ 龙金和：《冷战后首脑外交的新变化及其未来发展趋势研究》，中南大学 2010 年硕士学位论文，中国知网。

脑会议等等。

首脑外交的不足之处在于：首先，由于首脑外交的特点是将权力和责任结合在一起，因此其风险很大。首脑外交成功了固然好，一旦不成功则会在国家间产生矛盾，甚至还会造成国际关系的负面影响。特别是两个自负的领导人如发生了一些不愉快，“外交谈判可能很快就会从胶着恶化为对抗”。[①]典型的失败例子是1960年四大国首脑会议期间，艾森豪威尔与赫鲁晓夫因U—2飞机事件而发生激烈争执，结果导致美苏关系的急剧降温和国际关系的紧张。2004年11月3日，瓦努阿图总理沃霍尔在私人旅行中访问了台湾，并与台湾当局签署了建交公报。沃霍尔的这一举动严重伤害了中瓦两国人民的感情及两国关系。[②] 首脑外交也有可能引起误解。国际关系中有很多这样的情况，领导人认为他们已经达成了共识，到最后却吃惊并生气地发现，他们都误解了对方。而且，电话不仅不可靠，有时还会引起更多的麻烦——“你也看不到对方说话时的表情和肢体语言。”[③]

其次，随着国际政治的国内化趋势，以及国际相互依存度的上升，国内社会利益也日趋全球化，加之信息技术支撑下的网络与其他大众传媒的中介传播作用，公众对外交事务越来越关注，其成为各国外交不可回避的“公众向度”。[④] 而国家元首或政府首脑的至高权力身份往往更容易吸引公众目光并让公众对首脑外交抱有过高的期望。当首脑们参加首脑会晤时，公众的期望就会特别大，仅仅得到良好的意愿和一般的谅解并不能让他们满意。他们总是期待它能带来重要的或决定性的结果。如此，怀着热望的公众极易因为没有产生实在的外交成果而感到沮丧。

但是，首脑外交并不能解决一切重大国际问题。“以为高层对话能改善每个困难处境的观念是顽固的外交错觉之一……如果一个构思不当的首脑会

---

① ［美］约翰·罗尔克，宋伟等译：《世界舞台上的国际政治》，北京：北京大学出版社，2005年版，第345。

② 马宁：“瓦努阿图降下台湾旗帜　瓦总理面临下台危机”，http：//news.163.com/41207/9/1707RJUE0001124L.html。

③ ［美］约翰·罗尔克，宋伟等译：《世界舞台上的国际政治》，北京：北京大学出版社，2005年版，第344页。

④ David D. Newson，*The Public Dimension of Foreign Policy*，Bloomington and Indian apolis：Indiana University Press，1996，p. 157.

议也不能使局势更坏的话，那么局势本身就已经糟糕到了极点。”[①] 作为一种公开性外交博弈的首脑外交，其任何失误相比其他级别外交更易引起注意，更可能引发国内政治观众的谴责甚至罢免，即国内观众成本更易产生；代表的国家也可能面临更大的国际声誉、国家形象受损风险，即国际观众成本更大。[②]

最后，如果外交由一个非职业的生手去处理，尤其是在同富有外交经验的外国首脑谈判或讨论重要、复杂的问题时，有可能会发生引起严重后果的失误，从而严重地影响国家利益。而国家首脑在指导国际事务方面，有可能是非职业人员。某些类型的首脑外交，他如果不同顾问和专家们密切合作就不可能采取行动，例如制定和宣布重大的政策或亲自率领一个谈判代表团参加正式首脑会议。否则，他因对事实或相关政策细节不了解，就有可能会作出不明智的让步，达成与他的国家利益不一致或不相关的协议或“无知地把每件事情都弄糟”，国际关系史上这样的事例非常多。早在15世纪晚期，法国外交官与史学家科敏纳就认为，“两位想要建立良好私交的大王应该永不见面，但是应该通过优秀而智慧的大使来交流”。艾奇逊也就此评述道，“当国家首脑或政府领导人失球了（作出了笨拙的处理），在他后面的球门（端）线就大开了”。[③] 一般而言，首脑们的口头承诺或书面声明都会受到他国的高度重视或可能招致更强烈的反应，“如果总统成为谈判人员，外交就没有缓冲余地了”。[④] 一旦首脑们未经深思熟虑就对别国做出承诺，如此错误基本都是不可挽回或更改、纠正的。

因此，首脑外交有时可能超越法律所赋予的权限与约束，可能对外交造成严重破坏，而且经常是有风险的。“对待首脑会议外交要小心谨慎，就像医生开出会使人上瘾的药物一样。”[⑤]

---

① ［印］基尚·拉纳，罗松涛、邱敬译：《双边外交》，北京：北京大学出版社，2005年版，第127页。

② 胡艳婷：“以观众成本理论看首脑外交双层博弈”，《福建论坛（社科教育版）》2011年第8期。

③ ［英］杰夫·贝里奇，庞中英译：《外交理论与实践》，北京：北京大学出版社，2005年版，第181页。

④ ［美］约翰·罗尔克，宋伟等译：《世界舞台上的国际政治》，北京：北京大学出版社，2005年版，第345页。

⑤ ［印］基尚·拉纳，罗松涛、邱敬译：《双边外交》，北京：北京大学出版社，2005年版，第127页；［英］杰夫·贝里奇，庞中英译：《外交理论与实践》，北京：北京大学出版社，2005年版，第193页。

进入21世纪以来，随着经济全球化深入发展，国际社会成员间联系趋于更加密切，同时，需要万众一心应对的新问题与挑战也不断涌现，国际关系更趋向合作化、一体化，加之更加便捷的交通与通信方式或工具，既往对许多重大国际问题成功处理的鼓舞，以及国内法律制度所授予的行政权力的集中和强化，在外交领域还常常避开国内权力机构的干涉与监督，这使得世界各国首脑经常出国访问，更加热衷于跻身外交舞台，就共同关心的国际问题直接面对面地进行协商和交流或进行所谓高层战略对话，或是“我袋里有的是钱，家里有的是财产，闲着无事，出来见见世面也好”。如被喻为“像一只精力充沛的兔子”的克林顿，在其任美国总统的8年间，出访了54次，总共是花费了229天访问了133个国家。[①] 当今的现实是，大多数国家的政治领导人都是外交事务和国际政治舞台上声名显赫的角色，并日益卷入其中，[②] 首脑外交已经发展成为重要的时代潮流之一。

（二）峰会外交

进入21世纪以来，多边主义的浪潮势不可挡，世界正进入新一轮失序与整合，传统多边机制常常面临一种效率低下和适应性差的双重困境，现有国际结构出现松动和变化，世界格局的这一变化成为推动峰会外交蓬勃发展的重要力量。再就是，随着全球化的深入，全球性问题不断涌现，波及范围甚广，牵涉因素多，远超出单一部门或层级的管辖，国与国之间的关系已经发展到一种需要高层战略对话的新阶段，一些原本由外交官处理的事务如今急需交由首脑亲自拍板——“核时代，外交太重要了，因而不能把它们只留给外交官（去做）”，[③] 这就要求众多国家元首或政府首脑直接见面会商，聚在一起召开“首脑会议”，以便集中各国之力努力进行综合治理。峰会外交成为全球化时代外交的重要形态与发展趋势。[④] 如1992年6月在里约热内卢召开的“环境与发展大会”，就有183个主权国家的高级代表团参加，102位国家元首和政府首脑出席了大会的“首脑会议”。

---

① ［美］约翰·罗尔克，宋伟等译：《世界舞台上的国际政治》，北京：北京大学出版社，2005年版，第341、342。

② 赵可金：“首脑外交及其未来趋势”，《教堂与研究》2007年第12期。

③ ［英］杰夫·贝里奇，庞中英译：《外交理论与实践》，北京：北京大学出版社，2005年版，第178页。

④ 安峥：“峰会外交日益活跃中国如何发挥影响”，http：//newspaper. jfdaily. com/jfrb/html/2010 -04/21/content_ 317291. htm。

峰会外交属于首脑外交的范畴，是以多边最高级会议为舞台而展开的外交活动。首脑峰会英文称为 Summit，是丘吉尔于 1950 年 2 月在爱丁堡的演讲中首次使用的，1953 年他又用此来呼吁召开首脑一级的西方主要领导人和苏联领导人的会议，1955 年日内瓦会议后，西方新闻界开始使用这一术语。在中文里，峰会外交最初被翻译为“最高级会议”或“首脑会议”。峰会外交是指国家元首或政府首脑为了外交或宣传的目的而举行的会议，其主要目的是通过首脑直接出面澄清国家的基本政策与战略，就国家间关系的基本原则达成谅解与就外交机构难以解决的分歧和僵持的事态作出统筹安排和寻求解决的意向。峰会外交是一种非常特殊的多边外交，其演变历史与多边外交具有相似的脉络和理由。①

中国古代春秋时期的诸侯会盟就是现代峰会外交的最早表现形态。据记载，春秋时期的盟会有 480 多次，会盟已成为处理诸侯国之间关系的重要方式。② 现代首脑峰会在 20 世纪 80 年代开始兴起，最初主要关注经济问题，而今峰会上讨论的议题广泛，既包含政治安全，也有政策协调和社会经济发展。它的成果通常是以发表公开的宣言和公报来体现。③

首脑峰会的主要类型有特别峰会和系列峰会。特别峰会是指应形势需要临时举行的首脑会议，它是一次性的会议，这种聚会有严格聚焦的主题，而且始终高度明确，最后高层“看法互换”；系列峰会是指常规化的首脑会议，在预先确定的时间内，经常性的峰会也更有益于严肃的谈判，因为它们可能激起比较少的公众预期与产生出清楚和综合的程序规则，这些峰会更易于做成一揽子交易。④ 正式与非正式峰会。如果成员国在机制内意图达成的是有法律约束力的国际协议和承诺，那么这就是正式峰会机制；如果成员国没有意图在彼此之间建立起国际法意义上的权利和义务关系，就是非正式峰会机制，对行为体不产生国际法上的法律约束力，而只有政治上或道德上的约束力。区域性、跨区域和全球峰会。区域性峰会外交大多是区域组织内部

---

① ［英］杰夫·贝里奇，庞中英译：《外交理论与实践》，北京：北京大学出版社，2005 年版，第 177 页。

② 叶自成：“中国外交的起源——试论春秋时期周王室与诸侯国的性质”，《国际政治研究》2005 年第 1 期。

③ 毛德松：“峰会外交在全球治理中的地位和作用”，《世界经济与政治论坛》2012 年第 5 期；李靖：“外交知识：首脑峰会”，《重庆与世界》2013 年第 9 期。

④ ［英］杰夫·贝里奇，庞中英译：《外交理论与实践》，北京：北京大学出版社，2005 年版，第 184—185 页。

通过首脑峰会开展的外交活动，它既包括特定地域的区域性国际组织召开的峰会，如欧盟峰会、东盟峰会和美洲国家首脑会议等；也包括地理上相交或相近的国家通过区域性峰会开展的外交活动，如上海合作组织元首理事会亚太经合组织领导人非正式会议等。据中国外交部网站相关资料统计，在30个设置峰会外交机制的区域性组织中，有19个是在1990年至2008年期间成立的，其中1992年、1996年、1999年、2001年分别为3、2、3、2个，1995年、2002年—2004年、2007年为0，其他年份均每年新增1个设置峰会机制的区域组织。[①] 跨区域的峰会外交是指不同地区、不同地域的国家领导人通过召开最高级别会议而开展的外交活动，大体可分为：洲际峰会，如亚欧首脑峰会；跨区域国际机制的峰会，如金砖国家峰会；多边论坛，如中欧峰会、中非合作论坛北京峰会。它们大多具有非正式国际机制的性质。全球性峰会外交是指以讨论和解决全球性问题为主要任务，不限于特定地区的成员通过举行最高级别会议而开展的非正式峰会外交活动，峰会外交就是全球治理的平台，是全球治理的重要组成部分。[②]

有别于传统国际机制中的共识分裂现象，峰会外交更清晰地体现了国际社会重聚共识的意愿。首先，它提供了一种直接、迅速、面对面地有效处理多方共同关注问题的途径，营造了一个健康有利的外交环境，从而有利于外交向纵深发展。其次，峰会外交是传统外交在特定领域的细化和拓展，其议题可以超越传统的和平与战争、政治与经济，而特别关注与公众生产生活休戚相关的某个话题，搭建一个比综合性论坛针对性更强、参与度更高的交流平台。再次，峰会外交是国际关系民主化的体现，为更多国家参与全球治理和国际制度建设提供了不可或缺的合作舞台。“金砖四国”二度峰会，就被认为是世界经济秩序发生深刻变革的象征之一，也标志着世界多元化的发展方向。举办峰会外交也是提高主办国国际地位、扩大领导人个人影响的重要机遇。第四，举办峰会外交，邀请众多国家和国际组织领导人来本国开会，有助于增进国际社会对主办国历史文化的了解，提高主办国的国际地位和国际影响。在早先的世界历史中，举办重大峰会外交往往都意味着该国在国际舞台上具有较高的地位，或者是世界政治的中心，或是对解决某一特定国际

---

① 毛德松：“峰会外交的发展及其动力”，《湖北大学学报（哲学社会科学版）》2012年第6期。

② 毛德松：“峰会外交在全球治理中的地位和作用”，《世界经济与政治论坛》2012年第5期；李靖：“外交知识：首脑峰会”，《重庆与世界》2013年第9期。

问题具有重要的影响。即使在今天，峰会外交的举办也是国家实力和国际影响力的体现。[①]

从紧急或临时举行的最高级会议中，可最清楚地看到高层首脑会议的特别价值。在危机形势下，政府首脑急于召开会议以寻求解决危机的努力，突出了最高级会议作为紧急情况下寻求问题解决的终极的非常规办法的重要性。从外交礼仪上说，决定召开或不召开一个计划好的最高级会议都是敏感之事，可从中反映出国家间关系状态。[②] 如，2014 年因乌克兰问题，俄罗斯与西方国家产生摩擦，在俄将克里米亚地区纳入本国版图后，西方国家宣布制裁俄罗斯并取消了原定于在俄罗斯索契举行的 G8 峰会。

峰会外交有利于国家元首或政府首脑建立起个人之间的直接联系，他们可相互交流彼此在相关问题、事件上的立场、观点、看法，为解释相关政策制定的考虑提供了一个既方便又合适的渠道或方式、框架，因而日益受到重视。与此同时，它也不断受到来自各方面的对其目的和效力提出的质疑和批评。人们对峰会外交庞大的安保和高昂的费用提出批评，如 2001 年为保障热那亚八国集团峰会，意大利政府不得不花费了 1 亿英镑，而加拿大政府为 2002 年八国集团峰会支出了 1.4 亿英镑；[③] 人们还指责其重点不突出，日益陷入日常化事务及大国首脑的穿梭，越来越流于形式和会面、握手、合影；既有人赞扬它发挥了克服官僚政治障碍的政治领导作用，也有人攻击它是一个过时、缺乏执行力的排外集团。对非正式峰会机制的批评更多，主要集中在两个方面：一是对峰会功能的质疑，认为非正式峰会外交就是一个清谈馆，不可能真正解决全球性问题，如有人认为 G20 峰会本身并不是一个解决问题的场所，而是号召性的；二是对峰会外交执行力的质疑，如有人认为，峰会讨论的结果不会具备法律效力，参加国也没有执行的义务，因此即使会议的结果看上去具有约束力也不一定会被执行。因此，有一些观察人士戏称峰会“有口号、没行动”，或“有共识、待行动”。甚至有人调侃 G20 峰会是 20 个国家在紧急情况下集中在一起的“强制婚姻”，它缺乏习俗适

---

① 安峥：“峰会外交日益活跃中国如何发挥影响”，http：//newspaper. jfdaily. com/jfrb/html/2010 -04/21/content_ 317291. htm；毛德松：“峰会外交的发展及其动力”，《湖北大学学报（哲学社会科学版）》2012 年第 6 期。

② ［英］R. P. 巴斯顿，赵怀普等译：《现代外交》第 2 版，北京：世界知识出版社，2002 年版，第 136 页。

③ ［英］杰夫·贝里奇，庞中英译：《外交理论与实践》，北京：北京大学出版社，2005 年版，第 54—55 页。

应的过程，没有感情基础，更重要的是，缺乏相互信任。①

如今，峰会外交已经逐渐成为中国外交崭新而重要的平台，也将掀起中国外交的新高潮。中国把自身定位为现有国际制度的参与者、改革者和建设者，而峰会正是中国参与国际制度的一种极为重要的非正式手段，也是其塑造形象、磨炼能力的舞台。以核安全峰会为例，虽然会议议程由美国主导，但中国也在会上提出了自己的核安全主张，将中国作为一个积极向上、合作负责的大国形象充分展现在世人面前。今后，中国的任务是如何更好地运用国家资源、组织议程和话题设置，如何将国际公共产品与本国利益高度结合，进一步提升软实力。②

三、经济外交与能源外交

经济是一国外交的重要基础。为促进国家经济利益目标的实现或使之在对外交往中争取更为有利的经济条件，经济外交在当代国家运用的各种外交方式中无疑占有更为显要的位置。

（一）经济外交

今天，外交机构对政治和经济工作几乎同等重视。全世界有超过一打的国家运用澳大利亚模式，由一个联合的部门来处理外交和外贸。其他国家如英国也采取了类似的统一行动，建立了由外交部直接负责、通过使馆网络促进贸易和投资的新联合结构。因此，经济是当代“综合外交”的一个组成部分。一句话，经济已融入外交。③

经济外交是促进国家繁荣的需要，也是为实现该目的而实施的一种对外经济政策的需要。④ 经济外交泛指国家为实现本国经济利益而突出对外经济交往的外交，或国家以经济手段施加本国对外影响的外交。20 世纪七八十年代，“经济外交”这一术语最初仅被用来描述当代各国经济在对外关系中

---

① 毛德松：“峰会外交在全球治理中的地位和作用”，《世界经济与政治论坛》2012 年第 5 期。

② 安峥：“峰会外交日益活跃中国如何发挥影响”，http：//newspaper. jfdaily. com/jfrb/html/2010 – 04/21/content_ 317291. htm。

③ ［印］基尚·拉纳，罗松涛、邱敬译：《双边外交》，北京：北京大学出版社，2005 年版，第 127 页。

④ ［美］克里斯托弗·希尔，唐小松、陈寒溪译：《变化中的对外政策政治》，上海：上海人民出版社，2007 年版，第 166 页。

的特殊作用，现已逐步被确认为在当代外交中具有显著特色，并对国际关系具有重大影响的一种特殊外交方式。[①]“经济外交”有两种含义：一是指主权国家通过经济手段达到某种政治和外交目的；二是指通过外交手段促进对外贸易，增加外汇收入，获取经济利益。

经济外交早在几个世纪以前就已存在。第二次世界大战后，一些国家开始重视经济外交，其中日本尤其重视经济外交的推行。1957 年，日本政府在其《外交蓝皮书》中首次提出“经济外交”的口号，“日本外交现在面临的重要课题，可以列举为同亚洲国家的善邻友好、经济外交、调整对美关系三个课题”。[②] 其后日本便将经济外交作为获取海外原料供应和开拓商品市场的重要工具。经济外交为日本经济的崛起立下了汗马功劳。20 世纪 70 年代以来，第三世界国家也开始使用经济外交的武器。

冷战结束后，随着国际经济政治化和国际政治经济化的深入发展，经济成为影响国际关系的主要因素。顺应全球经济竞争的时代潮流，各国纷纷将经济外交作为对外关系的主轴，一些国家专门制定了发展经济外交的战略，调动国内各部门各阶层人士为经济外交服务，经济外交名副其实地成为当代外交的主要方式。

近年来，中国不断探索经济外交的新路子，除官方渠道外，还广泛利用民间团体、民间资本，与周边国家进行经贸合作，取得了良好的经济效益，目前中国的经济外交正呈现全方位、多渠道发展的大好势头。

经济外交常见的具体表现方式有：促进或限制贸易与投资、促进或限制战略物资的进出和转移、促进或限制技术转让和经济合作、经济援助、经济制裁、关税战、发展外交、国际协调与国际经济法等等。

由于各国的国家性质与其所要达到的政治目的不同，经济外交各种具体形式所起的作用也各有不同。

经济外交的积极作用在于：第一，经济外交可以加强各国之间的经济联系，增进国家的经济利益。成功的国际援助和国际合作，不仅使受援国得到实惠，而且可以给援助国带来多方面的利益，更重要的是有助于双方关系的改善和发展。“富国和发展中国家一样认为动员外国直接投资和促进出口是

---

① 钱其琛主编：《世界外交大辞典》上卷，北京：世界知识出版社，2005 年版，第 950 页。
② 周永生：《经济外交》，北京：中国青年出版社，2004 年版，第 118 页。

在国外推进利益的精髓。”[①] 如第二次世界大战后实施的“马歇尔计划”不仅复兴了欧洲经济，同时也促进了美国经济的增长与繁荣。

也正因为如此，现今西方国家经济外交的一个发展趋势是将重心转向发展中国家，它们不仅仅将发展中国家看作是能源和原料供应地，而是将其作为自身经济系统的附加组成部分。“从长期来说，这些投资将会创造一个新世界。在这个世界里，13 亿中国人有大部分可以购买福特汽车，10 亿印度人中有更多的人可以坐波音飞机去旅行……毫无疑问，发展后的南方国家会和北半球在经济上形成竞争。不过，经济发展史证明了，生产力的提高和竞争的加强将会带来更多、更好、更便宜的产品，这会提高所有人的生活水平。”[②] 而美国—中国关系过去的发展道路，就是一个经济变成塑造政治关系的驱动力的突出典范。每次美国政府或者讨论会以一种与北京的利益相背的方式考虑人权或者台湾问题时，那些眼盯着中国巨大市场潜力的美国游说者就积极“捍卫”其出口利益。这是经济变成政治关系驱动力的一种方式。[③]

第二，推动各国积极调整经济结构，增强经济的外向性和开放性，争取全方位地与世界经济接轨。在国内外市场联系日益紧密、竞争日趋激烈的情况下，各国都在努力引进、吸收国外的先进技术与管理方式等生产要素，加快本国的产业升级、改造和转化，结合发挥自己的资源禀赋与优势，尽快使经济结构、产业分工合理化、先进化，以打造自身的市场竞争优势，不断开拓国际市场空间。

第三，建立在平等互利基础上的国际经济合作的加强，国际协调的发展，推动着各国调整其经济政策，协调经济利益冲突、竞争，有利于国际经济、地区经济的稳定与发展，以及国际经济新秩序的建立。

经济对国家政治发挥着越来越重要的影响，即出现了人们所言的政治经济化趋势，反之，政治也仍然在强烈地影响着经济。

经济外交的消极作用在于：首先，经济外交不仅被作为追求本国经济利

---

① ［印］基尚·拉纳，罗松涛、邱敬译：《双边外交》，北京：北京大学出版社，2005 年版，第 54—55 页。

② ［美］约翰·罗尔克，宋伟等译：《世界舞台上的国际政治》，北京：北京大学出版社，2005 年版，第 564 页。

③ ［印］基尚·拉纳，罗松涛、邱敬译：《双边外交》，北京：北京大学出版社，2005 年版，第 55 页。

益的工具，而且增加了以经济实力为手段来达到政治目的的功能。近年来日本经济外交即是为其实现“政治大国”目标服务的。经济民族主义者认为，一个国家的政治、军事和经济力量是交织在一起的，因此政府应当利用其经济政策的所有方面，包括它的对外经济关系的力量。①

其次，某些拥有强大经济优势的国家会将经济外交作为向外扩张，推行强权政治的工具。第二次世界大战结束后的初期，美国凭借其强大的经济优势，从金融、投资和贸易三方面向外扩张。它打出“机会均等”、“经济自由”、“多边体系”的旗帜，以关税及贸易总协定、国际货币基金组织和国际复兴开发银行为三大支柱，建立了美元的主宰地位，为美国的海外投资和商品输出打开了道路。同时，美国也借此将经济实力转化成为政治的影响力和支配地位，谋求美国的世界领导地位和推行其全球战略。

再次，施加经济压力、采用经济封锁、撕毁经济合同、冻结资金等各种方式，蓄意制造一些国家在发展中的困难，强迫别国改变政策或干涉别国内政，这曾是超级大国和一些发达国家对新兴的发展中国家惯用的伎俩。②

20 世纪 70 年代以来，发达国家对外技术和经济援助进一步政治化，利用人权问题粗暴干涉受援国内政，甚至实行经济制裁。美国通过法律，把对某一国家的经济、技术援助以及贸易往来，同该国的人权状况挂钩。仅 2001 年一年，美国就对 75 个国家实行了制裁。一位专家评论道，“在这个经济日益整合的世界上，当单边禁运所造成的效力越来越弱时，美国对制裁的热情却没有消失”。其结果，正如前美国国务卿鲍威尔所言，“广泛使用制裁显得美国太傲慢，以至最后可能不能完全很好地实现我们的利益”。③

欧盟委员会也把提供技术援助与受援国人权状况相联系。日本政府提出了对外援助四原则，即提供援助时要审查受援国四方面的情况：军费开支、武器开发和武器出口；民主和人权；受援是否用于军事；发展与环保状况。科技优势成为发达国家推行其模式、价值观念和社会制度的工具，这势必引起受援国的反对，二者的斗争非常激烈，从而给国际关系增添了不确定性，造成极坏的后果。对社会、对文化如此，对国际关系也不例外。一些大国经

---

① ［美］约翰·罗尔克，宋伟等译：《世界舞台上的国际政治》，北京：北京大学出版社，2005 年版，第 526 页。

② 鲁毅等主编：《外交学概论》，北京：世界知识出版社，1997 年版，第 154 页。

③ ［美］约翰·罗尔克，宋伟等译：《世界舞台上的国际政治》，北京：北京大学出版社，2005 年版，第 530 页。

常把本国高科技实力水平当作体现国家威望的标志，在国际贸易中动辄挥舞政治压力大棒，使高科技竞争与人权、安全和外交搅成一团，成为其推行霸权主义的工具。

当代的“经济外交”在范围上比过去的“商业外交”更广泛，其任务超出了贸易，包括了25年前也不会出现在使馆和外交部工作日程上的活动。三个具体的例子是投资动员、旅游促进和国家形象管理，其中每一个都对外交进程的其他因素提供反馈。[①] 随着经济全球化与国际经济一体化趋势的发展，国际关系的竞赛规则趋向一致，利益原则和价值相互接近，国家间在经济上的相互依存更加密切，这就为经济外交提供了大显身手的舞台，经济外交在各国外交中的地位和比重进一步加强。在21世纪，经济外交会比以往更加活跃和富有成效。

（二）能源外交

自工业革命以来，能源特别是石油资源在国际政治经济舞台上一直占据着重要地位。能源在推动国家经济建设、国民生活发展的同时，也引发了多次世界性经济危机。特别是20世纪70年代的两次石油危机导致了世界范围内的经济衰退，能源成为全世界关心的重要议题，在全球经济高速发展的今天，能源安全不仅仅是一个经济问题，同时也是一个政治、军事和外交问题。2011年2月在俄罗斯圣彼得堡举行的八国集团峰会及南北对话会都将能源安全作为首要议题，足见其在国际安全中的地位已超阶越次。保证能源安全已经成为世界各国压倒一切的首要任务，当前各国都制定了以保障能源供应安全为核心的能源政策，能源外交日益活跃。

能源外交是指一国政府主导、组织，企业及个人等其他行为体参与，围绕国家能源战略目标而进行的一系列对外行动，包括制定对外能源战略与政策，以及具体的对外交往活动。能源外交的主体具有广泛性，政府（包括国家领导人、商务、能源等政府机构）居于主导地位，其中外交部通常是能源外交的先锋。企业、非政府组织及个人是能源外交的重要参与者，官商结合是能源外交的典型特点。[②] 能源外交属于经济外交范畴，是国家总体外

---

① ［印］基尚·拉纳，罗松涛、邱敬译：《双边外交》，北京：北京大学出版社，2005年版，第56页。

② 唐志超：“‘9·11’后全球能源外交发展态势”，《现代国际关系》2006年第1期。

交的一部分。

能源外交有两种表现形式：一是指运用政治经济等手段进行的以能源资源的获得和安全为最终目标的外交政策和行为；二是指以能源为手段而实现其他政治或经济目标的外交政策和行为。前一类能源外交的实施者多为能源输出国，后者则多为能源消费国；前者侧重经济目的，后者凸显政治目的。能源消费国以能源外交保障供应安全，而能源生产国以能源外交提升国际影响力。①

进入21世纪以来，世界经济的发展和经济全球化进程的加速，使得能源尤其是不可再生的化石能源，在国家安全和国际经济、政治中的地位越发突出，由其引发的军事、政治、外交冲突也呈上升趋势，深刻地影响着世界地缘政治的走向。

俄罗斯是世界石油储量和生产大国，2013年俄罗斯开采石油5.232亿吨、天然气6680亿立方米，探明石油新增6.889亿吨、天然气1.094万亿立方米，能源因素成为其外交活动的基础，其能源外交进入新一轮高潮。俄罗斯将能源外交作为促进国家经济复苏、参与世界经济体系、维护地缘政治影响、恢复传统大国的影响力、改善国际环境的重要手段。尤其是2008年世界金融危机爆发后，俄罗斯在对外交往中不仅重视能源手段的运用，而且更加重视能源安全的维护。为在国际能源结构中拥有重要地位，俄罗斯因势利导，提出了能源安全国际议程设置，这将对国际能源安全格局产生深远影响。②

美国年消费石油约9亿吨，占世界石油消费总量的近1/4，但自身产量只有2.8亿吨，其经济增长需依靠廉价石油进口来支撑。以经济和军事实力为后盾，实施全球扩张战略，保障能源安全是美国能源外交的基石。尽管美国政府在新能源政策中强调减少对外国能源供应的依赖，增强自给自足的能力，但争夺国际石油版图，强化对国外油气资源的控制权，使石油供应渠道多样化，仍是美国能源外交的重中之重。如美国通过伊拉克战争进驻世界石油产地战略制高点和中东心脏地带，重创不听话的“石油输出国组织”（欧

---

① 赵庆寺：“国际能源外交的经验与启示”，《阿拉伯世界研究》2010年第3期。

② 季志业主编：《俄罗斯、中亚“油气政治”与中国》，哈尔滨：黑龙江人民出版社，2008年版，第133、136页；蒋小林：“2013年俄罗斯探明石油、天然气蕴藏量增长情况”，http：//kz. mofcom. gov. cn/article/jmxw/201402/20140200492681. shtml；韦进深：“俄罗斯能源安全议程设置——安全化的视角”，《国际展望》2013年第3期。

佩克）的大本营——中东海湾产油国，进而对该组织进行控制、重组或置其于死地。“9·11”事件后，美国进入了梦寐以求的中亚地区，采用施压和经济诱惑的手段，迫使中亚直达土耳其的油管绕开俄罗斯，改走格鲁吉亚，打破了俄罗斯对里海石油出口的垄断，达到了控制中亚战略要地，牵制中国、伊朗和俄罗斯，操纵以里海为中心的沿边油气资源的目的。此外，美国还进军非洲石油产地，依靠乙醇外交拉拢巴西，修复与拉美国家的关系，大力发展替代能源。①

欧盟能源对外依存度一直很高，且进口份额还在不断加大，石油和天然气的进口份额分别达到80%和60%。欧盟制定的能源战略强调要保证三个层次的安全，即“经济安全、国防安全、生活安全”，同时也提出了欧盟能源外交的基本原则，即保障能源供应、保护环境和维护消费者利益。全球能源市场供应和需求方式的变化以及对能源资源竞争的日益激烈，使得欧盟在能源外交上需要综合考量。欧盟能源外交的突出特点在于它与国际组织之间的合作，尤其是同国际能源机构的合作。早在1991年，欧盟就发起签署《欧洲能源宪章》，该宪章在能源贸易、过境运输和投资等领域制定了一系列原则，旨在加强与原苏联和东欧地区的能源合作。在实施能源供应多样化方面，欧盟更是不遗余力。一方面，欧盟加强与俄罗斯、中东国家等主要能源供应者的对话与沟通，以稳定能源供应。自2000年开始，欧盟便与俄罗斯建立了欧俄能源对话机制。欧盟还积极参与中东事务，促进该地区的和平与稳定。此外，欧盟还在2005年与石油输出国组织成员国建立了定期能源对话机制，以敦促这些国家保证石油供应和建立透明稳定的价格机制。另一方面，欧盟积极开拓新的能源供应来源，并寻求新的能源管道路线，以摆脱对单一国家的依赖。目前，北非、中亚特别是里海油气区国家已经成为欧盟实现能源来源多样化战略的重要目标。苏联解体后，欧盟积极向里海油气区国家提供财政援助和技术支持，以帮助这些国家开发石油和天然气资源，并为西方石油公司向这些国家投资创造条件。欧盟还准备铺设一条途经土耳其的管道，以打通与里海地区的直接通道。此外，欧盟还注重发挥世界贸易组织、国际能源机构等多边国际组织的作用，以多元化、多层次的能源外交，寻求稳定、合理和可持续的能源供应。2006年6月的欧盟首脑会议要求欧

① 秦宣仁：“国际大环境及大国能源外交运筹”，《国际石油经济》2004年第1期；苗允：“当代世界能源外交的特点及启示”，《全球科技经济瞭望》2008年第1期。

盟委员会加快推进欧盟能源外交，包括与主要能源生产国、能源输送过境国和能源消费大国发展战略伙伴关系。欧盟首脑会议在决议中明确指出，欧盟应优先考虑尽快与俄罗斯签订能源协定，并将欧盟内部能源市场扩大到乌克兰和莫尔多瓦。2011 年 10 月，欧盟委员会通过了《欧盟能源政策：与非成员国合作伙伴建立联系》的提案，首次为欧盟能源外交制定了有关能源供应安全与国际能源合作的综合性战略。欧盟委员会指出，改进各欧盟成员国确定和执行外部能源政策优先级的协调性是首要问题，要确保欧盟内部联合行动，对外用一个声音说话。①

日本一直坚持“寸土不放”的全方位能源外交政策，必要时甚至不惜开罪美国盟友。最典型的例子就是日本最终和伊朗达成重大石油协议。日本自 20 世纪 70 年代爆发两次石油危机后，就非常注重能源进口多元化，积极探索多渠道石油来源。迄今为止，日本已在许多产油国获取了石油开采权，并建立了自己的海外石油开采基地。为了在世界各地开发到更多的石油，日本政府制定了《石油公团法》，设立了专门负责与其他国家合作在世界各地找油的“石油公团”。2006 年日本对中亚等国和蒙古开展了一系列针对该区油气资源的外交活动。由于深海勘探技术的运用和几内亚湾地区新油田的发现，非洲石油成为日本的新目标。2008 年 9 月 9 日，日本经济产业省公布了“新经济成长战略”修正案。该修正案把对日本经济发展至关重要的能源放在了重点位置，并提出了两大战略，即要集中财力提高资源效率和以高附加值产品进军海外市场。该修正案特别提出，要强化能源外交，加快与资源国和新兴国家之间签署经济合作协定的步伐。近来，日本能源外交的动向有两个特点：一是“官民一体”，政府与民间企业“联合出击”；二是以本国能源技术及设备方面的优势换取能源，力图与能源供给国建立多层次的能源合作关系。在沙特阿拉伯，日本希望通过提供石油储备基地强化合作关系；在哈萨克斯坦，日本在获取铀矿权益的同时，对哈萨克斯坦提供原子能方面的技术支持。福岛核事故之前，日本的贸易顺差接近 700 亿美元，而福岛核事故发生之后的 2011 年，日本经历了 30 年来的第一次贸易逆差。2013 年，由于高企的能源进口价格仍在逐月上涨，日本的贸易逆差达到新高——

① 田帆：“欧盟以多元外交解能源之忧”，http：//news. xinhuanet. com/newscenter/2006 - 07/28/content_ 4889821. htm? rss = 1；中国行业研究网：“2011 年欧盟公布能源外交战略提案調查分析”，http：//big5. chinairn. com/news/20111011/660427. html；苗允：“当代世界能源外交的特点及启示”，《全球科技经济瞭望》2008 年第 1 期。

1100 亿美元。作为回应，日本已经打开所有“感官”去寻找便宜的、长期的能源解决方案。这一举动深化了日本与环太平洋地区国家的关系和贸易，包括美国、加拿大、澳大利亚和印度尼西亚，寻求拥有一个能源可持续发展的未来。①

2013 年中国石油和原油表观消费量分别达到 4.98 亿吨和 4.87 亿吨，石油对外依存度为 58.1%，天然气进口量为 530 亿立方米，对外依存度达到 31.6%，已经超越伊朗成为全球第三大天然气消费国。预计，2014 年中国石油需求增速在 4% 左右，达到 5.18 亿吨。石油和原油净进口量将分别达到 3.04 亿吨和 2.98 亿吨，较 2013 年增长 5.3% 和 7.1%，石油对外依存度达到 58.8%。天然气市场供需仍将保持紧平衡，预计表观消费量达到 1860 亿立方米，比 2013 年增长 11%，在一次能源消费中所占比重增加到 6.3%。② 能源外交是中国外交的重要组成部分。为保证能源安全，保障经济社会持续、稳定发展，中国积极、努力加强国际互利合作，推进能源外交。在多边合作方面，中国是亚太经济合作组织能源工作组、东盟与中日韩能源合作、国际能源论坛、世界能源大会及亚太清洁能源发展和气候新伙伴计划的正式成员，是能源宪章的观察员国，另外与国际能源机构、石油输出国组织等国际组织也保持着密切联系。在双边合作方面，中国与美国、欧盟、日本、俄罗斯等建立了能源对话与合作机制。在保障能源进口安全方面，中国一方面促进能源来源多元化，增加油气管道进口；另一方面，努力推进国内战略石油储备基地建设，形成国家、地方、企业和中小型公司四级相结合的原油储备体系，为能源外交提供良好条件。③ 迄今，中国为了实施自己的能源多元化战略，足迹已遍及世界各主要产油地区。

2007 年以来的世界金融危机，对世界能源秩序带来了深刻的变化：传统的能源消费国集团和能源生产国集团的“两极格局”正向错综复杂的

---

① 苗允：“当代世界能源外交的特点及启示”，《全球科技经济瞭望》2008 年第 1 期；庞中鹏：“试析冷战后日本的能源外交”，《日本学刊》2009 年第 2 期；刘畅：“日本能源‘外交周’”，《人民日报》2007 年 5 月 1 日，第 3 版；基思·约翰逊：“日本的全方位能源外交”，http://news.bjx.com.cn/html/20140212/490479.shtml。

② 中国石油集团经济技术研究院编：“2013 年国内外油气行业发展研究报告”，http://www.askci.com/news/201401/19/19924151879.shtml。

③ 李渤：《经济全球化背景下的中印能源合作模式》，北京：时事出版社，2011 年版，第 101 页。

"多极格局"发展;[1] 全球化使得能源安全问题国际化，加之地缘政治形势不稳定与恐怖活动常态化，没有一个国家能够自己解决能源问题。罗伯特·基欧汉指出：能源安全作为一个全球性问题，不同形式的协调与合作成为大势所趋，维护能源安全的多边主义使得国际机制的建立成为一种必然。在全球能源市场高度一体化的今天，"在相互依赖的情势下，理性的、以自身利益为趋向的行为者将会把国际机制视为增加它们达成互利协议能力的途径"。[2] 为此，世界各国纷纷将能源外交作为推进国家利益，影响国家间经济、政治关系的重要战略手段，能源外交的地位和政治属性进一步凸显。"当前是一个混乱的时代，也是一个充满机遇的时代，对于中国来说尤其如此。"[3]

四、预防性外交

联合国前秘书长哈马舍尔德在 1960 年度的联合国工作报告中首次使用"预防性外交"一词。他指出：联合国组织"必须关注集团势力分歧之外的新发生的冲突。在这种情况下预防性行动必须首先旨在填补这个真空，使其不致引起来自任何主要大国一方的行动，……联合国在它不对任何大国集团承担义务的基础上的参与，可以在可能的程度上提供一种关系到所有各方的保障，以反对来自另一方的先发制人。对这一特殊的需要和特殊的可能性，我们称之为预防性的联合国外交"。[4] 实际上，哈马舍尔德的"预防性外交"指的是在东西方冷战区域以外的地方如发生争端与危险局势，联合国应介入其间，防止大国势力蔓延过来，在两极格局的世界体系下，为联合国发挥其应有的作用寻找空间。

1992 年 6 月 17 日，联合国秘书长加利在《和平纲领》中详尽地论证了预防性外交及其对应办法。加利为预防性外交下的定义是："预防各方之间争端发生、阻止现有争端升级为冲突，以及当冲突发生时限制其蔓延的

---

① 王恒、廖勇："金融危机中的世界能源秩序与中国能源外交"，《西南科技大学学报（哲学社会科学版）》2010 年第 6 期。

② Robert O. Keohane, *After Hegemony: Cooperation and Discord in the World Political Economy*, Princeton, N. J.: Princeton University Press, 1984, p. 135.

③ 陈晓进："2007，全球能源秩序面临异变"，《世界知识》2008 年第 2 期。

④ 周启朋："联合国预防性外交的提出和问题"，《世界经济与政治》1994 年第 3 期。

行动。"①

1997年安南接替了加利秘书长的职位，倡导联合国的文化由"反应式"向"预防式"转变。安南对预防性外交的概念进行了重新定位，提出了一个更为具体而综合的概念——用"预防性行动"或"冲突预防"来替代加利的"预防性外交"。在他看来，"外交虽然是冲突预防最重要的手段，但根据联合国近几年来的经验，其他活动也同样具有冲突预防的效果。这些活动包括预防性部署、预防性军控、预防性人道主义行动、预防性建立和平等"。联合国预防冲突的手段不再仅仅局限于单纯的政治领域，而是扩展到经济、社会等众多领域，由预防冲突本身转向解决冲突发生的根本性原因，从事实上扩展了之前"预防性外交"的作用范围，只是所用的术语发生了变化而已，因此有人将其称为"综合性的预防"。②

美国战略与国际问题研究中心所辖太平洋论坛的执行主任拉尔夫·科萨提出的预防性外交的定义是：通过邀请直接当事各方参与或自愿同意，由个人、政府、多边组织或国际机构采取的非强制性行动，以便防止有关各方发生争端，防止现有争端升级为冲突，如果冲突发生则限制冲突扩大或防止冲突再度发生。预防性外交涉及到国家间或国家内部的冲突，包括传统的和非传统的安全挑战，政府和非政府组织均可成为行为主体，综合运用外交、经济和政治手段。③

简言之，预防性外交就是指为防止冲突的发生、升级、扩大而预先推行的外交。④

冷战后，欧洲安全与合作组织开始将其工作重心转向危机预防与冲突管理。1990年签署的《新欧洲巴黎宪章》开启了欧洲安全与合作会议制度化的进程。根据宪章的规定，欧安会建立了"冲突预防中心"，标志着欧安会的功能由安全论坛向危机预防管理组织转变。1992年，欧安会在赫尔辛基召开了峰会，并就欧安会机构的改组达成了共识，随后相继建立了一系列的重要机构，奠定了欧安组织预防性外交与冲突管理模式的基石。针对前南地

---

① Boutros Boutros-Ghali: An Agenda for Peace, United Nations, New York, 1992, p. 11.

② 刘学成："美国预防性外交的理念与主张"，《国际问题研究》2000年第4期；刘霞：《预防性外交分析：问题与前景》，中国政法大学2009年硕士学位论文，中国知网。

③ 拉尔夫·科萨1999年2月28日至3月2日在曼谷召开的预防性外交专题研讨会上的书面发言稿，http://www.docin.com/p-709702744.html。

④ 钱其琛主编：《世界外交大辞典》下卷，北京：世界知识出版社，2005年版，第2369页。

区民族问题引发的紧张局势，欧安会设立了“少数民族高级专员”，防止民族冲突的进一步恶化。与此同时，欧安会还成立了任务使团派驻到事发地区，开展预防性外交活动，降低武力爆发的可能性。1993 年，欧安会又设立了常设委员会（后改称为常设理事会），负责对可能引发危机的事件及现存的问题进行深入的探讨，并为有关各方开展政治对话提供空间，是危机解决指导的决策部门，也是开展预防性外交的主要机构。在 2001 年召开的第八届东盟地区论坛外长会议上通过了《东盟地区论坛预防性外交的概念和原则》、《加强东盟地区论坛主席作用》和《东盟地区论坛专家名人职权范围两主席文件》三个文件，充分展示了东盟国家对预防性外交的研究成果。①

联合国曾在 20 世纪 50 年代的国际危机中数次运用预防性外交的手段来解决危机。如，在 1956 年的苏伊士运河危机中，联合国派出第一支紧急部队，监督结束战争行动，并使英法军队撤出苏伊士运河；1958 年，联合国秘书长派遣驻黎巴嫩军事观察小组监督并促成了黎巴嫩边境的安全；还有 1959 年联合国对老挝局势的干预和 1960 年联合国在刚果的维持和平行动。但自 20 世纪 60 年代以后，在美苏争霸的格局下，许多地区冲突和争端都与美苏的插手直接有关，联合国对此显得无能为力，因此预防性外交在冷战结束前一直受到冷遇。

冷战后的新形势为预防性外交带来希望和生机。进入 20 世纪 90 年代，世界各地出现了局部动荡和紧张状况，地区性的民族纠纷、边界冲突、历史怨恨和宗教矛盾以特有的形式爆发出来。在此情势下，人们希望联合国和其他国际组织能有效地运用集体安全机制，防止和制止世界各地的争端与冲突。于是，“预防性外交”受到了青睐。一些西方大国，如美国，精明地意识到预防性外交以其成本低、冒险性相对较小的特点而不失为一种对付冷战后激增的地区冲突的有效选择。美国国务卿克里斯托弗于 1993 年 10 月发表讲话，将预防性外交作为冷战后美国外交工作的重点。美国国会也于 1994 年通过了“非洲冲突法”，该法案旨在资助非洲统一组织为“预防、处理和解决冲突”而建立的早期预警制度。

预防性外交源于危机意识。尽管当今国际形势趋于缓和，但仍潜伏着一系列不确定因素。预防性外交采取的主要措施或手段是加强各种形式的沟通

① 刘霞：《预防性外交分析：问题与前景》，中国政法大学 2009 年硕士学位论文，中国知网。

和意见交流，扩大经济、文化和教育等多种形式的接触，增进矛盾双方的相互了解和理解，建立互信；充分发挥影响对方公众的能力；需要以资料收集和正式的与非正式的事实调查为基础的预警办法；以及预防性的部署，有时还需要设置非军事区。

作为国际组织集体安全体系中的一个环节，预防性外交确实起到了预防和制止冲突的积极作用。近年来国际社会在预防性外交的实践中取得了一定的成果，其中不乏比较成功的例子。如 1993 年 1 月联合国对马其顿局势采取的预防性行动就较好地体现了预防性外交的宗旨。当时为防止事态继续扩大，联合国应马其顿政府的要求向马其顿共和国派出了 700 人的维持和平部队，这种预防性部署对稳定马其顿国内局势、防止巴尔干冲突扩散起到了积极作用。

一些地区组织在运用预防性外交手段解决地区冲突方面也作出了积极的尝试。如非洲统一组织建立的“预防、处理和解决非洲国家内部冲突的安全机制”，近年来先后调解了卢旺达、布隆迪、利比里亚和扎伊尔等国的冲突。1996 年 6 月，非统首次召开成员国军队参谋长会议，讨论建立一支非洲快速反应部队，预防和干预地区突发性冲突。非统的努力为非洲地区的和平作出了贡献。

欧洲联盟近来也频频使用预防性手段调解欧洲地区的矛盾和冲突，如 1996 年，欧盟应阿尔巴尼亚政府请求采取了一系列预防性行动。

然而，在预防性外交的实践中也暴露了一些问题：一是预防性外交的授权与行动手段限定不明确，往往容易使干预行动违背中立原则，从而侵犯别国的国家主权，有违“尊重国家主权”这一国际法基本原则；某些西方大国把预防性行动当作实现大国意志，推销本国价值观的“合法”工具，它们往往借“预防性外交”之名行干涉主义之实。这种现象更容易使当事国民众的心里产生抵触情绪，从而让预防性外交的权威性受到损伤。

二是预防性外交的目的是基于对武力的防范，避免暴力冲突的发生，因此其被赋予了采取一切必要的措施与手段制止武力行为发生的权力，这也是预防性外交合法性的理论基础。但是从预防性外交的实践来看，这些必要的措施与手段并不排除最后武力的使用，这也就使得预防性外交有违国际法明确规定的“禁止使用威胁或武力”的基本原则。①

① 刘霞：《预防性外交分析：问题与前景》，中国政法大学 2009 年硕士学位论文，中国知网。

三是预防性外交存在决策制度方面的缺陷。预防性外交的决策存在着两种情况：（1）联合国所进行的预防性外交通常由安理会进行决策，一旦五大常任理事国无法就决议达成一致，联合国就无法采取预防性外交行动，从而无法对损害和平的行为采取及时而有效的措施；（2）其他行为主体所开展的预防性外交大多是由国家或地区性国际组织根据自身情况作出的最后定夺。而无论是主权国家还是地区性国际组织在作出决策时，都是以本国或本地区的利益为出发点，寻求最为符合并且能够实现这些利益的方式与途径来开展活动。某些不符合主权国家、地区最初意愿的行动至少很难获得应有的积极参与，甚至有可能遭到抵制或不配合，预防性外交活动的应用范围必然受到限制。

四是随着联合国预防性行动的增多，其财政开支也大大增加，而各成员国极不愿意将其经济资源用于支持超国家行动，财力的匮乏必然使预防性行动难以顺利进行。到2012年，联合国维和预算虽达70亿美元，但也不得不"停止执行许多维和任务或缩小规模"；而在2000年以前，联合国用于维和的预算只相当于纽约警察和消防部门的预算之和，却被要求承担全球的"警察和消防"任务。[①] 再就是一些发生冲突的国家和地区存在着复杂的政治、经济和社会背景，这也给预防性外交的实施造成了很大的困难。

实践中的预防性外交还存在着早期预警、介入时机方面的困难及救助措施的负面效应等问题，同时面临着外部环境的巨大挑战。如何应对这些挑战也关系到预防性外交活动能否取得理想效果，能否按照预期的方向不断向前发展壮大。[②]

尽管如此，预防性外交对解决地区冲突、维护世界和平所起的作用仍是不容低估的。当今的国际冲突大多是涉及经济、领土、民族等问题的利益冲突，利益冲突的解决主要靠外交途径，军事手段往往会激化矛盾，使争端进一步升级。所以，尽管预防性外交还不够完善，但它的存在可以在可能的范围内避免暴力行为的发生，从而减少人力、物力的损失，将冲突解决的成本降到最低，也凸显了其自身的存在价值。预防性外交所需要的条件，如需要有一个"中立"的第三方的存在，在冲突当事国的配合下，基本可以达到，

---

① 李莉："冷战后预防性外交的发展及影响"，《现代国际关系》2001年第10期；曹昆编辑："联合国要削减维和预算　多项维和任务将被停止"，http：//www. chinanews. com/gj/2012/02 – 10/3659503. shtml。

② 刘霞：《预防性外交分析：问题与前景》，中国政法大学2009年硕士学位论文，中国知网。

说明预防性外交具有很强的可操作性。[①] 随着预防性外交的制度和机构的完善，联合国与区域组织作用的加强，预防性外交将会发挥更大的作用。

五、军事外交[②]

军事外交是国家总体外交的重要组成部分，是代表国家安全和利益的国际军事交往。军事外交关系到国防战略，是国防战略的对外延伸，因此军事外交又称国防外交。[③] 军事外交有两种含义：广义的军事外交包括一切有军事含义的外事活动；狭义的军事外交专指以国防机关和武装部队为主体的外交、外事活动。一般在讨论军事外交的性质、地位、作用时，人们往往采用广义的理解；而在研究国防机关和武装部队的外事任务、形式和特点时，人们多采用狭义的理解。

军事外交是国家推行与实现国家对外政策的重要工具，其根本着眼点是国家安全和利益。外交是以国家综合国力为后盾的，而军事力量是国家综合国力的重要因素。军事外交为增强军事实力服务，从而为国家综合国力服务。国家要在政治上、经济上、文化上保持稳定、发展和繁荣，就需要国内外安全保障。军事外交就是在国家对外战略与对外政策的前提下，经过对外活动来保障国家安全的。

同时，军事外交也是一国对外树立军队良好形象，展示和平内涵，增强军事软实力的重要途径。在和平年代，各国力图把“功夫用在平时”，着重发挥军队的“和平”力量，通过树立威武形象，展示实力，震慑敌人；通过树立友善形象，联合盟友，广交朋友；通过树立文明形象，感染外界；通过安全对话，解决争端。[④]

军队是执行政治任务的武装集团，军事是为政治服务的。军事外交服务于政治外交，实质上是政治外交的组成部分。军事外交只是在业务上与政治

---

① 刘霞：《预防性外交分析：问题与前景》，中国政法大学2009年硕士学位论文，中国知网。

② 赵丕涛编著：《外事概说》，上海：上海社会科学院出版社，第113—116页。

③ 英国将军事外交称之为防务外交。2000年，英国国防部发表了其第一个防务外交文件《防务外交》，防务外交被界定为国防部运用军事力量去消除敌对情绪，建立互信，并帮助有关国家发展民主可靠的武装力量，从而有力地防止与推动冲突的解决。其主要任务包括军事交流、军备控制、核不扩散、军事援助等。见张英利：《军事外交学概论》，北京：国防大学出版社，2006年版，第14页。

④ 韩壮壮：“军事软实力与军事外交”，《学理论》2009年24期。

外交有分工，但在外交实践中，两者常常是相互交织在一起的，外交部门与国防部门是密切配合、难解难分的。如果说战争是政治的继续，那么军事外交就是政治外交的继续，是完成政治外交的一种特殊手段，是更敏感、更突出的政治外交。

如，冷战结束以来，美国维持和深化结盟，甚至组织“自愿联盟”，开展各种形式的国际军事合作，保持在海外的大量军事存在等威慑手段，频繁军事演习，显示其威慑力，大力开展军火贸易等，以此实现特定的军事政治目的，谋求巨大经济利益，服务于美国的价值观、利益观以及特有的安全理念，企图透过军事外交维护美国霸权的战略目标。①

军事外交还可为战争的发起获取法律和寻求国际支持，协调盟国关系，维护阵营团结，以确保战略优势等。②

作为国家国防与军队对外交往和合作的主要渠道，军事外交范围广泛，涉及领域很多，活动内容丰富，交往形式多样。主要形式有：

友好访问。其中包括国与国之间的高级军事代表团互访，互派军事院校学习参观团，诸兵种考察团，双边或多边的军体、军技比赛，军乐和军艺演出，边界驻军联欢等。

谈判交涉。为维护国家尊严，保障国家安全、主权和独立，在涉及诸如边界冲突的谈判，停火和停战协议的签订以及其他军事问题的谈判等时，往往需要通过军事外交途径，力争以和平谈判、对话协商代替诉诸武力或以武力相威胁。军事交涉和谈判有时是十分激烈和复杂的。根据“先礼后兵”的原则，一般是先进行谈判争取和平解决，谈不成再用兵，兵戎相见后又能恢复谈判，“文打”和“武打”交替进行。在打了胜仗或挫败入侵之敌的情况下，军事外交的交涉和谈判就容易进行，反之则更艰巨。

军事援助。军事援助是一个国家对另一个国家支援、提供为军事活动而需要的人力、物力、财力和智力的行动。国与国之间的军事援助关系服从于双边的军事政治关系，军事援助对发展与受援国的军事、政治、经济关系，实现本国的对外政策和战略目标会产生重大的作用和影响。

军火销售。军火销售是军用商品在国际间的流通。武器装备、军工技术、军事劳务等都可以进入军售流通领域。军售带有强烈的政治色彩：和平

---

① 郭真：“冷战后美国军事外交评析”，《海军工程大学学报（综合版）》2003 年第 1 期。

② 古宏宽：“军事外交在现代局部战争中的作用”，《世界经济与政治论坛》2003 年第 2 期。

时期可能产生强烈的国际与国内影响；战争时期则可能产生立竿见影的军事效果，可能改变交战双方的力量对比，促使战争进程发生重大变化。

军事外训。军事外训方式一般有两种：一是派军事专家到国外去施训，包括到对方军事院校任教或直接承训部队；二是接受外国人到国内受训，一般是通过军事院校外训队实施，也有直接通过部队训练的。军事外训是根据政府间签订的有关协定执行的。有的实际是军售的售后服务，有的是军援协议的实施。

此外，还有国际维和、人道主义救援、联合军演、国际军控等形式。

军事外交与军队外事工作归口管理机构。因各国国情、军情不同，军事外交管理体制也不尽相同。有的国家由国防部的一位副部长主管，有的国家则由总参谋部副总长主管。在主管首长之下，设有礼宾处、公共关系处、武官处、情报处，负责办理有关军事外交的各项事务。有的国家则在国防部内设有外事局、军事情报局、军事政策局等。美国军事外交的归口管理机构是国家安全事务部门和国家安全政策部门。中国军事外交归口部门是国防部外事局。军事外交中的重大决策和战时的重大军事涉外问题，均由一个国家的最高军事领导机构研究决定。此机构有的称为国家安全委员会，有的称为军事委员会，有的称为最高统帅部，一般由总统、总理、国防部长、外交部长、内政部长、武装部队司令等组成。在西方议会民主制的国家，有的重大军事外交决策还需交议会讨论通过，并在议会设有国防小组，负责国家安全防务方面的内政和军事外交工作。由于工作的特点和要求，军事外交人员既要有一般外交人员的素质，还要有优秀军人的素质。①

就驻外机构来说，各国驻外使馆派有武装力量代表，即国防武官、三军武官、军种武官和技术武官。武官的使命是从事军事外交工作，并得以合法手段调查与军事有关的情况，他是大使军事外交的助手。武官的派遣需事先征得接受国的同意，从派遣国武装部队现役军官中选派。

英国记者埃里克·克拉克在《外交官生涯》中阐明了武官的作用：首先，以合法手段、途径搜集情报向国内报告（一般都是完全公开的方式）；第二，在军事问题上做大使的顾问；第三，协助本国进行武器买卖；第四，做代表和联络工作：从身着军装参加外事活动到安排军事人员的交换，以及

---

① 于冈："漫谈军事外交"，《世界知识》1987年第15期。

保证来访的将军们得到适当的礼遇等。[①]

改革开放以来，中国日益走向世界，中国军队也日益频繁地与各国同行接触，增加军事透明度，增强军事软实力。中国海军舰艇编队出访五大洲四大洋，完成了环球航行，加强了与各国海军的沟通协调能力，共同应对海上新威胁新挑战；中国陆军部队开放营区、开放演习，走出国门参与联合国维和行动以及双边、多边联合演习；中国空军部队实施较大规模跨国投送演习兵力与重型装备，成建制出国参加联合演习；1990 年中国首次派出军事观察员参加联合国维和行动，今天中国已成为安理会常任理事国中派出维和人员最多的国家，并且积极参与国际非战争军事行动，履行国际道义，树立了中国军队在缔造和平方面的特殊作用及和平形象。

此外，从 1998 年起，中国每两年发布一版国防白皮书，公布防御性国防政策、军事力量组成与发展、国防经费预算编制与使用等基本情况，内容逐渐丰富、翔实，军事透明度逐渐增强。去年，国防部新闻发言人制度正式设立，把中国重要的国防和军事信息及时传递给世界，世界的一些疑问与误读也得到及时的解答。2009 年 8 月 1 日，即中国人民解放军建军节，国防部还正式向外开放中英双语官方网站。适应国际军事交流与合作的新形势，中国军事外交正积极构建多样化交流平台，开展多层次、多渠道、多形式的地区与多边安全对话与合作，通过不同途径提升军事外交中的软实力。[②]

六、公共外交

公共外交是由外交部执行或者主持的、直接或间接的宣传活动。它现在是外交部和它控制下的使馆的日益重要的任务。[③]

“公共外交”，也有人称之为“公众外交”，[④] 英文一词最早出现于 1965

---

① ［英］埃里克·克拉克，杨修、祖源译：《外交官生涯》，北京：世界知识出版社，1985 年版。

② 韩壮壮：“军事软实力与军事外交”，《学理论》2009 年 24 期。

③ ［英］杰夫·贝里奇，庞中英译：《外交理论与实践》，北京：北京大学出版社，2005 年版，第 17 页。

④ 李志永认为，公共外交、公民外交、人民外交、民间外交与公众外交，这些概念具有特定的话语背景，在外交主体与对象上有所不同，尤其是中国语境中的人民外交、民间外交与公众外交绝不能简单地直接等同西方语境中的公共外交、公民外交，更不能错误地将公众外交这种内政行为等同于公共外交。见李志永：“公共外交相关概念辨析”，《外交评论》2009 年第 2 期。

年。当时，美国波士顿市塔夫茨大学弗莱彻法律外交学院设立“埃德华·R. 默罗（Edward R. Murrow）公共外交中心”时，院长爱德蒙·古连使用了这个词。但是根据学者库尔的考证，“Public Diplomacy”一词自 1856 年起即出现在伦敦《泰晤士报》以及《纽约时报》等媒体上，只是当时的含义主要指公开外交。国外学者给公共外交下的定义是：“超出传统外交范围以外的一个方面的国际关系，其中包括政府对他国公众舆论的培植；在政府范围以外，一个国家的各种集团和利益与另一个国家的各种集团和利益之间的相互影响；那些从事信息交流工作的人们相互之间的信息交流……以及上述这些行为对于制定政策和处理对外事务所产生的效果。”①

根据该定义，公共外交一词不包括有关一个政府对他本国的公众舆论所提及的对外政策的消息，而只有当这一消息是针对别国的公众舆论时，才包括在公共外交的范畴之内；同时这种消息未必一定要政府机构作为它的信息提供者，也可由民间组织予以披露，诸如通过宗教的或种族的压力集团，以及通过商业组织或民间个人的方式。②

日本学者将公共外交定义为，“为了在国际社会提高本国的存在感和国家形象，加深外界对本国的理解，以对象国国民和非政府为对象的外交活动，涵盖了政策发布、文化交流和对外广播活动”。③

也有人主张公共外交既应有国际维度，又应包含国内维度。如原中国外交部部长助理沈国放的定义，“公众外交是外交工作中一个非常重要的领域，其最根本的目的在于通过外交部门与民众之间互动的加强，来引导公众、争取公众对本国外交政策的理解和支持”。④

本著作所使用的“公共外交”是指一国通过电视、电影、广播、书刊等传播媒介手段，以及通过个人之间与民间团体之间的交往或国与国之间的文化交流等国际活动，营造国家形象并推行本国对外战略和政策，促进本国外交目标实现的一种外交方式。公共外交与传统外交的区别是对象不同，它是一种通过影响他国观念来变更其外交政策的现代外交实践，而且它力图影

---

① 齐前进：“公众外交：政府决策与公众参与”，《世界知识》2003 年第 15 期；许静：“论公共外交中的国家品牌化策略传播”，《南京社会科学》2012 年第 6 期。

② 周启朋等编译：《国外外交学》，北京：中国人民公安大学出版社，1990 年版，第 121 页。

③ 赵可金：“关于中国公共外交学科建设的思考”，《清华大学学报（哲学社会科学版）》2013 年第 3 期。

④ “外交部将设立公众外交处”，《北京晚报》2004 年 3 月 20 日。

响的对象不仅包括国家领导人，还包括他国甚至全世界的舆论。①

公共外交具有三个本质特征。一是行为对象是另一国的公众。公共外交的对象应当针对外国的公众舆论，通过影响外国的公众舆论，进而影响外国政府的外交政策。二是行为主体是一国政府。如果仅仅是民间的交流和社团之间的交往，不能被看作是公共外交的内容。只有一国政府出面组织或者幕后支持，按照政府的意志，向外国公众舆论和非政府组织提供消息，组织交流，间接影响外国政府外交政策制定的活动，才能算是公共外交。三是行为方式的间接性。开展公共外交，不能是政府和政府之间的直接交往，而是通过非政府组织和公众舆论间接进行。当然，信息的提供者可以是政府机构，也可以是民间组织，具体如何公布可根据实际情况需要而定。但是作用的着力点一定是外国的非政府组织和社会公众舆论，可通过他们影响他国政府的政策，进而实现自己的目的。②

在当代世界，国际交往日益频繁，相互依存度达到空前高度，各国民众对国际事务的关注，参与国际经济、文化交流的愿望越来越强烈。大众舆论对一国对外政策决策的影响日益增大。外交不再是少数人的职业，开始从幕后走到前台。这意味着，外交不再只停留在政府与政府间的交流，还要重视、回应公众的意见。

现代通信和信息传递手段，几乎可以在瞬间将世界各地发生的事件公布于众，为国际信息交流提供了物质基础，国家领导人与外交官及其活动越来越多地暴露于公共传媒或大众舆论的视线内，现代外交经常是在闪光灯下进行的，几乎官员们所有的公开发言都会公之于众。③ 因此，各国政府在执行其对外政策中，也十分注意树立本国及领导人的国际形象，依照本国利益的需要、文化特性及基本价值观来影响国际舆论。

世界上许多国家都十分重视公共外交，包括：充分利用对象国大众传媒；扩大与对象国决策精英及国会议员的对话与交流；积极开拓国际英特网传输情报和信息的功能；扩大国内公民和机构（如文化、教育、体育等部门）同国外公民与机构的对话范围。一些国家还为此设立了专门的机构。

---

① ［美］约翰·罗尔克，宋伟等译：《世界舞台上的国际政治》，北京：北京大学出版社，2005年版，第348页。

② 赵可金："美国公共外交的兴起"，《复旦学报（社会科学版）》2003年第3期。

③ ［美］约翰·罗尔克，宋伟等译：《世界舞台上的国际政治》，北京：北京大学出版社，2005年版，第345页。

特别是在东西方对峙的冷战年代，一些西方国家依仗其雄厚的财力和先进的通信技术，大力开展针对社会主义国家的“宣传战”，其中美国在这方面最不惜工本。公共外交在当今世界进入信息化时代后愈显重要。

现在各国的外交部一般都设有新闻司或新闻与信息司、办公室，建有外交部信息网站，在线提供经过核准的关于内政和外交领域的信息。有的国家的外交部还管理那些直接或者间接由政府控制的对外广播和电视台。① 此外，一些国家的外交部还建立了新闻发布会制度，由专职官方新闻发言人，即一位具有非凡沟通技巧、对国内外媒体明确表达国家的对外姿态的高级官员。这项工作要求其思想敏捷，并具备在压力下保持冷静的能力。通常，该工作独立于媒体和宣传管理，因为发言人必须掌握细节，并密切跟踪国际上的发展和政府内部的考虑。各国国外使馆一般都设有文化交流中心作为直接拉近公众的一个渠道，而使馆的任务之一就是与至少是主要的出版物——日报和商业报纸，也包括有影响的周刊和其他期刊以及电视网的编辑办公室保持定期的联系。②

美国国务院对公共外交高度重视，第二次世界大战期间就增设了负责公共和文化事务的助理国务卿一职，还设立对外新闻处并向驻外使馆及使团派驻新闻随员或文化关系官员，以将信息传播到驻在国的新闻界、知识界及广大民众。1953 年专门设立了美国新闻署，新闻署集中了对外文化交流和宣传的主要手段，利用广播、新闻出版、影视等各种媒体，宣传美国的对外政策和意识形态，1999 年新闻署并入美国国务院。美国新闻署的主要使命就是通过发展新闻、电视、广播、电影等视听媒介，通过各种出版物与文化交流计划，特别是发展美国与各国舆论领袖人物的关系来“加强国外对美政策的理解和支持，增进国外对美国价值观的认识”，推销和宣传美国的形象。“把美国的故事告诉世界”，这是美国新闻署的口号，而该机构的前官员帕德森曾经说过，把这个口号改为“在民间机构的协助下，把美国的故事告诉世界”，这样才更符合美国新闻署工作的实际。③

---

① ［英］杰夫·贝里奇，庞中英译：《外交理论与实践》，北京：北京大学出版社，2005 年版，第 18 页。

② 同上。

③ Wesley Pederson，“PR'8 Global Reach,” *Public Relatlons Quarterly*，Vol. 22，No. 1，Spring 1977，转引自陈开和：“论中国在多边外交活动中的国际公共关系策略”，《外交评论》2007 年第 6 期。

美国新闻署的纪念网站这样表述它的立场和宗旨：一个支持美国的外交政策和国家海外利益的独立的外交事务机构。据 20 世纪 80 年代的统计，美国新闻署已经在 128 个国家设立了 211 个新闻处和 2000 个宣传活动点，在 83 个国家建立了图书馆。"美国之音"是第二次世界大战后由"战时情报局"转入美国新闻署的主要下属部门。自 1942 年 2 月开办以来，"美国之音"一直忠实地为美国的外交政策服务，以"传递自由世界信息"为宗旨。除"美国之音"外，美国还建立了针对东欧国家的"自由欧洲电台"、针对苏联的"自由电台"和针对古巴的"马蒂电台"。美国历史学家沃尔特也夸耀说："美国的对外广播电台对结束冷战起到了巨大作用。"随着电视在全球的普及，1984 年 11 月 15 日美国新闻署开办了全球电视网，主要任务是扩大美国的对外宣传，其设在美国驻各国使馆内的卫星电视接收站达 150 多个。由于采用了全球通信卫星先进技术手段，这个网络可供外国记者采访美国政府人士，美国政府也可直接向其他国家发表讲话。在 1989 年东欧六国政局发生连锁反应时，该网络反应迅速，进行了大量的报道。①

"9·11"事件进一步提高了美国等西方国家对公共外交的重视程度。美国除增加用于公共外交的资金外，于 2002 年 3 月开通了萨瓦电台，用阿拉伯语向中东地区广播，此外还制作了大量介绍美国价值观念与生活方式的印刷品和音像资料，投放到中东地区。2002 年 2 月，当时的布什政府增设了白宫"全球外交办公室"与五角大楼"战略影响办公室"两个新的机构，以加强公共外交的工作。同时，美国国务院也不断从机构上完善公共外交的组织和协调工作，即设有专门负责公共外交和公共事务的副国务卿来管理公共外交工作。国会各党派许多议员都强烈呼吁建立一种更为有效的公共外交工具。时任美国国会众议院国际关系委员会主席的亨利·海德就表示，公共外交应该在美国外交政策工作中发挥更大的作用，并提议向广播电视部门提供 1.35 亿美元的拨款，以努力赢得全球近 70 亿人的心声。英国也积极改进对公共外交的认识和做法。他们认为，单向给公众灌输信息已不合时宜，应该进行双向的交流和伙伴式的沟通，政府不能再包办维护国家形象的任务，公共外交必须成为内政和外交政策的核心之一，应把公共关系问题作为公共

---

① Walter Laqueur, "Save Public Diplomacy", *Foreign Affairs*, Sept/Oct 1994, p. 19；美国新闻署纪念网站，http://dosfan.lib.uic.edu/usia/。

外交的出发点。英国还对公共外交机制进行了改革，如设立“信息指导办公室”，直接协调 BBC 电台和“英国文化委员会”的工作；设立针对伊斯兰国家的媒体，研究国际社会对英国的态度；通过外交部、贸工部和旅游部门等联合制定公共外交战略等。[①]

中国自改革开放后，为了适应对外开放的需要，1980 年 3 月中央书记处专门讨论了对外宣传工作，决定成立中央对外宣传小组，协助中央统一领导整个对外宣传工作。4 月，中央对外宣传小组正式成立。1990 年该小组经历短暂的两年（1988 年、1989 年）撤销后再度恢复。1991 年 1 月，根据工作需要中央组建了国务院新闻办公室。国务院新闻办公室是国务院统筹协调全国对外介绍中国的综合性机构，但不代替任何其他部门的对外工作。其主要职责是推动中国媒体向世界说明中国，包括介绍中国的内外方针政策、经济社会发展情况，以及中国的历史和中国科技、教育、文化等发展情况。从国新办的机构设置及其下属机构的职责来看，其宣传的痕迹逐步减少，日益接近于公共外交的运作方式。[②] 特别是加入世贸组织后，中国与世界的联系和互动越来越多，外交工作更加繁忙、复杂，中国民众也更加关注外交，出现了万人空巷关注电视报道伊拉克战况、国际时政类报刊热销、网上有关外交政策辩论热烈等等现象。这些现象都体现了社会的开放和进步。外交部门也把公共外交作为工作重点，尽可能多地、主动地扩大民众的知情范围。外交部设有新闻司及新闻发言人，除举办新闻发布会外，还通过网站（www. fmprc. gov. cn）提供充分和及时的信息，时常邀请地区业务司的主管领导，通过英特网与国内外民众在线交流讨论外交形势和政策。同时，外交决策也充分吸取民众的意见和建议。2004 年 3 月 19 日，外交部在新闻司设立了“公众外交处”，2009 年升格为公共外交办公室以加强公共外交工作。2003 年以来，外交部还通过“公众开放日”，邀请民众参观外交部，了解其一些内部架构。2010 年 8 月 24 日，中国外交部公共外交咨询委员会正式宣布成立。该委员会聘请 19 位政策理论水平高、工作经验丰富的老大使、资深外交官及专家学者，为外交部和中国驻外使领馆开展公共外交提供政策咨询，并参与策划、实施和评估相关活动。

除以 2008 年北京奥运会、2010 年上海世博会这样大型、世界性的活动

---

① 高飞：“公共外交的界定、形成条件及其作用”，《外交评论》2005 年第 3 期。

② 李志永：“公共外交相关概念辨析”，《外交评论》2009 年第 2 期。

展示中国的国家形象，让国外公众身处其地直接观察、了解现实中国外，在中国国家汉语国际推广领导小组办公室指导组织下，中国在世界多国还开设了以对外普及汉语、传播中国文化为目标的孔子学院；中国政府还定期向国际社会发布关于中国国防、人权、宗教、和平发展道路等主题的白皮书。近年来，中国基督教开展的“中美基督教领袖论坛”，佛教举办的以“和谐世界，从心开始”为主题的世界佛教论坛，道教举办的以“和谐世界，以道相通”为主题的国际道德经论坛，可以说是公共外交在宗教领域的成功尝试。①

国内学界还总结出若干具有代表性的公共外交模式类别，比如中国的“人民外交模式”、美国的“战略外交模式”、日本的“商业化外交模式”、英国和德国的“多层化外交模式”、法国的“人文化外交模式”、加拿大和挪威的“参与外交模式”、沙特阿拉伯的“宗教外交模式”、以色列的“族裔外交模式”、文莱的“旅游外交模式”等。②

公共外交作为一国宣传、推行本国对外政策，向世界公众舆论澄清本国政府目的的重要沟通手段，已经成为当代各国外交的有机组成部分。

首先，公共外交是增进各国之间相互了解，促进国际谅解与合作的积极因素。

各国由于地理的阻隔，语言、文化、意识形态和发展水平的差异，仅通过政府机构之间的往来进行沟通是不够的，而且影响的范围也很小。大众传播媒介则可以直接、公开地展示国际事态的发展，使亿万人知晓国际事务。各国政府也日益利用传播媒介阐明自己的立场、态度或对某一局势进行评论，这样就可以使世界作出较为客观、公正的判断，有助于一些国际问题的解决。

其次，公共外交能使国外民众加深对该国的观念与理想、制度与文化、国家目标与当前政治的理解，起到沟通各国人民友好往来的桥梁作用，在传播本国历史传统、文化的同时，可以让国外民众了解并清楚本国的人文特征、价值观念、理想追求，以及国家的政治制度与对外政策目标，进而有利于建立平等互利基础上的国际交流与合作，有利于实现国家间政治关系友好

---

① 曲星：“公共外交的经典含义与中国特色”，《国际问题研究》2010 年第 6 期；贾付强：“公共外交研究：理论、实践及不足”，《世界经济与政治论坛》2012 年第 2 期。

② 韩方明主编：《公共外交概论》，北京：北京大学出版社，2011 年版，第 192 页。

与稳定的长期目标。

通过双边或多边的协定或合作计划，世界各国每年都不同程度地接待或派遣学者、教师、留学生、艺术代表团，举办文化展览、电影节及友好月活动等，这些国际交流活动的参与者往往成为民间的友好使者及民族优秀文化传统的传播者，甚至是打开友好关系大门的先行者。他们本人不是外交官，但有时却起到了外交官所起不到的作用。①

现在，人们普遍将公共外交喻为"心灵政治"——"公共外交"的经典含义就是一国政府为争取他国民心而采取的"公关行动"或"软外交"，② 它主要是通过大众舆论，宣传说服另一国的人民来影响这个国家的政策。当公共外交准确地反映和解释了一个国家的政策并增强了该国的"软权力"时，公共外交就成功了。③"媒介不仅是意识形态的工具，而且本身就是意识形态。"④ 它不仅意图展现出本国最好的一面，也可以通过人为制造出恐惧、疑惑、同情、愤怒等情结来影响人们的情感。因此，出于社会制度与意识形态的对立，某些国家运用公共外交将自己的价值观和文化生活方式强加于人，甚至是恶意炒作公众情绪，加剧紧张，制造不和，还通过宣称和欺骗向别国散播错误信息。⑤ 如约瑟夫·奈所指出的，公共外交是巧实力武器库中的重要工具，巧实力战略需要"巧公共外交"。⑥

外交是时代的产物，一系列的政治前沿领域，如经济、人权、环境保护、信息技术等正在融入外交，外交所采用的方法也将随着"时代的政治惯例"而变动。⑦ 从传统时期的秘密外交、双边外交到现代的多边外交、公共外交乃至冷战后的预防性外交，外交方式的演进反映了时代的特征，对国

① 鲁毅等主编：《外交学概论》，北京：世界知识出版社，1997 年版，第 165—166 页。

② 卜正珉：《公众外交：软性国力，理论与策略》，台北：允晨文化事业股份有限公司，2009 年版，第 10 页。

③ Smith P. H.，"The Hard Road Back to Soft Power"，*Georgetown Journal of International Affairs*，Winter/Spring 2007，8（1）.

④ 邵培仁、李梁："媒介即意识形态——论法兰克福学派的媒介控制思想"，《浙江大学学报（人文社会科学版）》2001 年第 1 期。

⑤ ［美］约翰·罗尔克编著，宋伟等译：《世界舞台上的国际政治》，北京：北京大学出版社，2005 年版，第 346—347 页。

⑥ Joseph S. Nye，"Smart Power Needs Smart Public Diplomacy，" Daily Star，February 15，2010，http：//www. hks. harvard. edu/news-events/news/comrnentary/smart-power-needs-diplomacy. 2011 – 09 – 08.

⑦ Sir Peter Mashall，*Positive Diplomacy*，St. Martin's Press，1997，pp. 8 – 11，转引自戈尔·布思主编，曾寄萍、曾浩、杨立义等译：《萨道义外交实践指南》，上海：上海译文出版社，1984 年版，第 4 页。

际关系的发展产生了重大影响。随着时间的流逝，新的外交方式还会不断产生和发展。尽管现今任何一种外交方式都并非尽善尽美，但它们对于推动国际关系的多极化和一体化，以及国际事务决策的民主化、公开化都起到了一定的作用。

第八章 外交礼仪

中国古代曾言："非仁无为也，非礼无行也"；"其交也以道，其接也以礼"。[①] 在外交活动中，每个人的一举一动都关涉民族与国家的尊严，必须时时处处注意维护自身形象，同时还要真正做到尊重对象国的民族传统、风俗习惯。外交场合中的礼仪失态或失误，会给一国外交造成难以挽回的影响或影响与对象国的关系。

第一节 外交礼仪的特征与规则

自古以来，国与国之间交往都注重"以礼相待"，即使彼此发生冲突，也常是"先礼后兵"。"外交活动中总有其礼仪"，礼宾礼仪是一项重要的外交职能，是国际交往中一种必不可少的形式和环节。礼仪的作用主要是为主权国家间的和平关系创造良好环境和气氛。它实际上是一个特别的外交行为指导纲领，[②] 在长期的外交实践过程中，形成了一系列在国际交往中通行的礼仪规则与惯例。

一、外交礼仪

外交礼仪的程式与做法多由国际礼仪演变而来，并且随着社会的发展与

---

① 《孟子·离娄下》，太原：山西古籍出版社，2003 年版，第 132 页；《孟子·万章下》，太原：山西古籍出版社，2003 年版，第 161 页。

② 周启朋等编译：《国外外交学》，北京：中国人民公安大学出版社，1990 年版，第 337、338 页；[美] 康威·汉得森，金帆译：《国际关系：世纪之交的冲突与合作》，海口：海南出版社，2004 年版，第 202 页。

时代的进步，其也在不断地改进或变化、更新。

（一）国际礼仪的产生与发展[①]

“礼”的发展是以物质生产的发展为基础的，如人们讲究服饰穿戴，只有在纺织、丝绸、印染业发展的基础上才有可能。有一些礼节是在社会文化生活和相互交往中逐渐演变而来的。例如，席间奏乐必须是在音乐有了相当发展后形成的。各种礼仪场合的布置装饰也是艺术发展的一种成果。例如握手，据说是西方中世纪骑士相互格斗，势均力敌，为了表示和解，他们把平时持剑的右手伸向对方，相互握手言和，从而演变成今天的一种通行礼节。

远古时代，人类就已知道要有礼貌，即有了“礼”的初步形态。如在打猎时，狩猎者相互必须保持适当的距离，在没有猎获到猎物的时候，也要讲一番有关野味的趣闻，使同伴们不致扫兴而归。

随着人类历史的前进，以及社会经济、政治和文化的发展，社会生活更加复杂和多样化，人际交往日趋频繁，“礼”也不断丰富和发展。例如，各种礼仪场合的布置装饰的出现，不同场合有了不同的表达“礼”的方式等。

到了阶级社会，在建立了“国家”之后，“礼”的发展达到一个新的阶段。这时候，“礼”已不仅是个人之间交往的“私人礼节”，而且成了国家统治的一种手段。统治阶段为了巩固自己的统治地位，建立并稳定统治秩序，规定了许多礼节条文，并且首先要求本阶级的成员严格遵循。

在中国历史上，周朝是国家礼仪齐备的朝代。周公为周朝制定了各种典章制度，即所谓的“周礼”，要求诸侯遵行，谁要是不遵行，天子就可处以讨伐。历代封建王朝，崇尚儒家主张的“礼治”，沿袭周礼，并根据自己统治的需要，不断加以修改、补充和完善。所谓“导之以德，齐之以礼”,[②]就是要人们以“礼”为准绳，各守本分，不得逾越。如孔子所言，“礼者何也？即事之治也。君子有其事，必有其治。治国而无礼，譬犹瞽之无相与!”[③] 即是“以礼治国”的做法，对于稳定当时的社会秩序起到了重要作用。“礼”成了中国文化传统、生活习惯的内容，使中国以“礼仪之邦”闻

---

① “现代国际礼仪的形成和发展”，http：//gothenburg. chineseconsulate. org/chn/ztlm/gtbfyrth/gjly/t217147. htm。

② 《论语·为政》，《四书五经》，北京：中华书局，2012 年版，第 7 页。

③ 《礼记·仲尼燕居第二十八》，《四书五经》，北京：中华书局，2012 年版，第 419 页。

名天下。

过去在外国，“礼”（etiquette）一词往往意指上流社会中的行为规范或宫廷礼仪，以及官方生活中的公认准则，其含义与解释同中国古语中的“礼”十分接近，中国古代社会就有“刑不上大夫，礼不下庶人”之说。古代的中外统治者都只要求平民百姓遵循统治阶段的法律，供他们奴役驱使。

随着人类社会的进步，“礼”才进入民间，交际礼仪成了人们社会生活中不可或缺的东西。讲究礼节、注意礼貌、遵守一定的礼仪规范，成为“民俗”文化重要的组成内容，各个国家也都形成了具有各民族特点的礼仪。

在人类历史上，国与国之间充满了矛盾、争斗和战争，而同时又不断有谈判、议和、结盟、互派使节、互通贸易、缔结条约、协定等国际行为发生，因此国与国之间的交往也就需要有一定的规范与准则，于是产生了国际礼仪。国际礼仪是国际交往中的一种行为规范，它较之一个国家内的礼仪规范又发展了一步，从而逐步为大多数国家所公认和接受。

远在2000多年前的古代中国诸侯争霸时代，在有关国事访问的安排上，就已经有了欢迎、会见、赠礼等礼仪规范，如不遵行，还会引起“外交”纠纷。中国古时还有“两国交兵，不斩来使”的说法。

在欧洲，国际礼仪也已有很久的历史。古希腊就有“优遇外侨”的制度和职司礼宾的“外侨官”。在古罗马，则有“礼待客卿法”。进入17世纪以后，由于商品经济的发展，国际交往迅速增加。对各国及其外交官来说，在外交场合，名誉、地位和尊贵变得非常重要，每位外交官都想坐离主人最近、象征一国权力与重要性的第一把椅子，因此经常发生争斗。1661年，法国与西班牙代表到伦敦码头迎接新上任的瑞典大使。法国代表试图紧随在瑞典大使的马车之后，因为这是一个尊贵的位置。但是西班牙代表准备得更好，他带了一队武装随从，切断了法国代表的马的脚筋，并打伤了车夫。通过这种蓄意的行为，西班牙代表占据了尊贵的位置。[①] 为防止此类外交混乱事件的发生，欧洲各国纷纷指定相应的礼仪与礼节，对后来现代国际礼仪的形成产生了较大的影响。今天在国际交往中所奉行的各种礼仪规则和惯例，随着欧洲资本主义列强向全球的扩张而推广至世界各地。

---

① ［美］康威·汉得森，金帆译：《国际关系：世纪之交的冲突与合作》，海口：海南出版社，2004年版，第203页。

（二）外交礼仪

“外交礼仪”通常是指：“国家与国家之间进行官方交往时，组织安排各种活动的规则、规格、程序和形式等。外交礼仪是在长期的国际交往中逐步形成和发展起来的，它以各国主权平等和相互尊重为指导原则。它服务于本国的外交政策，是维系国家间正常关系的一种重要方式和必要手段。简而言之，“外交礼仪”就是在外交场合待人接物时合乎标准的规范的做法。”①

外交礼仪是在外交活动中，通过多种形式体现出来的。如：迎送、会见，不同形式的宴请、招待会、晚会，参观游览；目的不同的仪式、庆贺、慰问、吊唁；见面和谈话时的称呼、礼节和服饰等等。现代外交礼仪已经同各国人民之间的文化、艺术、体育、旅游等来往交织在一起，构成了一幅空前广阔、繁复、多样化和活跃的图景。就外交礼仪的内容而言，包含有国际交往中的日常交际礼节、典礼仪式、外交礼遇、外交特权与豁免等多方面的内容。

虽然民族文化之间的差异性经常干扰不同国家外交官之间的交流，但从实践者角度来看，不同国家的外交官总是倾向于寻求在共同经验和价值观基础上来探求解决交流中的差异。外交礼仪和活动确认了建立在法律和规范基础上的国际社会的存在。② 它们中有的已形成国际公约，例如《维也纳外交关系公约》所涉及的有关内容已具有法律效力，在国际上有约束力。而其余大部分则是相互交往中“约定俗成”，其逐步成为国际惯例，为各国所普遍承认和接受，起着一定的规范作用。

现代外交礼仪同样是以主权平等为指导准则的，以往外交礼仪中的等级性即不平等性已基本消失。由于各民族的礼是其文明发展的产物，所以礼在一定程度上反映着一个民族与国家的文明和社会风尚。各国在外交活动中一方面遵守国际通用的外交礼仪；另一方面，各国的礼虽然都遵守已形成的国际惯例，但仍在不同程度上保持着各自的民族特性。如，在欧洲与拉丁美洲，异性在社交场合见面时，往往会采用吻手礼，吻手礼也是亲吻礼的一种。而把吻手礼应用到极致的无疑是刚刚离任的法国总统希拉克，由于希拉

---

① 钱其琛主编：《世界外交大辞典》下卷，北京：世界知识出版社，2005 年版，第 2049 页；金正昆：《现代外交学》，北京：中国人民大学出版社，1999 年版，第 183 页。

② 熊炜：“外交共同文化：概念、传统与变革”，《国际政治研究》2012 年第 4 期。

克吻手礼功夫了得，他这一“招牌动作”化解了不少政治难题，解开了不少经贸死结。①

礼仪在外交实践中是为实施本国对外政策服务的，因此外交礼仪具有高度的政治性，是一种宣告或声明政策的方法，是直接体现对外政策的一个重要方面。1989年5月，阿拉法特第一次正式访问法国时，还只是巴勒斯坦解放组织的领袖，一个以色列眼中的“恐怖组织”头头。在机场，法国并未悬挂巴解旗帜，但在接待他的汽车里，插上了巴解的小旗子。这是一个政治手势，暗示法国默认阿拉法特为未来的巴勒斯坦国家领袖。②

正常的外交礼仪是维系国与国之间正常关系所必不可少的，而在必要时又可以有意识地通过掌握礼的“冷”或“热”来反映一国对另一国的政策和态度。礼的“冷”或“热”常是反映国与国之间关系的寒暑表。如，1957年1月6日，毛泽东以中华人民共和国主席的名义邀请苏联最高苏维埃主席团主席伏罗希洛夫访问中国。为体现中苏关系的特殊性，当年4月15日伏罗希洛夫访华抵京时，毛泽东、刘少奇、周恩来、朱德、贺龙、彭真、罗瑞卿、杨尚昆等到机场迎接。伏罗希洛夫访华期间，几乎所有的行程都由中国党政主要领导人陪同，北京市区几十万人夹道欢迎，每到一地都出现“万人空巷”的热烈欢迎场面。刘少奇还在上海迎接伏罗希洛夫，当时上海市组织了3万群众参加机场欢迎仪式，约22万人夹道欢迎。此外，上海人民在文化广场举行了20多万群众的欢迎大会。③ 而在美国总统尼克松来访时的接待方针是：不冷不热、不卑不亢。周恩来总理与尼克松总统的握手也是非常正常的握手，因当时中美两国没有外交关系，所以也没有安排群众欢迎的场面。

在外交实践中，恰到好处地应用外交礼仪还有助于展示自己良好的教养与优雅风度；有助于维护自己所代表的国家和国际组织的完美形象；有助于向自己的交往对象及其所代表的国家、民族或国际组织表达尊敬友好之意。④

---

① 李伟：“首脑会面行礼各不同”，《世界新闻报》2007年5月22日。

② 振龙：“外交礼仪藏玄机”，《八桂侨刊》2003年第2期。

③ 吴德广：“前外交部礼宾司参赞讲述——迎送国宾礼仪改革60年”，《世界博览》2013年第18期。

④ 鲁毅等著：《外交学概论》，北京：世界知识出版社，1997年版，第236页；金正昆：《现代外交学》，北京：中国人民大学出版社，1999年版，第183页。

礼仪工作也是拓展外交关系的重要渠道。礼尚往来，礼待客卿，主人的礼仪热情会对客人产生心理和情感效应，进而影响到双边关系。隆重热情的接待可以化解矛盾，增进友谊，化干戈为玉帛，使亲者更亲。另外，礼仪常常可以传递信息，传递一国的政策意向，进行外交试探，特别是在两国关系不正常时期，礼仪往来有时可以成为开拓外交的一个重要手段。如正当两国关系紧张时期，1971 年缅甸主席奈温分别给毛泽东主席、周恩来总理寄来贺年卡，缅甸一方突然的礼节姿态，实质上是一个试探中方态度的政治动作。

礼仪工作还是通过合法手段了解别人、宣传自己、发展友谊的重要媒介和窗口。利用宴会、酒会、茶会等场合或机会，可以了解他国的实际情况；在迎送、陪同外国客人参观访问的过程中，进行生动的情景介绍，可以收到良好的宣传效果。通过交往的形式、礼节，以及交往者的组织、服务、效率等，可以看出一个国家的真实面貌。①

正因为外交礼仪在外交实践中有着重要的作用，各种外交场合及各种外交活动都离不开“礼”，所以各国外交部一般都设有礼宾司，都非常注意外交人员的礼宾修养和培训。外交礼仪规范需严格遵守，然而在特殊的条件及特定的情景下，完全可以摒弃礼仪教条，因时制宜，灵活地对礼仪规范加以权变处理。如，一般情况下，周总理在和其他国家领导人碰杯时，总是让自己酒杯的上沿去碰对方杯子的中间部分。但在向来访的美国总统尼克松敬酒时，周总理却特意将杯沿和尼克松的酒杯杯沿持平后再碰杯，这一细微的举动，既不失礼，也不过分。②

二、外交礼仪的特征③

外交礼仪的特征通常指的是它独自具有的、有别于其他类型礼仪（如商务礼仪）之处，一般体现在它的限定性、庄严性、礼宾性、强制性和渐进性等几个方面。

---

① 赵丕涛编著：《外事概说》，上海：上海社会科学院出版社，1995 年版，第 45—46 页。

② 郭炎武、罗小娟：“论涉外交际礼仪中的权变”，《韩山师范学院学报》2010 年第 1 期；鲁培新：“外交礼仪背后的交锋”，《今日南国》2006 年第 12 期。

③ 内容参见金正昆：《现代外交学》，北京：中国人民大学出版社，1999 年版，第 184—187 页。

（一）限定性

国家外交活动中普遍通行外交礼仪，在具体外交场合，外交人员也都恪守相关外交礼仪。但在具体应用时，外交礼仪往往会受到不同程度的限制，即外交礼仪只限用于外交场合，即只适合外交人员所从事的外交活动与交往。

（二）庄严性

外交代表国家，外交礼仪活动无论其内容还是形式，都是对国家尊严的必要维护，是为了表现有关各方的友好关系。因此，外交礼仪表现得庄重、严肃、崇高而神圣。一旦一方的尊严受到损害，丢了面子，甚至感到难堪，就必然会损害相互关系。对于国家元首、国旗、国徽等国家主权的代表或象征，不但不应当进行侮辱（这是最起码的要求），而且应当表现出应有的尊敬。所以，在一切正式场合如果遇到升国旗、奏国歌时，都应当肃穆致敬。

（三）礼宾性

外交礼仪的最基本用途之一就是礼宾接待。所谓礼宾接待就是指在外交往来中接待来自其他国家、国际组织的外交人员时，采用必要的外交礼仪。简单地说，就是在外交活动中，必须注意以礼相待。

在外交实践中，各国普遍重视外交礼仪的礼宾性。在各国的常设外交机构中，一般都设有专门的礼宾部门，并且通常设有专职礼宾官员。

（四）强制性

所谓外交礼仪的强制性特征指的是，外交人员在外交活动中运用外交礼仪不仅是必要的，而且是必需的，即在客观上存在着一种强制力，要求外交人员在外交活动中要恪守相关外交礼仪。为此，许多主权国家通常将外交礼仪以法律、法规的形式颁布实施。作为法律、法规形式的外交礼仪不仅具有强制的约束力，而且由国家强力机关运用强制手段确保实施。

（五）渐进性

为了确保外交礼仪切实可行，在某一特定时期内，它往往相对保持稳定，不会发生剧烈的变化。然而这并不等于说外交礼仪永远一成不变，永远如此这般。实际上，外交礼仪的变化一直都是存在的，只不过它的这种变化不会是突变或剧变，往往是由局部渐渐发生的，不易为人所察觉。简约而言，外交礼仪在保持稳定和权威的同时，又有所发展和创新。

三、外交礼仪的规则

在长期的实践过程中，外交礼仪不断融合世界各国优秀礼仪形式和规范，得到国际社会普遍认同，成为外交领域通行的程式或重要标志，形成了体现自身特征的通行规则。

（一）相互尊重、平等相待

现代的国际关系，应当是完整的主权国家之间的关系，与过去封建割据、闭关自守的封建国家之间关系不同，也与宗主国同殖民地附属国之间的关系不一样。现代国家，不论大小强弱，主权应当一律平等。"主权平等"既然是现代国际关系的基本准则，因此作为外交活动行为规范的外交礼仪，当然也必须遵循这一准则，外交礼仪的目的就在于确保各国权益均等。如果在相互交往中，损及他国主权，就谈不上遵守外交礼仪。当代外交礼仪是以相互尊重、主权平等为基础的。"事实上，这些繁文缛礼并非样样都是没有意义的。外国使节所代表的高于他们自身，给予他们的礼仪是针对他们所体现的法人而言。人们没有充分认识到外交礼节不分战胜国和战败国，而是要求各国，即便是敌对国家之间都应互相尊重而不计较彼此力量对比……因此外交礼节所给予的是尊重弱小国家的尊严和独立，这并非是细微末节。"①

依据主权平等原则，在外交场合应体现出各国相互尊重、平等相待，如在"礼宾序列"问题上，就是各国代表的位次不是按国家大小强弱的原则来排列，而一般是按会议所用文字的国名字母顺序来排列；而签订条约协定时，应遵守"轮换制"，即每个缔约国在其保存的一份文本上名列首位，它代表在这份文本上首先签字。在外交活动中，各国代表的序列，应以代表的职务高低或就职时间的先后作排列的依据。例如，驻在某国首都的各大使，即应以到任递交国书的时间先后为序，并由最先到任的大使担任外交团长。只有在少数信奉天主教的国家，由于宗教原因，外交团长总是由梵蒂冈派驻

① 周启朋等编译：《国外外交学》，北京：中国人民公安大学出版社，1990 年版，第 338 页。

当地的“圣使”担任，而副团长由最先到任的大使担任。

在文字的使用上，每个国家都有使用本国文字的权利。在签订国际条约协定时，本国文字与别国文字具有同等效力，而经过有关国家的协议，也可以只使用某一种国际通用的文字。

（二）礼仪规格对等、平衡

所谓“对等”实际上就是“礼尚往来”。例如，相互交往的双方人员，其身份要大体相当；派代表团互访时，双方的接待规格应相差不多；“投之以桃，报之以李”，这是“对等”原则的正面引用。而在国际交往中，有时也从负面运用这一原则。例如，你赶走了我的武官，我就驱逐你的参赞；你有意怠慢了我，我也请你坐一坐“冷板凳”，如此等等。

所谓“平衡”，也可以理解为“一视同仁”或“不歧视”的原则。例如，驻在国外交部邀请所有国家的使节参加某项社交活动，就不应单独不请某一个国家的使节。所有来访的各国外交部长都由总理接见一次，如果唯独不见某个国家的外长，那也会被理解为有意给予冷遇。曾经有两个非洲国家的部长级代表团同时来中国访问，由于接待单位不同，一个部长住在国宾馆，另一个住在旅馆里。周总理发现后，严肃批评这是“搞上下铺”的做法，肯定会影响接待效果。

但是，所谓“对等”、“平衡”都是相对的，不是绝对的。在国际交往中，在礼仪上给予“破格接待”的，也有诸多先例。各国为了体现自己的外交政策，往往打破对“对等”、“平衡”的机械理解，作出一些特殊的安排。例如，1960 年周恩来按计划访问柬埔寨，获悉西哈努克亲王的父亲不幸逝世，于是决定改访问为吊唁。西哈努克担心国丧会影响接待规格，请周恩来延期。周恩来说，中柬友谊不在于接待的规格，一切从简，原计划不变。他不仅去了，还为每个代表团成员赶制了一套素装。中国的诚意感动了西哈努克。中国代表团抵达金边，西哈努克为了表示对中国领导人的尊重和友好，下令暂停国丧，并以隆重的仪式迎接。当天下午，周恩来和陈毅前往国王御座宝殿，吊唁了国王，更增进了两国的友好关系。[①] 1984 年，英国首相撒切尔夫人来华访问，中英双方达成了关于香港问题的联合公报，在她访华的短短 36 个小时中，中方为她安排了 14 场活动。邓小平、胡耀邦、李先

---

① “外交礼品的故事”，《解放日报》2002 年 9 月 20 日。

念等在同一天会见了她，这被认为是一次“破格”的接待。① 可见，礼仪规则不应当是机械的条条，其的巧妙应用还在于结合实际情况善于安排。从这个意义上说，外交礼仪程序的运用也是一种外交艺术。

（三）优雅大方、维护形象

礼貌和礼节是人与人交往的行为规范，也是观察一个国家文明程度和社会风化的窗口。外交人员的个人形象实际上代表着他所属国家或国际组织的整体形象，所以外交人员在外交场合都非常注重自己的仪容、举止、表情、服饰、谈吐等个人外观形象。外交人员的个人形象是其自身素质最为直观的写照。具体来说，外交人员要做到如下几条：

仪容自然、美观、清爽，要符合人们常规的审美标准，不可标新立异、哗众取宠。即是：仪表端庄、服饰大方、举止潇洒、优雅得体，既自然大方、文明高雅、遵行礼俗、办事有章、自尊自信，又不失自谦与敬人之意，一举一动都要与自己的身份相称，切不可错用或滥用肢体语言。

表情庄重友善，既严肃、认真，又不失平和与大气，表情显得亲切、和蔼、友好而不做作、轻浮。

服饰整洁到位，就是在不同的场合，按外交惯例来选用自己的服饰，且服饰要保持干净、清洁和整齐，而不应身着过分鲜艳、过分杂乱、过分暴露、过分透视、过分短小、过分紧身的服装。佩饰要以少为佳，注重搭配。一次，接待蒙古共和国军队文工团，陈沂同志没有穿军装，陈毅就要他立即去换装，并指出一定的服饰体现一定的礼貌，周总理在旁也点头称是。即是说，外交人员的言行、举止、服饰、仪容都很重要，不能马虎。

谈吐风雅、礼貌机敏，即是：言谈既谦恭敬人，又不忘文明得体，交谈时沉着冷静，思前言后，把紧口风；察言观色，随机应变，机警灵敏，点到为止，不辱使命。

外交人员的言行举止都代表着自己的民族和国家，关乎族格、国格及人格，所以在外交场合，外交人员应礼仪周到，言行举止要从容得体、堂堂正正、不卑不亢；应自尊自重，而不是自轻自贱，更不能卑躬屈膝；当然也不能表现得自大自负、盛气凌人、颐指气使。

---

① 刘斌编辑：“现代国际礼仪的基本准则”，http：//qndb. net/dzxw/50270_ 2. html。

（四）入乡随俗

入乡随俗即要求外交人员在外交活动中，要了解其所在地的风俗习惯，"入境而问禁，入国而问俗"。百里不同风，千里不同俗。由于历史、文化、宗教等的不同，国情千差万别，各国的风俗习惯也不尽相同。俄罗斯著名文艺理论家别林斯基说过："每个民族非常珍视习俗，视为神圣财物"；"习俗中有一种神圣的、不可侵犯的、除环境和文化进步外不屈于任何权力的东西。"①

因此，外交人员应该对驻在国或交往对象的风俗习惯有所了解，尊重驻在国或交往对象的习惯和忌讳。在具体的外交活动中，外交人员要尊重、遵守当地的风俗习惯，这是对当地人民的最大尊重，有助于双方之间的沟通，反之则会为当地人民视为非友好显示，伤害当地人民的感情，引起外交误会。有一次，澳大利亚总理基廷在接待来访的英国女王时，不顾英国传统礼节，公然用胳膊挽着女王的腰，从而引起英国舆论大哗，引起英国强烈的民族情绪。正如法国学者让·塞尔所说的："外交职业的传统规则就是种种习俗和惯例，每个人不论愿意与否都应遵守。"②

（五）礼宾有序

在外交活动中，特别是在大规模的外交活动中，东道国在接待来宾时，不但要做到礼待宾客，而且必须考虑到礼宾有序。尤其是外交人员在外交实践中，经常会遇到必须同时接待两个或两个以上国家或国际组织来宾或使者的情况，这时就要参照外交惯例和本国约定俗成的方式，对来访者顺序进行一定排列，并据此分别给予各方以相应的礼遇，做到平等待人，切不可厚此薄彼、生疏有别、嫌贫爱富、欺软怕硬。目前，在外交实践中通常采用的礼宾次序是：

1. 按身份与职务的高低排列

这是礼宾次序排列的主要根据。一般的官方活动，经常是按身份与职务的高低安排礼宾次序，如按国家元首、副元首、政府总理（首相）、副总理（副首相）、部长、副部长等顺序排列。各国提供的正式名单或正式通知是

---

① 赵丕涛编著：《外事概说》，上海：上海社会科学院出版社，1995 年版，第 52 页。

② 周启朋等编译：《国外外交学》，北京：中国人民公安大学出版社，1990 年版，第 338 页。

确定职务的依据。由于各国的国家体制不同，部门之间的职务高低不尽一致，则要根据各国的规定，按相当的级别和官衔进行安排。在多边活动中，有时按其他方法排列。但无论按何种方法排列，都应考虑身份与职务的高低问题。

2. 按字母顺序排列

多边活动中的礼宾次序有时按参加国国名字母顺序排列，一般以英文字母顺序排列居多，少数情况下也有按其他语种的字母顺序排列的，这种排列方法多见于国际会议、体育比赛等。在国际会议上，公布与会者名单、悬挂与会国国旗、座位安排等均按各国国名的英文拼写字母的顺序排列。在联合国召开的联合国大会和各专门机构的会议上，悬挂会员国旗等均按此法。联合国大会的席次也按英文字母排列，但为了避免一些国家总是占据前排席位，因此每年抽签一次，以决定本年度大会席位以哪一个字母打头，以便让各国都有机会均等排在前列。

3. 按日期先后排列

在有的国家举行的多边活动中，按通知代表团组成的日期先后排列同等身份的外国代表团的次序，或按代表团抵达活动地点时间的先后次序排列，或按派遣国决定应邀派遣代表团参加活动的答复时间先后排列。采用何种方法，东道国在致各国的邀请书中都会加以注明。

在实际工作中，遇到的情况往往是复杂的，如有的国家不管以上种种惯例，把关系密切国家排列在最前列。所以礼宾次序的排列常常不能按一种排列方法，而是几种方法交叉，并考虑其他的因素。如在某一多边国际活动中，对于与会代表团礼宾次序的排列，首先是按正式代表团的规格，即代表团团长的身份高低来确定，这是最基本的。在同级代表团中则按派遣国通知代表团组成日期先后来确定，对同级和同时收到通知的代表团则按国名英文字母顺序来排列。

在国际体育比赛中，体育代表队名称的排列‘开幕式出场的顺序一般也按国名字母顺序排列（东道国一般排在最后）；代表团观礼或召开理事会、委员会等，则按出席代表团的团长身份高低排列。

在安排礼宾次序时所考虑的其他因素包括国家之间的关系，地区所在，活动的性质、内容和对于活动的贡献大小，以及参加活动人的威望、资历等等。诸如，常把同一国家集团的、同一地区的、同一宗教信仰的，或关系特殊的国家的代表团排在一起。对同一级别的人员，常把威望高、资历深、年龄大者排在前面。有时还要考虑业务性质、相互关系、语言交流等因素。如在观礼，观看演出、比赛，特别是在大型宴请时，在考虑身份、职务的前提下，应将业务性质对口的、语言相通的、宗教信仰一致的、风俗习惯相近的安排在一起。

礼宾次序体现着东道主对各国宾客所给予的礼遇，在一些国际性的集会上则表示各国主权平等的地位。礼宾次序安排不当或不符合国际惯例，会引起不必要的争执与交涉，甚至会影响国家关系。因此在外交实践中，对礼宾次序应给予一定的重视。

（六）从简的原则

从简的原则即重精神、重友谊、重实效，不重形式、不讲排场、不事铺张。2000 多年前，孔子就指出，“礼不可不省也。……不可多也，不可寡也，唯其称也”。[①] 从简不等于冷落，要注意照顾生活习惯，尽量做到热情周到，要有针对性，重礼仪、重实效。如，就国宴来讲，经济欠发达的乌拉圭惯例是只供一菜一汤；而西方发达国家之一的英国，国宴也并不非常丰盛，仅四菜一汤；法国菜是西方国家中最负盛名的一种，而“巴黎牛排油炸土豆丝”又被誉为这个美食大国的国菜，每次都会被端上国宴台面。饭菜简朴并不代表“礼轻情不重”，实际上西式国宴特别注重礼仪。[②]

第二节 外交仪式礼仪[③]

外交礼仪主要表现在：国家涉外的庆典活动、领导人就职仪式、国宾访问与接待、国葬、对外文书往来，以及其他外交活动等。各国的外交礼仪不同程度地保持着各国自身的民族特性和风格。外交礼仪既有共性，也有特性。在外交交往中，应互相尊重对方的礼节和习惯做法。[④]

---

① 《礼记·礼器》，《四书五经》，北京：中华书局，2012 年版，第 349 页。

② 巴铁：“礼仪要简朴”，《群言》1990 年第 8 期。

③ 主要参考金正昆：《现代外交学》，北京：中国人民大学出版社，1999 年版；李斌：《国际礼仪与交际礼仪》，北京：世界知识出版社，1985 年第 2 版中的相关章节内容。

④ 钱其琛主编：《世界外交大辞典》下卷，北京：世界知识出版社，2005 年版，第 2049 页。

一、迎送仪式

外交实践中的礼通过各种仪式得到体现，仪式礼仪是最为常用、最为重要的外交礼仪。

迎来送往是常见的社交礼节。在国际交往中，对于外国来访的客人，通常均视其身份和访问性质，以及两国关系等因素，安排相应的迎送活动。

各国对外国国家元首、政府首脑的正式访问，往往都举行隆重的迎送仪式；对军方领导人的访问，也举行一定的欢迎仪式，如安排检阅仪仗队等；对其他人员的访问，一般不举行欢迎仪式。然而，对应邀前来访问者，无论是官方人士、专业代表团还是民间团体、知名人士，在他们抵离时，均安排相应身份人员前往机场（车站、码头）迎送。对长期在本国工作的外国人士和外交使节、专家等，在他们离任时，各国有关方面亦安排相应人员迎送。

对于来宾的迎送规格，各国做法不尽一致。确定迎送规格，主要依据来访者的身份和访问目的，适当考虑两国关系，同时还要注意国际惯例，综合平衡。主要迎送人通常都要同来宾的身份相当，但由于各种原因（例如国家体制不同、当事人年高不便出面、临时身体不适或不在当地等），不可能完全对等，遇此情况，可灵活变通，由职位相当的人士或副职出面。总之，主人身份总要与客人相差不大，以同客人对口、对等为宜。当事人不能出面时，无论做何种处理，应从礼貌出发，向对方作出解释。其他迎送人员不宜过多。也有从发展两国关系或当前政治需要出发，破格接待，安排较大的迎送场面。然而，为避免造成厚此薄彼的印象，非有特殊需要，一般都按常规办理。

（一）欢迎仪式

当国宾到访时，东道国通常会为对方举行一定规格的欢迎仪式，以热烈而友好地迎接对方的光临。按照外交惯例，东道国为前来访问的国宾所举行的正式欢迎仪式一般包括引见、献花、鸣礼炮、合影、检阅、国宴等。

在举行正式欢迎仪式的现场，循例应当在地面铺设红地毯，悬挂来访国与东道国两国国旗，安排一定数量的群众欢迎队伍。有的国家还习惯于张挂国宾及其配偶的大幅画像。

有时，正式的欢迎仪式往往会邀请各国驻东道国的使节参加。遇到这种情况，国宾必须抽出时间在东道国国家领导人的陪同下与他们见面。

现如今，中国的国宾欢迎仪式在人民大会堂举行。至于在机场或车站欢迎国宾，则由副外长等官员出面，之后接待国宾设陪同团长这一做法开始实施。人民大会堂的迎宾仪式比首都机场的迎宾仪式更加隆重，国宾沿着铺就的红地毯检阅三军仪仗队，一目了然。欢迎仪式还增添国宾检阅三军仪仗队分列式一项，即中方领导人陪同国宾检阅仪仗队后再次登上检阅台，检阅三军仪仗队分列式，然后与参加仪式的双方人员离开迎宾场地，进入人民大会堂举行会谈。①

（二）送别仪式

送别（送行）仪式是指国宾访问结束，离开东道国时，或者是在离开东道国的首都时，由东道国为其举行的送行活动的具体程序。

送别仪式的内容与欢迎仪式的内容很相似，同样强调热烈、隆重、欢快、友好，只是在目前各国的外交实践中，送别仪式往往在一定程度上有所简化。

送别仪式的主要程序有：国宴、话别、送行、告别。在实践中，有的程序往往有可能被省略。

按照外交惯例，在告别国宾的现场，应当铺设红地毯，悬挂来访国与东道国两国的国旗；东道国一方送行的官员通常应在规定地点列队与对方见面，双方正式见面时，需互相介绍，一一握手，热情告别，并可酌情安排一定数量的群众欢送队伍。

二、庆典仪式

庆典是指隆重的庆祝典礼。每逢重大节庆日和丧葬事件，各当事国都以各自的方式举办各种庆典仪式活动。遇此情况，各有关的其他国家及其外交代表会根据两国关系、当地的习惯做法，以各种方式表示祝贺。

---

① 吴德广：“前外交部礼宾司参赞讲述——迎送国宾礼仪改革60年”，《世界博览》2013年第18期。

（一）独立或开国庆典

一些新兴国家在宣布独立时，一般都要举行隆重的庆典活动。庆典一般以升旗仪式开始。第一面国旗徐徐升起，象征着新独立国家的诞生、民族的崛起。这时礼炮齐鸣，军人行军礼，其他人士行注目礼。随即第一任国家元首宣誓就职，发表施政演说，阐明其对内、对外方针政策。演说结束后，一般都要举行军事检阅和群众游行。当事国将各国出席典礼的代表团和特使都安排在比较显要的位置上，并由国家领导人出面设宴招待。首都及全国各地还要举行规模盛大的文艺演出和群众性民族歌舞。

对新独立的国家，各国政府或领导人一般都要致电祝贺，电文中表达对该国良好的祝愿，宣布承认其独立，并表示欢迎两国建立外交关系等愿望。应新独立国家的邀请，有的国家还委派政府官员或由国家元首、政府首脑亲自率团前往参加独立庆典活动，也有的国家委派驻第三国的使节以政府正式代表或特使名义参加庆典。

（二）就职庆典

许多国家元首就职时举行隆重的仪式，国王登基则举行加冕典礼。就职时通常要举行宣誓仪式，并发表施政演说。有的国家元首或国王就职时还举行盛大的招待会、阅兵式、文艺体育表演等活动。就职仪式一般邀请各国外交使节参加，有的还邀请外国政府派遣代表或特使参加。新元首或新国王往往还礼节性地接见各国外交使节。有的国家政府首脑（内阁首相）就职也举行一定的仪式。

各建交国对外国领导人的当选均应以相应的领导人名义致电祝贺，各国驻当地的使节按惯例亦应向新任领导人发函祝贺。

新任外交部长的任命事项颁布后，建交国外交部长也有发电（函）致贺的。

（三）节庆活动

节庆活动大体可分官方节日和民间节日两大类。官方节日一般指国庆日、建军节、建交日；民间节日指民间传统节日（包括国际性的）和宗教节日等。

1. 国庆

世界各国对本国的国庆日都很重视，一般都要举行活动表示庆祝。一年一度的国庆招待会是各国庆祝国庆比较通常的做法。出面主持招待会的，有的是国家元首、政府首脑，也有的是外交部长。招待会的形式也各有差异，近年来采用酒会的形式日趋增多。招待会一般均邀请各国驻当地的外交使节出席。遇有逢五逢十的大庆，招待会的规模就更大些，形式也更隆重些。但在某些国家，国庆日也有不举行招待会的。

军事检阅和群众游行是某些国家国庆庆典的主要仪式。除本国领导人和军政官员出席观礼外，还会邀请正在当地进行国事访问的外国领导人和各国驻该国外交使节出席，并对他们给予较高的礼遇。有的国家在节日之夜还会燃放节日焰火、举行文艺晚会等。

某些君主制国家，以君主的生日或登基日为国庆日，这些国家除上述常见的国庆活动外，还在王宫设客人签名簿，由各国使节前往签名道贺。

为庆祝国庆日，各当事国驻外使馆在驻在国首都一般都举行国庆招待会。这类招待会规模大小不一，多以酒会形式邀请驻在国政府领导人和有关方面人士以及各建交国使节夫妇与主要外交官员参加。如在中午举行招待会，则往往不邀请配偶。招待会上一般很少发表讲话。有些国家的使节只举行小型双边宴会，邀请驻在国少数官员，不请外交团人士。一些国家的驻外使馆也有不举行招待会的。各国对于出席外交使节举行的国庆招待会的规格，按习惯做法和国家关系来定。除关系密切的友好国家外，有的国家还明文规定领导人不出席大使馆的国庆招待会。

中国自1980年以来，只举行国庆招待会和联欢会。招待会由国务院总理主持，采用酒会形式，邀请各国驻华使节、华侨、港澳台同胞少数代表出席。国庆联欢晚会一般不邀请外国人参加。

对于别国的国庆日，国际上通常是发电、函祝贺，一般以国家元首或政府首脑名义致对方相应领导人，少数国家在对等的基础上，以政府或国会的名义发贺电。在外交界和民间人士中经常用名片、函件等方式祝贺。在关系更为密切的国家间，常互相邀请政府代表团或特使参加国庆庆典活动。各国对发来的贺电、函或名片以相应方式复谢。

2. 建军节

各国军方对于建军节也颇为重视。多数国家由国防部长或总参谋长等最高军事首长出面主持建军节招待会，邀请各国武官参加，有的也邀请使节出席。

各国驻外武官是否举行建军节招待会，视各自情况而定。这样的招待会主要邀请驻在国的军方人士和各国派驻该国的武官出席，有时也邀请驻在国有关部门负责人和外交使节等。

3. 元旦

各国庆祝的方式各异、内容不一，但大都含有除旧布新、祝福、祈求来年丰收之意。元旦期间各友好国家领导人之间或友好人士之间常常互发贺年片（或名片），这在国际上已是一种较为普遍的习惯做法。在某些国家则有外交团向驻在国元首或政府首脑登门团拜的惯例。团拜时，外交团团长代表全体使节致祝愿词，驻在国领导人致答词，并备酒水款待。

4. 民间节日、宗教节日

世界各国几乎都有各自传统的民间节日和宗教节日，这种节日名目繁多。民间节日诸如印度的“灯节”，尼泊尔、伊朗的新年，瑞典的“仲夏节”，欧美国家的“狂欢节”，东南亚国家的“泼水节”，中国的“春节”等。宗教节日有基督教的“圣诞节”、“复活节”，伊斯兰教的“开斋节”、“古尔邦节”，佛教的“佛诞节”和“成道节”等。

对于民间节日，各友好国家之间也互相祝贺。如在一国访问时，适逢该国的民间节日，外国客人常向主人表示祝贺，而当事国也常常邀请外国客人参加一些娱乐活动。

对于一些影响较大的宗教节日，如“圣诞节”、“古尔邦节”、“开斋节”和“佛诞节”等，各有关国家均进行广泛的庆祝，特别是以某宗教为国教的国家，庆祝的规模就更为盛大。有关各国领导人之间和宗教界人士之间则有相互发送贺电、贺片祝贺的习惯。但其他国家一般不组织官方的庆祝活动，亦很少致贺。如在某国访问、游览，恰逢该国的宗教节日，则相机向有关人士表示节日的祝贺。

三、宴请

宴请是常见的对外交往活动之一。各国宴请都有自己国家或民族的特点与习惯。国际上通用的宴请形式有宴会、招待会、茶会、工作进餐等。举办宴请活动采用何种形式，通常根据活动目的、邀请对象以及经费开支等各种因素而定。

（一）常见的几种宴请形式

1. 宴会

宴会为正餐，坐下进食，由招待员顺次上菜。宴会有国宴、正式宴会、便宴之分。按举行的时间，又有早宴（早餐）、午宴、晚宴之分。其隆重程度、出席规格以及菜肴的品种与质量等均有区别。一般来说，晚上举行的宴会较之白天举行的更为隆重。

国宴。其是国家元首或政府首脑为国家的庆典，或为外国元首、政府首脑来访而举行的正式宴会，因而规格最高。宴会厅内悬挂国旗，安排乐队演奏国歌及席间乐，席间致辞或祝酒。国宴安排一般按一国惯例或依国情。如，按法国礼仪，双方的国家元首应迎接每一位被请的客人。客人们鱼贯进入大厅，他们站在入口处并应同每一位客人握手。其他国家一般不是这样。在其他国家，当总统及其夫人进入大厅时，客人们已坐在桌边了，他们起立欢迎总统夫妇。[①] 现今中国的国宴，在文化传统、民族风情和社会制度的影响下，既有规范的礼仪和格局，又有多彩多姿的席谱和饮宴方式，在国家政治生活中发挥出重要作用。如，前美国总统小布什访华菜单为：北京烤鸭、清蒸鱼、红烧狮子头；点心：上海小笼包子。奥巴马总统访华菜单（大会堂）则为：一道冷盘、一道点心、一道水果冰；热菜：翠汁鸡豆花汤、中式牛排、清炒茭白芦笋、烤红星石斑鱼；酒：河北 2002 年出产的长城五星干红和长城五星干白。[②]

正式宴会。除不挂国旗、不奏国歌以及出席规格不同外，其余安排大体与国宴相同。有时亦安排乐队奏席间乐。宾主均按身份排位就座。许多国家正式宴会十分讲究排场，在请柬上注明对客人服饰的要求。外国人对宴会服饰比较讲究，往往从服饰规定体现宴会的隆重程度。对餐具、酒水、菜肴道数、陈设，以及服务员的装束、仪态都要求很严格。菜肴通常包括汤和几道热菜（中餐一般用四道，西餐用二、三道），另有冷盘、甜食、水果。外国宴会餐前会上开胃酒。餐前如有条件，在休息室稍事叙谈，通常上茶和汽水、啤酒等饮料。如无休息室也可直接入席。席间一般用两种酒，一种甜

---

① 鲁人："外交礼仪——叶利钦回忆录选译"（八），《国际展望》1994 年第 22 期。

② "中国国宴用菜的规格"，http：//iask. sina. com. cn/b/8679581. html；"中国国宴的宴会知识"，http：//www. 6eat. com/DataStore/CardExpensePage/538830_ 0。

酒，一种烈性酒。餐后不再回休息室座谈，亦不再上饭后酒。

便宴。即非正式宴会，常见的有午宴、晚宴，有时亦有早上举行的早餐。这类宴会形式简便，可以不排席位，不做正式讲话，菜肴道数亦可酌减。西方人的午宴有时不上汤，不上烈性酒。便宴较随便、亲切，宜用于日常友好交往。

家宴。即在家中设便宴招待客人。西方人喜欢采用这种形式，以示亲切友好。参加家宴要酌情给女主人赠少量鲜花或纪念品。

2. 招待会

招待会是指各种不备正餐而较为灵活的宴请形式，备有食品、酒水饮料，通常都不排席位，可以自由活动。常见的有：

冷餐会（自助餐）。这种宴请形式的特点是，不排席位，菜肴以冷食为主，也可用热菜，连同餐具陈设在菜桌上，供客人自取。客人可自由活动，可以多次取食。酒水可陈放在桌上，也可由招待员端送。冷餐会在室内或在院子里、花园里举行，可设小桌、椅子，自由入座，也可以不设坐椅，站立进餐。根据主、客双方身份，招待会规格隆重程度可高可低，举办时间一般在中午十二时至下午二时、下午五时至七时左右。这种形式常用于官方正式活动，以宴请人数众多的宾客。

中国举行的大型冷餐招待会，往往用大圆桌，设座椅，主宾席排座位，其余各席不固定座位，食品与饮料均事先放置桌上，招待会开始后，自动进餐。

酒会。又称鸡尾酒会。这种招待会形式较活泼，便于广泛接触交谈。招待品以酒水为主，略备小吃。不设座椅，仅置小桌（或茶几），以便客人随意走动。酒会举行的时间亦较灵活，中午、下午、晚上均可，请柬上往往注明整个活动延续的时间，客人可在其间任何时候到达和退席，来去自由，不受约束。

近年国际上举办大型活动采用酒会形式日渐普遍。庆祝各种节日、欢迎代表团访问，以及各种开幕、闭幕典礼，文艺、体育招待演出前后往往会举行酒会。自 1980 年起中国国庆招待会也改用酒会形式。

3. 茶会

茶会是一种简便的招待形式。举行的时间一般在下午四时左右（亦有上午十时举行的）。茶会通常设在客厅，不用餐厅。厅内设茶几、座椅。不排席位，但如是为某贵宾举行的活动，入座时，会有意识地将主宾同主人安排坐到一起，其他人随意就座。茶会顾名思义是请客人品茶，因此茶叶、茶具的选择要有所讲究，或具有地方特色。一般用陶瓷器皿，不用玻璃杯，也不用热水瓶代替茶壶。外国人一般用红茶，略备点心和地方风味小吃。亦有不用茶而用咖啡者，其组织安排与茶会相同。

4. 工作进餐

按用餐时间分为工作早餐、工作午餐、工作晚餐。这是现代国际交往中经常采用的一种非正式宴请形式（有的时候由参加者各自付费），利用进餐时间边吃边谈问题。在代表团访问中，往往因日程安排不开而采用这种形式。此类活动一般只请与工作有关的人员，不请配偶。双边工作进餐往往排席位，尤以用长桌更便于谈话。如用长桌，其座位排法与会谈桌席位安排相仿。

（二）有关宴请活动的几项组织工作

1. 确定宴请目的、名义、对象、范围与形式

宴请的目的是多种多样的，可以是为某一个人，也可以是为某一事件。例如，为代表团来访（作为驻外机构，可以为本国代表团前来访问，也可以为驻在国的代表团前往自己的国家访问），为庆祝某一节日、纪念日，为外交使节或外交官员的到离任，为展览会的开幕、闭幕，某项工程动工、竣工等等。在国际交往中，还会根据需要举办一些日常的宴请活动。

确定邀请名义和对象的主要根据是主、客双方的身份，也就是说主客身份应该对等。例如，作为东道国宴请来访的外国代表团，出面主人的职务和专业一般应同代表团团长对口、对等，身份低会使人感到冷淡，规格过高亦无必要。又如外国使馆宴请驻在国部长级以上官员，一般由大使（临时代办）出面邀请，低级官员请对方高级人士，就不礼貌。通常，如请主宾携夫人出席，主人若已婚，一般以夫妇名义发出邀请。中国大型正式活动以一人名义发出邀请，日常交往小型宴请则根据具体情况以个人名义或以夫妇名义出面邀请。

邀请范围是指请哪些方面人士，请到哪一级别，请多少人，主人一方请什么人出来作陪。这都要考虑多方因素，如宴请的性质、主宾的身份、国际惯例、对方对己方的做法，以至当前政治气候等等。各方面都要想到，不能只顾一面。

邀请范围与规模确定之后，即可草拟具体邀请名单。被邀请人的姓名、

职务、称呼以至对方是否有配偶都要准确。多边活动尤其要考虑政治关系，对政治上相互对立的国家是否要邀请其人员出席同一活动，要慎重考虑。

宴请采取何种形式，在很大程度上取决于当地的习惯做法。一般来说，正式、规格高、人数少的以宴会为宜，人数多则以冷餐或酒会更为合适，妇女界活动多用茶会。

目前各国礼宾工作都在简化，宴请范围趋向缩小，形式也更为简便。酒会、冷餐会被广泛采用，而且中午举行的酒会往往不请配偶，不少国家招待国宾宴会只请身份较高的陪同人员，不请随行人员。中国也在进行改革，提倡多举办冷餐会和酒会代替宴会。

2. 确定宴请时间、地点

宴请的时间应对主、客双方都合适。驻外机构举行较大规模的活动，应与驻在国主管部门商定时间，注意不要选择对方的重大节假日、有重要活动或有禁忌的日子和时间。例如，对信奉基督教的人士不要选 13 号，更不要选 13 号的星期五。伊斯兰教在斋月内白天禁食，宴请宜在日落后举行。小型宴请应首先征询主宾意见，最好相机口头当面约请，也可用电话联系。主宾同意后，时间即被认为最后确定，可以按此约请其他宾客。关于宴请地点的选择，官方正式隆重的活动，一般安排在政府、议会大厦或宾馆内举行，其余则按活动性质、规模大小、形式、主人意愿及实际可能而定。选定的场所要能容纳全体人员。举行小型正式宴会，在可能条件下，宴会厅外应另设休息厅（又称等候厅），供宴会前简短交谈用，待主宾到达后一起进宴会厅入席。

3. 发出邀请和请柬格式

各种宴请活动，一般均发请柬，这既是礼貌，亦对客人起提醒、备忘之用。便宴经约妥后，可发亦可不发请柬。工作进餐一般不发请柬。有些国家，邀请最高领导人作为主宾参加活动，需单独发邀请信，其他宾客发请柬。

请柬一般提前一周至两周发出（有的地方须提前一个月），以便被邀请人及早安排。已经口头约妥的活动，仍应补送请柬，在请柬右上方或下方注上“To remind”（备忘）字样。需安排座位的宴请活动，为确切掌握出席情况，往往要求被邀者答复能否出席。遇此，请柬上一般用法文缩写注上 R. S. V. P.（请答复）字样，如只需不出席者答复，则可注上 Regrets only（因故不能出席请答复），并注明电话号码。也可以在请柬发出后，用电话询问能否出席。

请柬内容包括活动形式、举行的时间及地点、主人的姓名（如以单位名义邀请，则用单位名称）。请柬行文不用标点符号，所提到的人名、单位名、节日名称都应用全称。中文请柬行文中不提被邀请人姓名（其姓名写在请柬信封上），主人姓名放在落款处。请柬格式与行文中外文本差异较大，注意不能生硬照译。请柬可以印刷也可以手写，但手写字迹要美观、清晰。

请柬信封上被邀请人姓名、职务书写要准确。国际上习惯对夫妇两人发一张请柬，国内遇需凭请柬入场的场合应每人一张。正式宴会，最好能在发请柬之前排好席次，并在信封下角注上席次号（Table No）。请柬发出后，应及时落实出席情况，准确记载，以安排并调整席位。即使是不安排席位的活动，也应对出席率有所估计。

4. 订菜

宴请的酒菜要根据活动形式和规格，在规定的预算标准以内安排。选菜不以主人的爱好为准，主要考虑主宾的喜好与禁忌。例如，伊斯兰教徒用清真席，不用酒，甚至不用任何带酒精的饮料；印度教徒不能用牛肉；佛教僧侣和一些教徒吃素；也有因身体原因不能吃某种食品的。如果宴会上有个别人有特殊需要，也可以单独为其上菜。大型宴请，则应照顾到各个方面。菜肴道数和分量都要适宜，不要简单地认为海味是名贵菜而泛用，其实有不少外国人并不喜欢，特别是海参。在地方上，宜用有地方特色的食品招待，用本地产的名酒。无论是哪一种宴请，事先均应开列菜单，并征求主管负责人的同意。获准后，如是宴会，即可印制菜单，菜单一桌两、三份，至少一份，讲究的也可每人一份。

5. 席位安排

外交宴会一般都会排席位，确定尊卑次序，位尊者为先，居于尊贵的位置。在入席前通知每一个出席者，并摆放好席位标签，使来宾心中有数，现场还要有专人引导。英国外交家萨道义曾说：“要使自己显得愚蠢，有效的办法是在位次和礼仪问题上大吵大闹。”①

国际上的习惯，桌次高低以离主桌位置远近而定，右高左低。桌数较多时，要摆桌次牌。同一桌上，席位高低以离主人的座位远近而定。外国习

---

① 李同成：“举手投足见雅俗——外交场合拾趣”，《海内与海外》1996 年第 2 期。

惯，男女掺插安排，以女主人为准，主宾在女主人右上方，主宾夫人在男主人右上方。中国习惯按各人本身职务排列，以便于谈话。如夫人出席，通常把女方排在一起，即主宾坐男主人右上方，其夫人坐女主人右上方。两桌以上的宴会，其他各桌第一主人的位置可以与主桌主人位置同向，也可以以面对主桌的位置为主位。

礼宾次序是排席位的主要依据。在排席位之前，要把经落实出席的主、客双方出席名单分别按礼宾次序开列出来。除了礼宾顺序之外，在具体安排席位时，还需要考虑其他一些因素。多边的活动需要注意客人之间的政治关系，政见分歧大，两国关系紧张者，尽量避免排到一起。此外，适当照顾各种实际情况。例如，身份大体相同，使用同一语言者，或属同一专业者，可以排在一起。译员一般安排在主宾右侧。在以长桌作主宾席时，译员也可以考虑安排在对面，以便于交谈。但一些国家忌讳以背向人，译员的座位则不能做此安排。在他们那里用长桌作主宾席时，主宾席背向群众的一边和下面第一排桌子背向主宾席的座位均不安排坐人。在许多国家，译员不上席，为便于交谈，其坐在主人和主宾背后。

遇特殊情况，可灵活处理，如遇主宾身份高于主人，为表示对他的尊重，可以把主宾摆在主人的位置上，而主人则坐在主宾位置上，第二主人坐在主宾的左侧。但也可按常规安排。如果本国出席人员中有身份高于主人者，譬如部长请客，总理或副总理出席，可以由身份高者坐主位，主人坐身份高者左侧，但少数国家亦有将身份高者安排到其他席位上的。主宾有夫人，而主人的夫人又不能出席，通常可以请其他身份相当的妇女作第二主人。如无适当身份的妇女出席，也可以把主宾夫妇安排在主人的左右两侧。

席位排妥后着手写座位卡。中国举行的宴会，中文写在上面，外文写在下面。卡片用钢笔或毛笔书写，字应尽量写得大些，以便于辨认。便宴、家宴可以不放座位卡，但主人对客人的座位也要有大致安排。

6. 现场布置

宴会厅和休息厅的布置取决于活动的性质和形式。官方正式活动场所的布置应该严肃、庄重、大方。不要用红绿灯、霓红灯装饰，可以少量点缀鲜花、刻花等。

宴会可以用圆桌，也可以用长桌或方桌（桌次布置见图二）。一桌以上的宴会，桌子之间的距离要适当，各个座位之间也要距离相等。如安排有乐队演奏席间乐，不要离得太近，乐声宜轻。宴会休息厅通常放小茶几或小圆桌，与酒会布置类同，如人数少，也可按客厅布置。

冷餐会的菜台用长方桌，通常靠四周陈设，也可根据宴会厅情况，摆在房间的中间。如坐下用餐，可摆四、五人一桌的方桌或圆桌。座位要略多于全体宾客人数，以便客人自由就座。

酒会一般摆小圆桌或茶几，以便放花瓶、烟缸、干果、小吃等；也可在四周放些椅子，供妇女和年老体弱者就坐。

外交人员如接到宴请需要答复的，要及时答复可否出席；注意出席者服饰的要求；掌握好出席宴会的具体时间，身份高者可比一般客人晚一二分钟到达，一般客人可正点或早一二分钟抵达。①

四、凭吊与慰问

一国元首或政府首脑或有重要国际影响的重要人物或友好人士去世，当事国一般都会举行治丧活动或纪念活动。遇此情况，各有关的其他国家和民间人士应根据两国关系、当地的习惯做法以及当事人的身份等，以各种方式表示吊唁；对于前述人物的患病或因故负伤，国家遭遇重大灾难或遭到丧事的人家、团体给予慰问。

（一）凭吊

1. 国家元首逝世的治丧活动

由于各国制度和习惯不同，做法有所区别，但大致都有如下程序：

发布讣告，宣布志哀期，全国停止各种娱乐活动，下半旗志哀。治丧国除发布讣告外，还由外交部发出照会通知当地各国使馆。讣告照会的信纸和信封一般都镶有黑边（但也有不带黑边的）；与此同时还由治丧国驻外使馆通知驻在国外交部和当地各建交国使馆（也有由治丧国政府直接通知各建交国政府的）

治丧活动主要有向遗体告别或瞻仰遗容，接受各界人士的吊唁，最后举行追悼大会或葬礼。吊唁活动一般在灵堂内进行。在中国，灵堂的布置力求庄严、肃穆。在大厅入口处上方悬挂黑底白字的横幅，门边放置吊唁簿，并为吊唁者准备白花。大厅内正面墙上悬挂死者的遗像，镶以黑边或挽黑纱。

---

① 钱其琛主编：《世界外交大辞典》下卷，北京：世界知识出版社，2005 年版，第 2050 页。

上方挂黑底白字横幅。大厅四周悬以黑黄两色相间的挽幛。骨灰盒或水晶棺置于遗像下，周围拥以鲜花和常青树木。遗像两侧放置各界人士送的花圈，而亲属献的花圈则放在骨灰盒或水晶棺前。

追悼仪式后，由国家领导人或治丧委员会负责人和死者亲属护送骨灰盒（或遗体）至安放处（或安葬地）。

政府首脑的治丧仪式大致与元首相同，但规格略低于元首。

治丧期间，当事国的驻外使馆也设灵堂接受驻在国国家领导人和各界人士的吊唁。

对于外国领导人的逝世，各国视两国关系以及死者在世界上所享有的声望确定其志哀的方式。最常见的悼念方式是由国家领导人向治丧国国家领导人发唁电、唁函或发表声明志哀。唁电（函）也可发给死者的家属。

国家领导人前往治丧国使馆吊唁亦是通常采用的吊唁方式之一。吊唁包括签名（也有题词的）、献花圈、默哀等。前往吊唁人员身份的高低视两国关系而定。治丧国使节应亲自出来守灵，接受吊唁。有的国家也有群众到治丧国使馆吊唁的。

遇有在世界事务中有重要影响的外国领导人逝世，不少友好国家还以政府命令规定本国的志哀期，举行隆重的追悼活动。葬礼的当天，如正值议会开会，则以默哀或临时休会等方式表示哀悼。

派代表团或特使前往治丧国参加葬礼，也是常见的方式之一。这样的代表团和特使一般不进行其他参观访问活动。中国领导人逝世时，均婉谢其他国家派代表团或特使前来吊丧。

各国驻治丧国的使节、驻第三国的使节在接到治丧国外交部或使馆的照会后，亦应按规定时间前往悼念。至于是否献花圈或以谁的名义献花圈则视两国关系和当地的习惯做法而定。

有的国家在其领袖人物逝世举行葬礼时，火车、轮船、军舰、工厂等鸣笛志哀。届时如外国轮船适值靠该国码头，亦应按通例挂半旗和鸣笛。

联合国对于会员国元首或政府首脑逝世，下半旗一天，并且不升所有会员国国旗；安理会和其他各委员会开会时，由执行主席宣布默哀表示哀悼。

2. 一般人士逝世

一般人士在国外任职期间因故去世，其丧事一般是由死者的家属或其本国有关机构举办，但也有由所在国出面举办的。治丧安排常见的有设置灵堂、举行追悼会或葬礼等。所在国有关方面视情况以适当的方式表示哀悼，如向死者家属发唁函、送花圈，派有关人员参加葬礼等。信奉宗教的，还有各种宗教仪式。

中国人员在国外遇有外国友好人士去世的，可以以口头或书面形式表示哀悼，向死者家属致以慰问，有时也送花圈。如若参加追悼仪式或丧礼，要尊重当地的风俗习惯，但在参加有宗教仪式的丧礼时，不信宗教者可不做下跪等宗教性动作。

在中国，对长期在华工作的外国友好人士、老专家等逝世，有的由中国有关方面为其举办丧事。对知名的国际友人在华逝世，还组成治丧委员会，报上发表讣告，设置灵堂，接受死者生前友好、外国朋友以及中国各界人士的吊唁。中国政府和有关部门领导人送花圈、参加追悼会。根据死者遗愿，其骨灰（或遗体）或运送本国，或安放（或安葬）在中国。

3. 花圈

一般为鲜花以及松柏树枝等制成，有的花圈用绢花、塑料花制成。花圈以白色或红色缎带（有的国家用红色缎带镶黑边）为挽联，用黑墨水或金粉书写，悬挂在花圈的左右两侧。

（二）慰问

1. 伤病慰问

一国元首或政府首脑患病或因故负伤，其他友好国家领导人往往发电慰问，或指令其驻当事国的使节亲往医院慰问。如因种种原因，使节不能亲晤伤、病者，也有发函或送花篮（附名片）表示慰问的。如周恩来总理重病住院期间，曾有许多国家领导人发来慰问电，许多驻华使节也发函、送花篮表示慰问。征得当事国同意后，一些友好国家还专门派医生前往为患者治病。

对一般伤、病者的慰问，可适当赠送鲜花、水果等。为照顾伤、病者的休息，谈话和逗留时间应较短，并注意避免谈论可能刺激对方或对方忌讳的话题。

2. 灾情慰问

遇一国遭受重大自然灾害或重大伤亡事故，其他建交国领导人大多发电慰问，有时驻当事国使节致函外交部长，代表本国政府和人民表示慰问。各国政府（或红十字会）还视灾情和两国关系向受灾国赠款、赠送药品或其他救济物资。

五、授勋仪式

授勋是指设立有勋章、奖章、荣誉称号、奖励基金的国家和国际组织，按一定的标准将其授予本国或外国的国家领导人、社会活动家、知名人士及外交使节，以表彰他们在某一方面的特殊贡献或卓越功勋。

在授勋时，一般都要举行相应的仪式。举行授勋仪式的时机主要是在：国家的重要纪念日、有关人士生日、各国领导人互访之际、有关外交使节离任之时。

各国在国内一般是由国家元首或政府首脑出面授勋，在国外一般委托外交使节出面，有时由国家元首或政府首脑借出国访问之便授予。不少国家往往借外国领导人访问本国的机会授予。

举行授勋仪式时，被授勋者通常亲自出席，如果因故不能亲自到场，则可委托自己的代表出席。

授勋仪式的具体程序既可以简短，也可以复杂，但必须庄重肃穆。重要的授勋仪式往往会由国家领导人或国际组织主要负责人亲自主持。

在外交场合举行的授勋仪式，具体的礼节较为详尽。具体程序有：

（1）请授勋人与被授勋者在主席台上就座，其他来宾则端坐台下。

（2）由仪仗队护送两国国旗和勋章，在军乐声中进入大厅，并将两国国旗分别竖立于主席台两侧。

（3）军乐队奏两国国歌。

（4）授勋人致词，宣读授勋决定。随后，授勋人将勋章挂在被授勋者胸前，或将证书交至对方手中。

（5）被授勋者致答谢词。

有些简单的授勋仪式也可以借会见、会议或宴请之机进行。其主要程式是：首先，请授勋人与被授勋者相隔数步对面站立；接着，授勋人宣读授勋决定；最后，授勋人为被授勋者佩戴勋章，或将证书交至对方手中。有时，也会安排双方进行简短的致词。

六、谒陵仪式

许多国家首都建有已故领导人陵墓或无名英雄（革命烈士）纪念碑。

谒陵、献花圈，是对被访国人民友好亲善的表示，也是对该国先烈的敬意。所以各国领导人出国正式访问期间，都按会各国习惯做法，前往谒陵或向纪念碑献花圈。

各国安排的领导人谒陵（或向纪念碑献花圈）仪式大同小异。一般的做法是，现场安排仪仗队、军乐队，并派高级官员陪同。仪式开始时，乐队奏乐，花圈由东道国礼兵（或谒陵者的随行人员）抬着走在前列，仪仗队分列两旁，向来宾致意，谒陵人随行于后。搁置花圈时，谒陵人往往要上前扶一下，有的还整理一下花圈上的飘带，然后稍退几步，肃立默哀，绕陵墓（纪念碑）一周。信仰宗教的谒陵人，有的还为死者祈祷。

谒陵的整个过程充满庄严肃穆的气氛，参加仪式人员应着素色服装（有的国家要求着礼服），谒陵时应脱帽（军人若不脱帽应行举手礼）。谒陵式和程序应事先扼要地通告对方。在国外，前往谒陵（碑）应事先向对方了解谒陵程序和其他习惯做法；花圈、飘带等物需早做准备，飘带上的题词要书写得恰当。

有些国家的陵墓建在寺院内，谒陵有其独特的宗教仪式，不信教者前往谒陵，对于宗教仪式中的一些动作可不仿效，但应遵守对方的风俗习惯。如进入清真寺要脱鞋，妇女需用头巾包住头发等等。

七、签字仪式

政府间通过谈判，就政治、军事、经济、科技、文化等某一领域内的相互关系达成协议，缔结条约、协定或公约时，一般都会举行签字仪式。签字人视文件的性质由缔约各方确定，有由国家领导人签的，也有由政府有关部门负责人签的，但双方签字人的身份应大体相当。一国领导人访问他国，经双方商定发表联合公报（或联合声明），有时也举行签字仪式。各国业务部门之间签订专业性协议，一般不举行这类签字仪式。

安排签字仪式，首先应做好文本的准备工作，有关单位应及早做好文本的定稿、翻译、校对、印刷、装订、盖火漆印等项工作，同时准备好签字用的文具、国旗等物品，与对方商定助签人员，并安排双方助签人员洽谈有关细节。

参加签字仪式的，基本上是双方参加会谈的全体人员。如一方要求让某些未参加会谈的人员出席，另一方应予以同意，但双方人数最好大体相等。

不少国家为了对签订的协议表示重视，往往由更高或更多的领导人出席签字仪式。

双方参加人员进入签字厅。签字人员入座时，其他人员分主客各一方按身份顺序排列于各自的签字人员座位之后。双方的助签人员分别站立在各自签字人员的外侧，协助翻揭文本，指明签字处。在本国保存的文本上签毕后，由助签人员互相传递文本，相互握手。有时签字后，还备有香槟酒，共同举杯庆贺。

各国举行的签字仪式的安排不尽相同。有的国家设置两张方桌为签字桌，双方签字人员各坐一桌，双方的小国旗分别悬挂在各自的签字桌上，参加仪式的人员坐在签字桌对面。有的国家安排一张长方桌为签字桌，但双方参加仪式的人员坐在签字桌前方两旁，双方国旗挂在签字桌的后面。

如有三、四个国家缔结条约，其签字仪式大体如上所述，只是相应增添签字人员座位、签字用具和国旗等物。至于签订多边公约，通常仅设一个座位，一般由公约保存国代表先签字，然后由各国代表依一定次序轮流在公约上签字。

第三节　外交标志礼仪

在外交场合，各国或国际组织往往会使用一些象征性标志，如旗帜、徽记、歌曲、箴言、色彩、花木、动物矿石等。其中作为国家土要象征标志的国旗、国徽、国歌的使用被视为国家尊严的直接体现，在外交实践中备受人们的关注，有具体的使用礼仪规范，必须严格遵守。

一、国旗礼仪

国旗是国家的一种标志，是国家主权的象征。外交场合悬挂国旗既是一种外交特权，也是一种外事礼遇。庆祝本国或驻在国重大节日时，也悬挂国旗，表示对本国的热爱和对驻在国的尊重。

按国际惯例，一国元首、政府首脑在他国领土上访问时，在其住所及交通工具上悬挂国旗（有的是元首旗）是一种外交特权。东道国接待来访的外国元首、政府首脑时，在隆重的场合，在贵宾下榻的宾馆、乘坐的汽车上悬挂对方（或双方）的国旗（或元首旗），这是一种礼遇。一个国家的外交代表在东道国境内有权在其办公处所和官邸，以及交通工具上悬挂本国国旗。

国旗悬挂的方法是：

（1）在建筑物上或室外悬挂国旗时，一般应早晨8时升旗，日落降旗。升旗时，国旗要升至杆顶。

（2）遇需悬旗志哀时，通常降半旗。先将旗升至杆顶，再下降至离杆顶相当于杆长1/3的地方。降旗时，先将旗升至杆顶，然后再下降。

（3）按国际惯例，悬挂双方国旗时，以右为上，左为下。两国国旗并挂，以旗本身面向为准，右挂客方国旗，左挂本国国旗。在检阅台或主席台两侧悬挂两国国旗时，以坐在主席台上的人的右侧旗杆悬挂客方的国旗，东道国的国旗悬挂在另一侧的旗杆上。汽车上挂旗，则以汽车行进方向为准，驾驶员右手方向挂客方国旗，左手方向挂东道国国旗。所谓主人和客人，不以活动举行所在国为依据，而以举办活动的主人为依据。例如，外国代表团来访，东道国举行的欢迎宴会，东道国为主人；而答谢宴会，答谢者是主人。

（4）国旗不能倒挂。正式场合悬挂国旗宜以正面（即旗套在旗的右方）面向观众，不用反面，如果旗是挂在墙壁上，应避免交叉挂法和竖挂。

（5）悬挂多国国旗时，东道国的国旗应置于显著位置，其他国家的国旗按字母次序以东道国国旗为中心，排列于左右两侧。

（6）并排悬挂不同比例的国旗，应将其中面积过小或太大的略放大或缩小，使旗的面积大致相同。

中国涉外升挂国旗的规则是：

（1）接待外国国家元首（含副元首）和政府首脑时，在重大礼仪活动场所，如欢迎仪式、欢迎宴会、正式会谈、签字仪式等，升挂中国国旗和来访国国旗。

（2）接待外国政府副首脑时，在重大礼仪活动场所，如正式会谈、签字仪式等，升挂中国国旗和来访国国旗。

（3）接待外国议长、副议长、外交部长和国防部长、总司令或总参谋长、率领政府代表团的正部长、国家元首或政府首脑派遣的特使等贵宾时，在重大礼仪活动场所，如正式会谈、签字仪式等，可以悬挂中国国旗和来访国国旗。

（4）接待上述所列的外国贵宾时，可以在贵宾的驻地升挂来访国国旗，在贵宾乘坐的交通工具上悬挂中国国旗和来访国国旗。

（5）下列重要国际活动场所可以升挂国旗：国际条约和重要协定的签字仪式可以悬挂中国国旗和有关签约国国旗；国际会议，文化、体育活动，展览会、博览会等，可以升挂中国国旗和有关国家的国旗。外国政府经援项目以及大型中外合资经营企业、中外合作经营企业、外资企业（简称外商投资企业）的奠基、开业、落成典礼以及重大庆祝活动可以同时升挂中国国旗和有关国国旗。民间团体在双边和多边交往中举行重大庆祝活动时，可以同时升挂中国国旗和有关国国旗。

（6）除外国驻中国使、领馆和其他外交代表机构以外，其他外国常驻中国的机构、外商投资企业，凡平日在室外或公共场所升挂本国国旗者，必须同时升挂中国国旗；外国公民在中国境内平日不得在室外和公共场所升挂国籍国国旗。遇其国籍国国庆日时，可以在室外或公共场所悬挂其国籍国国旗，但必须同时悬挂中国国旗。

（7）中国国旗与外国国旗并挂时，各国国旗应该按照各国规定的比例制作，尽量做到旗的面积大体相等。悬挂双方国旗，按国际惯例，以右为上，左为下。两国国旗并挂，以旗本身面向为准，右挂客方国旗，左挂本国国旗。汽车上挂旗，则以汽车行进方向为准，驾驶员左手为主方，右手为客方。

（8）在中国境内举办双边活动需要悬挂中国和外国国旗时，凡中方主办的活动，外国国旗置于上首；对方举办的活动，则中国国旗置于上首。

（9）在中国境内，凡同时悬挂多国国旗时，必须同时悬挂中国国旗。在室外或公共场所，只能升挂与中国建立外交关系的国家的国旗。如要升挂未建交国国旗，必须事先经省以上外事办公室批准。

（10）在中国境内，中国国旗与多国国旗并列升挂时，中国国旗应置于显著地位。并排升挂具体办法：一列并排时，以旗面面向观众为准，中国国旗在最右方；单行排列时，中国国旗在最前面；弧形或从中间往两旁排列时，中国国旗在中心；圆形排列时，中国国旗在主席台（或主入口）对面的中心位置。

（11）悬挂国旗一般应以旗的正面面向观众，不要随意交叉悬挂或竖挂，更不得倒挂。有必要竖挂或者使用国旗反面时，必须按照有关国家的规定办理。

（12）多国国旗并列升挂，旗杆高度应该划一。升挂时必须先升中国国旗，降落时最后将中国国旗。同一旗杆上不能升挂两个国家的国旗。遇有需要夜间在室外悬挂国旗时，国旗必须置于灯光照射之下。

（13）外国驻华机构、外商投资企业、外国公民在同时升挂中国和外国国旗时，必须将中国国旗置于上首或中心位置。外商投资企业同时升挂中国国旗和企业旗时，必须把中国国旗置于中心较高或者突出的位置。

二、国徽礼仪

世界上的各个主权国家，一般均拥有正式颁布使用的本国国徽。所谓国徽，是指在正式场合代表本国的式样图案标准专用的徽记。如同国旗、国歌一样，国徽也是一国最为重要的标志之一，并广泛地使用于国内事务与国际事务之中。因此，在涉外交往中还必须依照相互尊重的国际惯例，对交往对象所在国家的国徽表示同样的尊重。参加正式的官方活动时，对此尤其不应疏忽大意。任何焚烧、毁损、涂划、玷污、践踏及语言侮辱外国国徽及其图案的行为，都会直接破坏双方之间的交往，而且往往还会严重损害两国政府之间的官方关系。

国徽礼仪，通常是指人们在制作、使用、维护国徽时必须严格恪守的种种成规与戒条。为了体现国徽的神圣与尊严，世界上有不少国家均以正式立法的形式对本国国徽礼仪特意进行了明确的规范，它们都是国徽礼仪中十分重要的基本内容，主要涉及国徽的制作、国徽的悬挂、国徽的它用等。

制作国徽时，应特别关注如下四点：

（1）国徽的图案。各国国徽的图案，均经过精心的设计。其主体图案一般均由国家正式规定。例如，美国国徽的主体图案是一只白头雕，加拿大国徽的主体图案是枫叶，墨西哥国徽的主体图案则是其国鸟雄鹰与国花仙人掌。

中国的国徽图案，根据《中华人民共和国宪法》的规定：“中间是五星照耀下的天安门，周围是谷穗和齿轮。”

（2）国徽的形状。为统一规格，国徽的具体形状必须有所规定。根据中央人民政府委员会办公厅 1950 年 9 月 20 日所颁布的《中华人民共和国国徽图案制作说明》，中国国徽的具体形状应为：两把麦稻组成正圆形的环；齿轮安在下方麦稻秆的交叉点上。

（3）国徽的尺寸。对于通用的国徽尺寸，中国国徽法有着明文规定，即其直径的通用尺寸分 100 厘米、80 厘米、60 厘米等三种。在特定场所需要悬挂非通用尺寸国徽的，应报经中国国务院办公厅批准。

（4）国徽的色彩。中国正式规定："国徽之涂色为金红二色：麦稻、五星、天安门、齿轮为金色，圆环内之底子及垂绶为红色；红为正红（同于国旗），金为大赤金（淡色而有光泽之金）。"

按国际惯例，外交使节和外交代表机关有权在其住所和办公处悬挂本国国徽。

国徽要悬挂在突出而醒目的位置，通常应当使之位于机关正门上方的正中之处。有必要在室内悬挂国徽时，一般应当使国徽居于正厅面对正门的墙壁上方的正中央。在任何情况下，都不得让国徽偏居一隅，更不允许将国徽置于地面上。

在印章、界碑等处雕刻国徽时，必须使之居于正中或者正上方的位置。在其他情况下需要采用国徽时，也应照此办理。只有将国徽置于上述显著位置，才是对国徽的尊重。

使用国徽的主要禁忌有：

（1）不准悬挂破损、污蚀、褪色或不符合规格的国徽。

（2）不得在公共场合故意以焚烧、毁损、涂划、玷污、践踏、辱骂等方式对待国徽。

（3）不许使悬挂的国徽不端不正，出现歪斜、倒悬甚至脱落在地的情况。

（4）不可使正式场合所使用的国徽图案出现明显的残缺、重叠、变形、走样或者含糊不清的情况。

（5）不能在私人性庆祝、丧葬活动或日常生活的陈设布置中使用国徽。

（6）不能在商标、广告或营利性活动中使用国徽。

（7）不能在正式场合随便悬挂外国国徽或使用其图案。①

（8）不乱做解释。各国对本国国徽均有口径统一的正规化解释，不允许国徽或外国国徽乱做解释。根据规定：中国国徽象征中国人民自"五四"运动以来的新民主主义革命斗争和工人阶段领导的以工农联盟为基础的人民民主专政的新中国的诞生。

---

① 金正昆：《现代外交学》，北京：中国人民大学出版社，1999 年版，第 213 页。

三、国歌礼仪

国歌一般是指被某一国家正式确定并对外公布的用以代表本国的歌曲，因此国歌与国旗、国徽一样，向来都被视为一个国家所拥有的最主要的标志与象征。每一个国家的任何一位公民都应当义不容辞地热爱本国国歌，尊重本国国歌，并且自觉地维护其尊严。在外交活动中，外交人员本着相互尊重与平等的原则，尊重对方的国歌，实际上就是尊重对方所代表的国家。

国歌在对外交往中发挥着难以替代的重要作用。国歌礼仪通常指的是对国歌表示尊重的一系列规范性做法与国际惯例。

在一般情况下，许多国家的国歌一经制定，便未曾发生过任何变化。但是，也有一些国家由于政治发生变动，或者发生了这样或那样的变化，其国歌也随之发生了变化，或者出现了不同的版本。在世界上，有一些国家同时拥有两首国歌。此外，还有一些国家共同使用一首相同的国歌。各国国歌通常都有曲有词，然而也有少数国家的国歌仅仅有曲而无词。

外交人员必须自觉地入国问禁、入乡随俗、入门问讳，严格地遵守所在国有关演奏或演唱国歌的一切正式规定，切莫自以为是、随意而为。外交人员要尽可能地对其交往对象所在国家的国歌具有一定程度的了解，这样既可以开阔眼界，增长知识，又可以减少不必要的困扰与麻烦，还可以更为充分地、更加合乎礼仪地向对方表示己方的友好与善意。有意或无意地对别国国歌表现出不恭不敬，通常都会被理解为对对方的失敬，或者是对对方的蓄意冒犯和挑衅。

按照国际惯例，国歌通常只适合在正式的场合或规定的场合进行演奏或演唱，不宜随意而为。在一般情况下，任何非正式场合，特别是娱乐场合或其他不够严肃正规的场合，均不得演奏、演唱国歌。例如，中国规定：在商业活动、舞会联谊活动以及婚丧庆悼活动之中，一律不准演奏或演唱国歌。

适用国歌演奏或演唱的场合：在一般情况下，在一个主权国家的管辖范围之内，只准许演奏或演唱本国国歌。可以正式演奏或演唱国歌的场合大致包括下列几种：

（1）举行正规的升挂国旗的仪式时；

（2）举行隆重的庆典活动时；

（3）举行大型政治性集会时；

（4）举行重大的外交活动时；

（5）举行大型体育运动会或进行重要体育比赛时；

（6）举行特殊的维护国家尊严与荣誉的活动时。

根据国际惯例，适用外国国歌的场合：

（1）举行正式的官方外交活动时；

（2）举行重要的国际会议时；

（3）举行形式严肃的文艺演出时；

（4）举行国际性体育运动会或国际性体育比赛时。

演奏国歌时，不允许有人滥竽充数，不允许出现人为的失误。就一般状况而论，各国国歌只适合在本国境内演唱，而且只适合在正式场合演唱。演唱国歌时，每一个人都必须认真对待，确保演唱的正确。众人齐唱国歌时，还必须力求节奏适当，与人家保持一致。不允许演唱国歌时丢三落四，自由发挥，更改歌词。不允许发声怪声怪调，含糊不清，或者有意拖腔。而且一般均应放声高唱，不要闭口不唱，低声哼唱，或者吐字发声时不清晰、不大方、不准确，也不应任意使用外语或土语、俗语。

在正式场合演奏或演唱国歌时，在场人员须全体肃立，庄重、严肃，除身体欠佳者之外，任何人都不得或坐或卧，而应起身站立。依据国际惯例，一国欢迎正式到访的国宾的仪式时，应先后演奏中外两国国歌。其标准的先后顺序是，首先演奏来宾所在国的国歌，然后再演奏本国国歌。

国际环境、条件的变化，除了双边关系的发展外，国家的多边交往急剧增加，外交礼仪也随着时代的前进，不断变化、革新、从简。如礼仪程序安排更趋紧凑合理、方便灵活，活动形式更加多样化并注重实效。领导人之间的实质性会谈更加受到重视；宴会讲究礼仪，但不事铺张；生活接待更加注意安全、舒适、方便，而较少铺张。过去，中国从来都设丰宴待客，山珍海味，不嫌其多，一道又一道，摆满偌大的餐桌，费工费钱，还浪费赴宴人的宝贵时间，这样的宴会意义已主要在于以奢侈豪华炫耀“大国风度”。[①] 现今，在简化迎送安排后，中国的国宴已经改为四菜一汤或三菜一汤，简朴又不失大国礼仪风范。2000 年 10 月在北京举办中非合作论坛第一届部长级会议开始，中国政府为迎送贵宾设置了礼仪大使。礼仪大使率先垂范，向外国

---

① 巴铁：“礼仪要简朴”，《群言》1990 年第 8 期。

贵宾展示东道国的热情友好和周到细致。①

总之，由于外交交往和活动的急剧增多，繁文缛节势必成为人们不甚负荷的重担，浪费人们的许多时间与精力，因此简化外交礼仪在国际上成为一种必然的趋势。

---

① 吴德广："前外交部礼宾司参赞讲述——迎送国宾礼仪改革60年"，《世界博览》2013年第18期。

第九章　外交人员的招录、培训与业务

外交是一种有高度组织性，乃至高度专业性的业务。在国际社会中，通过国际法律规范，依主权平等和工作便利的原则，由外交机关和外交人员进行外交工作。① 凡从事外交工作的人员，通常称之为“外交官”。因为外交官对外代表国家，所以各国对外交官的招录或选拔、培训，要求都极为严格。外交涉及的业务知识领域广泛，外交官必须具有较高的素质，遵守严格的职业规范。

第一节　外交人员的素质要求和规范

外交场上风云变幻、较量激烈，要求外交人员既要忠诚国家，卫护民族尊严，又要有灵活机敏的头脑、娴熟的业务技能及能够透析外交事件的本质；既坚持立场、把握原则，又善于灵活、权变，遵守外交礼仪，不失国之风范。

一、外交人员的素质

许多国家的公民都认为，外交官是一种高尚体面、收入不错的职业，有着荣誉与社会地位。在许多年轻人眼里，这是个令人羡慕的职业，也是个有点神秘感的职业，因此做外交官及从事外交工作成为他们为之努力奋斗的目标。美国拥有世界上最庞大的外交团队，在全球各地设有超过 265 家使领馆

---

① 周启朋等编译：《国外外交学》，北京：世界知识出版社，1990 年版，第 257 页。

和其他外交机构，下辖6000多名职业外交官。据统计，2008年有8889人报名参加美国国务院的外交官笔试。截至2009年9月初，已经有1.3167万人报考国务院。[①] 但作为外交官必须具有良好的素质，否则难以代表国家履行外交职责。从古至今，无论东方西方，无论什么性质的国家，对外交官的招录、选拔都极其慎重。

传统外交对合格外交官的要求是，其既是一个思想家，又是一个实干家；既是一个活动家，又是一个学问家。[②] 古代印度人认为，"国王委任外交官时，要慎加挑选。外交官应该是一种受人尊敬、忠于职守、有智谋、有记忆力、仪表堂堂、有胆量、善雄辩、知道行动地点和时间的人"；"外交官应该是一种观察极敏锐，学识极渊博，并能应付各种人的人，他应该不仅会从文字或行动上，而且甚至会从态度和面部表情上，去洞察外国君主的计划"。[③] 古代波斯君主心目中"联盟的使节"是"像使用一把锋利的剑一样，善于巧妙地使用语言。……'最聪明的人可以用语言完成千百万名勇士无法完成的事业'"。"注意维护大国的荣誉和权力的尊严；对敌人，要注意他们的阴谋，并要时刻提防他们。"因为外交使节是君主的喉舌，所以在选派时要慎之又慎。在19世纪，欧洲各国要求外交官必备的素质是谨慎、谦虚、敏锐、稳重、忠诚。哈罗德·尼科松在其《外交学》一书中曾列举出"理想外交官"所应具备的七种特殊的外交美德：真实、准确、沉稳、性格平稳、耐心、谦逊、忠诚。[④]

如今，随着社会发展、时代进步，外交官应具备的素质要求越来越多，因此世界各国对外交官"招聘的范围可能已有放宽，如在美国报考外交官的门槛可能是世界各国中最低的。按照规定，只要是年龄在20—59岁之间的美国合法公民，不论性别、种族、宗教信仰、家庭出身、学校背景都有资格报考国务院。[⑤] 但是一个'好外交官'应具备的品质却仍未改变"。就是

---

① 鞠辉："美国如何招募和选拔外交官"，http：//zqb. cyol. com/content/2009 - 11/01/content_2914141. htm。

② 赵丕涛编著：《外事概说》，上海：上海社会科学院出版社，1990年版，第182页。

③ ［苏］弗鲍爵姆金主编，叶文雄译：《世界外交史》第一分册，北京：五十年代出版社，1950年版，第21页。

④ 周启朋等编译：《国外外交学》，北京：世界知识出版社，1990年版，第258—262页。

⑤ 鞠辉："美国如何招募和选拔外交官"，http：//zqb. cyol. com/content/2009 - 11/01/content_2914141. htm。

未来的外交官与今日的外交官相比，也不会有太大的差别。[①] 根据《1980 年美国外交工作法》规定："每一名美国外交官都是美国人民的代表，应该熟悉美国的原则和历史，了解美国当前的关切和发展趋势，掌握国际事务、外国语言和文化，并且能够被派往全世界执行任务。"美国国务院根据这一规定，制定了以 13 种素质为核心的选拔考试指南。在所有需要考察的素质当中，应聘者的道德是具有决定性的因素。如果考官在选拔过程中发现应聘者在道德方面存在缺陷，即使其智商再高、能力再出众，也不会给予其通往外交官岗位的入场券。[②] 实际上，世界各国对外交官要求的核心就是"可靠"两字，即政治上可靠、业务上可靠。

中国人民大学的金正昆教授将当代外交人员（职业外交人员）所应具备的个人素质分为自身条件、交际能力与业务技能等三大方面。[③]

（一）外交人员的自身条件

目前，世界各国对外交官的要求，特别是对职业外交官在其自身条件方面的基本要求有：

1. 国籍

在外交场合代表着各自国家的外交官，尤其是职业外交官，一般必须拥有本国国籍。国际组织在选任官员时，对国籍问题也十分重视。因为在正常情况下，一个国家不会甘心情愿地任用外籍人士来充当本国的外交代表，更不会冒险依赖他们在国际社会中捍卫本国利益。美国规定外交官必须是本国公民，非经本国政府批准不得与外国人结婚。中国的外交人员除必须拥有本国国籍外，中华人民共和国民政部颁布的《中国公民同外国人办理婚姻登记的几项规定》中第四条规定，外交人员也不能与外国人通婚。2009 年 10 月第十一届全国人大常委会通过的《中华人民共和国驻外外交人员法》第二十五条进一步明确规定：配偶具有外国国籍或者持有外国长期或者永久居留许可的，不得成为驻外外交人员。

在外交史上，受交通、通信技术的制约，或国家特殊情势的影响，任用

---

① ［英］埃里克·克拉克，杨修、祖源译：《外交官生涯》，北京：世界知识出版社，1985 年版，第 22—23 页。

② 鞠辉："美国如何招募和选拔外交官"，http：//zqb. cyol. com/content/2009 - 11/01/content_2914141. htm。

③ 金正昆：《现代外交学概论》，北京：中国人民大学出版社，1999 年版，第 216—234 页。

外籍人士来充当本国外交代表的事例虽然也存在，但并非普遍现象。

2. 民族

世界上的主权民族国家大多是多民族国家，因此在选任外交官时，就不能不考虑其民族归属问题，应该做到各民族一律平等。具体来讲，就是在选任外交官尤其是高级外交官时，应尽可能地统筹兼顾，使本国的各个民族在外交领域都有本民族的代表。如中国职业外交官中回、满、蒙等族都有，从地方借调到驻外使领馆工作的维、藏等族干部也不鲜见，原主管外事工作的国务委员戴秉国就是土家族。而且向外国派遣外交代表，尤其是派遣驻外使领馆长时，如能选任与被派遣国主体民族的民族归属相同的人，不仅会大受对方的欢迎，也有利于更好地开展外交工作。

但在现实中，某些国家在选任外交官时，往往会对本国的主体民族，或者执政者所属的某一民族加以优先考虑。如美国国务院，直至1990年非洲裔美国人仅占其工作人员总数的6%，而在克林顿总统的第一任期内，只有6名非洲裔美国人和1名西班牙裔美国人被任命为驻外大使。美国国务院中少数民族雇员的数量偏低，尤其是黑人男性。1996年，国务院付给初级职位黑人男性的年薪在3万—4万美元之间，仅相当于商业机构付给同等资历黑人男性的年薪的1/3。[①]

3. 宗教

在世界各国中，有的国家以正式立法的形式，将某一种宗教定为本国的国教，有的国家甚至实行政教合一的制度。即使在政教分离的国家中，其居民也大多有宗教信仰，有的实行政教合分离国家人口中的绝大多数还共同信奉同一种宗教。因此，宗教对外交事务具有一定影响。

在实行政教分离政策的国家里，选任外交官时，一般不会过多考虑宗教信仰问题。但在以某一种宗教为国教，或政教合一的国家中，一个人的宗教信仰会成为他能否被选任为外交官的先决条件。

有时，出于外交工作的需要，有些国家通常会选任与被派遣国主要宗教信仰，尤其是与其主要国家领导人宗教信仰相同的人为外交代表。一般而言，各国都不会选任在被派遣国视为异端的宗教信仰者为外交官。

---

① ［美］康威·汉得森，金帆译：《国际关系：世纪之交的冲突与合作》，海口：海南出版社，2004年版，第213、214页。

4. 党派

政党政治是现代国家政治生活的主要内容之一，各国政党之间的交往也是国际交往的主要形式之一。在现实国际社会，有的国家实行一党制，有的实行多党制，同时还存在一些由各国政党所组成的国际组织。

政治条件是各国选任外交官的首要标准，为此各国都有相应的制度或做法。如英国规定，“外交部门的一切成员必须经过积极审查”。英国文官事务委员会的《行政任命公报》正式宣称：“政府决定，凡是现在或不久前曾经是英国共产党成员或法西斯组织成员的人，凡是现在或不久前曾经同情共产主义或法西斯主义，或与共产党人、法西斯党徒或其同情者有联系以至有理由对其可靠性提出怀疑的人，均不得受雇为文官，担任与国家安全关系重大的工作。……外交部门必须经过积极审查。”① 美国则须进行所谓的“安全审查”。一般地，执政党的党员往往会有相应的优先资格，这主要是为了使本党制定的对外政策能得到更加行之有效的贯彻和执行。此外，也不排除论功行赏的情形，如“美国人通常把较轻松的外交职务作为一种报酬，赠送给过去在政治上帮过忙的人”。②

5. 年龄与性别

从年龄角度讲，任何年龄的成年人都是可以从事外交工作的，但由于外交工作是对从业人员的专业素养、社会阅历、心理素质、处理问题等综合能力有较高要求的职业，所以在实际操作中，各国对外交官的年龄通常还是有所限定的。一般地，各国都会以中青年为主，尤其会优先录用青年人，目的是使本国的外交队伍在主体上保持身强力壮、反应敏捷、精明强干、好学上进的态势。《中华人民共和国驻外外交人员法》规定，中国驻外外交人员的任职年龄应年满23周岁。

在性别方面，进入20世纪后，男性主宰外交职业的局面就已经被打破。今天，除极个别的国家外，妇女从事外交工作已经不再受限制。如，妇女已经占了美国国务院工作人员总数的1/4左右。③ 但在外交实践中，要注意区分不同国家的实际情况，一般不能向伊斯兰国家派遣女性外交代表，而向一

---

① ［美］马丁·梅耶，夏祖煃等译：《外交官》，北京：世界知识出版社，1988年版，第163页。

② ［英］杜维廉，柴金如译：《外交途径》，北京：新华出版社，1984年版，第8页。

③ ［美］康威·汉得森，金帆译：《国际关系：世纪之交的冲突与合作》，海口：海南出版社，2004年版，第214页。

些妇女地位崇高的国家，或是以女性为国家元首或政府首脑的国家派遣外交代表时，如果优先考虑女性，则往往会取得良好的效果。

此外，对候选人的身体状况和相貌条件等方面也都有要求。一直到20世纪，供职于外交部越来越要求有合适的教育资历，[①] 如今从事外交职业的人员一般都具有高学历，最低需本科学历。

此外，外交官除了在国内工作时期，多数时间是生活在一个特殊的环境之中，生活在一个自己不熟悉甚至不习惯的环境之中，那里有不同的社会情况、不同的文化和历史背景，使用不同的语言；而且在自己工作的小天地（驻外使领馆）之外，失去了国内原有的种种社会交往；再加上驻外使领馆的人员本身也处于高度流动之中，这就使得外交官常年生活在一种不确定、不熟悉的状态之中。以上种种，造成了外交官生涯的职业特点，因此也就要求外交官应当具备某些能与此种生活相适应的心理和性格素质。[②]

（二）外交人员的交际能力

外交实际上是一种以国际社会为舞台的交际工作，外交人员生活在一种“特殊”复杂的环境与人际关系之中，所以外交人员应具有高超的“与周围环境建立广泛联系和对外界信息的吸收、转化能力，以及正确处理上下左右关系的能力”。[③] 重视交际、善于沟通和待人友善是外交人员应该具备的基本素质。

1. 重视交际

社会就是人类的交际场，一个人每天都在通过各种形式与他人进行交往、应酬，在此过程中，人们彼此了解、沟通，并传达有关信息。在现代社会，随着社会交往的扩大和人际关系的活跃，人们的交往量日趋增加，一个人不会交往、应酬，人们就会以为他是个呆子。

外交官所做的工作实际上就是在国际社会与他国人士进行交往、应酬，而且这是每一名外交官的一项重要使命。因此，作为一名外交官要具备出色的交际能力，交往面越宽、交往越深，对对方的认识就越完整，就越利于开

---

① ［英］杰夫·贝里奇，庞中英译：《外交理论与实践》，北京：北京大学出版社，2005年版，第7页。

② 科兰：“试谈外交官应具备的心理和性格素质”，《外交学院学报》1995年第4期。

③ 百度百科：“人际交往能力”，http：//baike. baidu. com/link？url = h97wdQAQCwjAVOygPj-szOazwT2bo1nu4Gg4ReNk_ dQXhygTENs6juplcJPUyPe_ NY32Kg-VWz-mQ5tZfMhKJJa。

展工作。国外许多外交使节对非官方、非正式和非安排性的活动都非常重视和热心。他们中有些人热衷于与文化界、教育界人士打交道，有些则频繁赴各地巡访、交流，出席各种访谈、对话场合，与媒体乃至普通人打交道，甚至亲自回复当地人士的来信。[①] 通过直接与驻在国各界人士的交往，外交官可以在驻在国广交朋友，为己方建立起更多的信息来源与沟通渠道，并向交往对象传递己方的政治理念和外交政策或一些必要的信息，增进驻在国人民对自己国家的了解，从而推进两国间既有的外交关系。

2. 善于沟通

沟通是信息发出者与信息接受者之间的交流，是双方交换信息、拓宽思路和统一认识的过程。人际关系就是人与人之间进行沟通的过程，最终目的是要实现人与人之间的相互理解。沟通有很多种方式，包括一对一的沟通、一对多的沟通、多人之间的相互讨论。从沟通的载体而言，有口头、书面、肢体语言，包括面对面、电话、网络、电视、广播等各种途径。

在外交场合，外交官是与来自不同文化背景的人进行接触和交往，就是在进行跨文化的沟通，因此外交官要具有超越他们本民族文化的沟通能力。原因在于，各国价值观和习惯的差异，造成各国人民的思维方式和行为规范不同，所以在外交交往中，如果不具有相应的跨文化沟通能力，就容易造成笑话，甚至大错特错，导致交往双方发生误解。如中国文化中，主要场合吃饭时的位置安排很有讲究。又比如韩国政府规定，韩国公民对国旗、国歌、国花必须敬重，不但电台定时播出国歌，而且影剧院放映演出前也放国歌，观众须起立。外国人在上述场所如表现得过分怠慢，会被认为是对韩国和韩族的不敬。在韩国传统习俗中，与年长者同坐时，坐姿要端正。优秀的外交官除了应该提高语言能力外，还要深入了解所在国家的文化和风土人情以及具体国情，做到在任何文化环境中都能够游刃有余。如习近平在出访中，广泛接触所到国各界人士，从朝气蓬勃的青少年到白发苍苍的汉学家，讲故事，谈文学，评历史，论未来，说梦想。同巴西记者聊足球世界杯、笑谈章鱼保罗，在莫斯科国际关系学院同青年学子缅怀普希金、莱蒙托夫、屠格涅夫，用斯瓦西里语问候坦桑尼亚朋友，畅谈《媳妇的美好时代》；走进哥斯达黎加的农家，谈论咖啡种植、生产销售，回顾自己在农村的青春岁月……

---

① 陶短房：“中国外交还应多几个傅莹”，http：//www. china. com. cn/international/txt/2008 - 09/17/content_ 16490899. htm。

国之交在于民相亲，习近平用外界听得懂的语言，以润物细无声的方式，增进了到访国人民对中国的了解。自信坦诚的风采、灵活务实的姿态、朴实亲民的气质，让世界瞩目的中国魅力，是当代中国时代精神、社会风尚、文化传统的自然流露，是一个国家向世界敞开的博大胸襟。[①]

3. 待人友善

卡耐基曾说过，“太阳能比风更快地脱下你的大衣；仁厚、友善的方式比任何暴力更容易改变别人的心意”。[②] 在外交交往过程中，外交官一方面要忠于职守，在事关国家利益的大是大非问题上坚持原则立场，有理必争，不讲情面；另一方面，在私人关系上，则应该做到待人热情、诚恳、友好、平和、宽容，积极主动，并自然朴实。在外交场合，外交官既要勇于发表个人见解，畅所欲言，又要善于聆听他人的不同见解，努力求同存异，这样才能为本国创造好的外交活动环境。“中国与邻国打交道已经几千年了，我们历来秉持以和为贵，以诚待人，人敬一尺，我还一丈，今天的周边外交我们将更积极地践行亲诚惠容的理念。”[③]

（三）外交人员的业务技能

外交是一门涉及广泛知识领域的综合性科学和艺术，与其他职业相比，对外交人员的业务技能要求较高，外交官除了需要多方面的知识外，还要具备丰富的外交经验、专门技能（指国际法、国际关系、外语、写作等）和熟练的业务能力。[④]“外交官需要具备作为有成就的实业家、行政人员和文职人员所具备的品质。他不仅应该是这些方面的专家，而且还必须了解别的国家、文化和社会，并且懂得它们之所以存在的依据。他需有专门的知识、技巧与优秀的品质。”[⑤] 西方国家选择外交人员的业务标准大致有两种：一是属于所谓的多能知识；一是核心知识（即专门知识）。一些西方国家甚至

---

① 今日看点：“习近平外交尽展中国胸怀：亲和而友善”，http：//www. laoren. com/lrbxw/2014/277117_ 8. shtml。

② 慧子：“让心灵复活”，《东西南北》2007 年 11 期。

③ 王毅：“中国外交要有底气骨气大气”，http：//news. 163. com/14/0309/00/9MRU4KO600014AED. html。

④ 杨公素：《外交理论与实践》，成都：四川大学出版社，1992 年版，第 168 页。

⑤ [英] 费尔萨姆，胡其安译：《外交手册》，北京：中国对外翻译出版公司，1984 年版，第 28 页。

认为，精通关键的外交技能是外交官必备的各种素质的核心。[①]

1. 掌握语言技能

外交官的使命是与交往对象进行相互沟通，而沟通的基本条件则是顺畅的语言交流。作为合格的外交人员，既要既精通本国的通用语言（母语），又要精通外文。

外交人员要有较高的本国通用语言（母语）水平和文学修养，能撰写简练通畅、言简意赅的外交文书、调研报告、会议纪要，拟定外交声明、照会、备忘录、讲话文稿等各种文件。

外交是同外国人打交道，因此作为一名优秀的外交官，不但要具有较高的母语水平和文学修养，而且必须精通外语，特别是国际通用语言和驻在国语言。当代世界各国都已将外语作为选拔外交官的主要条件之一，各国普遍认为这是外交官必须具备的专业能力之一。如，在现代技术支撑下的传媒时代，外交官本人必须充分掌握当地民众的阅读、思维和理解习惯，用"外语"来沟通，如此才能充分发挥媒体的力量。2008 年 9 月 4 日，中国驻英大使傅莹在英国主流报纸《卫报》上刊出《展示中国的美好面貌》一文，以朴实、柔性的语言告诉英国读者"奥运给中国带来了什么变化"、"中国将向何处去"等问题，在当地引起了良好反响[②]

在外交场合或一般社交活动中，作为一名外交官不能运用外语，就难以主动与对方直接交谈，沟通信息，增进了解，宣传自己，并且难免会经常使自己处于十分尴尬的境地。就实际运用而言，精通一门外语，特别是精通一门通用外国语，往往比粗通几门外语重要得多。[③]

2. 擅长口才

纵观古今中外，大凡功成名就的知名外交家，无不具有雄辩口才，擅长口才是外交人员应该具备、掌握的基本专业技能。"外交官的目标是把本国的观点清晰地以劝说口吻表达出来。"[④] 即，不但有肚才，而且有口才。所

---

① 杨公素：《外交理论与实践》，成都：四川大学出版社，1992 年版，第 169 页；［美］马丁·梅耶，夏祖煃等译：《外交官》，北京：世界知识出版社，1988 年版，第 27 页。

② 陶短房："中国外交还应多几个傅莹"，http：//www. china. com. cn/international/txt/2008 - 09/17/content_ 16490899. htm。

③ 鲁毅等著：《外交学概论》，北京：世界知识出版社，1997 年版，第 323 页；金正昆：《现代外交学概论》，北京：中国人民大学出版社，1999 年版，第 223—224 页。

④ 周启朋、杨闯等编译：《国外外交学》，北京：中国人民公安大学出版社，1992 年版，第 276 页。

谓“一人之辩，重于九鼎之宝；三寸之舌，强于百万之师。”（《战国策·东周》卷一）外交官“折冲于口舌之间”，须赖口才以驰骋国际外交舞台，讷讷于言者是难为善使的。[①]

擅长口才就是要求外交人员充分、熟练地掌握和运用语言艺术，尤其是要熟练掌握好口头语言艺术。在外交场合运用口语时，外交人员应用当地普通民众最习惯、最容易听懂的语言，把本国的情况翔实、生动地介绍给他们，从而加强了解，减少误解。而且，在充分了解所在国的社会习惯、民意基础和政治文化特点的情况下，应努力用当地的思维习惯去捕捉所在国各阶层的真实想法和意图，并确切无误地反馈回国内，以便国内有关部门据此作出及时、准确、有效的反应，避免因误解而造成的判断失误。口语表达比起书面语言表达来，思维显然要快得多，是一种快速思维。在通常情况下都是边想边说，边说边想，就算是事先想好的话语，面对特定的场合、场景，也有个临场发挥的问题。[②] 因此，外交人员的言语表达既要遵守其一般规律，又要善于随机应变，以无形胜有形；既要善于综合归纳，准确地传递必要的信息，更要言简意赅，点到为止；要善于应用必要的语言技巧，并能兼顾其艺术性、礼让性、政策性与准确性。

在实践中，外交人员要懂得摆正口才的位置，语言表达要“得体”，懂得通过口头交际尊重他人、理解他人，并且要注意场合，把握好语言的分寸，切忌崇尚空谈，不务正业，巧言令色，卖弄词令。[③] 外交官的口才应该表现在不该说时不说，该说时不滥说。前已故沙特国王费萨尔主张外交官应“多听少说”。他说：“真主让人长两只耳朵和一个舌头，因此、我们听的应比说的多一倍。”周恩来总理曾告诫说，外交官“不要心血来潮，就忘乎所以，乱说一通，这是外交工作最忌讳的”。[④]

（3）精通文史、熟悉商务

外交所涉知识领域十分广泛，合格的外交人员必须具有广博的社会知识，能够做到一专多能，因此精通文史、熟悉经贸是外交人员做好本职工作

---

① 金桂华：《外交谋略》，北京：世界知识出版社，2003 年版，第 187 页。

② 陶短房：“中国外交还应多几个傅莹”，http：//www. china. com. cn/international/txt/2008 – 09/17/content_ 16490899. htm；莫春姣：“口语交际中的模糊语言”，《柳州职业技术学院学报》2005 年第 3 期。

③ 金正昆：《现代外交学概论》，北京：中国人民大学出版社，1999 年版，第 223 页。

④ 金桂华：《外交谋略》，北京：世界知识出版社，2003 年版，第 189 页。

的客观需要。

所谓精通文史主要是要求外交人员真正掌握文学、艺术、历史、地理等专业学科的基本知识，不但熟知本国的传统文化，还要认真学习、汲取其他民族的优秀文化，努力做到学兼中外，博通古今，识天文晓地理。这样，不但有助于提升个人的文化品位和人文素质，而且有助于开阔个人眼界，使自己进一步地了解世界，认识世界，有助于汲取历史经验，鉴古知今，从而更好地开展外交工作。

当今世界，经济利益越来越成为各国对外政策的首要目标，成为各国外交活动的重心，经贸活动、联系与往来日益成为国家间关系的重要纽带，从而客观要求外交人员要既会做政治友好工作，又要会做经济工作，因此外交人员要尽可能多地学习并掌握商务、经贸知识，尤其是熟悉这些方面的有关国际惯例。当代外交人员应该责无旁贷地成为本国的“推销商”、“广告商”。

二、职业规范[①]

外交职业具有自身的特殊性，“具有高度的政治性和事务性”。[②] 外交人员的一言一行都关乎本国的形象，在外交活动中，需处处维护国家利益。鉴于外交职业的特殊性，必然有相应的，并具有独特性的职业规范来约束外交人员。

（一）政治规范

政治规范即是对外交人员在政治上的基本要求，“外交人员‘政治第一’或‘立场第一’……是古今中外所有国家的一项共同要求”。[③] 外交工作是一项政治性极强的工作，在从事外交工作时，外交人员必须严守政治规范。外交人员须遵守的政治规范主要有：

---

① 此部分内容主要源自金正昆：《现代外交学概论》，北京：中国人民大学出版社，1999 年版，第 225—234 页。

② 黄金祺：《怎样当好外交外事人员——论涉外人员素质修养》，北京：世界知识出版社，2004 年版，第 71 页。

③ 黄金祺：《外交外事知识和技能》，北京：世界知识出版社，1995 年版，第 150 页。

1. 忠于祖国

忠于祖国，忠于人民，坚决维护国家主权和民族尊严，不说不利于祖国的言语，不做有损于国格、族格、人格的事，这是对外交人员在政治方面所提出的一项基本要求。具体主要体现在以下几个方面：

第一，外交人员必须热爱自己的祖国，富有爱国主义精神，具有民族气节。列宁指出："爱国主义是由于千百年来各自的祖国彼此隔离而形成的一种极其深厚的感情。"① 在日常生活中，爱国主义集中表现为民族自尊心和民族自信心，以及为祖国独立、民主、繁荣、富强而奋斗的英勇献身精神，人们对祖国的这种神圣感情是与他们的共同利益相联系的。从这个意义上来讲，在必要时，外交人员要勇于为祖国奉献出自己的一切。

第二，不论在何种场合、时间，都要维护祖国利益，牢记祖国利益高于一切。尤其是在关键时刻，为了祖国的利益和前途，外交人员更要殚精竭虑、不辞辛劳、锱铢必较。外交人员的个人利益要永远无条件地服从祖国利益或国家意志，不能为了个人利益而与自己的祖国讨价还价，更不能为贪图个人利益而出卖或牺牲祖国的利益。

第三，外交人员必须捍卫民族和祖国的尊严与荣誉。在外交活动中，外交人员必须以自己的一言一行去捍卫祖国与民族的尊严和荣誉，要谨言慎行，对于哪些话该讲，哪些话不该讲，哪些事该做，哪些事不该做，都要做到心中有数，并且在行动上要一丝不苟，绝不可以加入个人主观感情和判断而滥发言论、自作主张。而且，外交人员不但要自己绝对不做任何有损祖国尊严与荣誉的事情，也绝对不能允许他人有有损于自己祖国的言行。

2. 坚持原则

外交的目的是维护国家主权与领土完整，维护本国政府的合法地位，防止外来势力干涉本国内政。所以，外交人员必须树立正确的世界观、价值观，在大是大非的原则性问题上，必须站稳立场，坚持原则，要保持清醒的头脑，丝毫不能有任何含糊。

第一，在涉及国家权益的重大原则性问题上，绝对不能退让，更不允许拿原则去做任何交易。在外交实践中，外交人员要做到既坚持原则，据理力争，又要区别对象，讲究策略，做到有理有节。

第二，要警惕和抵制敌对势力的不良图谋。在外交场合，外交人员面对

---

① 《列宁选集》第3卷，北京：人民出版社，1995年版，第579—580页。

的绝大多数交往对象都是友好的，但也有某些居心不良的敌对分子混迹其间，他们总是想方设法对外交人员进行拉拢、分化、瓦解和策反，以达到其不可告人的目的。

第三，要自觉做到洁身自好，拒腐防变。外交工作的特殊性质，使得外交人员经常并且有机会独自面对灯红酒绿的花花世界，因此外交人员必须做到洁身自好，提防敌对势力金钱收买、物质利诱、色情勾引、暴力威胁，以及文化和意识形态潜移默化的影响。实际上，就是要求外交人员做到“富贵不能淫，贫贱不能移，威武不能屈”。

3. 执行政策

外交人员的核心职责，或者说天职，就是在外交实践中，忠实地执行本国的对外政策和服从上级的命令；外事授权有限，因此对于一切重大问题都要事前请示，事后报告，严格恪守有关请示与报告制度，从而保证促进本国对外政策目标的实现，维护本国的国家利益。

为此，外交人员要学习好并准确掌握本国的内外政策，在外交活动中，外交人员应不折不扣地贯彻、执行对外政策，绝对不允许带有任何个人主观随意性，不能够以个人感情来代替对外政策。在外交实践中，外交人员可以进行大胆探索和创新，但同时必须清楚自己的授权有限，必须服从领导，及时地向上级机关进行必要的请示和报告，准确并及时地执行国家的指令，保证自己在思想上、行动上与本国政府保持高度一致，特别是在涉及国内外重大问题时，外交人员更要如此，绝不能自作主张、自行其是、随便表态。

4. 保守机密

在外交活动中，保密实际上是与国家安全和国家利益直接联系在一起的。外交界有一句流行甚广的行话，叫作“外交即秘密”。世界各国都严格要求本国的外交人员保守国家秘密，认真执行本国有关保密法规，在涉外活动中，对于事关国家机密之事要守口如瓶。

在实际工作时，为更好地保守机密，通常要求外交人员在参与重要的外交活动之前，必须在这一方面有准备、有预案、有检查、有对策，严防失泄密事件的发生。

5. 依靠组织

还有一点应该是外交人员在外交实践中永远不能忘记的，就是进行外交工作必须时刻依靠组织。在任何情况下，离开了组织的领导，离开全体外交人员的共同努力、齐心协力，外交工作便难以取得长足的进展。

目前，世界各国大都设有外交领导机构，负责组织和领导本国的外交人员及外交工作。一般地，一国外交人员的外交工作都是在本国有关外交机构的领导和监督下进行的。

所谓依靠组织就是要求外交人员在外交工作中，必须服从组织的安排和指挥，特别是在遇有重要情况或问题，参加重要活动，以及出现紧急情况或事件时，要及时向组织进行请示和汇报，必须依照组织的要求和相关的规定进行，以大局为重，服从组织的统一部署。在外交场合，绝不允许外交人员自以为是、独断专行。

要求外交人员在进行外交活动时依靠组织，还规定了不允许其与外籍机构或外籍人士私自进行交往。在外交场合，外交人员必须坚持公私有别。在与外籍机构或外籍人士打交道时，必须坚持公事公办，绝不允许利用自己的职权与工作关系，从中假公济私、损公肥私及化公为私，甚至为了一己私利而不惜出卖国家利益。这样做，不仅有违外交职业道德，而且自身也会因卖身或卖国求荣而为人所唾弃。

（二）业务规范

业务规范是对外交人员所从事业务的基本要求。遵守业务规范是外交人员成功、顺利履行其外交职责的重要保证。

1. 尽职尽责

外交人员在自己的岗位上必须努力做到爱岗敬业，忠于职守，钻研业务，尽职尽责，全心全意地做好本职工作，即真正做到恪尽职守。

具体来说，就是要求外交人员在外交工作中，积极钻研业务，努力精通业务。除了精通专业知识外，还要广泛涉猎其他学科知识，不但要“专”，而且要“博”，使自己真正成为一个“多面手”。在日常工作中，要坚守岗位，精神饱满，并且在工作中勤勤恳恳、兢兢业业、任劳任怨，认认真真地妥善处理好自己职责范围内的一切事务，绝不能马虎，甚至是敷衍塞责。

再就是，外交人员还要勇于承担责任，力争圆满完成本职任务。不允许事不关己，高高挂起，明哲保身；不求有功，但求无过；也不能因为害怕承担责任，对自己本应开展的工作采取“推、拖、压、了”的不负责任的态度。

2. 廉洁奉公

因外交工作的特殊性，外交人员接触各类仪式、活动的机会比较多，但是外交人员不能借此摆阔气，讲排场，铺张浪费，大搞形式主义。外交人员必须明白，用于外交活动的所有财力、物力和人力都来自祖国和人民，因此要自觉做到艰苦朴素、勤俭节约，在实际工作中努力少花钱，多办事。

外交人员在工作岗位上要永远不忘将祖国和人民的利益放在首位，时刻摆正自己的位置，坚持吃苦在前，享受在后。外交人员只有廉洁奉公，勇于吃苦耐劳，才有可能不辜负祖国和人民的重托与厚望，并能对外树立良好形象，产生良好影响。

3. 遵纪守法

在外交工作中严格遵守法律、遵守纪律是外交人员开展外交工作的客观需要，是加强外交队伍建设的重要保证，也是外交人员贯彻、执行本国对外政策的重要保证。在外交实践中，外交人员做到遵纪守法主要体现在以下两个方面：

首先，要严格遵守本国的法纪。外交人员身为国家公务人员，而且是对外代表国家、代表政府的公务人员，因此一定要在遵守本国的法纪方面率先垂范，在自己的工作岗位上，对于法律和纪律必须恪守不怠。

其次，要遵守驻在国或对象国的法律。外交人员必须对驻在国或对象国的法律制度有一定的了解，并且本着“入国问禁”的原则加以遵守。

外交人员遵守驻在国或对象国的法律，实际上是对对方的尊重，同时也有利于自己工作的开展。外交人员在境外活动时，如果不遵守当地国家的法律，而凭借自己所享有的外交特权与豁免为所欲为，不论其主观动机如何，客观上都会造成极坏的政治影响，损害本国的对外形象，以及给本国与相关国家间的关系带来不利影响。

4. 协同对外

由于外交工作直接关系到国家利益与荣辱，因此各国都要求本国外交人员在履行使命和职责时，要顾全大局，相互配合，彼此支持，协同对外。只有这样，在任何情况下，才能使本国的对外政策得到充分的贯彻和落实。

首先，外交人员应当顾全大局。外交人员在考虑与处理具体外交问题时，一定要符合本国的对外战略和对外政策，积极并有效地维护本国利益，这永远都是外交工作中的大局问题。为此，外交人员不管遇到什么情况，都必须以国家利益为重，即使牺牲某些局部利益和个人利益也在所不惜。

其次，外交人员彼此之间应当相互配合。当代外交范围不断扩大，领域愈益深化，外交越来越呈现出多层次、多渠道、多形式的特征。外交工作早已不再是某一个人、某一部门的事情，而往往有赖于全体外交人员和各外交部门之间的相互协调配合。在符合有关规定的前提下，外交人员在外交工作和活动中，要胸怀全局，协调各方，互通情报，彼此配合，共同把任务完成好。在外交工作中，每一名外交人员不仅要培养自己独当一面的能力，而且要培养与人合作的能力，否则很难胜任本职工作。

再次，在外交场合，外交人员必须同心协力，一致对外。在贯彻和执行本国对外政策时，假如本国外交人员不能保持步调一致，而是自行其是，如同散沙，既会形成内耗，也会有损本国的国际声誉。作为合格的外交人员，即便自己内部存在矛盾，也应当维护大局，尽力协调一致，以求共同对外。不允许外交人员将自己的内部矛盾暴露在外国人面前，更不允许就此问题向外国人通风报信，或者指望借用外国势力来压服自己人。那样的话，既有违外交职业准则，又有损国格、人格。

三、当代中国外交官的职业规范

中华人民共和国建立以来，一直非常重视对外交人员素质的培养，重视外交队伍建设，并为外交人员提出、制定了具有中国特色的政治与业务规范。

中华人民共和国建立伊始，周恩来总理就亲自制定了外交人员的职业规范，即“站稳立场，掌握政策，熟悉业务，严守纪律”，这已成为当代中国外交人员必须遵守的基本准则。

（一）站稳立场

这是对外交人员最重要、最基本的政治要求，是理想、品德、工作责任心和荣誉感的集中体现。外交人员对外代表国家，执行的是国家的对外方针和政策，其一言一行都影响国家的声誉和形象。

外交斗争错综复杂，在纷繁复杂的外交活动中，外交人员必须做到忠于社会主义祖国；必须以马克思主义理论为指导，坚持四项基本原则；必须以爱国主义和国际主义为出发点，在国际交往和涉外活动中，做到不卑不亢，光明磊落，以是否有利于我们社会主义祖国为准则。外交人员在外交活动中，是主权国家的代表、祖国利益的代表、中华文明的传播者、祖国精神风貌的体现者、社会主义祖国的对外友好使者，因此要树立光荣感、责任感、事业感，时时刻刻要想到自己代表着祖国和人民，一言一行、一举一动都关系到国家和人民的利益，关系到祖国的形象。在外交活动中，外交人员要坚决维护国家的主权和利益，坚决维护中华民族的尊严，在错综复杂的国际风云中，能经受得起艰难险阻和恶劣环境的严峻考验。

20 世纪 50 年代，在发生“克什米尔公主号”空中爆炸事件后，我外交代表不顾个人安危，仍到印度尼西亚出席了亚非会议；20 世纪 60 年代，当印度尼西亚进行反华之时，我驻印度尼西亚使馆人员面对迫害，仍坚决进行斗争；1990 年，索马里发生政变，面对冲进使馆进行抢劫的暴徒的枪口，使馆人员仍沉着应付，保住了国家机密；1999 年，面对美国飞机的轰炸，我驻南斯拉夫使馆人员，不畏牺牲，坚守岗位，并尽全力保护国家财产。这些都表现了我国外交人员的大无畏精神和英雄气概，并为促进世界和平，增进各国人民的团结与合作，以及各国人民对中国的了解和友谊作出了卓越贡献。

（二）掌握政策

外交是实现国家对外政策的重要和平手段，具有很强的政治性与政策性。中国共产党和国家的对外方针和政策是当代中国外交人员工作的依据与指南，外交人员必须确保中国共产党和国家的对外方针和政策得到贯彻和执行，必须以维护国家的权益和民族的尊严为己任。

为此，当代中国外交人员就必须了解形势，掌握好政策，增强政策观念，严格按政策办事，切不可粗心大意。在一切外交活动中，都要符合中国独立自主的和平对外政策，以和平共处五项原则为基本准则，发展并促进中国与其他国家的友好合作、和睦相处，特别是加强与发展中国家的团结与合作。

国家除了制定对外总政策外，还制定了针对国别、地区的相互关系的原则立场和具体政策，以及有关国际组织与国际问题的具体政策，对此外交人员都要严格贯彻执行。如，1963 年 12 月底至 1964 年 1 月，周恩来总理访问非洲 10 国时，提出了中国同非洲和阿拉伯国家相互关系的五项原则与中国对外经济技术援助的八项原则。

中国同非洲和阿拉伯国家相互关系五项原则：（1）支持非洲和阿拉伯各国人民反对帝国主义和新老殖民主义、争取和维护民族独立的斗争；（2）支持非洲和阿拉伯各国政府奉行和平中立的不结盟政策；（3）支持非洲和阿拉伯各国人民用自己选择的方式实现统一和团结的愿望；（4）支持非洲和阿拉伯国家通过和平协商解决彼此之间的争端；（5）主张非洲国家和阿拉伯国家的主权应当得到一切其他国家的尊重，反对来自任何方面的侵犯和干涉。

中国对外经济技术援助八项原则：（1）中国政府一贯根据平等互利的原则对外提供援助，从来不把这种援助看成是单方面的赐予，而认为援助是相互的；（2）中国政府在对外提供援助的时候，严格尊重受援国的主权，绝不附带任何条件，绝不要求任何特权；（3）中国政府以无息或者低息贷款的方式提供经济援助，在需要的时候延长还款期限，以尽量减少受援国的负担；（4）中国政府对外援助的目的，不是造成受援国对中国的依赖，而是帮助受援国逐步走上自力更生、经济上独立发展的道路；（5）中国政府帮助受援国建设的项目，力求投资少、收效快，使受援国政府能够增加收入，积累资金；（6）中国政府提供自己所能生产的、质量最好的设备和物资，并且根据国际市场的价格议价。如果中国政府所提供的设备和物资不合乎商定的规格和质量，中国政府保证退换；（7）中国政府对外提供任何一种技术援助的时候，保证做到使受援国的人员充分掌握这种技术；（8）中国政府派到受援国帮助进行建设的专家，同受援国自己的专家享受同样的物质待遇，不容许有任何特殊要求和享受。

迄今，中国对外援助已涉及亚洲、非洲、拉丁美洲、加勒比、大洋洲和东欧等地区的大部分发展中国家。随着时间的推移以及中国与国际形势的发展，中国政府还不断优化对外援助结构，提高对外援助质量，进一步增强受援国自主发展能力，提高援助的针对性和实效性。

对于发展与东盟关系，1988 年 11 月中国政府提出发展同东南亚国家联盟各国关系的四项原则：（1）在国家关系中，严格遵循和平共处五项原则；（2）在任何情况下，都坚持反对霸权主义的原则；（3）在经济关系中，坚持平等互利和共同发展的原则；（4）在国际事务中遵循独立自主、互相尊重、密切合作、相互支持的原则。

2003 年，中国与东盟建立"面向和平与繁荣的战略伙伴关系"，中国政府提出了一系列加强双边关系的具体措施和步骤，其中包括加强政治对话，增进相互信任；深化经贸关系，促进共同发展；巩固安全合作，维护地区稳定；开展科技交流，实现优势互补；拓展全面合作，造福双方人民；加强协调配合，创造稳定环境等。

进入21世纪以来，中国政府重视欧盟的地位与作用，打造“和平、增长、改革、文明”四大伙伴关系，进一步提升中欧关系的全球影响力。

此外，还有中国同有关国家发表的联合公报、各项宣言、条约和协议所体现的原则，以及中国对国际组织、国际问题、解决历史遗留问题的原则立场和政策主张等等。

外交人员还要学习和掌握国内各个领域的基本政策，尤其是对外开放政策，以及有关涉外法规和法令。否则，外交人员在外交活动中就不能正确地宣传自己，在执行对外开放政策中就可能出现这样或那样的问题。

总之，中国外交人员在从事外交活动中，要做到既善于从全局上把握总的政策，又擅长就具体问题执行具体政策，对国内外重大事件或问题的表态要与中央保持一致；每一次活动、每一次握手、每一顿饭，都要采取严肃的态度，决不可掉以轻心。

（三）熟悉业务

外交是涉及业务广泛的综合性工作。当代中国外交人员要胜任自己所承担的外交职责与使命，必须熟悉并掌握丰富的业务知识和技能，具备更高的理论水平和业务素质。

诸如学习并掌握马克思主义的基础理论、国际关系理论、外交学，以及广博的政治、经济、法律、文化、宗教、科技、语言等方面的知识；熟悉并掌握中国共产党和国家的对外方针和政策及有关规定；了解国际知识、国际惯例、国际形势；了解中外历史、本国国情；了解、熟悉驻在国或对象国的政治、经济、历史、文化和风俗习惯；掌握具体的外交业务和技能等等。为做到知己知彼，外交人员还要学会调查研究，尽可能多地了解情况，掌握信息，发现新问题，为对外决策提供科学的依据。

（四）严守纪律

外交人员肩负着维护国家主权和利益、维护中华民族尊严、执行独立自主的和平对外政策的光荣职责和使命，必须严格遵守各项外事纪律，这也是外交人员应该具备的最基本的政治素质。外事纪律具有强制性，违者必须追究其责任。

“站稳立场，掌握政策，熟悉业务，严守纪律”是一个互为因果、相互联系的紧密整体。这些准则是中国外交事业的客观需要，完整地体现了当代中国外交人员的选拔和培养标准，也是当代中国外交人员的行为准则和奋斗目标。今天，我们将上述规范展述为：忠于祖国和人民，维护国家荣誉和尊严，遵守法律以及驻外外交机构的纪律和规章制度，忠于职守，勤勉尽责，服从调遣，保守秘密等。

为确保国家对外政策和方针得以贯彻执行，把外事工作做得更好，1981年国务院专门制定了《涉外人员守则》，1992年2月修订，明确规定：①

1. 忠于祖国，忠于人民。坚决维护国家主权和民族尊严，不说不利于祖国的话，不做有损国格、人格的事。

2. 站稳立场，坚持原则，警惕和抵制敌对势力推行和平演变的图谋，自觉抵制资产阶级腐朽思想和生活方式的侵蚀，做到“富贵不能淫，贫贱不能移，威武不能屈”。

3. 坚决执行党和国家的方针政策，自觉遵守法律法规。如实反映情况，严格执行请示、报告制度。

4. 保守国家秘密，严格执行保密法规。坚持内外有别，不泄露内部情况。

5. 忠于职守，尽职尽责。提高警惕，防奸、反谍、反策反。

6. 加强组织观念，自觉遵守纪律。在国外服从驻外使领馆的领导，遵守驻在国的法律，尊重驻在国的风俗习惯。不搞大国沙文主义，不搞种族歧视。

7. 不同外国机构和外国人私自交往，不利用职权和工作关系营私牟利。严禁索贿受贿，不违反国家规定收受各种名义的回扣归个人所有，严格执行授受礼品的规定。

8. 勤俭节约，廉洁奉公，分清公私界限，严格遵守财务制度。

9. 谦虚谨慎，不卑不亢。讲究文明、礼貌，注意服饰、仪容。严禁酗酒。

10. 顾全大局，发扬风格，协调配合，协同对外。

后来，上述规范内容列入2009年10月第十一届全国人民代表大会常务委员会通过的《中华人民共和国驻外外交人员法》相关条款之中。

由于外事工作领域的不同，有关部门还制定了各种具体的守则和规定。

---

① “国务院关于发布《涉外人员守则》的通知”，http：//www. gov. cn/xxgk/pub/govpublic/mrlm/201012/t20101219_ 63316. html。

第二节　外交人员的选拔与培训

外交实践表明，外交人员的选拔与培训直接关系到一个国家外交的整体水平，因此世界各国都极为重视外交人员的选拔与培训，并且大都形成了一整套较完善的选拔与培训制度。

外交人员的选拔与培训，其工作流程十分复杂，不但涉及到外交人员的自身条件，而且直接与本国的外交工作需要和外交人事制度密切相关。乔治·凯南曾指出，“让我控制人事权，最后我就会控制政策。因为负责招聘、任用、辞退和提拔人员的部门能够迅即控制这个机构和我们外交政策的整个状况”。①

一、外交人员的来源

在正常情况下，各国外交人员都有固定的来源，并且在一定历史时期内，其基本来源是相对稳定的。在近现代外交史上，有些国家特别是君主制国家，考虑外交官人选时，大都会优先考虑富有的王公贵族。因为他们有显赫的地位与出身，与外国的宫廷或显赫家族有联系。第二次世界大战前，法国的外交官中贵族出身的占有较大比重，而美国派驻国外的大使多是百万富翁。福楼拜曾写道：“外交是个很好的仕途……只适合于出身高贵的人。”②

但由于外交是涉及范围广泛，同时又非常专业的“技术性”工作，尤其是自现代以来，它对外交人员的科学文化素质要求越来越高，因此外交部门所需工作人员越来越多的是来自高等院校的毕业生，即所谓的“出类拔萃人物”。“不少国家的外交部竞相声明，它们不是仅对门阀高贵者开放的

---

① ［美］马丁·梅耶，夏祖煃等译：《外交官》，北京：世界知识出版社，1988 年版，第 151 页。

② ［苏］阿·科瓦廖夫，王海燕译：《外交知识和技巧》，北京：世界知识出版社，1989 年版，第 170 页。

俱乐部。”[①] 在大多数国家的外交部，外交官都具有较高的学历。许多国家对外交人员的选拔都有一些不成文的规定或标准：需要备选人员具有“一种高贵的品质，所谓高贵的品质并不是指血统，而只是指修养与才能，有受过高等教育的经历”。[②] 虽然英国力图改变外交部为牛津和剑桥所把持的印象，但其外交官仍大多出身于牛津大学和剑桥大学，外交部仍然是他们的天下；日本外交官以毕业于东京帝国大学的为多。在 20 世纪 60 年代中期，70% 的加拿大外交官具有两个或更多的学位。[③] 而美国对备选外交人员的必要业务要求之一就是备选人要受过高等教育。

世界上许多国家还都设有以培养外交方面的专业人才为目标，并有明确定位的外交学院。早在帝俄时代，俄罗斯就设有培养贵族子弟当外交官的“皇村学校”。与其他高等院校不同的是，外交学院主要对学生进行有关外交专业的定向培养，开设的课程涉及外交活动的方方面面，目的是为学生奠定良好的专业基础。招收外交院校的毕业生进入外交队伍是一些国家的既定政策。

建立于 1946 年的美国外交学院是美国国务院培训职业外交人员的基地，美国各级外交人员一般均需经过这个学院的培训。[④]

在世界各国外交队伍中，往往还存在着一些社会名流，目的是利用他们的专长与威望，以调动一切积极因素，如增强国内党派与民族间的凝聚力，广交各国的各界朋友，扩大本国的国际影响。

二、外交人员的考录与培训

如今，进入外交队伍，成为一名外交人员，不但要具备一定的基本条件，而且通常还要经过专门的考试、考核，才能被正式录用。而为了使外交人员在业务方面取得长足的进步，其后还要对其进行一系列的业务培训。对外交人员进行必要的考录与培训，既是为了保证外交队伍的质量，也是为了

① ［英］埃里克·克拉克，杨修、祖源译：《外交官生涯》，北京：世界知识出版社，1985 年版，第 23—24 页。

② 杨公素：《外交理论与实践》，成都：四川大学出版社，1992 年版，第 169 页。

③ ［英］埃里克·克拉克，杨修、祖源译：《外交官生涯》，北京：世界知识出版社，1985 年版，第 23 页。

④ 鲁毅等著：《外交学概论》，北京：世界知识出版社，1997 年版，第 319 页。

提高外交人员的业务水平，世界各国大都有各自一整套较完善的外交人员选拔与培训制度。

具体程式一般包括：外交人员的分类、审查、考试、培训等。

（一）外交人员的分类

外交人员即通称的外交官，包括：外交部内从事外交业务的官员；由国家元首、政府首脑、外交部长授权出国执行任务并具有外交职衔的人员；以及派到国外外交代表机关任职的具有外交职衔的人员。[①] 美国国务院将其外交岗位分为五大类，即领事官员、管理官员、经济事务官员、政治事务官员和公共外交事务官员。

在国际上，通常将外交人员分为职业与非职业两大类。职业外交人员是指那些受过专门训练，以从事外交工作为终身职业并在外交机关中任职的外交官。[②] 这些人，通过承担各种外交业务的方式，按照一定法规或规定逐步向高级职位晋升。各国外交队伍中的绝大多数是职业外交人员，他们是外交队伍中的骨干力量，平时我们所说的外交官指的就是这一部分人。

多数国家的大使、公使、参赞都是职业外交官。一般来说，大使、公使、政务参赞由外交部或相关部门派出，但美国的许多大使并不是职业外交官。美国新总统上任后，都要任命一批驻外大使。武官及其所属人员则由国防部派出，而且多数是职业外交人员。不过，美、英、法等国派驻外国的武官却大都不是职业武官。

非职业外交人员一般是指因为工作需要，非经长期专门训练而短期参与外交活动的人士。其中，各国的外交部长、外交大臣、国务卿大多数由政治家担任，在其国家的文官序列中，他们属于政务官。在正常议会制的国家中，主管外交的首长由执政党决定。总统制国家主管外交的首长由总统任命，多半是总统的亲密助手或由其他政党推荐的人。这些人虽然不是职业外交官，并且不一定详细了解外交和与本国有关的国际事务的详细情况，但他们可以配备一套外交业务班子，作为职业外交人员为他们工作，通常还要对他们进行必要的专业培训。

驻外使馆中的武官及助理，商务、文化、科技、教育等领域的参赞及他

---

① 钱其琛主编：《世界外交大辞典》下卷，北京：世界知识出版社，2005 年版，第 2050 页。
② 同上书，第 2418 页。

们的下属一般都由各国的商务部、文化部、科技部、教育部派出。但这些人员也被称为“专业外交官”，在使馆中代表有关部门就其专业范围内的事务与驻在国的相应部门进行联系，办理交涉，以促进相互间的合作与交流，并就本专业的问题向使馆馆长和国内有关部门提出意见和建议。他们拥有使团外交人员的地位，享有同等外交人员的特权与豁免，[①] 在派出前一般都需经过外交业务培训。

（二）外交人员的任职资格审查

今天，为招贤纳能，外交部门与其他具有雄厚实力的部门争夺高校优秀毕业生的竞争更加激烈了。但外交人员代表国家，负有维护国家利益的重责，因此为了确保外交人员的质量，各国政府依然要对备选人员进行专门、严格的任职资格审查。

在一般情况下，对外交人员所进行的任职资格审查，至少包括下述重要内容：[②]

第一，忠于祖国，政治可靠。外交工作关系到国家根本利益和重要机密，只能委托给可靠的人去承担。“经验、知识、谨慎和随机应变，这些都无法代替外交官最宝贵的素质——内心坚信他实施的外交目标和政策代表本国和本国人民的根本利益。”[③] 各国对外交人员的选拔，总是从那些被认为忠于祖国、忠于其制度的人中进行挑选，如美国选拔外交人员的首要条件就是忠于美国。

在阶级社会里，外交人员所要维护的国家利益，主要是本国统治阶级的阶级利益。因此，各国的外交人员都不可能保持政治中立，也不可能非政治化、非党派化。实际上，各国政府对于本国的外交人员在政治上都有一定的要求。在西方国家，对外交人员的“政治审查一直存在，有时还正式宣布”。美国于1980年专门制定了一部《外交人员法》，要求外交人员必须“代表美国人民……他们是国家在海外的象征……他们应当了解、欣赏并在

---

① 钱其琛主编：《世界外交大辞典》下卷，北京：世界知识出版社，2005年版，第2547页。

② 金正昆：《现代外交学概论》，北京：中国人民大学出版社，1999年版，第241页。

③ [苏] 阿·科瓦廖夫，王海燕译：《外交知识和技巧》，北京：世界知识出版社，1989年版，第184页。

某种程度上体现本国的文化传统、科学成就以及政治制度建设的成就”。[①] 比较各国对外交人员的政治素质要求，可以清楚地看出不同制度的国家对遴选服务于本国利益及忠于本国制度的外交人员所采取的鲜明立场和严格态度。

第二，有本国国籍。外交人员对外代表自己的国家，因此应该有本国国籍，这也是他（她）们获得国家信任的前提。一些国家明文规定，外交人员必须是本国合法公民，有的国家甚至规定外交人员的配偶也必须是本国合法公民。

第三，精通基本业务技能。可靠的政治素质与精湛的职业技能结合，是外交官取得成功的最可靠的保证。因此，各国政府都会对备选外交人员进行专门的业务审查，希望能挑选出人才中的佼佼者，即人中精华进入外交队伍。他们皆是本行业的多面手，既能分析政治、经济，又能从事新闻或援助工作。[②] 如美国要求外交人员要熟悉相关领域的情况、懂驻在国语言等。中国政府规定，申请外交职业者应符合“专业优秀，知识全面，能力具备，善于协作”的要求。

（三）任职资格考试

各国外交人员的录用一般还要经过严格的任职资格考试，考查申请者是否具备“外交的核心技能”。美国一般会在向一国派外交官的前两年即公开职位，符合条件的人可以自由申请。其中，首次申请担任外交官的人须参加严格的考试。2001 年之后，日本将外交官考试与公务员考试合并，要想当外交官必须先通过公务员录用考试。韩国有专门的外交公务员考试，即外交通商部公务员的选拔考试分为外务官、外务行政官和外务情报官考试三大类，派出后分别负责外交通商、外务行政和外交信息管理。考试采用公开竞争考试和特别录用考试两种方式。俄罗斯外交人员的录用主要来自于国立莫斯科国际关系学院和俄罗斯其他大学国际关系专业的大学本科毕业生和研究生。他们必须通过录用考核，包括政治安全审查等。[③] 各国对申请者进行的

---

① ［美］马丁·梅耶，夏祖煃等译：《外交官》，北京：世界知识出版社，1988 年版，第 162 页。

② ［英］埃里克·克拉克，杨修、祖源译：《外交官生涯》，北京：世界知识出版社，1985 年版，第 27 页。

③ 顾育豹：“外交官（公务员）职业内情”，《职业》2010 年 4 月上。

任职资格考试形式基本相似，即分笔试与面试（口试）两个阶段。

笔试主要考查申请者对基本外交业务知识的掌握，是否具有独到见解和清晰有力的表达能力，以及逻辑思维能力和文字功力。

通过笔试的候选人将进入下个程序，即由相关学科、专业领域的专家、学者组成的评选小组进行面试，其主要目的是进一步全面客观地了解候选人的相貌、才能和心理素质。通过与候选人面对面的问答、言语交流，可以更深入地考查候选人，特别是政治知识、思辨能力、口语表达能力、外语水平、个人心理素质、气质与风度等等。

教育背景和学历水平不是报考美国外交官的必要条件，但入围者中70%左右拥有政治学、外交学等学科的研究生学历，而80%以上都在国外有长时间的学习、生活、工作经历。理论上说，无论是常青藤名校的博士生还是从未上过大学的普通人，无论是来自经济发达的大都市还是地处偏远的小城镇的申请者，都可以参加无差别的选拔考试。考试过程非常严谨，整个选拔过程包括五大步骤，即报名登记、外交官测试（笔试）、个人自叙、资格评估和面试。应聘者可以在英特网上填写申请表格，并预约笔试时间。美国国务院外交官考试每年组织三次，在国内外均设考点，重在检测知识面、技能和能力，包括必需的写作能力，测试时长约3个小时。外交官测试（笔试）类似于中国的国家公务员考试，试题为多项选择题，只是更偏重于考查与外交工作有关的内容。笔试主要包含四项内容，即工作知识测试、英语能力测试、生活阅历考察以及写作水平测试。其中的生活阅历考察，主要是了解应聘者解决疑难问题、处理人际关系和接受其他文化的方式和能力。而在工作知识测试中，既有对美国基本政治制度、政府管理、法学、经济学、传播学以及世界历史和地理等基本常识的考核，也有对基础数学、计算机等应用科学领域的测试，内容非常全面。通过笔试的应聘者，需要在3周时间内提交个人自叙。在自叙中，应聘者用言简意赅的语言阐明自己适合从事外交工作的技能和知识。经过笔试和自叙阶段之后，国务院考试委员会的评审小组将对每一位应聘者进行资格评估，符合要求的应聘者将被邀请参加面试。考官将在面试环节中通过一对一问答和应聘者集体讨论的方式来综合考察应聘者是否具备从事外交工作所必须的自制力、适应力、判断力等13种素质。面试将持续一整天时间，考官将在当天晚些时候通过集体评议决定应聘者的去留。面试合格的应聘者在经过安全背景审查和体检之后，就可以安心等待接受任命，奔赴海外履行美国外交官的职责了。[①]

中国外交部招考公务员，偏向于有两年以上基层工作经验的非应届毕业生，(除非报考的职位有规定只招考应届毕业生)，所以有工作经验的毕业生会更受青睐。在2005年前，外交部招考公务员都是面向外交部钦定的一些重点高校，但后来与国家公务员考试接轨后，已经面向所有应届和往届毕业生。外交部的招考前后持续半年时间：每年10月左右发布招考职位信息、考生申请和申请审核，11月底或者12月初进行国家公务员考试，第二年1月份国家公务员考试成绩公布，同时外交部按照招考简章以1:4或者1:5的比例，划定进入面试和专业考试的人选。春节之前，在外交学院统一进行面试和专业考试，分别是：综合知识与能力测试（笔试）、外语笔试、外语口试、听力测试和心理素质测试（笔试）。非通用语考生还需要参加英语水平测试。综合知识与能力测试突出外交特色，重点考察考生的综合分析、写作表达能力以及对相关知识的掌握情况，包括政治理论、外交常识、国际关系、国际法、世界经济、文学艺术、古现代汉语、国内外时政等。外语考试从听、说、读、写、译五个方面全面考察学生的外语基础和实际运用能力。心理素质测试主要考察一个人的适应能力、自我调节能力、情绪控制能力和承受压力能力等。2月底左右公布体检和政审名单，于3月初在北京统一体检。3月底4月初，最终确定录用人员并签订协议。2009年外交部招考说明上面明确指出，最终的综合成绩组成是：国家公务员考试成绩占50%，面试成绩占30%，专业考试占20%。所以可以确定，国家公务员考试成绩和面试成绩能够直接决定你能否通过各项考察后进入体检和政审。[②]

（四）专业培训

世界各国对外交人员采取的培训方式基本上有两种：一种是边工作边学习的方式，也称英国方式；另一种是在正式进入岗位之前，先进行长期的正规培训，这称之为法国方式。

在英国，新入外交部的人被分派到某个部门后，会先用一周的时间适应和学习最基本的工作，熟悉外交部机构设置情况及外交部一些特殊的规矩。

---

① 鞠辉："美国如何招募和选拔外交官"，http：//zqb. cyol. com/content/2009 - 11/01/content_2914141. htm；易爱军："美国如何选拔外交官"，《环球》2013年第16期。

② 顾育豹："外交官（公务员）职业内情"，《职业》2010年4月上；孙祥华："2014年国家公务员考试外交部报考疑问解答"，http：//www. gjgwy. org/201310/63437. html。

然后，上两周的课程，主要内容有外交部的组织机构、各司的工作范围、任职期间的福利待遇等简短介绍，还要听取有关安全保卫以及如何使用口授机器的介绍。之后，他们再回到自己的部门工作一年。在第一年里，新外交人员的唯一正式训练是提高外语水平。[①] 为提高强化英国外交官的外语能力，2013 年 9 月，英国外交部耗资 500 万英镑在伦敦外交部的总部里成立了外交人员语言培训中心。该中心有 40 间具备现代化设备的教室，每年将有 1000 名外交人员在此受训，学习 70 多种语言。[②]

美国国务院规定新录用人员的培训在外交学院和弗吉尼亚州阿灵顿县的“全国外事培训中心”进行，是为期 5—7 周的入门训练，主要以授课为主，但也有机会前往国会和其他联邦政府机构参观。目的是让他们了解外交工作的概貌与自己的受雇条款，提升自身作为外交官所必需的所谓“核心技能”并进行适当的外语训练。然后分派实际工作，开始在“工作中的培训”。

外交学院提供 600 多门课程，涵盖的科目从面向刚进校的外交官员的入门课程，到高端的外语、谍报、管理学、区域研究、领导能力以及政策讨论。这些课程最短的只有两天，长的譬如“超难”的中文与阿拉伯语则可能长达两年。再加上其他一些定制课程与远程教育，外交学院每年培养的学生超过 8 万名。这其中，除了大部分是来自国务院各系统的外交人员外，也有来自各国政府其他部门的涉外职员。外交学院的课程是基于美国外交政策的重点以及国务院的常规来设计的。在坚持外语教育与职业培训等核心课程外，它也在根据国务院等部门在不同时期的不同要求，不断地调整自己的课程设计。例如，由于国务院不断大量派遣外交人员前往阿富汗、伊拉克以及其他动荡不稳的地区，外交学院便设立了稳定操作培训部，提供一系列专业课程，其中包括帮助学员熟悉了解其派遣区域，针对地方重建人员的操作训练，旨在加强文职与军职人员一体化协作能力的专项培训。不仅如此，外交学院还针对从此类“高压区域”归国的政府雇员，设立了专门的培训与心理辅导课程。新进外交职员必须经过外交学院的 A－100 课程，才能正式走上其第一个外交岗位。自 2011 年起，A－100 课程的时长是七周，目的在于为新学员提供入门知识与基本能力。为了确保职业外交官的培养质量，美国

---

① ［英］埃里克·克拉克，杨修、祖源译：《外交官生涯》，北京：世界知识出版社，1985 年版，第 31 页。

② 范超编辑：“英外交部成立语言培训中心欲提升外交官汉语能力”，http：//www. chinanews. com/hwjy/2013/09－22/5305461. shtml。

外交学院实行严格的淘汰制度，每年都有约10%的学员被淘汰。美国职业外交官的试用期为4年，时间从他们进入外交学院宣誓接受培训之日算起。4年试用期满后，如果表现出色并通过外语考试，才可以成为正式的外交官员，终身受政府雇用，直至65岁退休；如在试用期内表现不佳或达不到所要求的外语水平，则往往被免职。①

美国“全国外事培训中心”将在职培训分成四级。第一级训练工作过几年到十几年、有一定实践经验的外交人员，在总结经验的同时，进行某个专业问题的深入研究。第二级训练的对象同于第一级，目的是扩大他们的知识领域，主要教学形式是讨论式，例如组织国际问题、科学技术和经济讨论会等。第三级是为一些准备提升高级职务的外交人员设置的。组织他们对外交业务和国际问题进行比较深入的研究。第四级是为高级外交官设置的，为期10个月。组织他们进行对外政策和国际问题的高水平研讨会，或进行大使、公使专业训练等。除此之外，还有一些培养外交人员的高等院校和研究所。2005年，国务院启动了“职业发展项目”，旨在通过一系列精心设计的培训课程与派遣任务，帮助外交官锻炼关键技能，最终成为外交多面手。有别于某一特定领域或学科的职业培训与知识传授，该项目强调的是语言能力与管理、领导能力的培养。显然，国务院认为有必要通过一项更加系统化的手段来培训外交人员，从而保证他们能够面对职业生涯中的各种挑战。当完全建立起来后，该项目会强制要求外交官在四项考核上达标，否则就不能晋升高级职务。这四项标准包括操作效能、领导效能、语言能力以及满足服务需求的能力（通过在“艰苦工作地点”工作达标）。②

在法国，在25岁以下的大学毕业生中选拔100人到培养高级文职人员和外交官的全国行政管理学院带薪学习。头一年，学生通常在地方政府或各部的派出机构实习，此间他们必须写出一份报告，其副本连同市长的评语将送到全国行政管理学院。然后，受训者再在全国行政管理学院学习18个月。学习的大部分时间是参加小组讨论，学习小组必须就某一时局问题写出一份报告。所有学生上相同的课目，有经济学、社会问题、国际关系、司法和行政事务、会计业务、商业管理、组织能力与方法、外语。学业结束时，学校

---

① 叶飞：“美国外交官的培养模式”，http：//www.21ccom.net/articles/qqsw/zlwj/article_2012111671128.html；王令：“美国如何选拔职业外交官”，《国际人才交流》2002年第12期。

② 鲁毅等著：《外交学概论》，北京：世界知识出版社，1997年版，第319—320页；叶飞：“美国外交官的培养模式”，《阳光》2012年第136期。

根据学生总的表现公布成绩单，并公布政府各部职务缺额单。法国外交部每年从该校吸收10来名学生。

在英国，“进入外交部门的管理级要通过公开竞争，没有后门可走”。候选人必须小于28岁，而且“必须以优异成绩在一所英国大学获得学位或具有国外同等学历”。考试分三阶段进行。第一阶段是“资格检定考试”：一系列书面测验，“长达一年半，内容包括写提要、积极思维测验、根据统计数字进行推论的测验以及一连串按客观标准判分的试题。……考卷判分工作由从外面主要是从地方大学请来的考官进行……”第二阶段由“文官考选委员会”主持书面考试，并把考生分为五人一组，进行两天面试，最后由“终选”委员会逐个面试。委员会由五人组成。主席是文官事务首席专员，包括来自外交部门的两名高级官员和两名外来人士，例如“一名大学副校长、一名工会工作者或资方代表”。“宣布为合格的考生还要通过全面的体格检查，按照外交人员国籍条例的要求进行审查，必要时还得参加语言能力测试，获得审查合格证书，然后才能被任命为外交人员。任命后首先得见习3年。”3年见习期间，除在较有经验的上级的指导和支持下进行在职训练外，还在经济、欧洲共同体、国际法和共产党事务方面给予比较正规的训练，以作为补充。6个月写一次报告，第12个月再写一次报告，然后每年报告并讨论一次工作前途问题。①

韩国的考试合格者将参加外交安保研究院为期1年的外交官基本课程培训，包括素养教育，英语教育，国际政治、安保、通商及国际经济等。同时，对准备派出的外交官还提供海外研修机会，使其丰富海外生活经验。俄罗斯外交官的培养除在外交部内和驻外工作实践培养外，还通过选送到俄罗斯外交部外交学院进修来完成，低级外交官晋升高级外交官前到外交学院进修已成为不成文的规定。新入选的印度职业外交官在正式外派之前，需要接受各种入门训练，时间为3年，包括基础知识培训、专业培训、在印度外交部实习和语言培训。为适应外交官培训的需要，印度外交学院还对职业外交官提供继续教育培训。②

中华人民共和国外交队伍的建设，是根据外交部的总体布局和长远规

---

① ［美］马丁·梅耶，夏祖煃等译：《外交官》，北京：世界知识出版社，1988年版，第153—154、198、199页。

② HE特使的博客：“世界一些国家外交官制度比较”，http：//skopje. blog. 163. com/blog/static/3047142006725464867/。

划，实行多层次、多规格、多形式的培训体制。考试合格的初录者将参加进入外交部的教育培训，主要包括军训、国情部情教育和岗前外交业务培训及各类岗位实习等，然后，必须经过为期1年的试用期。试用期内就可以直接被派到驻外使领馆去工作，开始其驻外外交生涯。其后，外交部还举办在职人员高级研修班及专修班；出国外交人员短期学习班；每年选拔少数人员去国外学习和进修；外交部机关业余学校举办各种业余学习班。①

“当代对外关系所包括的问题范围极其广博，外交官虽然不能成为每个学科的精通者，但他应当能吸收不同学科的中心思想并利用该知识与其他主题和问题制造‘交互联系’。有了这个能力，其才具备能与不同文化的人联系的素质。”②

第三节　外交业务与技术

随着现代科学技术的飞跃发展，国际社会中成员间交往的日益密切，一国外交的地理空间范围已经拓展至全球，涉及的问题领域越来越广泛，其业务也日趋综合化。外交官为完成其使命所需具备的基本技能……尽管某些技能来自天赋，但多数必须经过专业培训与实践经验才能获得。③

一、外交文书的形式、格式和用途

外交文书是国家元首、政府首脑、国家及政府特使、外交代表机构及其领导人在外交实践中使用的书面文件，它体现了国家的外交方针政策和有关法规，是国与国进行外交联系、交涉和礼仪往来、外交通信所经常使用和必不可少的工具、手段。④

外交文书涉及的是国与国之间的关系，体现国家的对外方针政策和有关

---

① 鲁毅等著：《外交学概论》，北京：世界知识出版社，1997年版，第327—328页。

② ［印］基尚·拉纳，罗松涛、邱敬译：《双边外交》，北京：北京大学出版社，2005年版，第97页。

③ ［美］傅立民，刘晓红译：《论实力：治国方略与外交》，北京：清华大学出版社，2004年版，第88页。

④ 钱其琛主编：《世界外交大辞典》下卷，北京：世界知识出版社，2005年版，第2053页。

法规，起草和发送外交文书是政策性很强、涉及内容丰富，并且极具严肃性的工作，因此有着极严格的要求，体现着一国的外交特点。掌握起草各类外交文书的艺术，可以提高外交人员的基本技能，也是外交人员必须具备的基本素质。[①]

一般地，外交文书书写有相对固定的格式，要求格式规范，美观大方；字词严谨准确、简练，字迹清楚，标点正确；内容逻辑严密，简洁明了，客套用语要合乎惯例；打印整洁。即使是一份纯礼节性的函件，如果格式与行文不合常规，也可能引起收件人的误解或不愉快。如果文书内有其他错误，则会造成更为严重的后果。

外交文书在中国古已有之。中国古代的使节常常是持书出使，这便是外交文书了。唐朝的李白以能解"蛮书"而得到唐明皇的恩宠，这"蛮书"和李白为唐明皇起草的复书也可视作是外交文书。1596 年英国女王伊丽莎白一世致书明万历帝希望发展中英贸易，这更是外交文书了。[②]

国际通用的外交文书形式和格式是在近代以欧洲为中心的国际交往中逐渐形成、发展和定型的，近代中国通用的外交文书就采用了国际通用的形式和格式。中华人民共和国建立后，对外交文书又进一步完善和统一化，使其具有了中国特色，不仅使用中文起草的外交文书有了一套完整的形式和格式，而且对译成外文的文书也规定了较统一的格式。

不同形式的外交文书具有不同的适用范围，使用或回复要体现对等原则并遵守外交礼仪。

（一）照会[③]

照会是国家间外交往来中最常用的外交文书，用于表明本国的立场、态度、意见或通知事项等，仅限于外交代表机构及其领导人使用。照会又分正式照会和普通照会，根据所述问题的性质、重要程度、对等原则和需要而选用。它的行文和格式虽无统一的成文规定，但实践中其文体、词语和致敬语

---

① ［苏］阿·科瓦廖夫，王海燕译：《外交知识和技巧》，北京：世界知识出版社，1989 年版，第 30 页。

② 黄金棋："浅谈外交文书的形式、格式和用途"，《外交学院学报》1985 年第 2 期。

③ 百度百科："照会"，http：//baike. baidu. com/link？ url = ArFIFuJ9mgX069uEpnDdS-lNWQu-qdXpB2xfylFxR4uR4dPxKqMgXO8cO9rkuJJR_ w。

等都相对固定。①

正式照会使用第一人称，由国家元首、政府首脑、外交部长或副部长、大使、代办、临时代办等人签名发出，行文用第一人称，一般不盖机关印章。正式照会是外交文书中最正式、最严肃的形式，其格式也最严格。

正式照会用于：（1）重大事情的通知。如国家领导人的变更，大使、领事的更换，承认、断交、复交等事项的正式通知。（2）重要问题的交涉。如建议缔结、签订或修改条约，建议召开双边、多边国际会议，互设领事馆，委托代管本国财产，国家元首、政府首脑的访问及其他政治、经济、军事等重要问题的交涉。（3）隆重礼仪的表示。如表示庆贺、吊唁等。（4）为了表示对某一件事的特别重视，也有使用正式照会的。

正式照会的称呼也有严格规定，对大使和外交部长（包括副部长）称阁下，对临时代办称先生；以同志互称的社会主义国家之间在文书中互称同志；或只以对方的职衔称呼。正式照会的结尾是很正规的致敬语，“最崇高的”用于对大使、部长或更高的领导人之间，如果是公使、代办或司长一级，只须用“崇高”即可。

普通照会由外交机关或外交代表机关发出，行文用第三人称，加盖机关印章，一般不签字，但有的国家要求加盖印章后再由使节或授权的外交官签名。

普通照会用于一般交涉、行政性通知、办理日常事务、交际往来。由于对外文书日趋简化，普通照会的使用范围也越来越广，国家政府之间关于重要国际问题的来往现在也多使用普通照会。凡是不便由国家领导人或代表直接交锋的争执和交涉，一般都用普通照会的形式来进行，这样有话可以直说，便于进行针锋相对的争论，提出抗议、警告等。

普通照会以同样内容普遍分发给当地各外交代表机关，也称通告照会。如外交部用以向外交使团发送各种事务性的通知、规定、条例等的照会，以及各外交代表机关用以通知大使、代办、临时代办离任、返任，外交官到任、离任等。这类通告照会目前多采用电脑打字，受文机关可写“各国驻××国外交代表机关”。

---

① 钱其琛主编：《世界外交大辞典》下卷，北京：世界知识出版社，2005 年版，第 2412 页。

例1 正式照会：代办介绍信[①]

××国外交部长××阁下：

阁下：

在中华人民共和国驻××国特命全权大使赴任之前，我委派中华人民共和国驻××国大使馆参赞（或×等秘书）×××先生为临时代办，办理建馆事宜。

我现在向你介绍×××先生，请予接待，并对他执行任务给予一切便利。

顺致最崇高的敬意。

中华人民共和国外交部长（签字）

××××年×月×日于北京

例2 普通照会：申述态度

（××）部×字第××号

××国驻华大使馆：

中华人民共和国外交部向××国驻华大使馆致意，并谨就××问题申述如下：

××××××××××××××××××××××××。

顺致最崇高的敬意。

（盖外交部带国徽铜印）

××××年×月×日于北京

（二）备忘录

备忘录是外交机关、外交代表机关之间使用的一种外交文书，用来说明就某一事件、问题进行交涉时在事实上、立场上、法律方面的细节，或用来重申外交会谈中的谈话内容。备忘录实际上是一种口头通知或谈话记录，可面交或送交对方，无客套语、致敬语，开头就叙述事实。在会谈或交涉中，为使对方便于记忆谈话的内容或避免误解，可预先写成备忘录面交对方，也可在谈话后，将要点用备忘录送交对方。为了传述事实或陈述、补充自己的

① 本章中所有外交文书示例见资料：“对外文书的应用”，中华人民共和国外交部网站，http：//www.fmprc.gov.cn/mfa_chn/ziliao_611306/lbzs_611374/t9025.shtml。

观点、意见或驳复对方的观点、意见，如果用照会过于郑重时，可使用备忘录。有时为了提醒某一件事，作为一种客气的催询，也可送交备忘录。

在特殊情况下，备忘录也可用来作为一种书面协议，有时称作“谅解备忘录”。如1983年4月，苏联与伊朗签订有关里海污染问题的谅解备忘录，中国与加拿大于1987年3月签订了4个有关人才开发的谅解备忘录。备忘录也可以作为正式照会或普通照会的附件。

备忘录的郑重性仅次于照会。备忘录一般采用第三人称，其形式与书写格式灵活、随便。面交的备忘录，不编号、不写抬头、结尾不用致敬语、不盖章；送交的则要编号、写抬头、盖章。有的标上“备忘录”字样。

实际上，备忘录是没有头尾客套语的照会，大多是普通照会。

例3　备忘录：陈述意见

根据××国政府关于签订××××协定的建议，中国政府表示同意进行签订该项协定的谈判。

中国政府的意见，在××××协定中应包括下列各款：

×××××××××××。

当然上述各款可按双方愿望补充或变更。

请将上述事宜转达贵国政府。

××××年×月×日于××

（三）外交函件

外交函件是不同国家的领导人或外交官员之间往来的亲笔签名的信件。[①] 外交函件形式简便，使用范围较广，国家领导人、外交人员以及各部门、各机构写给外国相应人员与机构的书信都可采用这种形式。

按照内容，外交函件又可分为正式外交函件和外交便函。

正式外交函件同正式照会的格式相似，但带有更强的个人性质，可以表达更浓的亲切感或亲密感，是国家或政府领导人之间、外交部长（副部长）之间，以及外交代表之间使用的重要信件。如果国与国之间的关系较为友好，并发展到一定程度，国家领导人之间又建立了某种程度的个人友谊，国

---

① 钱其琛主编：《世界外交大辞典》下卷，北京：世界知识出版社，2005年版，第2048—2049页。

家领导人之间则常用正式外交函件作为通信方式。

正式外交函件可以用来处理重大的政治事务、提出建议、发出邀请、表达个人问候、表示庆贺或哀悼、转达重要文件等。在外交史上，重大的国际政治问题和外交活动很多是通过国家领导人之间的个人交往和通信来安排和解决的。

正式外交函件也可作为双边协议形式，一方发出的正式外交函件或复函，即换文，就构成一项书面协议。

正式外交函件的称呼和致敬语可视国家间和领导人个人之间关系的亲疏程度而灵活使用。如尊称对方“亲爱的××”，致敬语可以用“致亲切的问候”，或用其他表达友谊的词句来代替“顺致最崇高的敬意”这样的套语。

外交便函是外交官之间或外交官与相应的官员之间的通信，格式灵活，比正式外交函件具有更强的个人性质。外交便函只能用来处理一般事务性的问题，如安排一般性的外交约会、提出一般性的请办事务等。用于处理一般杂务的普通照会或备忘录有时可以外交便函来替代。但是，用于处理政治问题的普通照会或备忘录则不能用外交便函来替代。因为普通照会或备忘录代表政府，而外交便函只是代表发信人个人或个人所负责的机构，不代表政府。

外交官同非政府机构或人士的公务通信也可归入外交便函一类，但它们在格式上同一般通信实际上已无差别。①

例4 正式外交函件：通知

×字××号

各国驻华外交代表机关：

我局根据中国有关部门的决定，现通知各国驻华外交代表机关如下事项：

××××××××××××××××××××。

顺致最崇高的敬意。

（盖局印）

××××年×月×日于北京

① 黄金棋：“浅谈外交文书的形式、格式和用途”，《外交学院学报》1985年第2期。

例 5　外交便函：应邀

亲爱的×××先生：

承蒙盛情邀请共进晚餐，甚为感谢。您提出的两个日期，如能定在×月×日，对我将合适。我期待着与您愉快的见面。

祝您身体健康。

×××（签字）

××××年×月×日于××

（四）外交电报

外交电报即国家或政府领导人、外交代表或国家机构致外国国家或政府领导人、外交代表或相应机构的电报。由于电报迅速及时，所以国家领导人、外交代表、国家各部门和机构也常用电报同外国相应人员及单位履行必要的外交礼仪和通知重要的紧急事项，或表示一国政府就某一事件的态度。一般而言，电报多用于祝贺、慰问、吊唁及各种事务性联系。抬头应写清受电人国名、地名、职衔、姓名，发电人也应具职衔和全名或机构名称。

外交电报同普通民用电报一样，也用明码通过国际电讯机构发出。外交电报内容要简明，但并不能简至有损文义。

第二十六届联大通过恢复中国在联合国的一切合法权益以后，中国代理外长姬鹏飞发给联合国秘书长通知中国将派出代表团参加本届联大、通知代表团的组成以及通知中国常驻安理会代表人选的各个电报已成为中国外交史上历史性的文件，也是用电报通知重要的紧急事宜的典型实例。①

例 6　电报：贺电

××××（首都名称）

×××共和国总统×××阁下：

在×××共和国独立××周年的时候，我谨向阁下表示祝贺。

祝贵国繁荣昌盛，人民幸福。

中华人民共和国主席×××

××××年×月×日于北京

① 黄金棋："浅谈外交文书的形式、格式和用途"，《外交学院学报》1985 年第 2 期。

收到各类文书要尽快处理，切勿拖压，尤其是外交上的文书往来，收下回复或不予置理以至拒收退回，都反映一种政治态度，因此对外文书处理要十分慎重。一般情况下，除某些纯属通知性的电文外，应以相应的文书进行答复或复谢。①

二、外交实践中的语言

人是具有语言天赋与特质的物种，语言能力也是开启国际视野的第一步。在外交活动中，语言，特别是书面语言起着非常重要的作用，语言道出人的喜怒哀乐，评述着是非曲直，表达立场与观念，正义与非正义，可以说外交是运用语言的艺术。古希腊政治家德摩西尼在其《论罪恶使团》的演说中讲到，使节手中不掌握战舰、军队和要塞，他们的武器只有语言和机会。② 1974 年 4 月 24 日，前法国对外关系部长若贝尔在电视讲话中指出："在对外政策中，语言所起的作用并不亚于行动，也许还更为重要。在某种具体场合中，甚至表达语言的语气也十分重要。……声明的语气、行为的各种手段——所有这些都发挥着作用，使人承担着一定的义务。"③

外交是处理主权国家之间的事务。国与国之间进行交往，要依据主权平等与相互尊重的原则，彼此间的沟通自然不会像平民百姓那样径情直遂，所以就产生了外交语言。④ 在外交实践中，一般将国际谈判、外交文书或外交讲话中使用的语言，称为"外交语言"。外交语言有其独到、固有的特色，是外交工作中经常使用的最主要的武器。对外交语言可以从两个不同方面加以理解：其一，它是正式外交接触和起草外交文书的语言；其二，它是构成公认的外交词汇的各类术语与惯用语的总和。

外交话语可对一个国家在国际社会的实践产生影响。语言体现出一个国家的"软权力"，在国际交往中恰当使用外交话语，对提高国家在国际事务中的竞争力，增强国际竞争力有很重要的作用。⑤ 因此，"外交语言不是

---

① 资料："对外文书的应用"，中华人民共和国外交部网站，http：//www. fmprc. gov. cn/mfa_chn/ziliao_ 611306/lbzs_ 611374/t9025. shtml。

② ［苏］阿·科瓦廖夫，王海燕译：《外交知识和技巧》，北京：世界知识出版社，1989 年版，第 54 页。

③ 同上书，第 66 页。

④ 金桂华：《外交谋略》，北京：世界知识出版社，2003 年版，第 235 页。

⑤ 包军、鹿琦："试析语言与国际政治"，《贵州师大学报（社会科学版）》2004 年第 1 期。

‘空话’，而是一种强烈的，能给予或剥夺一国把握事态进程权利的意志的反映。……某一国家代表对外表态不慎或含义不清，便会如飞去来器一样，最终使本国利益遭到损害，并使自身蒙受耻辱”。①

（一）外交语言的要求和特性

外交语言属于政治语言的范畴，分为外交书面语言与外交口头语言两大类。书面语言按外交文书和文件的不同形式各有差异语言，口头语言则分为讲演、谈话、会谈、谈判、交涉、答记者问等不同类别。一般而言，外交语言具有以下要求和特性：

1. 立场明确

外交语言反映着一国当时的态度、意志、感情和政策，体现了一国对外政策，是捍卫一国利益的工具。外交官为维护本国的利益而使用的外交语言具有鲜明的立场，而且要与国家的对外政策或政府的口径一致，所以往往一个词的使用就可以区别一国在某一国际关系或国际问题上的立场和态度。如，外国政府对“中华人民共和国”的称呼，实际上表明一国对中国的政策立场。我们经常使用“中国大陆”一词，这是指港、澳、台地区以外的中国，同港、澳、台同胞所说“内地”一词含义相同，这是一种恰当的提法，是没有问题的。但是，如果我们说“大陆中国”，那就不恰当了，因为既然有一个“大陆中国”，就可能有一个“岛屿中国”，那就是背离“一个中国”原则的一种提法，因而是错误的和不允许的。2004 年 12 月 23 日外交部发言人刘建超就阿米蒂奇评中美关系和台湾问题一事回答记者问题：“中美应在两国三个联合公报原则的基础上，发展建设性合作关系，共同致力于促进世界的和平与繁荣。世界上只有一个中国，台湾是中国的一部分。我们将继续坚持‘和平统一、一国两制’的基本方针，愿以最大的诚意，尽最大的努力争取以和平方式实现祖国统一，但绝不会容忍‘台独’，绝不允许任何人以任何方式和借口把台湾从中国分割出去。”② 习近平谈到外交时讲道，“我们要坚持走和平发展道路，但决不能放弃我们的正当权益，决不能牺牲国家核心利益。任何外国不要指望我们会拿自己的核心利益做交

---

① ［苏］阿·科瓦廖夫，王海燕译：《外交知识和技巧》，北京：世界知识出版社，1989 年版，第 54 页。

② 熊涛、何劲：“外交话语的信息功能和互动功能”，《广东技术师范学院学报》2006 年第 2 期。

易，不要指望我们会吞下损害中国主权、安全、发展利益的苦果”。[①] 2005年4月22日，韩国国务总理李海瓒虽然没有指名道姓，但是围绕历史问题谴责了日本。他说，“曾在20世纪对别国进行殖民统治的国家，如果向新的一代隐藏罪行和美化历史，那么历史问题反而会成为束缚他的锁链。歪曲历史的国家就没有未来”。他引用南非前总统曼德拉的话说：“只有尊重事实，才能让历史平安过去。”[②] 在出席2007年八国集团首脑会议前夕的记者会上，当被问到“俄罗斯似乎已经推动了对西方的信任”这个问题时，普京答道，“在国际事务和国与国关系中，我们几乎不能使用任何涉及人与人之间关系的字眼，特别是诸如‘蜜月期’这样的字眼。在国与国关系问题上，应该把一个国家的利益同其他国家的利益联系起来，只有解决了利益的问题，双方才有达成妥协的可能。目前国际事务的最复杂之处在于，参加全球对话的某些参与者认为，他们的思想便是终极真理，这确实不利于建立一种相互信任的气氛”。[③]

2. 严谨准确

严谨、准确对外交语言来讲是非常重要的，它不仅意味着应准确地表达己方的立场、感情和态度，也应包括准确地理解对方的立场、感情和态度。保证外交语言准确无误，也包括翻译外交语言或直接使用对方语言的准确性。

1982年9月24日，邓小平在会见英国首相撒切尔夫人，谈到香港问题时，明确地讲道：“关于主权问题，中国在这个问题上没有回旋余地。坦率地讲，主权问题不是一个可以讨论的问题。现在时机已经成熟了，应该明确肯定：1997年中国将收回香港。也就是说，中国要收回的不仅是新界，而且包括香港岛、九龙。……如果中国在1997年，也就是中华人民共和国成立48周年后还不把香港收回，任何一个中国领导人和政府都不能向中国人民交代，甚至也不能向世界人民交待。”[④] 话语中，邓小平精确地表述了中

---

① 黄金棋：《怎样当好外交外事人员——论涉外人员素质修养》，北京：世界知识出版社，2004年版，第150—151页；“习近平经典之语”，http：//news. sohu. com/20130317/n369117246. shtml。

② 张锦芳：“韩国总理李海瓒评小泉‘道歉’反省须有实际行动”，http：//news. sina. com. cn/w/2005 -04 -23/09575728947s. shtml。

③ 杨孝文：“只是想我们的话有人听”，http：//news. sina. com. cn/w/2007 -06 -07/020411971757s. shtml。

④ 邓小平：“我们对香港问题的基本立场”，http：//www. takungpao. com/hkol/content/2012 -06/26/content_ 564962. htm。

方的原则立场、收回范围及收回时间。

在外交场合，代表国家讲的每一句话，都会构成一件国际重大事件，并且可以引起有直接或间接利害关系的国家间相互关系这一复杂机器的运转。一旦讲话失误，还必然会导致一个国家声望与国际信誉受到影响。1967 年 7 月 24 日晚，正在加拿大进行访问的法国总统戴高乐，在蒙特利尔市政大楼的阳台上向市民们发表演说时，用了这样的一段致词："我内心百感交集。蒙特利尔万岁！魁北克万岁！"第二天，加拿大总理莱斯特·皮尔逊即在加拿大电视台发表讲话："加拿大人并不需要解放。"他指出，戴高乐的某些讲话是"让人无法接受的"。戴高乐随即取消了访问加拿大首都和与莱斯特·皮尔逊总理会谈的计划，中断了对加拿大的访问，返回巴黎。而戴高乐的这一讲话同时也在法国、美国和英国引起了一场政治风波。① 书面外交语言使用不当或使用错误也会引起不良的影响和后果。在英、法两国的文书交往中，就曾因法方人员分不清英语"demand"一词和法语"demander"一词的区别而造成外交纠纷。

周恩来说过："外交工作比其他工作是困难的……被人家抓住弱点，便要被打回来。"② 外交上的一句话表达的是政府的立场或传递重要信息，用字措辞要十分精确，要有高度的责任心，容不得半点含糊。

外交语言的准确性还包含准确掌握语言的分寸。哈罗德·尼科松在其《外交学》一书中就强调，外交是运用智慧和掌握分寸。在外交实践中，根据问题的性质以及事件的严重程度，可以用不同方式和不同程度的语言来表达外交立场、态度。如表示赞同可以用"注意到"、"理解"、"不提出异议"、"同情"、"欣赏"、"欢迎"、"赞同"、"支持站在……一边"等不同分寸的语言来表达。而"有鉴于此，××国政府将不得不重新考虑它的立场"，表示的是两国间的友谊可能随时会变为敌视。向对方提出的警告也有不同的分寸，如"保留采取行动的自由"，是警告对方，断绝外交关系已经迫在眉睫；"正在密切注视事态的发展"、"要求不再发生类似事件，否则由此引起的一切严重后果的全部责任将由……负担"，是表示更严重的警告；"不能置之不理"、"不能袖手旁观"，是表示将作出强烈反应；最严重的警

---

① ［苏］阿·科瓦廖夫，王海燕译：《外交知识和技巧》，北京：世界知识出版社，1989 年版，第 65、66 页。

② 中共中央文献研究室编：《周恩来外交文选》，北京：中央文献出版社，1990 年版，第 2 页。

告就是最后通谍。反对则用“关注”、“严重关注”、“感到不安”、“痛心”、“表示担心”、“遗憾”、“深感遗憾”、“愤慨”、“谴责”、“反对”、“抗议”等不同分寸的语言表达。①

外交语言的分寸感要求外交官应具有审时度势的能力，有高度的机智和敏感，一方面能在各种场合使用有分寸的语言，同时又能敏锐地发现对方语言分寸的细微变化，以及字里行间的种种含义。②

3. 含蓄模糊

外交表态经常要刻意“笼统”，因此含蓄、婉转，模糊、克制，“话说半句”或“王顾左右而言他”成为外交语言中常见的一种特色。外交语言是一种“温和的委婉说词”，“即便是辱骂，听起来也令人愉快”。直言快语，甚诚笃实，常为外交官所忌。有些外交语言似乎是废话，但对于外交官本人则是经验丰富的标志。古代威尼斯在给使节的训令中说：“使节应该用对任何事都不承担责任的一般性词句来表达一切。”对于外交官来说，说废话是一种本事，外交语言有时就是伟大的废话。③

在外交交涉中，如一国政府声明对某一件事“表示关切”或“表示严重关切”，就意味着对事件的发生十分不满，有意对此采取强硬步骤；说某外国外交官“从事不符合其外交身份的活动”，则是明确指控对方在驻在国进行间谍或其他破坏性活动，并将予以驱逐出境。在外交谈判中，说会谈是“建设性的”，其实际含意是双方会谈取得了某些进展，但离解决问题还相去甚远；说会谈是“有益的”，是指双方会谈未获得具体成果，但谈了总比不谈要好；说会谈是“坦率的”，则是明显暗示双方分歧严重，但也各自增加了对对方立场的了解。在多边外交中，更是几乎言必委婉。联合国文件都习惯使用中性名词，不说“敌人”而言“对手”，不说“不发达国家”而言“发展中国家”。对国际会议上各国代表的发言，要注意的是“但是”后面的文章。如说“本代表团对这个建议有着最大的同情，但是愿意指出……”、“我对某国杰出的代表怀有深深的敬意，但是我认为……”等等，其实都是“拒绝”、“否定”、“不同意”的委婉表述。因此，读外交文件要

① 黄金祺：《怎样当好外交外事人员——论涉外人员素质修养》，北京：世界知识出版社，2004 年版，第 148—150 页。

② 鲁毅等著：《外交学概论》，北京：世界知识出版社，1997 年版，第 255 页。

③ 吕义国：“吴仪对日本说不将成为中国新世纪外交标志事件”，http：//gb. cri. cn/3821/2005/06/06/106@ 572997. htm。

留意字里行间，闻外交话语要习惯听弦外之音。富兰克林·罗斯福总统的夫人曾感叹道：同样的一些话，在正常情况下是一种含义，但在外交文件中却是另一种含义，"这像是学习另一种语言"。①

有人说，科学家信奉"黑白分明"，外交家则崇尚"灰色地带"。"灰色地带"即言外交语言的模糊性。世界上的事并非是黑白分明的，宏观世界本来就具有模糊性。在处理国家关系时，时常需要避免刺激性或过于暴露而应当留有回旋余地，以便使后来采取的对策能有所选择，因此就不能把话说得太实、太死。外交官们可以借用含义宽泛、含蓄模糊的语言，使自己的言语具有弹性，在任何情况下都能回旋自若、无懈可击，使对手感到高深莫测、先逊一筹。

一位西方记者提问道："请问中国人民银行有多少资金？"这实际上是讥笑中国建国初的贫穷。

周恩来正色回答道："中国人民银行货币资金嘛，有 18 元 8 角 8 分。"全场愕然，鸦雀无声。周恩来解释说："中国人民银行发行面额为十元、五元、二元、一元、五角、二角、一角、五分、二分、一分的 10 种主辅币人民币，合计为 18 元 8 角 8 分。中国人民银行是由全中国人民当家作主的金融机构，有全国人民作后盾，信用卓著、实力雄厚，它所发行的货币，是世界上最有信誉的货币之一，在国际上享有盛誉。"在欢迎美国总统尼克松宴会上的祝酒辞中，周恩来说道："美国人民是伟大的人民。中国人民是伟大的人民。我们两国人民一向是友好的。由于大家都知道的原因，两国人民之间的来往中断了二十多年。"周总理为了适应宴会的气氛，把二十多年美国对中国不友好的历史，用模糊语言"大家都知道的原因"概括了起来，这样说既不损害宴会上的友好气氛，同时又很得体地表达了我们的原则立场。②

周南任中国副外长期间，代表中国政府与葡萄牙谈判澳门问题时，用"两岸猿声啼不住，轻舟已过万重山"来生动形容谈判进展快和顺利，并且含蓄地暗示，希望谈判能继续顺利发展。还有一次，周南以新华社驻香港分社社长身份应邀参加香港宝莲寺天坛大佛开光典礼。当时的香港总督彭定康

---

① 金桂华：《外交谋略》，北京：世界知识出版社，2003 年版，第 235—236 页。

② "解读世界各国的外交辞令"，http://www.kx001.com/repaste/2749999_1767058997.html?stat=orrecn_out；徐炳昌："论言语表达的策略性"，《扬州师院学报（社会科学版）》1993 年第 2 期。

在仪式之后回答记者问时，指责中国港澳办关于香港问题的声明“并不是一份有特别吸引力的圣诞礼物”。记者以此要周南发表意见。在宗教之地，参加宗教仪式，与对方展开外交争论是不合时宜的，因此周南以“佛教的日子”为由，不予评论。但在记者穷追猛究的情形下，周南便应时应景地说了两句耐人寻味的佛家语：“谁搞‘三违背’，定会苦海无边，罪过！罪过！谁搞‘三符合’，自是功德无量，善哉！善哉！”又加上一句“阿弥陀佛”，在场人哄堂大笑。①

而在两国谈判结束后的联合公报或声明中“双方各自说明了自己的观点”，“双方坦率地交换了看法”等字样，就是含蓄表明了两国间存在分歧，甚至曾发生过激烈争论，并且没有达成协议。用不同的语言表达同一政治内容完全可以收到不同的效果。“具有细微差别的语言和概念，这是巧妙外交可资利用的源泉。”②

在外交实践中，当国与国之间的关系处于非常友好时期，溢于言表的美好之词常成为外交语言的基调，反之，互相攻击的激烈言词则是敌对时期的外交语言基调。因此，外交语言要求该露则露，该含蓄则含蓄，或露中有含蓄，含蓄中有露，一切由当时的国家间关系和利益来决定。20 世纪 60 年代，两个超级大国对中国实行军事包围，危及中国安全。在 1965 年 9 月 29 日的记者招待会上，陈毅公开表示：“如果他们决心要把侵略战争强加于我们，那就欢迎他们早点来，我们一切都准备好了。”“我们已经等了 16 年，我们头发都等白了。”直截了当、坦率的谈话鼓舞了中国人民，在国际社会产生了广泛的影响。

在外交实践中，日本外交官很善于使用模糊语言，不明说“拒绝”，而是表示“考虑考虑”。1914 年 8 月，在第一次世界大战爆发后，由于日本尚未明确表明立场，因此德国首相贝特曼接见了来访的日本大使。日本大使以日本正在准备“与某一大国”交战为由，要求德国交付日本在德国定购的武器装备。日本的要求很快得到满足，因为德国人认为日本大使的话明确暗示：日本将进攻俄国。但不久，德国接到的却是日本递交的措辞粗暴、要求德国从中国撤出的最后通牒。日本对此的辩解是，日本大使确实说过日本准

---

① 赵丕涛编著：《外事概说》，上海：上海社会科学院出版社，1995 年版，第 162—163 页。

② ［苏］阿·科瓦廖夫，王海燕译：《外交知识和技巧》，北京：世界知识出版社，1989 年版，第 60 页。

备“与某一大国”交战，但是德国难道不是一个大国吗？1945 年，美国在日本投下两颗原子弹后，当时美国新闻界一个热点话题就是猜测苏联有没有原子弹以及有多少颗。当苏联外长莫洛托夫率代表团访问美国时，其在下榻的饭店门前，为一群美国记者所包围。有一记者问莫洛托夫，苏联有多少原子弹？莫洛托夫绷着脸仅用了一个词“足够”回答了他。这样既回避了原子弹拥有的秘密，又表达了苏联人民的自尊和力量，言简意赅，恰到好处。

外交上使用模糊语言有利于冲突各方均有所获，进而取得外交突破。1972 年的中美《上海公报》用模糊的语言措词表述了美方对台湾的立场态度：“认识到，在台湾海峡两边的所有中国人都认为只有一个中国，台湾是中国的一部分，美国对这一立场不提出异议。”虽然美国在此没有承认中华人民共和国，但含蓄地承认了“一个中国”的原则，这在当时已经是一个重大突破。①

但是，外交语言的含蓄、模糊也要“得体”，不可过度而成为“错话”。这方面的典型人物当属曾获得普林斯顿大学文学学士学位、时任美国国防部长的拉姆斯菲尔德，他曾在参议院演说时说：“中国是一个我们希望并祈祷以有秩序的方式进入文明世界的国家。”显然他的常识与逻辑都出现了问题，似乎世人尽知的、有着数千年文明发展史的中国还须重新申请加入“文明世界”？拉氏还在公开场合时常发表“莫名其妙的声明”，如他就伊拉克大规模杀伤性武器问题向媒体说的那段经典语言：“我对那些说某事还没有发生的报道总是很感兴趣，因为正如我们所知，有些东西是已知的已知，那些东西我们知道我们知道了。我们还知道存在已知的未知，即我们知道有些东西我们不知道。但也存在未知的未知——那些我们不知道我们不知道的东西。”英国“简明英语运动”因此将 2003 年度“嘴里长脚奖”颁给了拉氏，奖品就是一座雕塑，上面是一个人头，嘴里叼着一只脚。有人翻了翻拉氏的公开讲话，发现这样的例子还不少。比如：“我是一位病人，当我说我是一位病人时，我的意思是，我就是一位病人”；“你知道我相信什么，我将重申我所相信的，而我所相信的就是我相信我所相信的是对的”；“（我）向你保证我将听取这里说过什么，即使我不在这里”。与拉氏这种不知所云风格“有一拼”的是“得州牛仔”布什总统本人。2002 年 9 月，布什与国

---

① 鲁毅等著：《外交学概论》，北京：世界知识出版社，1997 年版，第 255 页；赵丕涛编著：《外事概说》，上海：上海社会科学院出版社，1995 年版，第 161、162 页。

会领导人就攻打伊拉克问题举行磋商后向媒体表示，萨达姆单方面“龙虾了”联合国决议，并且“搞硬了全世界”。英国《泰晤士报》随后翻遍了大英百科全书，也未能找到“龙虾”一词在这句话中的含义。美国语言学家们研究后解释说，把“龙虾”当成动词用是美国“刚刚兴起的民间用法”，用来形容“人们中途退出某项活动”。①

总的来说，外交话语以正式的、模式化的书面语或口头形式出现的书面语为主要形式，语气庄重严肃，措词客观谨慎，简明扼要，不带感情色彩；是精确性和模糊性的辩证统一，② 表现了外交的微妙与复杂，必须运用得当。

此外，今天仍有人认为，外交官为了国家利益可以说谎言、假话，认为用谎言也是一种策略运用。谎言和真言是谬误和真理的两种表达方式。所谓谎言，是指人在实践活动中违背事实的描述性行为。古代伟大的哲学家柏拉图对谎言就不是一概否定的。《柏拉图对话集》中记录了柏拉图和弟子们这样一段对话。柏拉图问：“你认为说真话好，还是说假话好？”弟子答：“那当然是说真话好。”又问：“如果敌人来探听我们的情况，这时候，你是对他说真话还是说假话呢？”答：“那当然只能说假话，蒙骗他，而不能说真话把事实情况告诉他。”在传统外交时期，外交官说谎几乎成为时尚，对外说谎甚至被视为使节的一个重要职责。1604 年，英国驻威尼斯大使亨利·沃顿就曾认为，“大使是一个被派到国外为了他本国的利益而说谎的诚实人”。今天的外交官已经很少像过去那样毫无遮掩地说谎话了，现在讲究的是避免“直接说谎”，也就是说力求在技术上不说谎。1961 年 4 月 13 日，即美国人入侵古巴的前五天，肯尼迪总统曾公开保证，“在任何情况下”，美国决不插手干涉以促成卡斯特罗的垮台，他将尽一切可能“保证美国人决不卷入古巴周围的反卡斯特罗行动”。斯诺登揭露“棱镜”秘密监视项目后，2013 年 6 月 7 日美国总统奥巴马就公开表示，情报机构的行为得到授权，受国会和法院全程监督，对外不对内云云。但 2013 年 6 月 22 日，英国《卫报》披露了两份绝密文件，显示情报机构获得的所谓“授权”实际上是无限制的权力，与美国宪法相悖，也与奥巴马的辩解相悖。奥巴马的“谎言”只撑了半个月就被戳穿。丘吉尔有句名言：“真相是如此宝贵，要用谎

① 梁燕：“美国高官说话不好懂”，《环球时报》2003 年 12 月 5 日，第六版。

② 郭立秋、王红利：“外交语言的精确性和模糊性”，《外交学院学报》2002 年第 4 期。

言来护卫。"①

外交语言的风格和色彩因形式、内容、场合而异，并常带有民族和个人的特性。外交语言的使用是艺术和技巧。外交语言严肃、冷静，但又不乏幽默、俏皮，有时是非常文雅、优美，富于文学性和富有感情的。"刻板的外交语言，或许已经不再成为一个国家捍卫主权和领土尊严的唯一讲述方式。"②

2013年3月25日，习近平在坦桑尼亚尼雷尔国际会议中心发表演讲中说道，"对待非洲朋友，我们讲一个'真'字。真朋友最可贵。开展对非合作，我们讲一个'实'字。加强中非友好，我们讲一个'亲'字。解决合作中的问题，我们讲一个'诚'字。"他将双方关系定位力"同呼吸、共命运、心连心的兄弟情谊"。习近平的演讲使"中国试图控制非洲国家"的谣言不攻自破。又如2013年3月27日，习近平在金砖国家领导人第五次会晤时发表主旨讲话，"中国有句古话，志合者，不以山海为远。我们来自世界四大洲的五个国家，为了构筑伙伴关系、实现共同发展的宏伟目标走到了一起，为了推动国际关系民主化、推进人类和平与发展的崇高事业走到了一起。求和平、谋发展、促合作、图共赢，是我们共同的愿望和责任。"习近平在讲话中首先引用古语"志合者，不以山海为远"，来形容金砖五个国家来自四大洲相聚在一起，就是为了求发展谋合作和图共赢。2014年3月，习近平在中法建交50周年纪念大会上说，"拿破仑说过，中国是一头沉睡的狮子，当这头睡狮醒来时，世界都会为之发抖。中国这头狮子已经醒了，但这是一只和平的、可亲的、文明的狮子"。而在布鲁日欧洲学院的演讲时则谈酒与茶的哲道，"正如中国人喜欢茶而比利时人喜爱啤酒一样，茶的含蓄内敛和酒的热烈奔放代表了品味生命、解读世界的两种不同方式。但是，茶和酒并不是不可兼容的，既可以酒逢知己千杯少，也可以品茶品味品人生。"③ 习近平用平实、质朴、生动的言语，拉近了中国人民与他国人民的距离，而且显得格外亲切、自然。

---

① 金桂华：《外交谋略》，北京：世界知识出版社，2003年版，第243页；胡飞雪："美国对外政策：真相是要用谎言来护卫的！"，中国证券网，2009年5月19日；《今日早报》："奥巴马的谎言只撑了半个月"，http：//jrzb. zjol. com. cn/html/2013 -06/22/content_ 2199575. htm？ div = -1。

② 商汉："沉甸甸的乡愁打败无佞的政治"，《国际先驱导报》2003年12月16日。

③ 央视网："习近平精彩语录"，http：//news. cntv. cn/2013/06/05/ARTI1370433080862112. shtml。

三、外交调研[①]

调查研究是一切工作的基础，调研也是一项重要的外交业务。西方将外交代表的任务定为保护、谈判和观察三项，其中观察就是调查研究。1961年通过的《维也纳外交关系公约》也将“以一切合法手段调查接受国之状况及发展情形，向派遣国政府具报”规定为使馆的基本任务之一。事实上，各国外交部的地区司和业务司以及驻外使馆平时花时间和精力最多的业务便是调查研究。对外交工作而言，调研的重要性再如何强调也不算过分。关于调研的重要性，可以四言以蔽之：它是做好一切工作的前提；它是外交赖以成功的基础；它是国家领导人外交运筹决策的依据；它也是一切外交人员事业有成的基本功。从本质上来说，调研是外交工作的重中之重。[②]

外交调研报告始于13世纪后半期，由驻于某国的威尼斯外交官撰写的关于该国政治、军事、经济及社会状况的详细报告，直至16世纪后半期才最后成型。调研报告比公文内容更加丰富，因而赢得了极高的声誉。[③] 当今各国非常重视外交调研，有些甚至有过之而无不及。美国政府强调“没有更完善的情报能力，就没有更可靠的外交政策和国防战略”，竭力使中央情报局实现“和平时期最大的一次人员扩充”。日本外务省将加强外交调研列入重要议事日程，内部专设情报调查局，配备先进的电子设备收集和管理情报资料，并建立24小时值班处理紧急情报的体制。甚至小国如梵蒂冈也极为重视情报的收集工作，其派往世界各国的神职人员数以万计，据说其收集情报的能力不亚于美国中央情报局。[④]

---

① 内容参见鲁毅等著：《外交学概论》，北京：世界知识出版社，1997年版，第257—261页；黄金祺：《怎样当好外交外事人员——论涉外人员素质修养》，北京：世界知识出版社，2004年版，第189—195页。

② 黄金祺：《怎样当好外交外事人员——论涉外人员素质修养》，北京：世界知识出版社，2004年版，第189页；外交知识库：“调研是外交工作中的重中之重”，http：//www. fmprc. gov. cn/ce/cggb/chn/ztlm/gtbfyrth/wjdy/t217876. htm。

③ ［英］杰夫·贝里奇外、艾伦·詹姆斯，高飞译：《外交辞典》，北京：北京大学出版社，2008年版，第243页。

④ 外交知识库：“调研是外交工作中的重中之重”，http：//www. fmprc. gov. cn/ce/cggb/chn/ztlm/gtbfyrth/wjdy/t217875. htm。

外交调研既与一般调研有共性之处，又有其独特之处：①

首先是外交调研的内涵特殊。外交调研丰富多彩，贯穿外交的始终。它既有基础调研，又有动态调研；既有双边调研，又有多边调研；既有形势调研，又有办案调研；既有专门领域调研、热点问题调研和突发事件调研，又有综合调研、战略调研和中长期调研，可谓是形形色色、门类繁多。外交调研还贯穿于外交行为的各个领域、各个方面、各个阶段和各个层次。可以说，外交中，调研无所不在。

第二是外交调研的对象特殊。外交调研的研究对象是国际问题，是外国和世界。这是一个极为广阔又相对陌生的领域，它涉及诸多学科，关乎古今中外，调研的难度可想而知。因此，外交调研需以学习相伴，调研不停，学习不止。

第三是外交调研的性质特殊。同其他领域的调研相比，外交调研具有突出的政治性，这是外交调研最重要的特殊之处。外交调研服从于政治，忌讳经院学究；外交调研服务于现实的外交斗争，摒弃纸上谈兵。在从事外交调研时，应以恪守正确的政治立场为重，以具备敏锐的政治观察力为重，以坚持实事求是的精神为重，以调研工作富有战斗性为重。外交调研最需要"讲政治"。"讲政治"是外交调研的灵魂。

第四是外交调研的材料收集特殊。同样是材料收集，外交调研却有着一般调研所不太可能有的"两难"：一是在信息海洋中筛选出所需要的重要信息十分困难。当前的世界是一个"信息爆炸"世界，面对"信息爆炸"，我们所能收集的信息不是少了，而是多了，不是缺了，而是滥了。重要的信息被大量无关紧要的信息所掩盖，真实的信息被无数虚假伪劣的信息所淹没。这是外交调研收集材料的一大难处。二是要收集我们所需要的核心材料更是难上加难。外交关乎一国的国家利益，非同小可。各国为了妥善保护各自的国家利益，对其外交决策和行动总是严加保密，他人极难窥视，这就使我们在收集外交调研所需的核心材料时异常困难。正是由于这"两难"，在收集材料时，方法就要多些，手段就要巧些，既需注意"去粗取精，去伪存真"，以求有分析地收集信息，又需强化交友活动来收集"活"材料，以补"死"材料之不足。

---

①　外交知识库："什么是外交调研"，http：//www. fmprc. gov. cn/ce/cggb/chn/ztlm/gtbfyrth/wjdy/t217875. htm。

第五是外交调研的层次特殊。一般说，中国的外交调研有三线之分。外交部的调研属第一线，其特点是：密切联系当前的外交斗争，虽离不开长远的战略考虑，但主要是着眼于当前动态的国际形势的研究。外交部的调研又有前方和后方之分。驻外使领馆的调研是前方调研，外交官利用身在第一线的优势，除收集“死”材料外，还借就地直接观察和开展交友活动的便利，广泛收集第一手材料，分析研究后报告国内。外交部的后方调研在国内进行。后方调研享有离中央领导较近的优势和在驻外使领馆调研基础上做进一步调研的便利，就需站得更高，视野更宽，分析更全，判断更准。外交部的调研属第一线，讲究时效性和战斗性，反对学究作风，强调“短、平、快”，不能“十年磨一剑”。研究所的外交调研属第二线，其特点是：它虽不应脱离外交斗争的实际，但主要聚焦于对中长期国际形势的研究，调研富有综合性、回顾性、全局性、战略性和展望性。外交调研的第三线是高等院校，其特点是：与研究所的调研有某种类同，但它可以更“虚”一些，更学术一些，更理论一些，即应以在理论高度上阐述所研究的国际问题为己任。

（一）外交调研的目的与方法

外交调研的最高目的是尽可能地为一国最高对外决策机构及时准确地提供有关情报、资料、信息和建议。一国外交部负责执行对外政策，同时也参与对外决策，但外交部还负有的一个重要任务就是通过自己特有的国内外渠道进行调研，为对外决策提供情报、信息和建议。一国的驻外国外交代表机关作为该国“驻外观察站”，对驻在国的政治、经济、文化、科技、社会等基本情况和动态要了如指掌，调查和研究本国同驻在国关系发展的现状和潜力，并经常提供有质量的调查报告。对于驻在国发生的重大事件应能在事前进行预报，在事发过程中继续报告进展情况，并就事件的结果作出详尽的分析和判断。如系不能事先预报的突发事件，也应及时作出事后的评述。所有外交、外事和涉外部门就是通过这种方式在不同程度上对国家的对外决策作出各自的贡献。[①]

根据《维也纳外交关系公约》规定，外交调研应“以一切合法手段”

① 黄金祺：《怎样当好外交外事人员——论涉外人员素质修养》，北京：世界知识出版社，2004年版，第189页。

进行。合法的手段和途径包括：收听、收看、收集并研究公开发表的驻在国领导人的讲话、政府公告及其他官方文件材料；收听、收看、收集驻在国广播、电视以及各种书籍、报刊；接触驻在国的各界人士，各国外交官，广交朋友，广结善缘，也常能获得宝贵的信息，获得关于第三国的非常重要的消息或非公开性的各种信息。然而，国际政治毕竟有异于其他领域，真假混杂，虚实难分。如若单循一般之法进行研究，是难以取得理想结果的，这里需要使用一些外交调研所独有的研究之法。我们在阅读材料时，需善于读懂字里行间，听弦外之音；在交友猎取“活”材料时，应注意“观形察色，见貌知情”；在分析综合时，要熟知九方皋的相马法；在判断问题时，需将“两点论”和“重点论”有机结合；在思考问题时，需“勤思”、“逆思”、“巧思”、“深思”和“反思”。我们常说，从事外交调研，方法论至关重要，其道理即在于此。①

外交调研者要在正确的世界观与方法论的指导下，做到宏观与微观相结合，材料与观点相统一。对搜集来的材料或信息要去伪存真，“避虚取实”，善于判断“表里”，通过分析—综合—再分析—再综合，再三思考，进而透析出材料、信息或问题的精髓、实质。1970 年罗马尼亚总统齐奥赛斯库访美，尼克松总统的国宴祝酒辞长篇累牍，洋洋洒洒，其实都是“粗”、“外”之类，而其“精”、“内”部分也就是“中华人民共和国”这七个大字。这是美国总统第一次称中国为“中华人民共和国”，这预示着美国开始对其对华政策做重大调整。苏联驻美大使多勃雷宁的高明之处就在于他牢牢抓住了这七字“精”、“内”，预见了中美关系势将解冻、世界战略格局将随之改变的大动向。一切调查研究，包括外交调研，其过程就是对客观事物的认识过程。认识过程，概括起来就是感觉—概念—判断—推理，从感性认识上升到理性认识。调查研究大体上有一个与上述认识过程相应的程序，或者说有几个步骤：确定调研题目和具体目标—拟定调研计划和方法—搜集有关材料—在材料基础上进行分析、综合和思考，形成调研成果—陈述调研成果。②

---

① 黄金棋：《怎样当好外交外事人员——论涉外人员素质修养》，北京：世界知识出版社，2004 年版，第 189 页；外交知识库：“什么是外交调研”，http：//www.fmprc.gov.cn/ce/cggb/chn/ztlm/gtbfyrth/wjdy/t217875.htm。

② 夏道生：“外交调研的若干基本问题”，《外交学院学报》2001 年第 3 期；外交知识库：“浅论分析综合之道”，http：//www.fmprc.gov.cn/ce/cggb/chn/ztlm/gtbfyrth/wjdy/t217868.htm。

（二）外交调研的要求[①]

外交调研的最基本要求就是及时和准确，为此，外交人员必须掌握必要的调研技巧和本领。

首先，要熟练地掌握驻在国语言和通用语言。这是从事外交的一个首要条件。不能阅读当地语言或通用语言出版物，不能用当地语言或以通用语言同对方人士直接交谈，外交调研就无从谈起。

其次，调研具有地区性和定向性，但又不应局限于地区和定向。外交人员调研的重点地区无疑应该是其驻在国，但世界局势，特别是驻在国所在地区的局势和动向无时无刻不在影响着驻在国，因此调研人员必须掌握驻在国以外的区域发生的可能影响驻在国局势和政策的基本情况。

再次，善于裁剪和积累资料，"动静"结合，"内外"结合。善于利用一切便利与先进的设备、工具，高效裁剪和积累资料，是调研的一项基本功。"静"和"内"是指在办公室和使馆内进行的工作；"动"和"外"则是走出去，开展办公室和使馆以外的活动，"有时出去走走，不费一言一语，但得到的情报比同靠不住的人或胆小谨慎的人谈话得到的情报更为可靠。"[②] 而且应该将分别从"内"、"外"两种渠道获得的材料进行互相印证，互相补充。

第四，通过开展多种活动获取信息。外交人员要增强主观能动性，提高结交朋友的交际能力和艺术，以及具备广泛而渊博的知识，善于利用为驻在国所允许的各种形式活动获取更多有价值的第一手信息、材料。但外交调研只是"结交朋友而非结交知己"，须谨防堕入"结交知己"的陷阱。外交官在海外工作，在潜移默化之中，容易不知不觉地成为东道国的辩护士。其原因之一是他们在驻在国逗留久了，又不慎把"交友"误为"结交知己"，结果严重影响了自己对事物做客观判断的能力。当年美国总统肯尼迪就对美驻外大使在发回的报告中"情感多于理智"而大为恼火。他感叹地说，还是温斯顿·丘吉尔说得有道理，他就从不相信派驻现场的人的判断。为纠正这

① 黄金棋：《怎样当好外交外事人员——论涉外人员素质修养》，北京：世界知识出版社，2004年版，第192—195页。

② 周启朋、杨闯等编译：《国外外交学》，北京：中国人民公安大学出版社，1992年版，第347页。

一现象，美国国务院作出规定，必须让外交官勤换驻地。[①]

第五，外交调研的基本指导方针是实事求是。调研人员应在分辨材料、信息的真伪，确定其真实性的基础上如实报告，而不应以虚代实，以偏概全。外交调研人员“听喜不听忧”或“听忧不听喜”与“报喜不报忧”或“报忧不报喜”，都只会使对外决策机构得到错误情报、资料和信息，从而作出错误的判断和决策，导致严重后果。

第六，外交调研的最后一个环节是撰写出高质量、有价值的调研报告。报告必须有材料、有观点，甚至有建议，要做到所列的情报准确，所做的分析和判断正确，所提的政策建议妥当。[②] 调研报告应该是对诸多材料去粗取精、去伪存真，由此及彼、由表及里加以分析、思考的结果，为此，要求报告撰写人应该具有相当高的理论思考能力和文字修养。外交调研有三要素：准确、清晰、速度。因此外交调研文章一般都短小精悍，“开门见山”，思路清楚，构思严谨，文字精炼，言简意赅。[③]

一个经典性的成功的外交调研实例是毛泽东在1946年4月所作的《关于目前国际形势的几点估计》。这篇寥寥400字的短文说透了当时国际形势的状况和实质。1946年春季，以美国为首的帝国主义和反动派鼓吹所谓“美苏必战”和“第三次世界大战必然爆发”的论调，一时国际上的悲观估计盛行，而毛泽东则独辟蹊径。他写道：“世界反动力量确在准备第三次世界大战，战争危险是存在着的。但是，世界人民的民主力量超过世界反动力量，并且正在向前发展，必须和必能克服战争危险。因此，美、英、法同苏联的关系，不是或者妥协或者破裂的问题，而是或者较早妥协或者较迟妥协的问题。”毛泽东的这个分析鞭辟入里，事实已经证明这个判断是完全正确的。[④]

---

① 外交知识库：“交友的学问”，http：//www. fmprc. gov. cn/ce/cggb/chn/ztlm/gtbfyrth/wjdy/t217869. htm。

② 外交知识库：“文章经国之大业不朽之盛事”，http：//www. fmprc. gov. cn/ce/cggb/chn/ztlm/gtbfyrth/wjdy/t217354. htm。

③ 金桂华：《外交谋略》，北京：世界知识出版社，2003年版，第215页。

④ 外交知识库：“调研是外交工作中的重中之重”，http：//www. fmprc. gov. cn/ce/cggb/chn/ztlm/gtbfyrth/wjdy/t217875. htm。

(三) 外交调研的形式①

外交调研，内涵丰富，形式繁多。

1. 基础调研和动态调研

所谓基础调研，指的是对外交调研所研究的对象的基本情况进行调研。基础研究的内容包括所研究对象的方方面面，如历史、地理、文化、经济、政治、军事、社会、宗教、风俗等等。基础调研主要通过记大事记、整理反映、撰写基本情况的调研报告等形式体现出来。基础调研，贵在坚持。只有持之以恒，保持连续，调研才显成效。基础调研是初级调研，但也是不可或缺的调研。

动态调研乃相对基础调研而言。动态调研涵盖面广，除基础调研以外的一般都归属于动态调研。而细分起来，又有综合调研、战略调研、热点调研、突发事件调研、双边调研、多边调研、经济调研、军事调研等等。动态调研的特点是，在基础调研的基础上狠抓新动向、新发展、新问题。虽然有时只"旧"不"新"也是动向，但一般来说，动态调研的文章都是做在"新"字上。动态调研，以"新"为上。

基础调研和动态调研，两者各有其用，相辅相成。外交调研的一个重要目的是调研国际事物发展的动向。我们最关心的不是事物的静态，而是事物的动态，从事物的动态中作出分析、判断和结论。然而，动态调研又离不开基础调研，动态调研的基础是基础调研，离开基础调研的动态调研就会成为无源之水和无本之木。基础调研是"调"，动态调研是"研"，外交调研的成品一般都是动态调研和基础调研相互结合的硕果。

2. 双边调研和多边调研

双边调研（也称国别调研）是研究中国与对象国之间的双边关系。双边调研在中国的外交调研中占很大比重。双边调研的主要任务是：调研对象国（或国家集团）的基本国情（政治、经济、军事、外交、科技、文化、人物等）和中国与其在双边关系中的基本情况、发展前景以及存在的问题等。双边调研的特点是具有广泛性、敏感性、政策性和时效性。从事双边调研应不以研究双边关系为足，而是要注意同地区乃至全球形势相联系，以求

---

① 外交知识库："什么是外交调研"，http://www.fmprc.gov.cn/ce/cggb/chn/ztlm/gtbfyrth/wjdy/t217875.htm。

高瞻远瞩，有人称之为外交工作“基础之基础”。

所谓多边调研，其涵盖之处不止是联合国及其他多边国际机构问题，还囊括双边问题以外的诸如全球的、区域的、次区域等问题。多边调研，涉及面广。所有跨地区和全球性热点问题，如政治、经济、文化、军事、社会（其中包括老年人、残疾人、青年、儿童、艾滋病等）、人权、环境、维持和平行动、反恐怖活动、禁毒、南北关系等，都在多边调研之列。多边调研更具宏观性、综合性、专题性和时效性。

在双边外交与多边外交日益交织的新形势下，我们进行双边调研和多边调研也需转变观念，要有双边和多边调研之间的相互照应和协作的意识，不应再单纯、孤立地各行其事了。

3. 热点问题调研和突发事件调研

所谓热点问题调研，是指对一些对地区乃至国际的安全与稳定有重大影响、涉及诸多国家的利益、一旦爆发易影响全局、爆发时往往以武装冲突的形式出现的问题的调研。热点问题可能只在一国内发生，也可能牵涉多个国家；热点问题传统上涵盖政治、军事、经济、金融、种族等方面，但随着国际形势的发展，其含义不断拓宽，范围日见扩大。对热点问题的调研，一是要注意在平时积累的基础上进行调研。热点问题的爆发一般总是以往早已存在的矛盾不断积累并最终激化的结果。二是要注意打“速度战”。“快”是热点问题调研的一个突出特点。三是要有全局观点。热点问题爆发于局部，但对其研究不能局限于局部，应把它置于全局中去考虑。四是要用唯物辩证法来分析研究热点问题。热点问题的特点是复杂多变，假相丛生，我们应善于透过现象看本质，不为一些假相所惑。

突发事件调研与热点问题调研往往相通，难分彼此。热点问题可能突发，而突发事件又可能爆发在热点问题的国家或地区。突发事件，除具有热点问题的所有特点外，还另有以下特点：一是它必然是突然地、出人意料地、非正常地爆发的事件；二是它必然是矛盾十分尖锐、斗争十分激烈的事件；三是它必然是具有全局性影响的事件。对突发事件的调研，除一般的调研要求外，还应特别注意对突发事件先兆的研究，注意对事件的认真观察和冷静分析，并采取实事求是的态度。突发事件爆发于一旦，调研工作者若求沉着应付和游刃有余，其功夫实在是有赖于平时。

4. 专门领域调研

在外交调研中，不少是属于某一专门领域的调研，如政治调研、军事调研、经济调研、外交调研、文化调研、社会调研、人物调研等。此类调研虽有时旁及其他，但基本是集中研究自身的领域。同时，也因其研究专门，要求调研工作者了解不厌其多，研究不厌其细，探索不厌其深。

5. 综合调研、战略调研、中长期调研

综合调研专指调研带有全局性、具有战略意义、对全球产生重大影响的大问题。做综合调研，其着眼点一般总是：全球或地区形势的特点、走向和趋势，战略格局的变化，战争与和平，和平与发展，世界力量对比，“东西”、“南北”状况，世界主要矛盾和斗争等。综合调研是一种宏观调研，难就难在它要求登高望远、见微知著、善于归纳、精于提炼。

战略调研属综合调研的门类，只是它层次更高、要求更严。战略调研是站在战略高度，审视和研究与一国外交全局密切相关的重大的带有战略意义的问题，以利于战略决策。

中长期调研是外交调研中的一个特殊门类，它把眼光聚焦于未来。中长期调研的时间界定大体为5年以上，有的甚至更长。中长期调研是对历史和现状作综合研究，探求全球和地区形势发展和重大国际问题的深层次原因，从中寻找规律和趋势，以对未来作出预测，中长期调研是战略调研的基础。

6. 形势调研和办案调研

实际上，动态调研、双边调研、多边调研、综合调研、战略调研、中长期调研等都属形势调研。办案是外交的具体实践，它体现外交政策，产生外交行为。办案调研即指办案过程中的调研。调研是办案的基础，没有调研，就没有办案权。调研与办案几乎是不可分的。没有对形势的基本掌握，办案就会盲目。办案的要旨是，首先把有关问题的基本情况和来龙去脉廓清，然后在此基础上加以分析和研究，最后再根据中国政府的有关政策提出案件的处理意见。在这整个的办案过程中，调研始终相伴左右，案子越大，调研越重。办案调研也是外交官的一项基本功。一名合格的外交官，不仅应熟谙形势调研，还须是办案调研的能手。

进入21世纪以来，经济全球化日益深入，科学技术革新方兴未艾，国际社会也进入了巨变时期。这些都在深刻地影响着外交调研的理念、方式及技术手段的变化。如信息网络越来越成为重要的信息来源渠道，电子计算机提供了更加快速、便捷高效的处理方式，与此同时也极大地增加了分析难度。美国《基督教科学箴言报》载文称：“由于通过新技术可以获得这么多信息，最大的困难已变成区分哪些是事实哪些不是。”信息量猛增了，信息源拓宽了，信息的秘密性下降了，获取信息的难度骤减了，此种新形势自然而然地促使外交调研界改变观念，在情报收集和情报分析孰重孰轻的问题上，日益重视和强调情报的分析工作及对未来事件和趋势进行预测。[①]

① 外交知识库："'信息时代'的外交调研"，http：//www. fmprc. gov. cn/ce/cggb/chn/ztlm/gtbfyrth/wjdy/t217352. htm。

第十章　当代中国外交

中国位于亚欧大陆东部，太平洋西岸，南北越50余纬度，东西跨60余经度，领土面积约960万平方千米，陆地疆界2200余千米，是亚洲面积最大、人口最多的国家。作为联合国安理会常任理事国，以及具有重要国际地位的一个大国，中国奉行独立自主的和平对外政策，致力于捍卫国家独立和主权，维护世界和平，促进世界发展，以和平共处五项原则为处理国与国之间的准则，与世界上的160余个国家建立了外交关系，并同许多国家和地区有经济贸易关系和友好往来。中国外交正努力为中国经济社会建设和发展营造一个有利的国际环境。

第一节　当代中国外交面临的外部环境

在国际体系的政治取向和组织上，许多重要的变革正在发生。一种新的结构正在出现，体系的西方化不断削弱，国家的权威也受到国内外各个方面的挑战。① 我们生活在一个急遽变化的时代，它必然对作为一种活动的对外政策和单个国家的对外政策具有变异作用。②

一、国际政治环境

冷战的结束，又催生了一批独立国家，全球性与地区性的国际组织日益

① ［美］约翰·罗尔克，宋伟等译：《世界舞台上的国际政治》，北京：北京大学出版社，2005年版，第46页。

② ［美］克里斯托弗·希尔著，唐晓松、陈寒溪译：《变化中的对外政策》，上海：上海人民出版社，2007年版，第10页。

活跃；经济全球化的快速、深入发展，推动着对世界一体化观念的扩展，既侵蚀、弱化着国家主权，又强化了民族特征，国家在国际体系中的性质、能力、作用和责任等也正在发生改变；[①] 科学技术的飞跃进步，既改变了国际社会成员间的交往方式，也促使人们的观念及文化方式发生了根本变化。与此同时，世界经济发展的不同结果使一些新的政治力量和权力与影响中心开始发挥作用，[②] 使得国际力量对比态势发生变化，国际体系日趋多元化。与之伴生的是一系列新的全球性、地区性问题、挑战或危机的出现，诸如外层空间非军事化、网络安全、全球气候变化、核扩散、全球恐怖主义活动猖獗、局部战争或冲突、民族宗教问题困扰的加剧、民族国家裂变、人道主义灾难等等，这些都在深刻地影响着世界的和平、安全与稳定。

当今世界，美国是唯一的超级大国，对国际事务有着全面而巨大的影响；作为一体化程度最高、规模最大的国家经济政治共同体的欧盟，其国际政治影响力也在迅速扩大、增强，而实力削减的俄罗斯仍然是国际政治格局中重要的政治经济力量。与此同时，一些新兴政治力量开始崛起，国际体系向新的结构转变。美国专栏作家扎卡亚在《后美国世界》一书中指出，目前我们正经历着以新兴大国和发展中国家等“他者的崛起”为标志的第三次权力转移。与历史上传统大国的崛起不同，当今新兴力量的崛起不是一个或几个国家的崛起，如当年的美国、德国、日本等，而是一批又一批来自亚非拉的新兴国家呈现出群体崛起、梯次跟进的态势。这些新兴力量形成一种壮观的国际和地缘政治现象，代表着非西方世界数百年来第一次崛起为国际重要政治力量，将极大地影响世界格局和力量对比，对推动世界多极化和建立国际新秩序具有深远意义。[③] “当前的国际体系在结构运作上与第二次世界大战前传统的多极体系非常相似。几个主要大国统治着国际体系，其中力量中心包括美国、中国、德国、日本和俄罗斯。少数其他国家，最显著的是印度，由于拥有巨大人口和核武器，其可能加入这一群体。”随着非西方国家在数量和实力上的扩展，国际体系中西方主导的趋势正在削弱，非西方国

---

① 林清华：“经济全球化的影响分析”，《商业研究》2003 年第 15 期。

② ［奥］维克托·克里蒙克，屈李坤、赵围等译：《国际谈判——分析、方法和问题》，北京：华夏出版社，2004 年版，第 26 页。

③ 乐玉成：“对国际变局与中国外交的若干思考”，《现代国际关系》2012 年第 8 期。

家在国际事务中的声音增强了，他们在国际组织中也获得了相当大的影响力。[①]

人类历史的发展过程是一个不断组织化的过程：国内社会，从家庭、宗族到各种团体，最后是全面性民族和国家；国际社会也是如此，从封建领地到民族国家，到专业性和地区性联合，再到全球性国际组织。原因之一是人类在交往中需要促进共同利益，处理公共问题或对付共同威胁。[②] 冷战结束以来，各种国际组织数量迅速增长，活动空间不断得到扩展；作为享有国际法上权利和承担国际法律义务的国际法主体，国际组织积极承担或分担起全球性或地区性的责任，参与全球性与区域性重大问题的处理。“我们早已生活在一个国际组织纵横其间的时代了。”[③] 诸如，国际组织不仅为国际合作和协调提供场所和渠道，而且为研究问题、作出决定、实施行动提供相关手段、规范和机制，在一定意义上充当了国际社会共同事务的管理者的角色。特别是在那些专门性或技术性领域，从邮政、电讯、海事、卫生，到气象、民航、原子能、知识产权，诸如此类，全球性或区域性管理规则的制定，管理机构的建立与运作，都是由相关国际组织来完成的；当国际冲突将要发生时，国际组织的“预防性外交”有助于各方化解敌意；当国际冲突发生后，国际组织以“第三者”的身份适时介入，有利于冲突双方找到“台阶”，以免冲突升级，相关国家也可以从中发挥影响以防止更具破坏性的行为发生；当国际冲突结束时，国际组织又为双方达成停火协议和战后重建提供帮助。联合国安理会在处理国际政治冲突，世界贸易组织在处理国际贸易冲突中已形成比较完善的机制。并且，国际组织的发展过程就是人们试图摆脱国际无政府状态、追求国际关系民主化的探索过程。[④]

今天的国际组织可以被看作是合法的集体的承担者、国际政治日常事务的运行者、创建超政府联盟的论坛及超政府政策合作的工具。其因所具有的广泛代表性特征，成为国际机制履行全球合法化斗争的主要场合。[⑤] “衡量一个国家的对外交往能力是否充实，一个政府的对外政策是否成熟，非常重

---

① ［美］约翰·罗尔克，宋伟等译：《世界舞台上的国际政治》，北京：北京大学出版社，2005 年版，第 46、47 页。

② 张贵洪：“国际组织：国际关系的新兴角色”，《欧洲》2000 年第 4 期。

③ 饶戈平：“论全球化进程中的国际组织”，《中国法学》2001 年第 6 期。

④ 张贵洪：“国际组织：国际关系的新兴角色”，《欧洲》2000 年第 4 期。

⑤ ［美］莉莎·马丁、贝思·西蒙斯，黄仁伟等译：《国际制度》，上海：上海人民出版社，2006 年版，第 394、405 页。

要的一个标志就是视其对国际组织的理解和参与程度。”[①] 但是，国际组织与主权国家之间是一种既矛盾又统一的两难关系。国际组织是各成员国缔约组建的，其承担的权责来自于成员国的界定，实现程度取决于成员国在基于本国国家利益的基础上对其执行贯彻的意愿。其行为能力的强弱直接取决于成员国贯彻其原则或决议的意愿。[②] 一方面国际组织是主权国家为协调国家对外利益而进行合作的产物，另一方面国家既然为合作而让渡部分主权就必然受到国际合作机制的制约。[③]

全球化的深入发展、科技革命，促使国际交往愈加密切，国际社会各成员间的相互依赖达到前所未有的高度，行为主体的增加、新的政治力量或权力影响中心的出现，给国际社会传统的政治权力互动关系增添了新的因素，除了有待解决的传统矛盾、问题和冲突外，又带来了一系列的新问题，国际争端、冲突或局部战争频繁发生。特别是受人类民权与民主意识的提升等国际社会出现的新发展变化的影响，加之民族诉求、认同感及宗教影响的扩展，国际社会进入第三次民族分离浪潮与所谓宗教向原教旨主义的回归期，民族（种族）摩擦、冲突和分裂，宗教极端主义及恐怖主义组织或势力活动猖獗，使得众多民族国家内部的民族宗教问题频发与极端化，不仅深深地影响着相关民族国家内部各民族的生活和社会秩序，也深刻地影响着国家政治的运行、走向，尤其是严重威胁到民族国家的自立生存与主权安全。[④]

冷战结束至今，随着苏联、南斯拉夫解体，国际社会出现了民族分立、分离主义兴起之势——捷克斯洛伐克“离婚”、也门分家、比利时一度陷入“国家解体”的危机之中。20 多个新独立国家在增加了国际行为体数量，使全球尤其是欧洲的政治版图发生了巨大变更的同时，也带来更为繁多、复杂的安全问题。国家间的民族宗教问题越来越表层化，边界纠纷、争端不止。例如苏联各加盟共和国在独立后，彼此之间存在着各种各样的民族冲突，其中包括俄罗斯与格鲁吉亚之间的南、北奥赛梯冲突，摩尔多瓦与俄罗斯在得涅斯特问题上的冲突。在东欧地区，各国之间也都有尖锐的矛盾与冲突，如阿尔巴尼亚与希腊、匈牙利与罗马尼亚、罗马尼亚与保加利亚、波兰与立陶

---

① 饶戈平：《国际组织法》，北京：北京大学出版社，1996 年版，第 1 页。

② 张丽华：《主权博弈——全球化背景下主权国家与国际组织互动关系研究》，吉林大学 2007 年博士学位论文，国家图书馆博士论文文库。

③ 李杰豪：“国际组织与主权国家互动关系新探”，《当代世界与社会主义》2005 年第 6 期。

④ 李渤：《民族宗教问题与国家安全》，北京：时事出版社，2013 年版，第 1 页。

宛、希腊与土耳其之间都有和领土、宗教等问题交织在一起的复杂的民族矛盾。极端民族主义和法西斯主义在德国、法国、意大利抬头，成为当前民族主义浪潮中的一股右翼逆流。在中东和中亚地区，泛突厥主义者、伊斯兰原教旨主义者活动频繁，已经对国家安全、地区安全乃至全球安全构成威胁并对国际社会的稳定产生负面影响，对现有的国际关系准则构成了严重挑战。而网络攻击对国家和世界的安全威胁也在显著上升，成为发达国家和发展中国家面临的共同安全课题，对于如何切实维护网络安全，各国仍然没有万全之策。①

"这些问题形成了一些相互联系、相互依赖的冲突网。而这些冲突具有一个重要特征，就是它们能够扩张到其他半球或自我激化，从而形成一个多层次的冲突关系网，这个冲突关系网里的所有争端都是相互联系的。"② 面对各种超国界、跨领域的全球性挑战，一国力量，不管它有多么强大，也难以有效应对，因而需要国际社会集思广益、携手合作。在这些新威胁、新挑战面前，旧思维、旧方式已难以应对，国际社会需要与时俱进、创新求变，从机制体制、观念理念、方式方法上进行改革，为老问题寻找新答案，为新问题寻找好答案。③

二、国际经济环境

在经济全球化深入发展的影响下，当代世界各国的经济联系与合作日益紧密，相互依存度也达到前所未有的水平，为促进本国经济的发展与繁荣，各国都在积极、全面地推进其经济利益，加之金融危机的影响，各国在转变发展方式的同时，相互竞争也日趋激烈。而且，由于政府直接或间接的参与，贸易的发展和管理带有大量的政治色彩，④ 世界经济权力均衡发生了巨大转变。谈到世界新秩序与过去的区别，它更多地是由经济竞争而非军事竞

① 刘中民："关于冷战后世界民族主义的若干认识"，《世界民族》1999年第4期。

② ［奥］维克托·克里蒙克，屈李坤、赵围等译：《国际谈判——分析、方法和问题》，北京：华夏出版社，2004年版，第27页。

③ 乐玉成："对国际变局与中国外交的若干思考"，《现代国际关系》2012年第8期。

④ ［英］R. P. 巴斯顿，赵怀普等译：《现代外交》第2版，北京：世界知识出版社，2002年版，第201页。

争决定的。[①]

经济全球化是影响世界经济发展的重要因素。冷战结束以来，随着交通通信技术的飞速发展与信息网络化的不断进步，从生产体系、贸易与金融体制，到市场基本上都全球化了，生产要素与资本在全球范围内自由流动，其速度与效率达到一个新高度，世界经济已经发展成为一个更加相互依赖的整体。如，国际生产体系的形成使“国际性综合产品”迅速增多，产品的原产地概念逐渐淡化，生产达到国际化，成品也销往世界各地；各国的金融市场不断走向现代化并紧密联系着走向一体化，国际金融市场自由化程度加深；随着社会生产力、商品经济的发展与生产的不断国际化、全球化，分散在各处的各国国内市场向广度和深度方向发展，范围日益扩大，机制逐渐建立，结构逐渐分层，终于形成了无所不包的全球性市场。与此同时，在世界经济一体化的浪潮中，洲际性经济组织与区域性经济组织不断涌现，推动了世界经济的蓬勃发展，[②] 南北矛盾有所缓和、南北差距逐步缩小。具有重大意义的相互依存意味着主权国家不再是世界事务管理的唯一行为主体，而必须与各种国际组织和跨国公司开展国际合作，这就需要各国共同努力，建立、遵守和维护一个共同的规范或秩序，由此推动国际经济朝着有序化、制度化、民主化的方向发展。[③]

随着经济全球化的迅速发展，跨越国界的无国界经济已开始使单一国家难以对它进行完全控制和左右，它要求国家减少干预，甚至要求其交出部分经济决策权，由全球协调和仲裁机构去行使。当然，在这个过程中，各国经济运行的不确定性因素增加，首先受到冲击的将是弱小的发展中国家及其民族经济。同时，全球化的议题范围经历着从“消极的或浅层次的一体化”向“积极的或深层次的一体化”的转变，特别是越来越多的“与全球市场有关”的新议题使全球化的职能权威和管辖范围延伸到贸易以外的领域，导致国家之间的社会规范与体现这些规范的社会制度之间的冲突，也引起了发展机会、决策权、生存和发展环境的不平等，使国与国、人与人之间的贫富分化日益严重，导致“今天人类创造的世界财富是以往任何时期都无法

---

① ［美］威廉·内斯特，姚远、汪恒译：《国际关系：21 世纪的政治与经济》，北京：北京大学出版社，2005 年版，第 10 页。

② 程毅等主编：《国际关系中的经济因素》，武汉：华中师范大学出版社，2001 年版，第 114—129 页。

③ 王爱锋：“经济全球化的动因及其对国际关系的影响”，《科教导刊》2012 年 3 月（中）。

比拟的，但全球分化也是史无前例的”。而2008年金融危机爆发以来，国际社会有关全球治理主导权之争更加激烈，并可能改变全球化的规则。美国积极地把环境标准、知识产权、政府采购等纳入到多边和双边经贸谈判中去，力图建立对其更加有利的国际经贸规则，发达国家与新兴经济体的力量此消彼长，发达国家的主导地位有所削弱，但又不愿意放弃主导权，新兴经济体面临着承担更大的国际义务的压力。而国家之间在经济领域的矛盾、争执和摩擦也日益增加，世界经济结构发生变化。①

顺应经济全球化发展潮流，各国纷纷调整、制定正确的内外战略，改革本国经济体制，发展开放性经济，推行贸易、投资和金融自由化，为跨国公司创造投资条件，并与其他国家开展经济合作，积极参加多边贸易体制和活动，主动参与经济全球化的进程。②

进入21世纪以来，国际经济格局发生了重大变化，来自外部的挑战主要是影响世界经济格局的力量（国家）或力量中心（国家集团）的多元化，推动国际经济格局趋向多极化。美国仍是领先的超级经济强国，欧盟经济一体化进程加快，在国际经济事务中的作用呈现迅速上升趋势；日本、东亚经济合作加强；新兴发展中国家市场经济体系日益完善、成熟。据英国智库预测，目前为全球第七大经济体的英国，将会被巴西这样的新兴市场国家超越，这是世界经济发展的趋势之一。亚洲许多国家处于上升态势，欧洲国家则普遍下降。到2020年，美国、中国、日本、俄罗斯、印度、巴西、德国将成为全球七大经济体。③ 2008年世界金融危机爆发以来，新兴市场经济体调整了经济结构，改善了金融体制，抑制风险的能力增强，成为世界经济恢复的主要推动力、世界经济增长的主要动力源。以中国为代表的一大批新兴发展中国家（如金砖国家、新钻国家），幅员辽阔，经济规模庞大，经济体系完整和门类齐全，且分布于亚、欧、美三大洲，在崛起过程中，这些国家

① 林清华：“经济全球化的影响分析”，《商业研究》2003年第15期；何建华：“多元文化背景下国际正义面临的新课题”，《毛泽东邓小平理论研究》2009年第7期；雷新超：“金融危机对经济全球化发展的影响分析”，《商丘师范学院学报》2011年第2期；刘楠戈、何倩：“经济全球化的影响和冲突”，《内江科技》2006年第3期；毕吉耀：“国际经济环境变化与加快转变经济发展方式”，《对外经贸》2012年第4期。

② 张辉：“论经济全球化对几种外交形式的影响”，《宁夏社会科学》2008年第6期；阎丽萍：“试论经济全球化的影响与挑战”，《科协论坛》2008年第11期（下）。

③ 驻俄罗斯使馆经商参处：“英智库称2020年前俄将成为世界第四大经济体”，http://www.mofcom.gov.cn/aarticle/i/jyjl/m/201112/20111207903335.html?3428087832=4190552627。

对维护世界经济体系的稳定及贸易自由化的需要不断增强，各种区域或双边自由贸易安排发展迅速，跨区域和区域内往来更加密切，新的“南南合作”与南方共同市场正在催生全球经济进一步变革。与此同时，它们与发达国家的共同利益也不断增多，双方相互依存度持续深化，在经济、金融等领域开展对话与合作的重要性与紧迫性趋增。总之，一批发展中国家迈入或走近经济次大国行列，它们在国际经济格局中的地位和影响不断上升，加快了世界经济多极化进程。①

三、中国的周边环境

中国周边地区人口众多，民族、宗教文化纷繁多样，而且周边国家政治制度及经济发展水平参差不齐，差距很大。中国与朝鲜、俄罗斯、蒙古、哈萨克斯坦、吉尔吉斯斯坦、塔吉克斯坦、阿富汗、巴基斯坦、印度、尼泊尔、不丹、缅甸、老挝、越南等 14 个国家陆上接界，与韩国、日本、菲律宾、马来西亚、文莱、印度尼西亚和东帝汶等 7 个国家隔海相望，共有陆地边界 2. 28 万多公里，海疆线 3. 2 万公里。在这些邻国中，有的过去曾多次对中国进行过侵略并且目前仍是经济和军事大国，有着雄厚的综合国力和军事实力，具有对中国构成重大影响的能力；有的邻国之间积怨很深，严重对立，剑拔弩张，它们一旦爆发战争和武装冲突，必将影响中国安全；有的国家内部不稳定因素很多，一旦发生大的内乱，必将对中国边境造成很大的压力；有的国家和中国存在领土和海洋国土纠纷，存在着引发边界事件甚至武装冲突的隐患；有的国家居民与中国边境地区的居民属于同一民族，一旦这些国家的狭隘民族主义泛起，可能会引起中国国内的民族纠纷；有的国家居民和中国的居民同信一个教派，这些国家内一旦发生宗教派别斗争或由某些极端宗教派别掌权，有可能加剧中国有些地区的不稳定。②

中国的区域地理战略环境已经基本形成。中国直接安全利益所涉及的地区从亚洲东北部的堪察加半岛和北海道到南亚次大陆，从太平洋岛屿到中亚的大片疆域。中国周边还是大国利益交汇之地，该地区共有 5 个大国：2 个

---

① 纪军：“当代世界经济格局及其走势”，《中共中央党校学报》2008 年第 4 期。

② 张慈乐：“中国周边安全环境分析”，http：//wenku. baidu. com/link？ url = H1zAVABeD1pM-gvCmFiVJzQRmgpYsMRRnLsRp2uaq95BOflwRO15rpGH7ymZxzmvRHkBsbouJLXHJbjFTbybIVQxpOKhsEivK-YUslMHGW1WG。

属于该地区的国家，中国和日本；与该地区密切相连的2个国家，俄国和美国；英国则属于该地区的边缘性质。英国及其后来的继承人印度是南亚的主要大国。由于中国幅员辽阔以及她的中心地理位置，谁向这几个地区伸手都会触犯到中国的利益，特别是那些可作为侵华跳板的地方。①

当代中国的周边环境与形势发生了很大变化。中国周边进入地区格局转换、大国战略转型、部分国家体制转轨、地区合作机制加速构建的关键时期，出现了不稳定、不安定的现象。不少国家内部动荡，经济恶化，周边形势严峻，构成挑战。② 而随着中国经济社会的快速发展，中国对原材料的需求急剧增长，对外商品的出口也不断扩大，海上运输通道的安全保障问题日益突出，即海洋安全问题日益凸显。东部，朝鲜问题牵动着区域内国家及有关大国的敏感安全神经；海上疆界纠纷、争端，日本对钓鱼岛“国有化”的妄为，裂变着韩日、中日关系，日本加紧了与中国的竞争，美日、美韩军事同盟关系更加密切，东亚地区安全局势有可能出现失控的局面。南部，台湾问题面临复杂的形势，而南海问题不断升温，南海周边国家对南海的军事控制进一步加强，使其走向危机化，海洋安全凸显。北部，俄罗斯将亚太地区列为其战略重点，下力开发、发展其远东地区，但俄罗斯仍被国际社会视为脆弱、不稳定、充满着不确定性并难以信任的国家，国际影响力大大衰落。西部，南亚内部印度与巴基斯坦都成为拥有核武器的国家，它们之间的关系有所缓和。由于印度经济发展较快，综合国力得到提升，并且成为拥有核打击力量的国家，印度乘势要扩大自己的国际影响力，视中国为对手，积极实施其进入太平洋的东向政策，欲联合他国遏制中国的崛起。处于地缘要冲、自然资源（如石油、天然气）丰富的中亚，一直是大国博弈的舞台。作为中国的近邻地区，中亚地区的政治、经济和安全形势的变化对中国西部的安全稳定和发展有着直接、重要的影响。冷战后，除传统的主导国俄罗斯外，美国、印度、日本及伊朗、沙特、土耳其等伊斯兰国家纷纷进入中亚扩展势力与影响，中亚地区出现多国力量角逐的局面，哈萨克斯坦总统纳扎尔巴耶夫指出：“我们生活在一个日益增长的全球化和相互依赖的时代，强大

---

① ［美］罗伯特·A. 帕斯特，胡利平、杨韵琴译：《世纪之旅：七大国百年外交风云》，上海：上海人民出版社，2001年版，第315、316页。

② 俞正樑：“试论中国外交新政的国际战略环境”，《国际观察》2010年第3期。

的外部力量不可避免地对决定我们的未来起着重大的作用。”[①] 由于经济结构单一、经济发展落后，加之政治腐败、法制不完善，中亚各国的政局也不稳定。中亚历来是民族宗教问题复杂的地区。各国政府对自己版图中的个别地区的控制能力较弱（如哈萨克斯坦的七河地区、乌兹别克斯坦的费尔干纳地区、吉尔吉斯斯坦的奥什地区和塔吉克斯坦的列宁纳巴德州等地），在这些地区活跃着许多不被所在国法律认可的组织，其中包括以分裂中国新疆为直接目标的民族分离主义组织。另外，近几年伊斯兰宗教极端势力由中亚地区周边的伊朗、沙特、阿富汗、巴基斯坦等国渗入，并在中亚各国社会呈蔓延趋势，对各国的世俗政权和社会生活形成了重大的冲击。[②] 随着中亚地区宗教极端主义、民族分裂主义和国际恐怖主义三股恶势力抬头并不断向中国境内渗透，以及大国在中亚的争夺日趋激烈，传统与非传统安全威胁相互交织的局面得以出现，中国西部周边安全环境面临的不利因素增多。

美国作为当代世界唯一的超级大国，将中国视为有能力挑战其全球利益的地区性大国和主要潜在对手，推行其所谓的“亚太再平衡”战略以遏制中国的崛起。为此，美国一方面加强在亚太地区的军事部署与实力，密切与其盟国的关系；另一方面还积极搅动中国周边的问题，制造麻烦，拉拢一些国家打造遏制中国的“新伙伴关系”。美国利用各种手段、各种平台来干扰中国，纠缠中国，增大中国崛起的国际成本和难度，制造一系列麻烦，使中国周边国际环境出现不协调现象，使周边一些国家对中国的信任程度下降，猜疑和埋怨成分上升，这一方面可达到美国遏制中国的目的，另一方面也提升了中国周边一些国家本能地靠向美国的可能性。[③]

总之，当代中国已经广泛溶入世界之中，深深卷入国际事务并日益被推向国际舞台的中心，在更加引起国际社会关注的同时，其在维护世界和平稳定、促进国际合作和全球治理中发挥着更加重要的作用。现实及至未来，中国与世界的关系是一个带有全局性、战略性、长期性和复杂性的互动复合型问题，中国外交需要适应中国国力提升这个客观因素的变化，中国需通过更

---

① ［哈］努尔苏丹·纳扎尔巴耶夫：《哈萨克斯坦 2030》，转引自许涛：“中亚国家安全战略取向与中国西部安全环境”，《战略与管理》1999 年第 4 期。

② 许涛：“中亚国家安全战略取向与中国西部安全环境”，《战略与管理》1999 年第 4 期。

③ 邢广程：“中国周边国际环境的新挑战和外交政策的调整”，《新疆师范大学学报（哲学社会科学版）》2013 年第 1 期。

加合理的外交布局和外交运作来将中国的国家利益维护得更好，[①] 捍卫多民族国家的稳定与统一。

第二节 当代中国对外政策的内涵

中华人民共和国建立伊始，就从国家性质和国家利益出发，确定了独立自主的和平外交政策，并将之写入中华人民共和国宪法。在其指导下，中国积极参与国际事务，维护了国家主权与民族尊严，赢得了其他民族和国家的支持与信任，成为世界上极具特色和影响力的国家，并为世界外交作出了独特贡献。

当代中国对外政策是由明确的基本立场、宗旨、重要任务、立足点与出发点等相互联系、不可分割的内容所构成的一个严密完整的体系。

一、当代中国对外政策的基本准则与对外政策的基本立场

当代中国在同他国建立和发展友好合作关系的过程中，不以社会制度和意识形态的异同来决定国家关系的亲疏、远近，而是将和平共处五项原则作为处理同一切国家关系的基本准则。和平共处五项原则是一套完整的行为规范，比其他国际性、区域性的法律准则或原则更全面、更合理，而且实践证明了它的行之有效。因此，这一准则已经为众多国家和国际文件所接受和遵循，正在成为国际社会公认的处理国际关系的普遍准则。

和平共处五项原则的根本出发点是：国家不分大小、强弱、贫富，不论社会制度、意识形态、文化传统和发展道路的异同，无论在双方关系和多边关系中，彼此都应该一律平等、互相尊重、互利合作、和睦相处，以维护世界和平，促进人类进步。

目前世界上有近200个国家，它们在社会制度、价值观念、发展水平、历史传统、宗教信仰及文化背景等方面都存在着很大的差异。根据自己的国情和自己的意愿选择社会制度和发展道路，是各国人民的主权，他国无权干

① 邢广程："中国周边国际环境的新挑战和外交政策的调整"，《新疆师范大学学报（哲学社会科学版）》2013年第1期。

涉。每个民族和国家都有自己的特点和长处，大家只有彼此尊重，求同存异，平等相处，互相促进，才能有一个国际和谐局面。任何国家，如果不顾当代世界丰富多彩的客观实际，企图把自己的意志强加于人，干涉他国内政，谋求霸权，都注定是要失败的。实践证明，和平共处五项原则彻底摆脱了旧国际关系中的不公平、不合理因素及消极影响，同霸权主义和强权政治针锋相对，最符合现代国际关系的民主精神，最能反映新型国际关系的本质特征。作为最基本的国际关系准则，和平共处五项原则在国际斗争的风云变幻中显示了强大的生命力。①

对外政策的基本立场是指处理一切外交问题时所采取的原则性态度。它是当代中国对外政策的基本内容之一，而且是其对外政策的核心点。

（一）独立自主

独立自主权是主权国家的基本权利之一。独立自主是一个国家按照自己的意志，不受任何形式的外来干涉，依法完全自主地处理其对内对外事务。独立自主地开展外交是一个国家主权独立的关键性标志。

中国曾经历了一百余年的半殖民地半封建历史，中国的独立自主权利受到列强的严重侵害，深受丧权辱国之苦。中国人民经过浴血奋斗，终于依靠自己的力量赢得了独立与新生，自然对这来之不易的独立自主权利格外珍惜。中华人民共和国建立后，周恩来总理就讲道："我们对外交问题有一个基本的立场，即中华民族独立的立场，独立自主、自力更生的立场。"②

自建国以来，中华人民共和国始终奉行独立自主的原则，对于一切国际事务，都从中国人民和世界人民的根本利益出发，根据事情本身的是非曲直，决定自己的立场和政策，不屈从任何外来压力。中国不同任何大国或国家集团结盟，自己也不搞军事集团，不参加军备竞赛，不进行军事扩张。

（二）全方位

中国实行全方位的对外开放政策，在开展外交活动时，以世界各国为自己的对象，强调外交活动的全面化、广泛化。中国始终坚持在平等互利原则

---

① 鲁毅等著：《外交学概论》，北京：世界知识出版社，1997年版，第288页；孙洁婉、刘长敏主编：《当代世界经济与政治新编》，北京：知识产权出版社，2003年版，第252—253页。

② 中共中央文献研究室编辑委员会编辑：《周恩来选集》上卷，北京：人民出版社，1980年版，第321页。

的基础上，同世界各国和地区广泛进行交往，开展多种形式的交流与合作，促进共同发展与繁荣。在外交实践中，中国对世界各国一视同仁、平等相待。

二、当代中国对外政策的宗旨

当代中国对外政策的宗旨即当代中国对外政策的主要目的和意图：维护世界和平，促进共同发展，建立国际新秩序。

（一）维护世界和平，促进共同发展

和平与发展仍是当今时代的主题。维护和平，促进发展，事关各国人民的福祉，是各国人民的共同愿望和普遍要求。

中华民族是爱好和平的民族。中国古代思想家就提出了“亲仁善邻，国之宝也”的思想，以及“己所不欲，勿施于人”、“己欲立而立人，己欲达而达人”的古训，反映了中国人民爱好和平、渴望同各国人民友好相处的良好愿望和深厚文化底蕴。中国近代深受殖民主义与帝国主义的侵略和剥削，经过长期奋斗并付出了高昂代价才获得民族独立和人民解放。中国人民深知和平的可贵，更成为和平的坚定维护者。中华人民共和国建立以来，在国际事务中始终坚持和平共处五项原则，恪守不参加军事集团、不谋求势力范围、永远不称霸等庄严承诺，为促进地区和世界的和平与安全作出了自己的积极贡献。

维护世界的长久和平，促进全球的平衡发展，是中国政府和人民的美好愿望，也是人类社会健康发展的基本保障，是全球的根本利益所在。中华人民共和国成立以来，中国在国际事务中处处为实践维护世界和平，促进共同发展的外交宗旨而不懈努力。中国一贯主张，各国应遵守联合国宪章的宗旨和原则以及公认的国际关系基本准则，各国的事务应由本国政府和人民决定，世界上的事情应由各国政府和人民平等协商，反对一切形式的霸权主义和强权政治。国际社会应树立以互信、互利、平等、协作为核心的新安全观，努力营造长期稳定、安全可靠的国际和平环境。在21世纪，中国的建设和发展更需要相对和平的外部环境，这是中国建设发展的前提条件，如果爆发较大规模的战争的话，无疑会打破正常的国民经济运行秩序，损耗大量的人力物力，严重影响中国现代化的发展进程。

（二）建立国际新秩序

现行的国际秩序一般称之为“国际旧秩序”，是资本主义国家在争霸世界的过程中构建起来的。政治上，它只承认强权，以强凌弱。大国推行强权政治、支配国际事务、干涉他国内政、插手地区冲突、建立军事集团、开展军备竞赛等。它奉行“强权即是公理”的哲学，以追求世界霸权为目的，以热衷干涉为主要内容，组织“大家庭”和“联盟体系”，划分势力范围，在国际社会中建立国与国之间的领导与被领导、支配与依附的不平等关系。第二次世界大战结束后，美苏两个超级大国长期争霸世界的斗争构成了国际政治经济旧秩序的主要内容。经济上，它坚持垄断，以富压贫。国际生产体系以不合理的国际分工为基础；国际贸易体系以不平等交换为特征；国际货币金融体系中国际垄断资本占支配地位；国际协调机制以发达资本主义国家为主导。西方主导和不平等性是国际旧秩序的两个最明显的特征，其本质是抹杀和践踏别国主权，控制和剥削别国，因而它是不平等、不公正、不合理的，严重阻碍着世界的和平与发展。

当今世界，随着发展中国家的崛起和壮大，要求改革不合理的国际旧秩序的呼声越来越高，建立新的平等、公正、合理的国际新秩序已经成为时代潮流。广大发展中国家的主张是，改变以不合理的国际分工为基础的国际生产体系，打破发达国家对世界贸易、货币金融领域的垄断，摆脱国际垄断的控制与剥削，实现经济独立，发展民族经济，建立公平、合理、平等、互利的国际经济关系。在建立国际新秩序方面，发展中国家主要强调主权独立，一律平等，反对外来干涉，反对国际霸权。要维护世界的长久和平，实现多样文明的共同发展，就必须顺应时代潮流和各国人民的意愿，因势利导，积极推动建立公正合理的国际政治经济新秩序。

冷战后，对发展中国家提出的建立国际新秩序的主张一直热情不高的西方国家突然积极起来，提出了建立“世界新秩序”的口号和关于国际新秩序的构想。其中，美国要依据其价值观与发展模式改造世界，充当未来国际新秩序的“领袖”和“灯塔”；欧盟要首先建立欧洲新秩序，并以此为样板向全世界推广，最终建立由其充当平衡或支配力量的国际新秩序；日本则要确立日本在该秩序中的国际大国的地位，强调经济技术力量对形成新国际秩序的决定作用。美、欧、日“国际新秩序”的具体内容不尽相同，但本质是相同的，都是要建立一个以西方大国利益为基础的，由西方大国领导的，以确立西方模式、意识形态和价值观念为目标的“国际新秩序”。[①]

中国主张应通过以下途径——建立国际新秩序最核心的问题是反对霸权主义和强权政治；国际新秩序必须以和平共处五项原则为基础；提倡新的安全观、发展观，以互信、互利、平等、协作为核心；维护世界多样化和发展模式多样化；提倡国际关系民主化；树立互信、互利、平等和协作的新安全观；促进全球经济均衡发展；建立起一个内含下述重要内容的国际新秩序：

政治上，各国应该相互尊重，共同协商，而不应将自己的意志强加于人；经济上，各国应该相互促进，共同发展，而不应造成贫富悬殊；文化上，各国应该相互借鉴，共同繁荣，而不应排斥其他民族的文化；安全上，各国应该相互信任，共同维护，树立互信、互利、平等、协作的安全观，应通过对话和合作解决争端，而不应诉诸武力。

中国认为，发展中国家是推动建立公正合理的国际新秩序的主要力量。发展中国家在为建立国际新秩序而努力并争取充分利用外部条件的同时，要把重点放在自身的合作和力量上。对包括美国在内的西方发达国家，既需要与它们进行坚决斗争，又需要争取它们一定的合作。国际经济新秩序与国际政治新秩序必须同步前进、相互促进。建立国际新秩序应同建立地区新秩序相适应、相结合，必须充分发挥联合国及其安理会在建立国际新秩序方面的作用。把建立国际新秩序的长远目标与当前面临的迫切问题紧密结合起来，在坚持建立国际新秩序的目标和原则的同时，必须寻求解决当前世界面临的一系列紧迫问题。中国的主张结合了当今世界的新的特点，并涉及人类世界深层次的差异。[②]

总之，顺应时代主题与发展潮流的要求，中国将维护世界和平、促进共同发展作为其对外政策的宗旨。而要真正解决和平与发展问题，就必须动员世界各国和人民，通过共同的努力建立合理公正的国际政治经济新秩序。这不仅是实现各国共同发展的需要，也是维护世界和平和稳定的要求，是中国维护世界和平、促进共同发展的对外政策宗旨的最重要体现。

---

① 233 网校：“建立国际新秩序的不同构想”，http：//www.233.com/kaoyan/Political/jiangyi/20080526/095228756.html。

② 双博士在线：“当今时代主题与建立国际新秩序”，http：//learning.sohu.com/20040830/n221802767.shtml；张斌森：“胡锦涛提出国际新秩序‘五主张’凸显新思想”，http：//www.66wen.com/03fx/shehuixue/shehuixue/20060913/38095.html。

三、当代中国对外政策的立足点与出发点

当代中国对外政策的立足点与出发点即当代中国进行外交活动时所必须依靠的基本力量，以及进行外交活动的基本动机和着眼点。

中国是发展中国家中的一员，并且是世界上最大的发展中国家。中国与广大发展中国家有着共同的历史命运，都曾长期遭受帝国主义、殖民主义的侵略、剥削和压迫。在当代世界，中国与广大发展中国家又都受到霸权主义、强权政治的威胁和危害。因而，中国与广大发展中国家具有共同的发展目标：努力发展本国民族经济，维护和巩固国家主权和独立，推动平等、公正、合理的国际新秩序的建立。

特别是自第二次世界大战结束以来，发展中国家的崛起和壮大，改变了世界政治力量的对比，其已经成为维护世界和平的主力军，因此中国历来把加强同发展中国家的团结合作作为外交政策的一个基本立足点。中国一贯重视发展同第三世界国家的全面友好合作关系，积极探索优势互补的经济、贸易、科技合作途径，加强同它们在国际问题上的磋商与合作，共同维护发展中国家的权益。

中国始终把加强同第三世界的团结和合作与维护世界和平密切联系在一起。中国积极支持南部非洲国家争取民族独立和反对种族主义的斗争，如为津巴布韦、纳米比亚的独立提供了财政和物质上的援助，支持南非人民反对种族主义的斗争等。中国积极参与西亚北非地区热点问题的解决，中国采取的原则和立场，对于热点问题的公正、合理解决，对于促进该地区的和平和世界和平起到了积极的作用。中国与拉美国家的关系也有了空前的加强。中国和广大第三世界国家在人权问题上更是密切配合，一次次地挫败了以美国为首的西方国家利用人权问题干涉发展中国家内政的企图。

中国一贯重视同发展中国家的经济合作，支持它们发展民族经济，谋求改善南北关系和发展南南合作的努力，并且向发展中国家提供力所能及的经济援助，包括兴建成套项目、派遣专家和医疗队等。同时，中国加强了同发展中国家的国际性、地区性组织的接触与合作。目前，中国已经成为不结盟运动的观察员国，同七十七国集团、东盟建立了密切的联系，对海湾合作委员会、马格里布、里约集团等地区性组织，也给予了高度评价和积极支持。中国还注意促进发展中国家彼此间的团结，真诚希望发展中国家之间通过和

平协商和谈判，解决相互间的纠纷、争端，消除分歧，化解矛盾，避免或停止武装冲突，警惕和排除外来强权势力的插手与干涉。

习近平当选国家主席后，四次出访的基本上全是发展中国家。他到南非出席金砖国家领导人峰会，访问坦桑尼亚等非洲三国，并与 11 个非洲国家的领导人共进早餐。访问期间，习主席多次发表重要讲话，提出中非是休戚与共的命运共同体，表示中国将永远做非洲“和平稳定的坚定维护者”、“繁荣发展的坚定促进者”、“联合自强的坚定支持者”和“平等参与国际事务的坚定推动者”，并强调“中非关系发展没有完成时，只有进行时”。同样，习主席虽只访问了拉美三国，却包括北美、中美和加勒比各个地区，并同加勒比地区 8 个国家领导人举行会谈，充分体现出中国与所有发展中国家，不论大小远近，都永远是好朋友和好伙伴。①

中国同广大发展中国家的团结与合作，不但增强了中国抗衡强权或霸权势力的能力，更好地维护了独立自主，而且有助于增强发展中国家自身自立自强的能力。中国一再明确表示，无论国际风云如何变幻，中国加强与发展中国家的团结与合作的基本立场不会改变。中国的这一公正立场和不懈努力得到了发展中国家广泛而普遍的好评，许多发展中国家都将中国视为“可信赖的朋友”。如戴秉国所说，中国把对外政策的基本立足点和出发点始终放在同包括非洲国家在内的发展中国家的团结合作上，这是基于我们共同的历史遭遇、共同的战斗友谊、共同的发展任务、共同的战略利益，绝不会因为自身经济的发展和国际地位的变化而改变，不会因国际形势的变化而变化。②

第三节　当代中国对外政策的演变

在中华人民共和国外交实践中，中国政府依据不同历史时期国内外环境的变化，不断适时调整、修正对外政策，开展多渠道、多层次、多形式的双边和多边、官方和民间外交，使当代中国对外关系呈现出积极活跃与不断发

---

① 马振岗：“习近平主席外交战略新特点”，《人民论坛》2014 年第 5 期。

② 戴秉国：“中国从不寻求在非洲建所谓‘势力范围’”，http://www.chinanews.com/gn/2010/07-27/2429103.shtml。

展的局面。

一、中华人民共和国成立至20世纪50年代末："一边倒"

在中华人民共和国成立前后，世界上已经出现了以苏联为首的社会主义阵营和以美国为首的帝国主义阵营的紧张冷战局势，两极对峙的世界格局初步形成。同期，亚非拉民族解放运动正在兴起，一些原来的殖民地或半殖民地国家逐步走向独立。在亚洲，美国从其全球战略出发，妄图扼杀新生的社会主义国家和镇压民族解放运动，四处扮演着"世界宪兵"的角色。特别是在中国问题上，美国长期以来实行扶蒋反共政策，以期把中国建成其亚洲最大的战略基地，从而为其全球称霸战略服务。在中华人民共和国成立后，以美国为首的帝国主义对新生的社会主义国家采取敌视态度，企图以政治孤立、经济封锁和军事威胁将其扼杀在摇篮里。

面临异常严峻的国际形势，为应对两大阵营的尖锐对立和美国的敌视政策，当时中国外交的中心任务是：巩固新生的无产阶级政权，为社会主义和平建设争取一个有利的国际环境。为此，毛泽东确立了执行和平对外政策的三大基本方针，即"另起炉灶"、"一边倒"和"打扫干净屋子再请客"。他公开宣布站在社会主义一边，坚决反对美国的侵略政策和战争政策，彻底清除帝国主义在华特权和势力。1949年6月30日，毛泽东在《论人民民主专政》中深刻指明："一边倒，是孙中山四十年经验和共产党二十八年经验教给我们的，深知欲达到胜利和巩固胜利，必须一边倒。积四十年和二十八年的经验，中国人不是倒向帝国主义一边，就是倒向社会主义一边，绝无例外。骑墙是不行的，第三条道路是没有的。"

1949年9月，中国人民政治协商会议第一次全体会议上通过的《中国人民政治协商会议共同纲领》中对这一对外政策方针予以了法律形式上的确认。

（一）"另起炉灶"

近代中国，在西方列强的欺压之下，被迫签订了一系列不平等条约，实行的是屈辱外交。经过长期民族独立解放战争建立起来的中华人民共和国就是要结束帝国主义、殖民主义及封建主义欺压和奴役中华民族的历史，揭开中国外交史上独立自主的新篇章。

早在1949年春，毛泽东在谈到外交方针时就讲道，“我们的一个重要方针是‘另起炉灶’，就是不承认国民党政府同各国建立的旧的外交关系，而要在新的基础上同各国另行建立新的外交关系。对于驻在旧中国的各国使节，我们把他们当作普通侨民对待，不当作外交代表对待”。[①]《中国人民政治协商会议共同纲领》规定：“凡与国民党反动派断绝关系，并对中华人民共和国采取友好态度的外国政府，中华人民共和国中央人民政府可在平等、互利及相互尊重领土主权的基础上，与之谈判，建立外交关系。”随之，毛泽东在中华人民共和国开国大典上发表的《中华人民共和国中央人民政府公告》中郑重地向全世界宣告：中华人民共和国中央人民政府是代表中国人民的唯一合法政府，中国与他国之间的外交关系要建立在平等、互利及互相尊重领土主权的基础上。如此坚定的独立自主外交立场，是此前100多年的中国从来没有采取过的。

“另起炉灶”具体表现出中华人民共和国割断了同以往中国屈辱外交的联系，也象征着中国彻底抛弃了半殖民地地位，因而具有深刻的现实意义。中华人民共和国从建立伊始，就向世人展现了自己的独立自主形象。从此，中国以崭新的姿态活跃于国际舞台上。

（二）“打扫干净屋子再请客”

“打扫干净屋子再请客”就是在中华人民共和国建立以后，“先把帝国主义在中国的残余势力清除一下”，把“屋子打扫干净了”再同他国建立外交关系。[②]

在长达100多年间，西方列强在中国攫取了大量的特权，强迫中国签订一系列不平等条约和协定，这些不予以彻底清除和改变，中国就不能真正独立自主。

早在1947年10月10日，中国共产党发表的《中国人民解放军宣言》中就宣布：“否认蒋介石独裁政府的一切卖国外交，废除一切卖国条约。”[③]《中国人民政治协商会议共同纲领》又从中华人民共和国的根本大法上确定不平等条约必须废除：“对于国民党政府与外国政府所订立的各项条约和协

---

① 外交部、中共中央文献研究室编辑：《周恩来外交文选》，北京：中央文献出版社，1990年版，第48页。

② 同上书，第50页。

③《毛泽东选集》第2版，第4卷，北京：人民出版社，1991年版，第1238页。

定，中华人民共和国中央人民政府应加以审查，按其内容，分别予以承认，或废除，或修改，或重订。”

依据上述方针，中华人民共和国建立后，坚决废除了一切不平等条约，取消了帝国主义在中国的一切特权；有计划、有步骤地处理了外国在中国设立的企业，以及文化、教育、宗教、卫生等机构，清除非法、反动的，保护守法、友好的。这些举措既巩固了新建立的中华人民共和国的独立与自主，又为中华人民共和国在平等互利基础上同他国建立外交关系开辟了道路。

（三）“一边倒”

“一边倒”对外政策是指，新成立的中华人民共和国在对外交往中，为了国家和民族的利益，站在维护苏联和以苏联为首的社会主义阵营一边，反对美国和以美国为首的帝国主义阵营侵略、颠覆和干涉的对外政策。

“一边倒”是中华人民共和国建立后，面对冷战初期处理同两大阵营关系和为自己在世界格局中定位而作出的重要战略抉择，这既是为了维护国家和民族的利益，同时也有意识形态方面的考虑。为此，中华人民共和国在建立之初，就把发展同苏联和东欧其他社会主义国家的关系放在中国对外关系的首位。1949 年底和 1950 年初，毛泽东主席和周恩来总理亲访苏联，双方经过多次商谈，废除了旧有的损害中国主权的《中苏友好同盟条约》，签订了新的平等互惠的《中苏友好同盟互助条约》及相关协定。中苏间的同盟关系以法律形式确立了下来。此后，中苏友好合作关系得到较全面的发展，不论是在政治上、经济上，还是在文化上，双边交流日益密切，中苏两国的这种关系也有效地推动了中国同其他社会主义国家之间的友好合作关系。由于中国实行了“一边倒”的对外政策，苏联对中国革命走向社会主义的疑虑逐步消失，其支持和帮助中国建设的决心也在加强，这为中国恢复战争创伤，重建国民经济创造了半开放的国际环境。20 世纪 50 年代，中国之所以能从苏联、东欧各国得到技术、人才、资金和设备等各方面的帮助，可以说是同我们的“一边倒”对外政策分不开的。据此，中国也打破了以美国为首的帝国主义阵营对新生中国所采取的政治孤立、经济封锁、军事威胁的政策，使中华人民共和国站稳了脚根，巩固了国内局势，维护了国家主权，为社会主义革命和建设争取到更为有利的国际条件。

应该强调的是，“一边倒”对外政策并不排斥中国对外交往中的独立自主原则，相反，“一边倒”正是以独立自主原则为基础和前提的。我们实行

"一边倒"对外政策，在"倒向"以苏联为首的社会主义阵营时，并没有成为苏联的卫星国，也从不迁就苏联传统的大国沙文主义。中国国家领导人毛泽东、周恩来都多次明确指出，为了抵抗美国的侵略和威胁，同苏联结盟是必要的，但对苏联不能有依赖之心，不能丢掉自己的独立性。中苏在20世纪50年代末和60年代初出现的矛盾与摩擦也表明，在对外交往中我们坚持了独立自主，中国拒绝接受苏联"核保护伞"计划，建立和发展了自己独立的核防御力量。

特别是在实施"一边倒"外交政策的同时，根据各国和平共处和大小国家一律平等的思想，周恩来总理于1953年首先提出，并于1954年同印度和缅甸共同倡导了和平共处五项原则，受到国际社会的普通赞同。和平共处五项原则不仅是当时"一边倒"对外政策的重要补充，而且成为中国日后处理国与国关系的基本准则。在"一边倒"的大背景下，和平共处五项原则的提出使中国同广大亚洲各国的团结与合作日益加强。

"一边倒"的对外政策，基本上奠定了中华人民共和国成立后10年内的外交格局，也决定了中国在此时期东西冷战中的地位与作用，中华人民共和国缓解了美国从朝鲜、印度支那、台湾三方面构成的威胁，在国际上站稳了脚根，为中华人民共和国外交的进一步发展奠定了坚实的基础。

二、20世纪50年代末至20世纪60年代末："两个中间地带"

20世纪50年代末60年代初，国际形势处于动荡、分化、改组的转折时期，国际关系中两大阵营的对抗开始转为美苏两个超级大国的争霸，中国所处的国际环境日益恶化。苏联方面，坚持"大国沙文主义"，对外推行"美苏合作，主宰世界"的争霸战略，并在"社会主义团结、合作"的旗号下，采取了一系列侵犯中国国家利益的做法，导致中苏两国分歧不断加深，终致边界流血冲突，中苏关系处于严重对立态势；美国方面，乘中苏关系恶化之机，美国继续加紧推行敌对中国的政策，为"遏制"中国，美国扩大侵越战争，企图建立东北亚反共区域性组织，在中印边境冲突中支持印度，并加强对台湾的武装等等，中美关系仍然处于严重的相互敌视状态。由此，这一时期的中国受困于美苏两面夹击的局面，面临的国际环境极为严峻。

同期，科技革命的进展对20世纪60年代的世界格局产生了影响，社会生产力的增长、生产规模的扩大、生产和资本的国际化使世界各国相互依存关系更为明显。资本主义政治经济发展的不平衡使得美国、西欧、日本出现了权力重新分配的迹象，西欧、日本等国家的独立倾向增强。此外，20世纪50年代末，大国争夺的重点在欧洲，放松了对亚非拉地区的控制，使亚非拉地区广大国家开始出现民族解放运动的高潮，到20世纪60年代末亚非拉地区新独立民族国家达上百个。新兴的独立民族国家坚持实行独立自主和不结盟的对外政策，创建七十七国集团，发起不结盟运动，第三世界开始崛起。

面对来自美苏两国两面夹击的险竣形势，国际环境中呈现出的新特点，结合有所增强的中国国家实力，加之受国内“左”倾思潮的影响，中国为了维护国家的独立、主权和领土完整，坚决顶住美苏两方面的压力，毅然调整了国家对外政策，放弃“一边倒”的对外政策，提出了团结广大亚非拉国家，在外交上采取着重反对美国霸权主义，同时又反对苏联“大国沙文主义”，推进世界革命的对外政策。1964年7月，在同日本朋友谈话时，毛泽东又提出了“两个中间地带”理论，他讲道：“我们现在提出这么一个看法，就是有两个中间地带：亚洲、非洲、拉丁美洲是第一个中间地带；欧洲、北美、加拿大、大洋洲是第二个中间地带。日本也属于第二个中间地带。”毛泽东认为，经济落后的广大亚非拉国家，加拿大、日本，以及欧洲、大洋洲的发达资本主义国家，都反对美国的控制，东欧等社会主义国家反对苏联的控制。基于这种看法，毛泽东号召社会主义国家、亚非拉国家和资本主义国家的人民联合起来，打倒美帝、苏修与全世界反动派。因此，人们后来也将这一时期的中国对外政策称为“两个中间地带”的对外政策。

“两个中间地带”对外政策是指中国在对外关系中，把第一中间地带国家（即亚、非、拉各发展中国家）作为直接同盟军，把第二中间地带国家（即西欧、北美、加拿大和大洋洲各资本主义国家）作为间接同盟军，依靠第一中间地带国家，争取第二中间地带国家，反对美苏两个超级大国的霸权主义。此时期中国外交的特点被概括为“两个拳头打人”，既反美，又反苏。

在“两个中间地带”对外政策指导下，中国不再以意识形态和社会制度划线，而是在共同利益的基础上发展与其他国家的双边关系，联合广大发展中国家维护自己的主权与民族尊严，顶住了来自美苏两个超级大国的压力，使中国外交在外部环境十分严峻的形势下，努力扩大了自身的影响，中国也成为国际舞台上独立于美、苏之外的一支重要力量。在反对美苏霸权主义、扩张主义和争霸斗争过程中，中国既维护了自身的主权独立和民族尊严，也为维护亚洲和世界和平发挥了重要作用。

三、20 世纪 70 年代：“一条线”

20 世纪 60 年代末 70 年代初，随着美苏争霸加剧升级，国际大环境出现了明显的阶段性变化。苏联的经济实力和军事实力都大大增强，因而加大了对外侵略扩张的力度，在与美国争霸中处于战略攻势地位。与此同时，中苏关系进一步恶化，苏联在中苏、中蒙边界屯兵百万，对中国的国家安全构成了极大威胁。特别是 1968 年苏联入侵捷克斯洛伐克和 1969 年珍宝岛事件，更进一步证实了中国政府的这一判断。其次，由于多年的对外侵略扩张，尤其是发动侵越战争，加之经济危机的冲击，美国国力相对削弱，国内反战情绪日益高涨。在内外交困的情况下，美国被迫实施战略收缩，在美苏争霸中，美国明显居于守势。美苏争霸的态势发生了首次转换，即从过去的美攻苏守变为苏攻美守。为改善国际处境，美国放弃长期奉行的僵硬的敌视中国政策，寻求同中国接近，企图利用中苏矛盾，拉拢中国制约苏联。1968 年，尼克松竞选总统时强调要走向同中国和好；1969 年 1 月 20 日，尼克松的就职演说中又明确提出其对华政策。这给中国利用美苏两霸之间的矛盾调整对外政策提供了良好的历史机遇和条件。

随着尼克松访华，中美关系开始得到根本改善，中国政府把握住了这一难得历史机遇，从容调整对外政策，放弃“两个中间地带”、“两个拳头打人”的对外政策，提出了联合美国反对苏联的“一条线”、“一大片”的对外政策。

1973 年 2 月 17 日，毛泽东在同第四次来访的基辛格谈话时明确提出了“一条线”的思想。1974 年 1 月 5 日毛泽东在会见日本外务大臣大平正芳时，又提出“一大片”的思想。具体讲，“一条线”是指从中国出发，经过日本到澳大利亚、新西兰，再经过中东到欧洲，最后到美国，“一大片”是指这条线周围的所有国家。其主旨即是团结国际上一切可以团结的力量，结成最广泛的国际反苏联霸权主义统一战线；其重点是联美抗苏，确保中国国家安全。

“一条线”对外政策是中国 20 世纪 70 年代初的一次重大外交战略调整，它超越了意识形态的屏障，其根本出发点在于维护中国国家安全，适用范围几乎囊括了世界上一切国家。中国的国际地位有了很大提高，国际影响力进一步扩大。1971 年 10 月，第二十六届联合国大会以压倒多数，通过了关于恢复中华人民共和国在联合国的一切合法权利，并立即把国民党集团的代表从联合国一切机构中驱逐出去的提案。1974 年 4 月，邓小平同志率领中国代表团出席联合国第六次特别会议，阐述了中国对世界局势和建立国际新秩序的主张。中国同发展中国家的关系，无论是在广度上还是深度上，都有了很大发展。特别是由于中美战略上的相互需要，双边关系大为改善，这在当时国际上产生了一系列连锁反应，大大推动了中国同发达资本主义国家建立外交关系的进程，中国基本完成了同西方国家的建交任务，并为 20 世纪 70 年代末改革开放政策的顺利实施创造了有利的国际条件。

总之，“一条线”对外政策的实施改善了中国的国际环境，提高了中国的国际威望，促进了中国对外关系的发展，使中国逐步摆脱日益严重的外交困境；超越社会制度和意识形态的界限，把国家利益置于意识形态之上，这为后来中国在外交政策中确立国家利益至上的原则产生了深刻的影响。①

但是，由于中国卷入两个超级大国的纷争之中，中国在国际舞台上行动的自由也受到限制；在同发展中国家关系方面，存在有“以苏划线”现象，影响了中国对外政策实施的广度；中国政府以苏联为主要对手，对苏联威胁的估计过于严重，导致中国在一段时间里把主要国力放在战争准备方面，阻碍了国内经济建设的顺利进行。

四、改革开放以来的对外政策：全方位

1978 年，中国共产党十一届三中全会把经济建设确定为中国国内工作重心，中国开始实施对内改革、对外开放的国策。把握经济建设这个中心成为中国对外政策再调整的依据和出发点。20 世纪 70 年代末以后，国际环境再次发生重大变化。苏联由于不断向外扩张，战线拉得过长，特别是在入侵阿富汗以后，苏军更是深深陷入侵阿战争泥潭不能自拔，苏联国内矛盾则日益激化，国力不断下降。此时的美国已基本实现了从越战中脱身的目标，国内处境有所改观，国力再次增强；里根上台后，这种趋势愈加明显。美苏争

① 颜永琦：“从结盟到不结盟——20 世纪 80 年代初中国外交政策调整背景探析”，《党史研究与教学》2009 年第 2 期。

霸态势由20世纪70年代初的苏攻美守转为互有攻守、各有所得的均衡和对峙。同期，科技革命推动了世界经济的发展，西欧、日本进一步崛起，世界经济格局出现根本性转变；经济全球化趋势的增加，使各国走向一个紧密相连的相互依赖体，加之和平与发展已经成为世界各国人民的共同呼声、普遍愿望和迫切要求，战争的威胁日趋减弱。

面对变化中的世界局势，以及中国社会发展首要任务的要求，在总结以往外交实践经验的基础上，中国正确认识到自己的国力和国家利益，对战争与和平问题予以了客观、冷静的分析，并清醒、正确地对中国自身予以定位——中国属于发展中国家。在上述客观认识的基础上，中国全面调整了对外政策，彻底改变了20世纪70年代实行的以苏联为主要对手的“一条线”对外政策，开始改善与苏联关系，采取了“不与任何大国和国家集团结盟或建立军事战略关系”的“真正不结盟战略”，从而赋予了独立自主的和平对外政策以新的内涵，使之更加完善。正如邓小平所讲的，“中国的对外政策是独立自主，是真正的不结盟。中国不打美国牌，也不打苏联牌，中国也不允许别人打中国牌。中国对外政策的目标是争取世界和平。在争取世界和平的前提下，一心一意搞现代化建设，发展自己的国家，建设具有中国特色的社会主义”。

20世纪70年代末以来的中国对外政策是“具有时代特征的独立自主的和平对外政策”，就是在国际交往中，不以社会制度和意识形态划线，而是根据国际事务本身的是非曲直，从中国人民和世界人民的根本利益出发，按是否有利于维护世界和平，发展各国友好关系，促进共同繁荣和发展的标准独立自主地作出判断；中国不再同任何大国结盟或建立战略关系，也不支持一方去反对另一方；在国际事务中，中国不依附于任何一个大国，也不屈服于任何一个国家的压力；在和平共处五项原则的基础上，发展同一切国家的友好合作关系，着重改善和发展同周边邻国的关系；以和平方式解决国际争端，同时“坚定地站在和平力量一边，谁搞霸权就反对谁，谁搞战争就反对谁”。其核心目标是为中国国内的现代化建设创造一个和平稳定的国际环境，在大国关系中保持独立性，使中国外交具有更大的主动性。中国对外政策全面走向成熟。

中国外交自20世纪80年代开始进入一个新的历史时期，对外关系取得巨大发展。中国同周边邻国的睦邻友好合作关系进入建国以来最好和最稳定的时期，中国始终坚持在平等互惠、共同发展的原则上同周边各国建立和发展全方位、多层次的经济技术合作关系，并在规模和水平上都有了长足发展；中国同西方国家的关系也进入全面发展时期，与西方各国在政治、经济、文化等众多领域都进行了更加富有成效的合作；中国同发展中国家的团结与合作继续加强，在扩大了中国外交活动余地的同时，也提高了中国的国际地位；中国还积极参加、参与区域性和世界性国际会议、国际组织的活动，与多边组织的合作日见成效，多边外交日益活跃。

特别是在台、港、澳问题上，中国在尊重历史和现实的基础，照顾有关各方的权益，坚持独立自主原则，富有远见地提出了“和平统一、一国两制”构想。这不仅为中国以和平方式实现国家统一提供了一种新模式，而且为发展与不同制度国家和地区的关系提供了一种新的经验。“一国两制”既是中国对外政策的重大成果，同时也具有深远的国际意义。

20 世纪 80 年代末、90 年代初，国际形势发生了自第二次世界大战结束以来最为深刻的重大变化。从 1989 年的东欧剧变开始，以 1991 年的苏联解体为标志，雅尔塔体制下形成的两极格局彻底终结，冷战结束了。此后，国际上的多种力量重新分化组合，世界进入新旧格局转换的多变时期。

在此时期，中国对外政策增加了“任何国家的人民都有权利选择符合本国具体情况的社会制度和发展道路”的内容，强化了世界多样化理念。为加强联系，促进合作，积极推动建立公正合理的国际新秩序，中国以更加积极的姿态走向世界。在对外交往中，中国寻求与他国和地区间共同利益的交汇点，努力开展睦邻外交，稳定了同西方发达国家的关系并同亚洲国家全面建交，以此扩大互利合作，共同应付人类生存和发展所面临的挑战。对与他国和地区间存在的分歧，中国坚持对话，不搞对抗，从双方长远利益以及世界和平与发展的大局出发，妥善加以解决。

中国为此还在坚定不移地奉行独立自主的和平对外政策的基础上，根据冷战后国际环境的新变化，制定了具有鲜明时代特征的“伙伴”关系政策。依照“伙伴”关系政策，中国在对外关系中，以共同利益为基础，以互不对抗为前提，以不结盟、不针对他国为要求，以建立“伙伴关系”为表现形式，深入发展中国与其他一切国家之间的求同存异、平等互利、良性互动的双边关系。至今，中国几乎同所有大国和发达国家都建立了不同层次、相同性质的伙伴关系，如中美“建设性战略伙伴关系”，中俄“平等信任、面向 21 世纪的战略协作伙伴关系”，中印“面向和平与繁荣的战略合作伙伴关系”，中国与南非“平等互利、共同发展的战略伙伴关系”，中国与德国

“具有全球责任的战略伙伴关系”，中国与欧盟“全面战略伙伴关系”，中国与东盟“面向和平与繁荣的战略伙伴关系”等。

中国同他国建立的伙伴关系具有如下特点：（1）平等互利，相互尊重；发展友好，互不对抗；不针对，也不损害第三国。（2）着眼大局，面向未来，不因分歧和矛盾影响国家间关系的正常、健康发展。（3）推动以经济贸易科技交流为重点的各个领域的合作。（4）建立元首互访、总理会晤、高级官员磋商、热线联系或其他的沟通协调机制。

中国同他国和地区建立的伙伴关系，从某种意义上说，既是中国对外战略的新思维，也是未来国际格局构建与发展的方向。[①] 中国也因此在多极化的世界中不断拓展自己的外交活动空间，大国地位进一步得到确立和巩固。

进入21世纪后，经过长期快速的经济发展，中国现已成为仅次于美国的世界第二大经济体及拉动世界经济增长的主要引擎。中国稳步地迈向强大、自信国家的目标，在国际事务中也发挥着越来越重要的作用。与此同时，国际环境继续发生巨大变化，作为相邻国家众多、与大国利益紧密交织的国家，中国的周边环境更加趋向复杂化。中国政府因此将发达国家、周边邻国与发展中国家确定为对外政策的优先方向，尤其是周边环境状况与形势发展切关中国国家的安全与稳定。“新形势下，外交工作同国家发展的关系更加紧密，必须依靠发展、服务发展、促进发展，切实维护全方位对外开放条件下中国发展利益”。[②] 为继续争得和平发展的国际环境，为外交赢得更大的回旋空间，维护中国周边稳定大局，中国政府在对外政策中突出了加强、深化与周边国家睦邻合作关系的基本方针，提出与邻为善、以邻为伴，睦邻、安邻、富邻的对外政策新主张。同时强调，中国坚持在和平共处五项原则的基础上同所有国家发展友好合作。我们将继续同发达国家加强战略对话，增进互信，深化合作，妥善处理分歧，推动相互关系长期稳定健康发展。我们将继续贯彻与邻为善、以邻为伴的周边外交方针，加强同周边国家的睦邻友好和务实合作，积极开展区域合作，共同营造和平稳定、平等互信、合作共赢的地区环境。我们将继续加强同广大发展中国家的团结合作，深化传统友谊，扩大务实合作，提供力所能及的援助，维护发展中国家的正

---

① 李宝俊：“历史的抉择：中国50年外交政策的战略性调整”，《教学与研究》1999年第6期。

② 钱彤：“第十一次驻外使节会议召开胡锦涛、温家宝讲话”，http://www.gov.cn/ldhd/2009-07/20/content_1370171.htm。

当要求和共同利益。我们将继续积极参与多边事务，承担相应国际义务，发挥建设性作用，推动国际秩序朝着更加公正合理的方向发展。我们将继续开展同各国政党和政治组织的交流合作，加强人大、政协、军队、地方、民间团体对外交往，增进中国人民与各国人民的相互了解和友谊。[①] 2005 年 9 月，在联合国成立 60 周年的庆典上，胡锦涛又代表中国政府首次系统阐述了“建立持久和平、共同繁荣的和谐世界”理念，“和谐世界”作为一种外交理念的提出，既反映了中国对人类发展终极目标的价值思考，也是中国为未来世界发展和未来国际关系描绘的崭新蓝图。[②]

从中俄两国在“世代友好，永不为敌”的共识下建立了政治上相互尊重、经济上相互合作、安全上相互信任的新型睦邻关系，中印两国的政治经济对话与合作进一步发展，以及中国与东南亚国家睦邻交往的历程来看，中国在自身经济崛起的同时，正全方位、多层次地推进外交工作，“与邻为善、以邻为伴”，“睦邻、安邻、富邻”的外交政策得以全面成功实践。中国用实际行动证明中国的崛起不仅不会对他国构成威胁，反而有利于全球经济社会特别是有利于周边邻国经济社会向好的方面发展。长期以来，中国奉行睦邻友好外交政策，使多数邻国意识到，一个强大的中国既对亚太地区的稳定起重要作用，更能给邻国的发展和共同繁荣带来难得的机遇。事实上，中国经济的发展，已经带动了周边邻国的出口增长，中国成为部分亚洲国家经济增长的引擎。[③]

在谈到周边外交时，习近平指出，无论从地理方位、自然环境还是相互关系看，周边对中国都具有极为重要的战略意义。思考周边问题、开展周边外交要有立体、多元、跨越时空的视角。审视中国的周边形势，周边环境发生了很大变化，同周边国家的关系发生了很大变化，同周边国家的经贸联系更加紧密、互动空前密切，这客观上要求中国的周边外交战略和工作必须与时俱进、更加主动。他还身体力行，在 2013 年博鳌论坛上，对文莱、缅甸等东盟国家元首给以高规格接待，让人们更加清晰地感受到中国政府对东盟

---

① 胡锦涛：《高举中国特色社会主义伟大旗帜，为夺取全面建设小康社会新胜利而奋斗》，北京：人民出版社，2007 年版，第 48—49 页。

② 胡锦涛：“努力建设持久和平、共同繁荣的和谐世界”，http：//www. gmw. cn/01gmrb/2005 - 09/16/content_ 305533. htm。

③ 刘博：《新时期我国外交政策的演变与基本经验研究》，山东轻工业学院 2010 年硕士学位论文，中国知网。

的重视、对邻国的重视。中国还把同文莱、印度尼西亚、马来西亚三国的双边关系提升到战略伙伴的高度。

中国周边充满生机活力，有明显发展优势和潜力，中国周边环境总体上是稳定的，睦邻友好、互利合作是周边国家对华关系的主流。中国周边外交的战略目标就是：服从和服务于实现“两个一百年”奋斗目标，实现中华民族伟大复兴，全面发展同周边国家的关系，巩固睦邻友好，深化互利合作，维护和用好中国发展的重要战略机遇期，维护国家主权、安全、发展利益，努力使周边同中国政治关系更加友好、经济纽带更加牢固、安全合作更加深化、人文联系更加紧密。中国周边外交的基本方针就是：坚持与邻为善、以邻为伴，坚持睦邻、安邻、富邻，突出体现亲、诚、惠、容的理念。发展同周边国家睦邻友好关系是中国周边外交的一贯方针。要坚持睦邻友好，守望相助；讲平等、重感情；常见面，多走动；增强亲和力、感召力、影响力，多做得人心、暖人心的事，使周边国家对中国更友善、更亲近、更认同、更支持。要诚心诚意对待周边国家，争取更多朋友和伙伴。要本着互惠互利的原则同周边国家开展合作，编织更加紧密的共同利益网络，把双方利益融合提升到更高水平，让周边国家得益于中国发展，使中国也从周边国家共同发展中获得裨益和助力。要倡导包容的思想，强调亚太之大容得下大家共同发展，以更加开放的胸襟和更加积极的态度促进地区合作。对于这些理念，首先我们自己要身体力行，使之成为地区国家遵循和秉持的共同理念和行为准则。

为此，习近平指出，中国要着力加强对周边国家的宣传工作、公共外交、民间外交、人文交流，巩固和扩大中国同周边国家关系长远发展的社会和民意基础。关系亲不亲，关键在民心。要全方位推进人文交流，深入开展旅游、科教、地方合作等友好交往，广交朋友，广结善缘。要对外介绍好我国的内外方针政策，讲好中国故事，传播好中国声音，把中国梦同周边各国人民过上美好生活的愿望、同地区发展前景对接起来，让命运共同体意识在周边国家落地生根。要着力深化互利共赢格局，统筹经济、贸易、科技、金融等方面资源，利用好比较优势，找准深化同周边国家互利合作的战略契合点，积极参与区域经济合作。要同有关国家共同努力，加快基础设施互联互通，建设好丝绸之路经济带、21 世纪海上丝绸之路。要以周边为基础加快实施自由贸易区战略，扩大贸易、投资合作空间，构建区域经济一体化新格局。要不断深化区域金融合作，积极筹建亚洲基础设施投资银行，完善区域金融安全网络。要加快中国沿边地区开放，深化沿边省区同周边国家的互利合作。要坚持互信、互利、平等、协作的新安全观，倡导全面安全、共同安全、合作安全理念，推进同周边国家的安全合作，主动参与区域和次区域安全合作，深化有关合作机制，增进战略互信。[①]

综上所述，自中华人民共和国建立以来，中国每隔一定时期都会根据国际环境的变化调整一次对外政策，尽管每个阶段中国对外政策的选择有很大区别，但在全国人民的共同努力下，并随着综合国力的不断增强，中国在国际舞台上发挥着越来越重要的作用，国际地位日益提高。在实践中，中国外交也取得了辉煌的成绩，使中国在世界上得到越来越广泛的同情和支持，在各国亿万人民心目中，树立了崇高的声誉和威望，成就了中国独立自主的尊严。中国外交努力维护中国的国家安全与国家利益，积极发展与世界各国的关系，为中国经济建设创造了有利的国际环境，同时对维护世界的稳定、安全与和平，推进世界经济共同繁荣等作出了自己卓越的贡献。在未来的岁月中，随着中国发展速度的加快，国家实力的增长，中国在国际舞台上必将会有更多、更大的作为，中国在国际事务中的作用将更加令世人瞩目。

第四节　当代中国外交的特色与风格[②]

在独立自主的和平对外政策指导下，中国外交不断向前开拓，在国际上树立了良好形象，提高了中国的国际地位和国际声誉，并在外交实践中形成了自己的鲜明特色和风格，这不但是中国外交的一笔丰厚的财富，也是中国对世界外交的独特贡献。

---

① 习近平："周边外交要为中国发展争取良好周边环境"，http://money.163.com/13/1026/09/9C3PG2M200254TI5.html。

② 本节中国外交特色与外交风格条理概括、总结参见鲁毅等著：《外交学概论》，北京：世界知识出版社，1997年版，第297—312页；赵丕涛编著：《外事概说》，上海：上海社会科学院出版社，1995年版，第14—20、30页；黄金祺：《怎样当好外交外事人员——论涉外人员素质修养》，北京：世界知识出版社，2004年版，第102—112页。

一、当代中国外交的特色

特色本意是指事物所具有的独特色彩。中华人民共和国建立以来，基于国家性质、社会发展水平，承继中华民族优秀文化传统，不忘国耻，一贯奉行独立自主的和平对外政策，由此历经几十年的外交实践，逐步形成了自己外交的鲜明特色。

（一）国际主义与爱国主义相结合

我们所坚持的国际主义不是那种对他国或国际事务进行“干涉”的对外政策思想，而是指倡导和支持国家间为共同利益而开展更广泛的经济和政治合作的政治运动，其特色为主张政治活动应考量全世界人类的状况，而不是只专注于某一特定国家的利益。[①] 爱国主义是“千百年来巩固起来的对自己祖国的一种最深厚的感情”，[②] 表现为维护祖国利益和尊严、捍卫祖国主权和统一、促进祖国发展和进步的价值观念和行为准则。中国外交既要为本国经济社会的发展争取和平的国际环境，又要促进世界稳定、和平与发展，因此中国外交始终遵循着爱国主义与国际主义相统一的原则。一方面，中国独立自主的和平对外政策是为本国的根本利益服务的，其外交工作致力于从政治上维护中华民族的尊严和国家利益，为中国经济社会建设与发展争取长期有利的、和平的国际环境；另一方面，中国对外政策又代表了中国人民和世界人民的根本利益，中国“在尖锐复杂的国际斗争中……始终不渝地反对帝国主义、殖民主义、霸权主义，坚定不移地站在被压迫民族和被侵略国家一边，站在国际正义和人类进步”一边。[③] 中国的对外政策把维护世界和平、促进人类进步和繁荣祖国统一了起来。

自20世纪50年代以来，无论是在支援亚非拉国家争取民族独立、人民解放的斗争中，还是在开展对发展中国家的对外援助中，中国人民都积极履行国际主义义务，并为此付出了巨大牺牲。如为援助亚非拉人民争取民族独

---

① 百度百科：“国际主义”，http://baike.baidu.com/link?url=3lbQ-bMF-CxdYFL6ARX4YKkATexagk6t1CU-wFSRtA_3pzaiJQEOxft5EezBoWdF。

② 《列宁全集》第28卷，北京：人民出版社，1961年版，第168—169页。

③ 《当代中国外交》编委会：《当代中国外交》，北京：中国社会科学出版社，1988年版，第3页。

立，反抗外来侵略，发展民族经济，截至 2011 年底，我国已经为 120 多个发展中国家和地区提供了经济和技术援助；帮助受援国建成了 2200 多个当地急迫需求的各类项目，并派遣了技术人员协助运营和技术指导；累计免除 50 个重债穷国和最不发达国家到期债务 391 笔；1997—2011 年间，总共提供 200 次左右的人道主义救援。从 1963 年开始到 2011 年底，已向 69 个国家派遣了援外医疗队，派出医务人员 2.1 万人次，有 60 支医疗队约 1300 名医务人员在 57 个受援国家工作；已经为 14 万多人提供了来华培训的机会，培训内容涵盖经济、外交、农业、医疗卫生、环保等 20 多个领域；截至 2012 年 5 月，已经向 19 个国家派遣了 470 多名援外青年志愿者。根据国务院新闻办公室 2011 年 4 月发布的《中国的对外援助》白皮书提供的资料，目前对外援助的领域主要有以下 8 个：成套项目、一般物资、技术合作、人力资源、援外医疗、人道主义援助、援外志愿者和债务减免。其中，成套项目是中国最主要的对外援助方式。而对外援助的资金主要包括 3 种形式：无偿援助、无息贷款和优惠贷款。截至 2009 年底，中国累计对外提供援助金额达 2562.9 亿元人民币，其中无偿援助 1062 亿元，无息贷款 765.4 亿元，优惠贷款 735.5 亿元。[①] 而且中国的国际援助不包办代替，不附加任何政治条件，不干涉受援国的内政，不损害受援国的国家利益。在国际社会中，中国奉行国际主义与爱国主义相结合的立场，真正做到了“始终不渝”和“坚定不移”，这是值得我们自豪的一个外交特色。

（二）原则的坚定性与策略的灵活性相结合

国际形势变化多端，往往既存在确定因素，也带来不确定因素，我们应该洞察和把握前者，研究和预测后者。这就需要在外交政策运用过程中，将原则坚定性与策略灵活性高度地、巧妙地结合起来。[②] 中国是一个讲原则的国家，在外交活动中表现出的坚定立场和原则性与策略灵活性之间的正确、巧妙结合是有目共睹的，其也成为中国外交的一个显著特色。

这种原则性与灵活性的结合具体体现在涉及国家核心利益的重大问题上，必须立场坚定，旗帜鲜明，敢于斗争，善于斗争，决不拿原则做交易；

---

① 国务院新闻办公室：《中国的对外援助》白皮书，2011 年 4 月 21 日，http：//baike.baidu.com/link？url = 9QAERb8PzCQLhzteD _ SjqZitykNSZCIHquRG _ 7GW2BlqrYxKQyy716MG5IIA-UNR-DoAIY7hC080rmRp_ XBYtK。

② 俞邃：“试解中国特色外交”，《当代世界》2003 年第 6 期。

同时，从坚定的原则立场出发，讲究策略，根据实际需要，在策略上采取一定的灵活性，坚持有理、有利、有节，维护中国的长远和根本利益。没有灵活的原则性，死板僵硬，决不是高明的外交艺术；没有原则的灵活性，灵活就会失去方向。因此，立场坚定，掌握政策，与善于捕捉战机，在策略上灵活机动，讲究实效，是相辅相成的。

例如中国同非社会主义国家的建交在中华人民共和国建立之初就提出了明确的条件，其中最主要的一条就是对方必须同台湾当局断绝一切官方关系。中国一贯坚持这一立场，同时又容许建交国同台湾保持非官方的联系，并且视不同对象采取了不同的灵活态度。如英国和荷兰在1950年就承认了中国，但它们仍同台湾保持领事关系，并在联合国内同意台湾当局继续非法占据中国的席位，考虑到它们与美国的态度不同，中国于1954年同意同它们交换代办，采取了“半建交”的灵活方式。在与法国建交谈判时，因当时的法国相对独立于美国，所以中国同意了法国要求中国不坚持要法国先主动同台湾断交的条件。而中美建交后，中国也同意美国与台湾保持非官方关系。在20世纪70年代，中国同拉美一些国家谈判建交时，还灵活同意采用“注意到”方式，即只要对方承认中国为唯一合法政府，并表示“注意到”中国对台湾的立场就可以建交。在中美建交谈判过程中，中国在坚持原则的前提下，也充分展现灵活姿态，如中美关系正常化后，美国可以同台湾继续保持民间来往，可以在台湾设立民间机构；在美台共同防御条约问题上，中国原来坚持建交前必须废除，但体谅美方困难，同意美方在法律生效期满之时终止该项条约；在美国对台出售武器问题上，双方决定保留分歧，搁置争议，以待将来解决，双方同意不因这一问题影响两国关系正常化，从而表现出向前看的长远眼光。①

“搁置争议，共同开发”也是中国在多边外交中原则的坚定性与策略的灵活性相结合的生动体现。由于历史的原因，中国与周边国家存在着边界纠纷、领土争端等问题，并且双方对这些问题的认识分歧较大，在短时间内难以找到共同点。1984年邓小平提出了“搁置争议，共同开发”的创见，逐步实现了中国与东南亚国家关系的正常化。中国领导人还同东盟有关国家领导人进行了多次多边会谈，就南海的海洋环保、气象、渔业等问题进行具体协商，为中国经济建设争取了一个和平的周边环境，也对亚太地区乃至整个

---

① 宋连生：《中美首脑外交实录》，北京：经济日报出版社，1998年版，第212页。

国际社会的和平与发展产生了积极的影响。[①] 近年来，中国政府坚决、有效地抵制了日本侵害中国领土完整，伤害中国人民内心情感的行为，在根本原则上，中国坚定维护国家主权、安全和发展利益。同时，中国政府重视发展中日关系的方针并没有变化，继续在中日政府间4个政治文件的原则基础上发展中日战略互惠关系。

在中华人民共和国外交史上，“区别对待”、“求同存异”、“弯弓不发，后发制人”、“既要针锋相对，又要有理、有利、有节”，以及“韬光养晦”等都是中国在原则坚定性前提下，在外交实践中灵活运用的策略，而以“一国两制”设想解决香港和澳门问题的重大外交成就更可以说是原则性和灵活性相结合的最佳范例。也正因为此，目前中国已与世界上170余个国家建立和发展了外交关系。

（三）坚持正义

反映人类社会进步的一系列准则和原则是区分正义与非正义外交的试金石。《联合国宪章》开篇宣明：“欲免后世再遭今代人类两度身历惨不堪言之战祸，重申基本人权，人格尊严与价值，以及男女与大小各国平等权利之信念，创造适当环境，俾克维持正义，尊重由条约与国际法其他渊源而起之义务，久而弗懈，促成大自由中之社会进步及较善之民生”。而正确处理“义”和“利”的关系既是中国人为人处世的理念，也是中国外交遵循的重要原则。义利观作为中国传统哲学思想的重要精髓，强调重义轻利、舍利取义、以义取利、见利思义。孔子曾说过，“君子喻于义，小人喻于利”。这些中国人耳熟能详的道德准则，已经成为我们民族的重要文化基因。中国一贯顺应和致力于推动国际关系进步的总趋势，坚持正义的外交成为中国外交特色之一。

中华人民共和国成立以来，一贯坚决支持被压迫民族和发展中国家争取和维护民族独立、发展民族经济的斗争。在国际事务中，中国坚决站在发展中国家一边，反对任何损害他们利益的行为。在对外交往中，中国从来不畏强暴，不怕高压，从来不拿原则做交易；坚决维护国家的尊严和荣誉，捍卫国家主权和合法权益。同时，中国也一向尊重他国的主权与民族尊严。

在对外援助领域，中国从不向接受中国援助的国家要求任何特权，不乘

---

① 宋学勤：“‘和合文化’让世界获益”，http：//www.csstoday.net/Item/3174.aspx。

人之危索取任何不合理的报酬和好处；不在他国从事任何非法活动；也从不牺牲他国的利益去做任何交易。周恩来指出，援助都是互利的，中国一向认为各国人民应该互相支援。陈毅也曾表示，中国在任何时候、任何地点，都不会充当恩人，还要别人向中国感恩、磕头，中国一向反对大国拿小国作为交易的筹码。1971 年中美进行谈判时，美国向中国提出帮助解决越南战争问题的要求。对此，周恩来郑重指出，美国从越南撤军是结束越南战争的唯一途径，否则中国就将坚决支持印支三国人民的抗美战争。但中国只有支持他们、同情他们的义务，没有干涉他们或代替他们提出主张或代表他们谈判的权利。中国历来反对牺牲小国利益来维持大国间的"势力平衡"，从而向他国滥施压力。

1997 年，一场突如其来的金融风暴席卷亚洲；1998 年，金融危机深化蔓延，东南亚一些国家多年积累的财富化为乌有。风暴骤降，对中国的经济造成了极其不利的影响和巨大的压力，中国沉着应对，方寸不乱。中国领导人在各种外交场合宣布人民币不贬值，表示与东南亚国家风雨同舟、共同迎接挑战。与此同时，中国在国际货币基金组织安排的框架内，对受危机冲击较大的国家提供了力所能及的资金援助。中国坚持人民币不贬值，为缓解金融危机对亚洲和世界的影响作出了贡献，中国负责任的立场和所采取的措施赢得举世赞誉。①

中国在地区的武力冲突问题上，一直坚决反对牺牲他国利益，由少数大国操纵的解决办法，坚持各当事国的合法利益和主权必须受到尊重的立场。在中苏关系正常化问题上，中国明确地把苏军撤出阿富汗和停止对越南侵略柬埔寨的支持作为中苏实现关系正常化的先决条件，表现出了坚持正义的立场。中国一直秉持公正的态度斡旋中东问题，到最后以色列也承认，中国并没有偏袒巴勒斯坦。② 迄今，中国政府仍在积极努力推动以和平方式解决伊朗与朝鲜核危机；自叙利亚内乱以来，中国也一直在为共和平恢复、避免外部军事干预而尽力、尽责。中国持续在亚丁湾打击海盗，为重要国际航道的安全保驾护航。而且，中国积极贯彻习近平主席提出的解决巴勒斯坦问题四点主张，努力推进中东和平进程。中国不但坚定地谴责各种形式的恐怖主

---

① 郑园园："扬帆破浪自从容——代表、委员谈一年来我国外交"，《人民日报》1999 年 3 月 4 日。

② 彭晶："解读中国特使外交：中国是有原则的'和事佬'"，http://www.ce.cn/xwzx/gnsz/gdxw/200801/19/t20080119_14288764_1.shtml。

义，还积极参与国际反恐合作。

中国在联合国和其他国际组织里也始终坚持正义，敢于为第三世界国家撑腰，敢于仗义执言，力促通过和平谈判协商解决国际问题与冲突，反对诉诸武力和外部武力干涉内政，这已为世界所熟知。目前，中国是向联合国维和行动派出最多人员的安理会成员国，还向马里派出成建制的安全维和部队，为非洲的和平与安全作出更大贡献。2009 年 12 月 7—18 日，在丹麦首都哥本哈根召开《联合国气候变化框架公约》缔约方第十五次会议上，中国不以损害他国利益为代价来谋求自身发展，而是宁肯自己面对的困难再大些，宁肯自己为国际社会再多担当些正义立场，赢得国际社会的广泛赞誉。尊重主权，反对干涉；维护和平，反对侵略；坚持对话，反对暴力；支持平等，反对强权。这些理念历久弥新，永不过时，是中国外交长期坚持的原则。中国将据此与国际社会一道，继续支持联合国、20 国集团、上海合作组织、亚太经合组织、金砖国家等发挥更大作用，推进世界多极化进程，充实和完善国际治理体系。

追求和维护国家利益自然是一国外交的天然责任和终极目标，但若一个国家忽略甚或抛弃公义原则而一味片面地奉行唯利是图、损人利己的外交功利原则，那么这个国家虽然可能得逞于一时，长远而言却从根本上侵蚀、瓦解了自己的国家利益而必将逐步走向失败。面对 21 世纪初国际与周边环境的巨大变化，习近平主席在一系列重要外交活动中多次强调，我们在同发展中国家和周边国家发展关系时，要树立正确的义利观，政治上坚持正义、秉持公道、道义为先，经济上坚持互利共赢、共同发展。而且，经过长期的改革开放，中国已经积累了比较雄厚的物质基础及综合国力，完全有能力在世界政治平台上明确及加强维护世界公平正义，以利于进一步切实保障中国的国家利益和民众利益，同时亦有利于进一步切实维护世界和平、促进共同发展，推动建立公正合理的国际政治经济新秩序。①

（四）信守诺言　说话算数

在外交史上，自古就有崇尚信义与崇信权术之争。尽管西方外交官也承

---

① “以正确的义利观指导对外合作　五论新形势下的中国外交”，http：//news. xinhuanet. com/world/2013 -08/28/c_ 125260719. htm；郭王：“中国外交应明确及加强维护世界公平正义”，http：//bbs. gd. gov. cn/thread -259843 -1 -1. html。

认没有信誉就搞不好外交，认为可靠的信誉在对外政策中是一笔重要资产，但在其实际行动中却常常感到“人与人之间诚然可能有友爱、忠诚、互相信任，而国家之间却完全不讲这些”。[①]

“民无信不立”，国“非信不固”。“信”乃立国之本，它既是一国富有力量的体现，也是一国增添力量的手段。“信”者多助，弃“信”则失天下之援。[②] 中华人民共和国外交则是同不讲信义的外交截然不同的，是将中华民族“言必信，行必果”的优良传统作为中国外交的一个信条。周恩来曾说过，“国家与国家办事，说了就得算”。[③] “中国人说话算数”是举世公认的。

“中国人说话算数”包含两个方面的含义：一是对自己所做的国际承诺忠实履行，对外合作重合同，守信用；二是向别人发出的警告必定兑现。因此，中国在对外交往中，凡做到的就不说，说到就要做到。

1950 年，美国侵略朝鲜战争爆发后，中国政府发出“中国人民不能置之不理”的警告。1950 年 10 月 3 日，周恩来接见印度驻华大使潘尼迦时又讲道：“美国军队正企图越过三八线，扩大战争，美国军队果真如此做的话，我们不能坐视不管，我们要管。”[④] 中国希望印度将这一立场转达英国和美国。“我们要管”是对朝鲜的承诺，更是对美国的警告。但美国政府对此置若罔闻，直到中国人民志愿军跨过鸭绿江予以反击，美国人才意识到中国人说话是算数的。以后，“中国人民不能置之不理”作为著名的“中国式的警告”而载入外交史册。

自中美关系恢复以来，美国一再要求中国保证只用和平方式解决台湾问题，这当然是中国所不能答应的。中国政府也一再明确表示：用什么方式实现统一，完全是中国的内政，决不允许任何外国干涉。中国希望和平统一，并以极大的努力促进和平统一祖国的大业，但决不能在内政问题上向外国政府作出任何承诺。至今中国政府仍然坚持这一立场，表明中国在对外做承诺问题上一贯坚持的严肃态度。

---

① ［美］马丁·梅耶，夏祖煃等译：《外交官》，北京：世界知识出版社，1988 年版，第 411 页。

② 靳文：“信义外交漫谈”，《世界知识》1988 年第 11 期。

③ 中共中央文献研究室编辑委员会编辑：《周恩来选集》下卷，北京：人民出版社，1984 年版，第 91—92 页。

④ 外交部、中共中央文献研究室编：《周恩来外交文选》，北京：中央文献出版社，1990 年版，第 25 页。

1979 年 1 月 28 日，邓小平访问美国。抵达美国后，中越问题成了各国记者关注的热点问题。面对这些疑问，邓小平是快人快语、直言不讳。当问到中国军队向中越边境调动时，邓小平说："必要的军事调动是有的，这点你们很清楚。"问军队可能采取什么行动，他说："我们得等着瞧。"最后，邓小平强调说："我们中国人说话是算数的。"①

自 2001 年加入世界贸易组织后，中国全面履行诺言，逐步降低进口产品的关税税率，取消所有进口配额、许可证等非关税措施，全面放开对外贸易经营权，中国开放服务贸易部门达到 100 个，大幅降低外贸准入门槛。至 2010 年 1 月 1 日，中国加入世贸降税承诺已经全部履行完毕，关税总水平由 2001 年的 15.3% 降至 9.8%，其中农产品平均税率为 15.1%，工业品平均税率为 8.9%。②

1984 年 12 月 19 日，在中英两国就香港问题达成的协议签字后，邓小平在会见英国首相撒切尔夫人时谈到，人们担心中国在签署这个协议后，是否能始终如一地执行。我们不仅要告诉阁下和在座的英国朋友，也要告诉全世界的人：中国是信守自己的诺言的。③ 2012 年，外媒在对回归 15 年的香港发展状况的评价中称赞道，香港回归 15 年后，中国仍然基本上信守原先的诺言。在"一国两制"的原则下，香港的新闻自由、言论自由和集会自由仍然能够得到一定的保证，司法也基本独立。这个当年的英国殖民地比以往任何时候都更加光彩夺目。香港人口增长到 700 多万，生活水平也达到世界顶级。④

中国在国际交往中最重信义，凡是承诺的一定兑现，尊重条约内义务与权利，凡是中国签字同意的一定按条约执行。借了债要还，在抗美援朝中购买苏联武器的款项都如数还清。⑤ 中国同他国签订的各种条约性质的文件，凡是违反协议的都不发生在中方而发生在对方。

中国同他国之间交往也是这样。周恩来曾给日本前首相田中角荣写了

---

① 邓小平："我们中国人说话是算数的"，http：//www.militaryy.cn/html/89/n-16889.html。

② 吴宇："财政部宣布我国 2014 年关税调整重点内容"，http：//www.gov.cn/jrzg/2013-11/22/content_2532693.htm。

③ "中国是信守诺言的——邓小平会见英国首相撒切尔夫人时谈话的要点"（1984 年 12 月 19 日），http：//www.locpg.gov.cn/gjldrnxg/xiaoping/200701/t20070105_960.asp。

④ 张欣："外电：中国信守承诺促进香港多元与自由"，http：//china.cankaoxiaoxi.com/2012/0702/56049.shtml。

⑤ 杨公素："试论外交与新中国外交风格"，《外交学院学报》1988 年第 2 期。

“言必信，行必果”六个字为互勉。2012年4月，李克强在访问俄罗斯时讲道，“中国有句话，叫言必信，行必果。我相信中俄合作不仅是务实合作，还包括人文的交流、信心的交流。”习近平主席在访问非洲和拉美时，更是生动地诠释了“言必信，行必果”。他表示，中国政府将不折不扣落实有关承诺，不附加任何政治条件，帮助各国把资源优势转化为发展优势，实现多元、自主、可持续发展。① 中国外交家一贯严守信义的风格使西方一些外交家也深为赞叹，基辛格曾总结道：“可靠的信誉在外交政策中是一笔重要资产”；“在外交政策上切不可忘记：你是在和同一些人循环往复地打交道”；“骗人只能得逞于一时，却损害整个关系，讲信用才能使国际秩序得以巩固”。② 他认为，“中国外交家证明是完全可靠的”，“他们信守协议的意义和精神。正如周恩来喜欢说的，‘我们说话是算数的’。“周恩来是不搞小动作的。他明白，相互信任要比辩论中得分更为重要。”③

中国外交的特色立足于中国作为发展中国家的基本国情，植根于中国坚持的社会主义理念，即对内追求公平正义、共同富裕、社会和谐，对外主持公道、捍卫公理、伸张正义。中国外交的特色发端于博大精深的中华文明，源自于新中国外交的优良传统，坚持独立自主，坚持以维护世界和平、促进共同发展为宗旨，以开放包容的心态加强与外界的对话沟通。中国外交的特色契合于当今时代潮流和世界大势，发挥中国外交与时俱进的品质，以开拓创新的精神，推进国际秩序朝着更加公正合理的方向演变。④ 概而言之，“中国特色大国外交的‘特色’之源反映出“三个自信”，即理论自信、文化自信和实践自信。这三个自信将中国的大国外交与世界上其他大国的大国外交（特别是美国的大国外交）区别开来。”⑤

---

① 张蔚然：“李克强首晤‘梅普组合’：中俄合作言必信，行必果”，http：//www.china.com.cn/international/txt/2012－04/28/content_ 25260625.htm；“以正确的义利观指导对外合作　五论新形势下的中国外交”，http：//news.xinhuanet.com/world/2013－08/28/c_ 125260719.htm。

② 靳文：“信义外交漫谈”，《世界知识》1988年第11期。

③ ［美］亨利·基辛格：《基辛格回忆录》，北京：世界知识出版社，1984年版，第34页，转引自靳文：“信义外交漫谈”，《世界知识》1988年第11期。

④ 王毅：“中国外交五大特色”，http：//news.xinhuanet.com/world/2013－06/27/c_ 116319770.htm。

⑤ 徐进：“中国特色的大国外交‘特’在哪里”，《环球时报》2013年7月5日。

二、当代中国外交的风格

风格本质上是指人的内在品质的外在表征，是个人涵养问题。风格不只是一个名词，而是一个动词，一种实现和追求的方式。[①] 美国的康威·汉得森认为，外交风格是指国家和其他行为角色制定与执行其对外政策的独特方式。不同文化使不同国家的人民，包括外交官，具有不同的行为方式。[②] 实际上，外交风格远比康威·汉得森所强调的"独特方式"要复杂得多。一国的外交风格多表现为该国外交的某种特质、格调或品味，有时也表现为某种具有独特精神内涵的外交行为方式，它具有强烈的人文色彩。[③] 在国际社会中，外交风格就是外交人员的思想品德在对外交往中的形象体现，它往往被视为一个国家精神风貌或国家风格的反映。因此，中国将外交风格界定为"政治家、外交家在长期的外交活动中所表现出的气度与作风，它常是一个国家精神面貌的反映，也是政治家、外交家的个人思想、教养、品德和作风的形象表现"。[④] 良好的外交风格有助于展示、维护国家在国际社会中的积极形象。

世界民族文化极其丰富的多样性与复杂的差异性，使得各国的外交风格都具有其独特性。"非西方人认为美国风格过于坦率，缺乏耐心，不敏感，喜欢掌握主动，喜欢视问题为危机等。美国人则认为非西方风格对于形式重视过多，对原则的重视超过对问题本身的重视，谈判中采取不合作态度，以及未达成协议就结束会议等。"[⑤] 强权政治的外交风格常常表现为唯我独尊、盛气凌人、强加于人；屈辱外交的风格常表现为卑躬屈膝、唯唯诺诺。[⑥] 中华人民共和国建立后，一贯奉行独立自主的和平对外政策，一反近代中国的屈辱外交，并在对外交往中逐步树立起独具中国特色的外交风格。

---

① 张芳："军事外交风格形成中的重要因素分析——以中国军事外交为例"，《国际观察》2013 年第 3 期。

② ［美］康威·汉得森，金帆译：《国际关系：世纪之交的冲突与合作》，海口：海南出版社，2004 年版，第 203 页。

③ 张鸿石："论国家的外交风格及其作用"，《外交评论》2010 年第 3 期。

④ 钱其琛主编：《世界外交大辞典》（下），北京：世界知识出版社，2005 年版，第 2047 页。

⑤ ［美］康威·汉得森，金帆译：《国际关系：世纪之交的冲突与合作》，海口：海南出版社，2004 年版，第 204 页。

⑥ 钱其琛主编：《世界外交大辞典》（下），北京：世界知识出版社，2005 年版，第 2047 页。

（一）坚持原则　实事求是

在外交实践中，中国一贯坚持以和平共处五项原则处理国际事务和问题，在发展与他国或国际组织关系时，坚决反对出现任何形式的“两个中国”，或“一中一台”的局面。中国外交的这种风格使中国在国际社会树立了自尊、自信而又谦虚自处的崇高形象。

实事求是是当代中国外交最具鲜明特色的基本风格，是中国外交得以正常开展的要素。中国在外交活动中，总是根据当时具体实际情况，充分考虑各方的实际需要和可能，高瞻远瞩，兼顾各方，统筹规划，提出能为各方接受的切实可行的方案，以求得解决。从不抱不切实际的幻想，也决不强加于人，强人所难。[①] 为了解决中缅边界问题，周恩来亲自查阅了汉朝以来的有关历史记载，弄清了中国历代对中缅边境地区的管辖情况。他分析了搜集到的各种地图，弄清了各个时期地图画法的不同及其原因。他调查了 19 世纪以来有关中缅边界的历次纠纷和交涉经过，弄清了边界未决问题的由来。他还研究了边境地区双方居民的民族分布、居住和耕作情况，以及处理边界问题的国际法论述和国际惯例。最后，他又把所获得的全部材料，同中缅两国的关系和我国的对外政策联系起来通盘加以研究。可以想象，这样大规模的调查研究费了他多少精力。正是在这个基础上，他提出了一个既考虑历史背景又考虑当前实际情况、公平合理、切实可行的方案，确定了互谅互让、友好协商的方针，并且通过同缅甸政府的共同努力，圆满地解决了中缅边界问题。中缅边界问题的解决，为我国解决同其他邻国之间历史遗留的边界问题，提供了有益的经验。[②] 1972 年，中日举行建交谈判时，日本提出日美关系问题，表示这与日本的安全和利益有重大关系。当时，中国总理周恩来指出：日美关系是日美之间的事情，中国不去参与，从而消除了日本方面的疑虑。

20 世纪 80 年代以来，中国政府一再表明，中国对国际问题将根据具体情况来决定自己的立场。习近平主席的全部外事活动都体现出主动的精神和务实的原则，贯穿着实事求是的风格。他总是向访问对象国政治家与公众实

---

① 黄金祺：《怎样当好外交外事人员——论涉外人员素质修养》，北京：世界知识出版社，2004 年版，第 109 页。

② 许怀熔：“周恩来所树立的新中国外交风格”，http：//gb. cri. cn/3821/2005/04/06/1062@506283. htm。

事求是地介绍中华人民共和国成立以来取得的巨大成就和中国经济社会发展面临的困难，以及中国应对国际金融危机的举措和成效，强调中国愿同国际社会同舟共济，共渡时艰。他还深入阐述中国与邻为善、以邻为伴的周边外交政策，提出了一系列促进和平、发展与合作的具体倡议，展现中国维护世界和平、推动共同发展的态度和立场，强调中国坚持走和平发展道路，中国的发展对世界各国是机遇，而不是威胁。①

正如中国驻英国大使傅莹在接受记者采访谈到公共外交时说的，公共外交需要实事求是，世界上没有国家是完美的，中国在当前发展阶段也存在这样那样的问题，应该让外界不仅了解我们的成就，也能看到我们正视和解决问题的积极态度；公共外交需要早说话，让国际社会在第一时间听到中国的声音，及时了解到事态的真实情况，这就有利于外界形成客观平衡的看法；公共外交需要多说话，说明白话，凡是涉及中国的问题，都应该设法让中国的声音通达国际社会，并且要学习采用在不同语境中也能听懂的语言和表述来说话。②

（二）不卑不亢　平等待人

外交代表着国家与民族，在外交活动中，既不能高傲自大、盛气凌人，也不能妄自菲薄，其言行应当从容得体、堂堂正正。在这方面，前辈们给我们树立了光辉榜样。周恩来在中华人民共和国外交部成立大会上就明确指出："我们要打破旧的外交传统，既不盲目排外，也不媚外。不卑不亢才是我们的态度。"在新中国建国之初的冷战形势下，中国采取"一边倒"的方针，倒向了以苏联为首的社会主义阵营，但这只是战略上的联合，并未对苏联亦步亦趋。毛泽东和周恩来出访苏联时的态度就得到了充分说明。毛泽东和周恩来后来一再表示，中国要用自己的脑袋思考，要用自己的腿走路。1958 年以后，中苏最后闹翻，从朋友变成仇敌，也是控制与反控制的斗争引起的。在涉及国家主权和尊严的问题上，毛泽东、周恩来坚持不让步。赫

---

① 马振岗："习近平主席外交战略新特点"，《人民论坛》2014 年第 5 期；武大伟："习近平出访亚洲四国主要成果"，http：//www. chinanews. com/gn/news/2009/12 –23/2033238. shtml。

② 李诗佳："中国驻英大使：公共外交要实事求是要早说话多说话"，http：//www. china. com. cn/news/txt/2009 –07/26/content_ 18206182. htm。

鲁晓夫碰了钉子，翻脸无情，致使中苏关系破裂。[①]

美国国务卿艾奇逊在一次演说中恫吓中国说，亚洲的事务中国必须不加闻问，否则就是“违反他们的亚洲邻邦的，美国人民的以及——真的——一切自由人民的传统和利益”，而且将“违反联合国的宪章”。对此周恩来予以了驳斥。他说：“我想，我应当代表亚洲最大的国家及人民告诉艾奇逊：这些可笑的恫吓早已过时了，安静些，并且看看地图吧！亚洲人民自己的事情，应当由亚洲人民自己来处理，而无论什么时候，也不应当由太平洋彼岸的帝国主义者，例如艾奇逊之流，来加以干涉！”周恩来以凛然不可侵犯的气度，有力地回击了美国的外交讹诈，维护了中华人民共和国的尊严。[②] 彭德怀在和苏联人打交道时有几个原则。他常说，不能凡事一边倒！倒久了，你自己的腿干什么，还站得起来吗？热情，但不要天真；谦虚，但不是跟着屁股转……他对外宾很讲礼貌，每次交谈都做充分准备。[③]

2010 年 3 月，温家宝在十一届全国人大三次会议上答中外记者问时说道，中国从反对迫使人民币升值，到坚定支持自由贸易，再到反对将世界经济的失衡归咎于中国出口过多，以及重申对美元及中国在美国资产的担忧，以有理有据、不卑不亢的表态，向世界显示出中国的经济外交正日益走向成熟。而中国否决了安理会涉叙问题决议更是表明中国外交的负责任行为，决不是为了取悦于某些国家，不是看某些人脸色行事，不是“只埋单不看账”。[④] 2012 年 2 月 14 日，在出席美国国务院午宴时，习近平就中美关系发表讲话，在回应美国人对中国人权问题的质疑时说，“我们就人权等问题开诚布公交换了意见，我强调改革开放 30 多年来，中国人权事业取得了有目共睹的巨大成就，但在人权问题上没有最好只有更好。中国人口多，区域差异大，发展不平衡，在进一步改善民生和人权状况方面还面临不少的挑战。中国政府将继续从本国国情出发，坚持以人为本，始终把人民的愿望和要求放在心上，采取切实有效的政策措施大力促进社会公平、正义与和谐，推动中国人权事业不断取得新的进展”。2 月 16 日，习近平在拜会美国国会领袖

---

① 《解放日报》：“不卑不亢的新中国外交：杜鲁门和赫鲁晓夫碰钉子”，http：//www. ce. cn/culture/history/200605/05/t20060505_ 6882918. shtml。

② 刘士田、谢士法：“周恩来与中美关系”，《世界经济与政治》1998 年第 4 期。

③ 朱开印：“庐山会议前陪彭德怀访东欧”，《百年潮》2005 年第 11 期。

④ 新华每日电讯经济：“法报：中国经济外交不卑不亢日益成熟”，http：//202. 84. 17. 54/content/20100318/Articeldi06ban006BB. htm；翟磊、王策：“外交部高官：中国外交在大是大非问题上坚持了原则”，http：//gb. cri. cn/27824/2012/04/10/5951s3636205. htm。

时又遇到了“刁难”，美国参议员麦凯恩向他提出了人权、朝鲜、叙利亚等一系列问题。习近平从容应对，他的一句“麦凯恩参议员，你的直言不讳在中国也很出名”引发现场哄堂大笑，一下子缓和了紧张的气氛。不过，习近平并没有就此打住，而是绵里藏针地回了一句：“我们有需要改进的地方，不过美国过去也有过很多问题。”全世界的人都能听得出來，习近平话中有话，他是在告诫美国人：标榜自己是“人权教皇”的国家，并不是人权的天堂，不仅中国人不买你的账，就连美国民众也不认为美国是人权最好的国家，这个世界上没有最好！① 习近平用不卑不亢的语言回应了美国人对中国的指责与“刁难”。

曾经深受帝国主义列强侵略、压迫和欺侮的中国人民深知外国“平等待我”的必要，也深知自己“平等待人”的必要。毛泽东在建国前夕就指出，中国必须“在国外，联合世界上以平等待我的民族和各国人民，共同奋斗”，同时又把“平等、互利”列为同各国建交的条件之一。② 周恩来说：“世界上有黑种人、黄种人、白种人和棕色人。不管是哪种人，相互间都应该是平等的。”③ 在对外交往中，无论对方是发达国家还是发展中国家，无论是大国还是小国，中国一律平等相待。周恩来在阐述“国家不分大小一律平等”原则时讲道，“我们重视这个问题，因为我们是一个大国，容易对小国不尊重……由于历史的传统，大国容易对小国忽视和不尊重，因此我们经常检讨自己。到会的各国代表中如果有任何人觉得中国代表团对任何一国代表不尊重，请指出来，我们愿意接受意见并改正。”1954 年，许多国家派代表团参加中国建国 5 周年庆祝活动。在分配接待任务时，剩下欧洲一个小国外长率领的代表团无人负责，周恩来便自告奋勇负责接待。他说，我们是大国，但不能歧视小国。我们应该尊重别国的民族感情。这件事对外事工作

---

① 《信息时报》：“拜登自叹魅力难敌习近平：他在艾州的选票会超过我们”，http：//news. ifeng. com/mainland/special/xijinpingfangmei/content－3/detail_ 2012_ 02/20/12623065_ 0. shtml；人民网：“基辛格咋说习近平有强大‘气场’”，http：//www. chinamil. com. cn/big5/gd/2012－02/22/content_ 4797718. htm。

② 黄金祺：《怎样当好外交外事人员——论涉外人员素质修养》，北京：世界知识出版社，2004 年版，第 111 页。

③ 中共中央文献研究室编辑委员会编辑：《周恩来选集》下卷，北京：人民出版社，1984 年版，第 316—317 页。

者是一次深刻的教育，令人至今难忘。[①] 2010 年 11 月 18 日，在比勒陀利亚举行的纪念中非合作论坛成立 10 周年研讨会的开幕式上发表演讲时，习近平讲道："我注意到，有些长期从事中非关系研究的发达国家的学者，通过实地考察、实证研究，得出了中非关系的精髓是互利双赢的判断，呼吁国际社会应该实事求是地认识中国在非洲的作用。"与非合作要"始终致力于促进互利共赢"，"要平等相待，互利双赢，要讲感情，讲危难之中见真情"。习近平的演讲向非洲乃至世界传递着这样一个信息：中非合作的精髓就在于平等相待、互利双赢，双方应继续全方位、实质性地推进中非新型战略伙伴关系。这迅即引起地区和世界舆论的广泛重视和反响，法新社旋即以"快讯"对此做了报道。[②]

在外交实践中，中国不但尊重对方，而且照顾对方的利益，做到平等互利，还体谅对方的困难和处境，设身处地地为对方着想，谅解对方某些不太适宜的做法。如由于美国和苏联对第二次亚非会议的召开极其惊恐，采取政治攻击、经济收买、军事威胁、挑拨离间等手法，使出浑身解数进行破坏，甚至造谣说第二次亚非会议将完全由中国控制，诬蔑中国企图利用这次会议达到自己的目的，一时颇蒙蔽了一些人，他们误认为中国对第二次亚非会议另有所图。所以，直至第二次亚非会议筹备会议前两天——1964 年 4 月 8 日，会议东道主印尼还未向中国外长发出邀请。为澄清事实，表明心迹，中国外交部照会筹备会召集国印尼政府：只要第二次亚非会议的筹备会议能够开成，就对亚非事业有利，中国体谅东道国的困难，中国可以不参加这次筹备会议。[③] 在 20 世纪 60 年代，正因周恩来提出了既坚持"一个中国"原则，又体谅法国处境的方案，即公开声明与内部默契相结合的方案，中法顺利建交，打开了中国外交的新局面；也是注意照顾巴方困难，根据现实条件采取'静悄悄'逐步开展的方法"，中国与巴基斯坦之间通航问题得以解决，促使中巴关系进一步改善，使两国关系逐渐成为睦邻外交的典范，而且改变了南亚区域格局，缓和了周边环境，从此中巴两国的友好合作关系迈向

---

① 许怀熔："周恩来所树立的新中国外交风格"，http：//gb. cri. cn/3821/2005/04/06/1062@506283. htm。

② 张永蓬："习近平访问非洲：中非关系发展取得丰硕成果"，http：//news. sina. com. cn/c/sd/2010 - 11 - 27/174121544529. shtml。

③ "陈毅与苏加诺"，http：//www. xzbu. com/1/view - 314633. htm。

了新阶段。①

总之，在外交实践中，中国真正做到了尊重其他国家的民族文化、宗教和风俗习惯，尊重他国人民自主选择的政治制度和发展道路。中国这种平等待人、豁达大度的风格在国际社会中享誉遐迩。

（三）求同存异　以理服人

在1955年的万隆会议上，中国代表团团长周恩来首次在国际上正式提出了“求同存异”的原则，从此这一原则成为中国外交的一个突出风格。求同存异的思想是建立在实事求是思想基础之上的，同时也生动地反映了中国外交的原则性与策略灵活性相结合的特色。

“求同”，关键是在“求”字上下功夫；“存异”是撇开社会制度和意识形态的矛盾，尊重事实，顾全大局，区别情况，讲究方法。国与国之间如果只立异不求同，就无对话可言，也就不存在外交。相反，国与国之间如果只求同不存异，对社会主义中国来讲就可能意味着只讲“联合”不讲“斗争”，从而丧失原则和独立自主。在外交实践中，为了达成协议，在坚持原则和国家根本利益的前提下，适当妥协和互谅互让是时常发生的，这都需要做到求同不模糊界限，存异不放弃原则。

在中华人民共和国外交史上，求同存异的例子不胜枚举。万隆会议出现危机时，周恩来提出求同存异的主张，扭转了局面，使会议健康发展，并取得了丰硕成果。在中美建交谈判过程中，中方既坚持原则，又求同存异，使中美关系正常化得以顺利实现，其间的中美《上海公报》在列举了双方的共同点之外，还如实地记录了双方的分歧，成为历史上独一无二的“求同存异”的联合公报。原则性与灵活性相结合，求同存异，中国在打破西方制裁方面也收到了明显效果，而“一国两制”的设想和实践更是求同存异思想的最高体现。

中国执行独立自主的和平对外政策，在处理国际关系问题时，支持什么，反对什么，总是光明磊落、态度鲜明。在阐述己方立场时，总是摆事实，讲道理，做到以理服人，对方一时接受不了也能耐心等待，从不强词夺理或巧言诡辩。在同外来干涉进行必要的说理斗争时，中国从不屈从，也不盛气凌人，而是有理、有利、有节，非常注意把握时机和分寸，从不说过头

---

① 张安、刘伟：“20世纪60年代中巴通航问题解决始末”，《南亚研究》2013年第2期。

话，也不做过头事，当行则行，当止则止，必要时还可以退避三舍，引弓不发，注意留有余地。

毛泽东曾说道：在同美国人的会谈中，要多用脑子，谦虚谨慎，说话时不要对美国人使用板门店谈判那样过分刺激的语言，不要伤害美国民族的感情。[①] 当年尼克松访华与周总理谈到越南问题时，他曾为美国扩张主义辩护说，一旦美国退出，某些地区就可能出现“真空”。周总理当即反问：美国退出中国后，出现“真空”了吗？还不是中国人民填补了。英国退出美洲大陆时出现“真空”了吗？还不是美国人民填补了。周总理还举了法国戴高乐退出阿尔及利亚的例子说，戴高乐不但把80万军队撤回，最后甚至把200万侨民都撤走了，赞扬戴高乐是“很有魄力的、很有远见的政治家”。尼克松听了只有连连点头。[②]

2011年12月20—22日，习近平访越期间，站在认识中越关系的制高点上，条理清晰地深刻阐释了中越未来友好合作的三个重要基础：一是相同的磨难遭遇为中越关系奠定了历史基础。中越在长期革命斗争中结成的传统友谊凝聚着两党老一辈领导人的智慧和心血，把中越友好接力棒一代一代传下去是两国的共同历史责任。二是广泛的共同利益为中越关系奠定了政治基础。坚持社会主义制度，巩固党的执政根基，这是中越两国共同的战略目标，也是维护共同战略利益的重要政治基础。三是共同的发展任务为中越关系奠定了合作基础。习近平认为，在新的形势下，中越只有坚持同舟共济，才能抓住机遇，战胜挑战，推动中越关系不断沿着正确方向前进。他还以维护中越友好大局和两国关系长远发展为根本目标，提出了正确处理中越两国未来关系的“四个始终”重要原则：“以中越友好大局和两国关系长远发展为重，始终坚持友好合作的大方向，始终坚持互利合作，始终坚持把分歧和矛盾放在适当位置妥善处理，始终从政治高度积极寻求解决办法。”他创造性提出的中越未来友好合作的三个重要基础，以及正确处理中越两国未来关系的“四个始终”重要原则，得到了越南党和国家领导人高度认同，展示了中国的大国胸怀和立足长远的发展战略，充分显示了中国发展两国关系的诚意，有效提升了双边战略互信，有利于稳定中越关系的大局，巩固睦邻友

---

① 王炳南：《中美会谈九年回顾》，北京：世界知识出版社，1985年版，第72—73页。

② 潘东编辑：“尼克松如何评价周恩来”，http：//www. sznews. com/culture/content/2010 -01/12/content_ 4320005. htm。

好，深化务实合作。①

中国在对外交往中，无论是为了“联合”，还是“斗争”，都用不着巧言诡辩，强词夺理，虚假敷衍，知错不纠。在绝大多数情况下，真理和正义在中国一边，这就使得中国总能有条件地向对方摆事实、讲道理，以理服人，而不输理。②

（四）广交朋友　诚恳磊落

周恩来曾经指出：“我们需要和平，我们需要朋友。”我们寄希望于世界人民。周恩来最善于打破各种隔阂，广泛结交朋友。他总是强调，国与国之间只有通过增加往来，才能发展友好关系。思想一致的，也要通过一定形式的友好交往，才能增进友谊，否则还会有隔膜。思想不尽相同的，或者一时不理解我们的，更是需要通过一定形式的往来，才能彼此沟通思想，增进相互了解。即使暂时还没有同中国建立外交关系的国家，我们也注意同那里的人民开展友好往来，认为这将会促进官方友好关系的建立。他还把来访的各界外宾称为“送上门来的老师”。③ 中国外交的目的是要通过国际交往，增进中国同各国之间的相互了解和信任，加强中国同各国的友好合作关系，促进中国同各国的友谊。为此，中国外交总是积极主动地广交朋友，而且交友形式多样、生动活泼，从而为中国外交打开局面。而且中国极重友情，在努力结交新朋友的同时，从不忘记老朋友。中国对曾经在发展中国同有关国家关系上作出贡献的各国的一些政治家及知名人士从来都给予高度的评价，如日本的田中角荣、美国的尼克松和基辛格、法国的戴高乐、英国的撒切尔夫人和希思等等，在他（她）们离开政坛后，仍继续同他（她）们保持友好往来和联系，这对中国的国际形象及外交工作都起到了良好作用。

中国在国际事务中素以诚恳磊落著称，在国际舞台上独树一帜，为世界各国许多外交家所称道，认为值得仿效。

中国外交的诚恳磊落首先表现在，中国从不隐瞒自己在对外关系上所持

---

① 高成义：“习近平四大外交风格”，http：//www.qstheory.cn/lg/pxxy/201112/t20111226_131804.htm；褚浩：“习近平副主席访越：为中越关系未来发展定调”，http：//www.china.com.cn/international/txt/2011－12/23/content_24233986.htm。

② 黄金祺：《怎样当好外交外事人员——论涉外人员素质修养》，北京：世界知识出版社，2004年版，第111—112页。

③ 许怀熔：“周恩来所树立的新中国外交风格”，http：//gb.cri.cn/3821/2005/04/06/1062@506283.htm。

立场、原则，从不讳言自己在重大问题上的基本态度。在反对帝国主义、殖民主义、霸权主义、强权政治、种族歧视、外来侵略和干涉，以及在战争与和平、核裁军等重大国际问题上，中国的态度和立场一向是明确的；在不同时期处理不同国家的双边关系上，中国也总是明确表明自己的原则和立场。如2013年5月19—27日，国务院总理李克强访问亚欧四国期间，就直言不讳、直截了当地回应利害攸关的问题，不论是发表“任何否认或企图美化那段法西斯侵略历史的言行，不仅中国人民不能答应，世界各国爱好和平的正义力量都不能接受”的讲话，还是指出欧盟针对中国光伏企业发起的“双反”调查“损人而不利己”，都让人由衷赞叹。从李克强总理“外交首秀”里，我们看到了跟世界、跟西方的另外一种关系：我们不再卑躬屈膝，而是慢慢站起，开始跟西方平行。①

其次，中国外交的诚恳磊落体现在中国从不回避与他国间存在的不可回避的分歧与矛盾。国与国之间在政治、经济、民族、宗教、语言及风俗习惯等诸多方面都各有差别，中国摆明自己的立场、观点，指出各国间的分歧，是为了通过相互接触，把彼此的思想沟通。如近年来，随着中国的崛起，中西之间的差异、分歧时有加剧，中国一方面据理反驳西方的无端指责，顶住西方无理施加的政治与经济压力；另一方面，中国也主动与西方进行坦率的沟通、接触，避免这些差异、分歧的持续延展而将双边关系拖入危机境地。

再次，中国外交的诚恳磊落还表现在严于律己，有错必纠，从不讳言自己在外交上的失误。1956年9月，毛泽东对来访的南斯拉夫客人说：“过去我们听了‘共产党和工人情报局’的话，有对不起你们的地方。”对于文革时期发生的火烧英国代办处等涉外事件，中方做了大量的工作，凡是主要由中方原因而出现的问题，中国都主动向对方道歉。1950年10月，瑞典国王古斯塔夫五世辞世时，时任瑞典大使耿飚同志正好在丹麦。得到消息以后，他赶紧回到瑞典，写了唁电，送了过去。结果我们请的一个瑞典当地翻译错把“沉痛地”翻译成“荣幸地”获悉了。耿飚再请人改好后，亲自把这个唁电送过去，很诚恳地表达了中方的歉意。②

交友贵乎诚，中国外交家在与他国政治家、外交家的交往中，也以坦诚

---

① 杨飞：“从‘李氏外交风格’里感受中国外交的成熟”，http：//opinion. voc. com. cn/article/201306/201306031023128196. html。

② 浙江卫视《中国大使》之耿飚节目介绍，http：//ent. sina. com. cn/v/m/2007 - 10 - 29/17361768620. shtml。

之心相见。中日建交之前，日本的一位政治家来访，在与周恩来会谈时介绍了准备回国后向新闻界谈话的主要内容。周恩来考虑到当时日本政界的情况，表示：不要太说中国人的好话。这话使得这位政治家深为感动，说他从政几十年还未遇到过像周总理这样为他人着想的人。习近平主席着重指出，中国外交要秉持广交朋友、广结善缘和增强国家亲和力的思想，强调“关系亲不亲，关键在民心”，要做好人脉工作。访问非洲时，他提出“真、实、亲、诚”四字方针。在周边外交工作座谈会讲话中，他又提出“亲、诚、惠、容”的理念，充分显示出博大和自信的胸怀。①

（五）勤俭办事　严谨细致

勤俭节约是中国人民的生活美德。中华人民共和国建立后，就一直厉行勤俭节约，反对奢靡之风，勤俭办外事成为中国外交的风格之一。中国国家领导人历来强调勤俭原则，坚决反对在外事活动中讲排场、摆阔气、铺张浪费、搞形式主义的风气。在中华人民共和国外交部建立时，周恩来就强调“一定要勤俭办外交”。他还曾指出：“友谊重在精神，不在物质”，要求外交人员在国外“不要大手大脚，浪费国家外汇”。张闻天任驻苏大使时，使馆条件较差，不仅没有大使官邸，他住的两间房中还让出一间做他的办公室。当年任驻瑞典大使的耿飚，从建馆伊始就规定了“大家动手，勤俭办外交”的原则，要为国家节省每一分钱用于恢复和发展国内的经济建设。为解决使馆人少工作多的问题，他要求外交官也要协助做行政或后勤工作，外交官和夫人们都要帮厨、参加布置宴会厅或设置宴席等工作。由于当时驻瑞典使馆只有一名司机，工作实在忙不过来，他就号召大家学开车，并身先士卒，自己开车外出活动。② 至今，中国不设领导人专用飞机，出访时用民航客机。本着“勤俭办外交”的宗旨，中国礼宾接待工作近年来逐渐由繁到简，国宴由“四菜一汤”简化为“三菜一汤”，取消了摩托车队护卫。2013 年 9 月 8 日，现任国家主席习近平款待哈萨克斯坦国家元首纳扎尔巴耶夫的早餐竟是中国百姓家常早餐“咸菜加小米粥”。饭后，两国元首又就着一杯清茶，畅谈国事，意气相投，平常，但又显得不那么寻常。如纳扎尔

---

① 马振岗：“习近平主席外交战略新特点”，《人民论坛》2014 年第 5 期。

② “新中国第一代外交家的崇高风范”，http：//tieba. baidu. com/p/155350213。

巴耶夫所表示：我一上飞机，就有一种宾至如归、回到中国的感觉。[①]

在外事活动中，铺张浪费，搞形式主义，往往还会产生负效应，不利于外交队伍本身的作风建设。勤能补拙，俭以养廉。勤俭办外事，不仅能节约国家资金，而且能培养外交人员艰苦朴素、清正廉明的作风，对社会风气也会产生良好的影响，有利于树立中国良好的国际形象。

外交工作涉及国家利益和荣誉、民族尊严，政治敏感性强，所以作为外交人员，应有高度的责任心、一丝不苟的工作态度。周恩来曾经指出：外事工作要严肃认真，事事都要考虑周到，准备充分，要讲究计划、效率、秩序、纪律，一丝不苟，有条不紊。周总理自己身体力行，重要的外事活动都亲自检查，还常以“一人向隅而举桌不欢”的话来教育大家不要冷落任何不该冷落的客人。他对由于工作疏忽、马虎大意造成的外交事故从不轻易放过，并且及时采取措施，挽回影响。正是由于周恩来等国家领导人的积极倡导、身体力行，中国的外交队伍逐步形成严谨细致、一丝不苟的外交风格，保证了各项外交工作的顺利进行。

当代中国外交风格既是中华民族传统文化精髓的展示，又是中华人民共和国长期外交实践的经验总结。外交风格不仅关系个人，也关系国家的形象。它既有群体的共性，每一位外交人员都应该学习发扬；也有鲜明的个性，在符合国家利益和对外政策的前提下，可以发挥每位外交人员的个性，创造性地开展外交工作。今后，中国在努力构建大国外交格局的过程中，仍有必要在继承自身文化传统、价值观和现有外交风格的基础上，继续凝炼自己的外交风格，这对中国进一步提升政治上的影响力、形象上的亲和力、道义上的感召力等无疑将大有助益。[②]

---

① 芮子沫：“习近平出访飞机上的‘咸菜小米粥’早餐给干部啥启示”，http：//opinion. people. com. cn/n/2013/0909/c1003 - 22854294. html。

② 张鸿石：“论国家的外交风格及其作用”，《外交评论》2010 年第 3 期。

参考文献

1. 杨振先:《外交学原理》，上海：商务印书馆，1935年版。

2. 刘达人:《外交科学概论》，上海：中华书局，1937年版。

3. 中共中央文献研究室编辑委员会编辑：《周恩来选集》，北京：人民出版社，1980年版。

4. 《辞海·国际分册》，上海：上海辞书出版社，1981年版。

5. 王铁崖主编:《国际法》，北京：法律出版社，1981年版。

6. 王炳南:《中美会谈九年回顾》，北京：世界知识出版社，1985年版。

7. 李斌:《国际礼仪与交际礼节》，北京：世界知识出版社，1985年版。

8. 李寿祺:《利益集团与美国政治》，北京：中国社会科学出版社，1988年版。

9. 《当代中国外交》编委会:《当代中国外交》，北京：中国社会科学出版社，1988年版。

10. 张季良:《国际关系学概论》，北京：世界知识出版社，1989年版。

11. 张历历:《现代国际关系》，重庆：重庆出版社，1989年版。

12. 外交部、中共中央文献研究室编:《周恩来外交文选》，北京：中央文献出版社，1990年版。

13. 孙玉兰、徐玉良:《民族心理学》，北京：知识出版社，1990年版。

14. 周启朋、杨闯等编译：《国外外交学》，北京：中国公安大学出版社，1990年版。

15. 杨公素:《外交理论与实践》，成都：四川大学出版社，1992年版。

16. 冯特君、宋新宁主编:《国际政治概论》，北京：中国人民大学出版社，1992年版。

17. 冯绍雷等著:《国际交往新论》，上海：上海社会科学院出版社，1994 年版。

18. 熊锡元:《民族心理与民族意识》，昆明：云南大学出版社，1994 年版。

19. 王逸舟:《当代国际政治析论》，上海：上海人民出版社，1995 年版。

20. 赵丕涛编著：《外事概说》，上海：上海社会科学院出版社，1995 年版。

21. 郭枫等主编:《公关宝典》，延吉：延边大学出版社，1995 年版。

22. 饶戈平:《国际组织法》，北京：北京大学出版社，1996 年版。

23. 鲁毅等著:《外交学概论》，北京：世界知识出版社，1997 年版。

24. 梁守德:《国际社会与文化》，北京：北京大学出版社，1997 年版。

25. 宋连生:《中美首脑外交实录》，北京：经济日报出版社，1998 年版。

26. 金熙德:《日美基轴与经济外交：日本外交的转型》，北京：中国社会科学出版社，1998 年版。

27. 金正昆:《现代外交学概论》，北京：中国人民大学出版社，1999 年版。

28. 黄金祺:《外交外事知识和技能》，北京：世界知识出版社，1999 年版。

29. 俞正梁:《全球化时代的国际关系》，上海：复旦大学出版社，2000 年版。

30. 北京太平洋国际战略研究所：《应对危机——美国国家安全决策机制》，北京：时事出版社，2001 年版。

31. 张敏谦:《美国对外经济战略》，北京：世界知识出版社，2001 年版。

32. 程毅等主编:《国际关系中的经济因素》，武汉：华中师范大学出版社，2001 年版。

33. 李少军:《国际政治学概论》，上海：上海人民出版社，2002 年版。

34. 蒋云根:《政治人的心理世界》，上海：学林出版社，2002 年版。

35. 王逸舟:《全球政治与中国外交——探寻新的视角与解释》，北京：世界知识出版社，2003 年版。

36. 胡鞍钢、门洪华：《解读美国大战略》，杭州：浙江人民出版社，2003 年版。

37. 金应忠、倪世雄：《国际关系理论比较研究》，北京：中国社会科学出版社，2003 年版。

38. 金桂华：《外交谋略》，北京：世界知识出版社，2003 年版。

39. 冯玉军：《俄罗斯外交决策机制》，北京：时事出版社，2003 年版。

40. 周永生：《经济外交》，北京：中国青年出版社，2004 年版。

41. 黄金祺：《怎样当好外交外事人员——论涉外人员素质修养》，北京：世界知识出版社，2004 年版。

42. 钱其琛主编：《世界外交大辞典》下卷，北京：世界知识出版社，2005 年版。

43 黄德明：《现代外交特权与豁免问题研究》，武汉：武汉大学出版社，2005 年版。

44. 张英利：《军事外交学概论》，北京：国防大学出版社，2006 年版。

45. 季志业主编：《俄罗斯、中亚"油气政治"与中国》，哈尔滨：黑龙江人民出版社，2008 年版。

46. 卜正珉：《公众外交：软性国力・理论与策略》，台北：允晨文化事业股份有限公司，2009 年版。

47. 陈建明主编：《商务谈判实用教程》，北京：北京大学出版社，2009 年版。

48. 李渤：《经济全球化背景下的中印能源合作模式》，北京：时事出版社，2011 年版。

49. 韩方明主编：《公共外交概论》，北京：北京大学出版社，2011 年版。

50. 《四书五经》，北京：中华书局，2012 年版。

51. 李渤：《民族宗教问题与国家安全》，北京：时事出版社，2013 年版。

52. 于洪君编：《当代世界多边外交（2012）》，北京：党建读物出版社，2013 年版。

53. ［苏］弗鲍爵姆金主编，叶文雄译：《世界外交史》第一分册，北京：五十年代出版社，1950 年版。

54. ［苏］科热夫尼科夫主编，刘莎等译：《国际法》，北京：商务印书馆，1955 年版。

55. [英] 哈罗德 · 尼科松，眺伟译：《外交学》，北京：世界知识出版社，1957 年版。

56. [美] 亨利 · A. 基辛格，国际关系研究所编译室译：《选择的必要——美国外交政策的前景》，北京：世界知识出版社，1962 年版。

57. [美] 亨利 · A. 基辛格：《美国对外政策》，上海：上海人民出版社，1972 年版。

58. [苏] 波将金等编，史源译：《外交史》第一卷（上），北京：三联书店，1979 年版。

59. [英] 劳特派特修订，王铁崖、陈体强译：《奥本海国际法》下卷第一分册，北京：商务印书馆，1981 年版。

60. [英] 戈尔 · 布思主编，杨立义、曾寄萍、曾浩译：《萨道义外交实践指南》，上海：上海译文出版社，1984 年版。

61. [英] 杜维廉，柴金如译：《外交途径》，北京：新华出版社，1984 年版。

62. [英] 费尔萨姆，胡其安译：《外交手册》，北京：中国对外翻译出版公司，1984 年版。

63. [英] 埃里克 · 克拉克，杨修、祖源译：《外交官生涯》，北京：世界知识出版社，1985 年版。

64. [美] R. 希尔斯曼，曹大鹏译：《美国是如何治理的》，北京：商务印书馆，1986 年版。

65. [法] 路易 · 多洛，孙恒译：《国际文化关系》，上海：上海人民出版社，1987 年版。

66. [美] 威廉 · 奥尔森、戴维 · 麦克莱伦、弗雷德 · 桑德曼编，王沿等译：《国际关系的理论和实践》，北京：中国社会科学出版社，1987 年版。

67. [美] 马丁 · 梅耶，夏祖煃等译：《外交官》，北京：世界知识出版社，1988 年版。

68. [苏] 阿 · 科瓦廖夫，王海燕译：《外交知识和技巧》，北京：世界知识出版社，1989 年版。

69. [印] J. R. 辛德，张小路、张小波译：《国际政治学导论》，成都：四川人民出版社，1989 年版。

70. [美] 埃尔默 · 普利施科，周启明、顾德欣、熊志勇等译：《首脑外交》，北京：世界知识出版社，1990 年版。

70. ［日］佐藤英夫，王晓滨译：《对外政策》，北京：经济日报出版社，1990 年版。

71. ［澳］约翰·伯顿，马学印、谭朝洁译：《全球冲突——国际危机的国内根源》，北京：中国人民公安大学出版社，1991 年版。

72. ［奥］维克多·克里蒙克，屈李坤、赵围等译：《国际谈判——分析、方法和问题》第 2 版，北京：华夏出版社，2004 年版。

73. ［美］摩根索，杨歧鸣等译：《国家间政治：为权力与和平而斗争》，北京：商务印书馆，1993 年版。

74. ［美］加里·S. 贝克尔，王业宇、陈琪译：《人类行为的经济分析》，上海：三联出版社，1993 年版。

75. ［美］汉斯·摩根索，卢明华等译：《国际纵横策论——争强权，求和平》，上海：上海译文出版社，1995 年版。

76. ［美］杰里尔·A. 罗赛蒂，周启朋等译：《美国对外政策的政治学》，北京：世界知识出版社，1997 年版。

77. ［加拿大］夏尔－菲利普·大卫，李旦等译：《白宫的秘密：从杜鲁门到克林顿的美国外交决策》，北京：中国人民大学出版社，1998 年版。

78. ［美］戴维·伊斯顿，王浦劬译：《政治生活的系统分析》，北京：华夏出版社，1999 年版。

79. ［美］罗伯特·A. 帕斯特，胡利平、杨韵琴译：《世纪之旅：七大国百年外交风云》，上海：上海人民出版社，2001 年版。

80. ［美］大卫·A. 鲍德温，肖欢容译：《新现实主义与新自由主义》，杭州：浙江人民出版社，2001 年版。

81. ［英］R. P. 巴斯顿，赵怀普等译：《现代外交》，北京：世界知识出版社，2002 年版。

82. ［美］小约瑟夫·奈，张小明译：《理解国际冲突：理论与历史》，上海：上海人民出版社，2002 年版。

83. ［美］詹姆斯·多尔蒂、小罗伯特·普法尔茨格拉夫，阎学通、陈寒溪等译：《争论中的国际关系理论》第 5 版，北京：世界知识出版社，2003 年版。

84. ［美］罗伯特·杰维斯，秦亚青译：《国际政治中的知觉与错误知觉》，北京：世界知识出版社，2003 年版。

85. ［美］约翰·鲁杰，苏长和等译：《多边主义》，杭州：浙江人民出版社，2003 年版。

86. ［美］康威·汉得森，金帆译：《国际关系：世纪之交的冲突与合作》，海口：海南出版社，2004 年版。

87. ［英］马丁·怀特，宋爱群译：《权力政治》，北京：世界知识出版社，2004 年版。

88. ［美］傅立民，刘晓红译：《论实力：治国方略与外交艺术》，北京：清华大学出版社，2004 年版。

89. ［印］基尚·拉纳，罗松涛、邱敬译：《双边外交》，北京：北京大学出版社，2005 年版。

90. ［英］杰夫·贝里奇，庞中英译：《外交理论与实践》，北京：北京大学出版社，2005 年版。

91. ［美］朱迪斯·戈尔斯坦、罗伯特·O. 基欧汉，刘东国、于军译：《观念与外交政策：信念、制度与政治变迁》，北京：北京大学出版社，2005 年版。

92. ［美］威廉·内斯特，姚远、汪恒译：《国际关系：21 世纪的政治与经济》，北京：北京大学出版社，2005 年版。

93. ［美］约翰·罗尔克，宋伟等译：《世界舞台上的国际政治》，北京：北京大学出版社，2005 年版。

94. ［美］布里吉·斯塔奇、马克·波义耳、乔纳森·维尔肯菲尔德，陈志敏等译：《外交谈判导论》，北京：北京大学出版社，2005 年版。

95. ［美］珍尼·M. 布雷，范徵、王风华等译特：《全球谈判：跨文化交易谈判、争端解决与决策制定》，北京：中国人民大学出版社，2005 年版。

96. ［德］克劳塞维茨著，中国人民解放军军事科学院译：《战争论》第 1 卷，北京：解放军出版社，2005 年版。

97. ［美］莉萨·马丁、贝思·西蒙斯，黄仁伟、蔡鹏鸿译：《国际制度》，上海：上海人民出版社，2006 年版。

98. ［美］克里斯托弗·希尔，唐晓松、陈寒溪译：《变化中的对外政策政治》，上海：上海人民出版社，2007 年版。

99. ［英］杰夫·贝里奇外、艾伦·詹姆斯，高飞译：《外交辞典》，北京：北京大学出版社，2008 年版。

100. ［印］基尚·拉纳，肖欢容、后显慧译：《21 世纪的大使：从全权到首席执行》，北京：北京大学出版社，2008 年版。

101. ［法］罗朗·柯恩·达努奇，吴波龙译：《世界是不确定的——全球化时代的地缘政治》，北京：社会科学文献出版社，2009 年版。

102. ［法］达里奥·巴蒂斯特拉，潘革平译：《国际关系理论》，北京：社会科学文献出版社，2010 年版。

103. ［美］索尔·柯恩，严春松译：《地缘政治学：国际关系的地理学》第 2 版，上海：上海社会科学院出版社，2011 年版。

104. Joseph Frankel，The Making of Foreign Policy：An Analysis of Decision Making，Oxford University Press 1963.

105. G. T. Allison，Essence of Decision：Explaining the Cuban Missile Crisis，Boston：Little Brown，1971.

106. John Baylis and Steve Smith，eds.，The Globalization of World Politics，Oxford：Oxford University Press，1998.

107. Christer Jönson and Richard Langhorn，ed.，Diplomacy，SAGE Publications，2004.

108. Harvey J. Langholz and Chris E. Stout，ed.，The Psychology of Diplomacy，London：PRAEGER Westport，Connecticut，2004.

109. United Nations，Humanitarian Diplomacy：Practitioners and their Craft，United Nations Publications，2007.

110. Kishan S. Rana，Asian Diplomacy：The Foreign Ministries of China，India，Japan，Singapore，and Thailand，The Johns Hopkins University Press，2008.

111. Kamal Siddiqui，Diplomacy and Statecraft：Cases and Readings，Tilde Publishing and Distribution，2009.

112. Keith Hamilton，Richard Langhorne，The Practice of Diplomacy：Its Evolution，Theory and Administration，Routledge，2010.

113. Thomas Nowotny，Diplomacy and Global Governance：The Diplomatic Service in an Age of Worldwide Interdependence，Transaction Publishers，2012.

114. James Pamment，New Public Diplomacy in the 21st Century：A Comparative Study of Policy and Practice，Routledge，2012.

115. Corneliu Bjola，Markus Kornprobst，Understanding International Diplo-

macy: Theory, Practice and Ethics, Routledge, 2013.

116. Andrew F. Cooper, Jorge Heine, and Ramesh Thakur, The Oxford Handbook of Modern Diplomacy, Oxford University Press, 2013.

117. R. S. Zaharna, Amelia Arsenault, Ali Fisher, Relational, Networked and Collaborative Approaches to Public Diplomacy: The Connective Mindshift, Routledge, 2013.